Ich galt als Wunderkind …

Cilly Aussem – das Leben der
ersten deutschen Wimbledon-Siegerin

Bernd Tuchen

Ich galt als Wunderkind ...

Cilly Aussem – das Leben der ersten deutschen Wimbledon-Siegerin

2. Auflage

Shaker Media

Bibliografische Information der Deutschen Nationalbibliothek
Die Deutsche Nationalbibliothek verzeichnet diese Publikation in der Deutschen Nationalbibliografie; detaillierte bibliografische Daten sind im Internet über http://dnb.d-nb.de abrufbar.

1. Auflage 2008

Printed in Germany.

ISBN 978-3-95631-997-6

Shaker Media GmbH • Am Langen Graben 15a • 52353 Düren
Telefon: 02421 / 99 0 11 - 40 • Telefax: 02421 / 99 0 11 - 49
Internet: www.shaker-media.de • E-Mail: info@shaker-media.de

Inhaltsverzeichnis

Vorwort des Autors

Ein Buch über Cilly Aussem?

Ein Buch über ein Talent, das keines war? Über ein junges, schönes Mädchen, das mit großem Fleiß und äußerster Disziplin das Tennisspielen erlernte, erlernen musste, um bereits kurze Zeit später die Nummer 1 in Deutschland zu sein und im Alter von 22 Jahren als erste Deutsche Wimbledon gewann?

Über die zarte, schwache, stets kränkelnde Cilly, die verbissen mit den besten Trainern zusammenarbeitete, nur um ihrer dominanten und ehrgeizigen Mutter zu gehorchen? Die in Tränen ausbrach, wenn sie einmal ein Spiel verlor, weil sie Angst hatte, ihre Mutter enttäuscht zu haben?

Der Autor Ulrich Kaiser beurteilte das angespannte Mutter-Tochter Verhältnis in seinem Buch „Tennisstars“: „Aussem spielte dabei genau die Rolle, die man einem Mädchen aus dem Großbürgertum zudachte: zurückhaltend, passiv und schüchtern wurde sie in einer sehr energischen Weise von ihrer ehrgeizigen Mutter gelenkt ... Vielleicht stellten die zahlreichen Krankheiten der jungen Kölnerin eine Art innere Revolution gegen den enormen Druck von Seiten der Mutter dar. Aussem war nicht diejenige, die selbstbewußt und lautstark ihr Recht einforderte; still und zurückhaltend nahm sie die Dinge hin, die für sie vorbestimmt waren.“

Weiterhin heißt es über die spätere Wimbledonsiegerin „ ... eine junge Frau, deren Charme und Liebenswürdigkeit, deren starker Wille in einem eher zarten Körper selbst reines Grundlinien-Tennis zu einer Art Divertimento werden ließ. Denn zu ihren Vorzügen kam noch einer, ihre beschwingte Beweglichkeit: Ein schmales, fast schon tänzerisches Wesen war ständig in Bewegung, ließ durch Schwung, Lauf und Rhythmus übersehen, was an diesem Tennis reine Lernaufgabe war.“

Ihre Beinarbeit war fantastisch und für manchen Sieg sogar spielentscheidend. In dieser Beurteilung stimmen alle Zeitzeugen überein. Einmal wurde sie sogar als eine Balletttänzerin bezeichnet, die Tennis spielt. Ein Chronist meinte, sie hätte sich mehr Siege erlaufen als erspielt.

Cilly Aussem war zweifelsohne eine Zeit lang die beste Tennisspielerin Europas, doch der Weg zur Spitze war mühsam. Zeitzeugen und Chronisten sind sich einig, dass sie kein besonders ausgeprägtes Talent hatte. Aber, so ihr Mannschaftskamerad Dr. Friedrich Wilhelm Esser, selbst ein erfolgreicher Tennisspieler, in einem schwärmerischen Artikel: „ ... ein bei ihrer an sich zarten und etwas anfälligen Konstitution äußerlich nicht erkennbares Bündel von Energie, Ausdauer und Beharrlichkeit sowie Zielstrebigkeit und ein einmaliges Tennislaufwunder."

Ihrer Mutter kamen diese Eigenschaften gerade recht. „Das war der Stoff, aus dem dann fast sprunghaft der Wunschwille ihrer Mutter Helen, die offene Hand ihres Vaters und schließlich die gesunde Tennisluft ... den späteren Tennis Weltbegriff ‚Cilly' zu bilden begannen", war in einem Zeitungskommentar zu lesen.

Cilly Aussem nahm alle Strapazen auf sich; ihrer Mutter wegen. Welch einen Druck muss Helen Aussem auf ihre Tochter ausgeübt haben, wenn die sich heimlich mit einem Mann vermählte, den sie nur wenige Male zuvor gesehen und dann ihre Mutter noch nicht einmal zur Hochzeit eingeladen hatte und ihr danach lapidar erklärte, sie gehe mit dem Mann, den sie liebe, für einige Jahre nach Afrika. Offensichtlich sah Cilly keine andere Möglichkeit, sich dem Einfluß und der Umklammerung ihrer beherrschenden Mutter zu entziehen. Diese Flucht der 27-jährigen Kölnerin führte sie und ihren Mann, einen italienischen Offizier, 1936 nach Ostafrika – ein weiteres Indiz dafür, dass sich Cilly nun endgültig von ihrer Mutter lossagen wollte. Je weiter weg, umso besser, mag die Devise gewesen sein.

Vielleicht hat dieses Abenteuer der gesundheitlich stark angegriffenen Cilly Aussem einige Lebensjahre gekostet. Als sie, fast erblindet, im März 1963 in Portofino starb, war es ruhig um sie geworden. Ein deutscher Journalist stieß beim routinemäßigen Lesen seiner Pflichtlektüre in einer italienischen Zeitung auf die Nachricht von ihrem Tod.

Dieses Buch soll dem interessierten Leser und Tennisfreund einen Einblick in das Leben und die Karriere einer großen, aber leider fast vergessenen Sportlerin geben. Seit ihrer Geburt sind einhundertfünfzehn, seit ihrem Tod 61 Jahre vergangen.

Zeitzeugen, die Cilly Aussem gekannt und getroffen haben, gibt es kaum noch. Quellen, die etwas über das Sportlerleben von Cilly Aussem erzählen, gibt es dagegen etliche. Amtliche Eintragungen, aus denen etwas über ihr Privatleben hervorgehen könnte, blieben zumeist geschlossen. Der Datenschutz schiebt dem einen Riegel vor – auch nach einhundert Jahren.

So zeichnet dieses Buch zwar ein Leben auf – aber nur unvollständig. Wir wissen nun, welche großartige Tennisspielerin Cilly Aussem war, weil wir ihre Erfolge in ihrer etwa zehn Jahre dauernden Karriere fast lückenlos nachvollziehen können.

Aus ihrem Privatleben dagegen bleiben viele Fragen offen, die auch mit Hilfe von Zeitzeugen und Verwandten nicht beantwortet werden konnten.

Bernd Tuchen

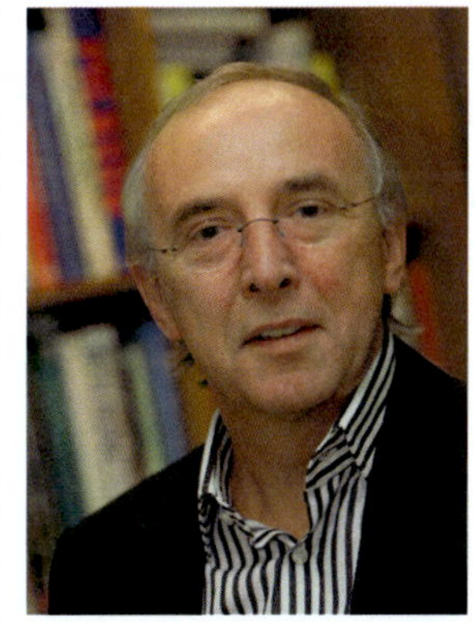

Bild 2

„If I knew that I had to speak today ... Wenn ich gewusst hätte, dass ich heute hier reden muss, hätte ich gestern vielleicht gar nicht versucht, zu gewinnen, weil ich das überhaupt nicht mag. Aber ich bin total glücklich, Wimbledon gewonnen zu haben. Seit ich Tennis spiele, war das immer mein größter Traum ... to win Wimbledon once."
Cilly Aussem nach dem Wimbledonfinale am 3. Juli 1931

Zu sehen unter:
https://www.youtube.com/watch?v=F6t7CZsfZGI

Vorwort

der Vorsitzenden des Vorstands der Stiftung Deutsche Sporthilfe, Ann Kathrin Linsenhoff

Die Tennisspielerin Cilly Aussem ist nicht vergessen worden und bleibt unvergessen. Erst im Frühjahr 2008 wurde sie als eine von 29 herausragenden, aber nicht mehr lebenden Persönlichkeiten posthum in die von der Stiftung Deutsche Sporthilfe initiierte „Hall of Fame des deutschen Sports" aufgenommen. Für sie gestimmt haben Mitglieder des Verbands Deutscher Sportjournalisten ebenso wie Vertreter des Deutschen Olympischen Sportbunds, der Stiftung Deutsche Sporthilfe und weiterer Institutionen von Politik und Sport. Ihr Name steht fortan in einer Reihe mit momentan 42 weiteren herausragenden Sportpersönlichkeiten wie Max Schmeling, Franz Beckenbauer, Rosi Mittermaier oder Hans Günter Winkler. Und ebenso neben zwei weiteren Tennis-Persönlichkeiten, die wie Cilly Aussem in der „Hall of Fame des deutschen Sports" vertreten sind: Stefanie Graf und Gottfried Freiherr von Cramm.

Cilly Aussem schrieb Sportgeschichte. Sie war die erste deutsche Wimbledon-Siegerin. Und sie war, so wird berichtet, ein „Star ohne Allüren". Ihre sportliche Karriere währte kaum zehn Jahre, doch sie hat Eindrücke hinterlassen, die bis in die heutige Zeit reichen. Cilly Aussem, deren „bezauberndes Lächeln die Herzen der Zuschauer erwärmte, hat, ohne es zu wissen, Schülerinnen und Jüngerinnen für den Tennis-Sport gewonnen", wie der Schriftsteller und Weltranglisten-Erste Roderich Menzel schrieb.

Bild 3 (fotografiert von Rolf Kosecki)

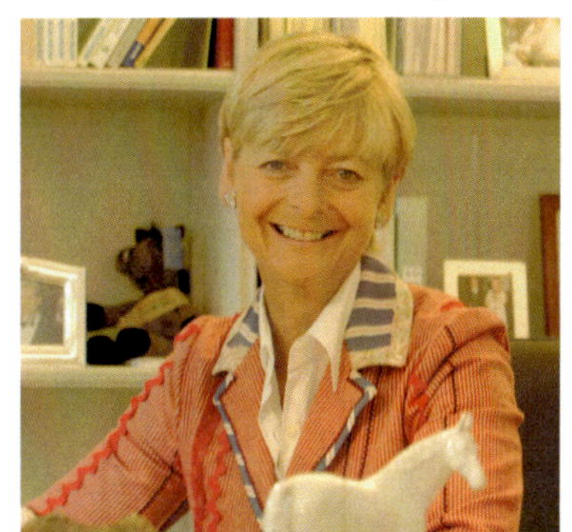

Es ist schön, dass mit dem vorliegenden Buch ein weiterer Beitrag zur Erinnerung an Cilly Aussem geleistet wird.

Ann Kathrin Linsenhoff, Vorsitzende des Vorstands der Stiftung Deutsche Sporthilfe

„Deutschland über alles"
Ein deutsches Damenfinale 1931 in Wimbledon

Die britische Presse war geschockt: „Ein schlimmer Tag für die Vereinigten Staaten", schrieb der Daily Express in seiner Ausgabe vom 3. Juli 1931 – "All-German Final at Wimbledon. Two Frauleins to fight it out" – „Rein deutsches Finale in Wimbledon. Zwei Fräulein kämpfen um den Titel" – lautete die Überschrift eines Artikels am Morgen des Finales im All England Lawn Tennis and Croquet Club, Wimbledon; einer Kleinstadt im Südwesten von London.

„Two Frauleins" – das waren in diesem Fall Hilde Krahwinkel, die es durch einen Sieg über die Amerikanerin Helen Jacobs ins Finale schaffte und Cilly Aussem, die sich auf dem Weg dorthin gegen die Französin Simone Mathieu durchgesetzt hatte.

> *„Miss Helen Jacobs, die an zweiter Stelle stehende Spielerin in Amerika, ging gestern im Wimbledon Semifinale gegen die Entschlossenheit und Initiative des groß gewachsenen deutschen Mädchens Hilde Krahwinkel unter ...*
>
> *Helen spielte ihre übliche Mixtur aus Drop Shots und Top Spins, und anfangs schluckte das Fraulein diese Medizin sehr unfreundlich ...*
>
> *Doch nach und nach, nachdem sie die Chops* (**Anmerkung:** Schlag mit Rückwärtsdrall) *gemeistert hatte, war sie nicht länger in der Verteidigung, sondern griff an ...*
>
> *Welch ein Satz! Das Ergebnis 10:8 deutet die Länge des Satzes nur vage an ...*
>
> *Und dann kam wieder die deutsche Kriegsführung zum Vorschein. Das US Girl schlug und spielte Chops in der Hoffnung, mit Schmetterbällen zum Sieg zu kommen.*

Doch ihre Genauigkeit war nicht mehr vorhanden. Es war ein deutscher Sieg.

Und es wird das erste deutsche Finale sein. Das hat es zuvor noch nicht gegeben. Noch nie hat eine deutsche Tennisspielerin in Wimbledon gewonnen.

Fräulein Cilly Aussem, die führende Tennisspielerin Deutschlands, und Mademoiselle Mathieu, die beste Spielerin Frankreichs, benötigten drei Sätze zur Entscheidung.

Von Anfang an rannte Cilly mit dem Spiel davon und gewann 6:0. Trotz Cillys rasender und tanzender Füße – darin ist sie ebenso wie Suzanne (**Anmerkung:** Suzanne Lenglen, siehe Seite 30) *– musste sie den zweiten Satz mit 2:6 abgeben.*

Die Strategie war ganz auf der Seite der Französin. Sie spielte kurze Bälle, spielte quer über den Platz und machte das Spiel interessant. Aber sie beging auch Fehler und machte ihre Chancen zunichte. Sie musste sich der Entschlossenheit des Fräuleins ergeben."

Es wäre keine englische Zeitung gewesen, wenn dieser Sportbericht nicht in einigen Passagen einer Art Kriegsbericht geähnelt hätte ... deutsche Kriegsführung ... deutscher Sieg ... Strategie .... Das Blatt zeigte ein Bild mit der Unterzeile: „Deutschland über alles", auf dem „Fraulein Krahwinkel (Germany) in action" zu sehen war. Und zwar in dem „sensationellen Spiel", in dem sie Helen Jacobs besiegte.

Der Weg von Hilde Krahwinkels Gegnerin Cilly Aussem ins Finale hatte fünf Stationen. Die zierliche Kölnerin schaffte es, mit nur zwei verlorenen Spielen ins Endspiel zu kommen; jedoch nicht, ohne in einigen Spielen gelegentlich Schwächen zu zeigen und gleichzeitig das Glück auf ihrer Seite zu haben.

So zum Beispiel das Spiel gegen die Schweizerin Lolette Payot, über das der Evening Standard in seiner Ausgabe vom 1. Juli 1931 berichtete:

> *„Fraulein Cilly Aussem und Mademoiselle Payot begannen ihr Spiel sehr ähnlich. Beide bevorzugten ein vorsichtiges Tennis; kein spektakuläres. Mlle. Payot gab zunächst das Tempo vor. Sie spielte eine ausgezeichnete Vorhand mit einer solchen Kraft, dass sie den ersten Satz 6:2 gewinnen konnte.*
>
> *Man konnte den Eindruck gewinnen, dass eine weitere Favoritin entthront werden würde ... Sie (Aussem) hielt den Ball im Spiel, bis sich eine Möglichkeit ergab, ihre Vorhand wie ein Gewehr einzusetzen. Dann betätigte sie den Abzug und machte ihre Punkte. Fräulein Aussems Spiel hatte nicht genug Kraft und konnte von den zögerlichen Angriffen nicht profitieren. Ihre Gegnerin konnte mit Leichtigkeit alle Bälle erwidern, die über das Netz kamen.*
>
> *In der zweiten Runde verlor die Schweizerin an Biss, und so gelang es Fräulein Aussem mit großem Erfolg, den Ball auf die wenig effektive Rückhand ihrer Gegnerin zu spielen. Sie schlug zwei oder drei Bälle tief in die Vorhandecke und schaltete dann plötzlich in das andere Extrem. Dieser Satz war das absolute Gegenteil des ersten Satzes. Fräulein Aussem gewann 6:2.*
>
> *Beim Stand von 2:0 für Fräulein Aussem im letzten Satz zeigte sie, dass sie keineswegs die Absicht hatte, sich das Spiel aus der Hand nehmen zu lassen. Ihre Schlagkraft, die sie bereits im ersten Satz gezeigt hatte, war auf einmal wieder da.*
>
> *Von da ab war die Abwehr der schnellfüßigen Deutschen ungebrochen. Sie beendete den Satz mit nur einem Spielverlust und erreichte somit das Halbfinale."*

Der Daily Telegraph berichtete am 26. Juni, dass sich unter den letzten sechzehn Spielerinnen acht Engländerinnen befanden. Dazu kamen noch eine Französin, eine Schweizerin sowie jeweils zwei Spielerinnen aus Amerika und Deutschland. Die Titelzeile des Artikels lautete: „Faszinierendes Duell in Wimbledon – Miss Nuthall versus German Girl". Das „German Girl" war Änne Peitz, die sich zwar tapfer gegen Betty Nuthall wehrte, aber verlor. Der Sunday Dispatcher war von dem Auftreten der Düsseldorferin so angetan, dass er ihr in seiner Ausgabe vom 28. Juni das Attribut „deutsche Zukunftshoffnung" verlieh.

Am 29. Juni war die Hälfte dieser Spielerinnen nicht mehr im Rennen. Die Morning Post fasste das Szenario in ihrer Ausgabe von diesem Tage zusammen: „Von den gesetzten Acht sind Mrs. Whittingstall, Miss Mudford, Senorita de Alvarez raus; aber England ist noch mit drei Spielerinnen vertreten: Miss Nuthall, Miss Round und Miss Scriven. Deutschland hat zwei: Miss Aussem und Miss Krahwinkel, die Schweiz, Frankreich und Amerika sind mit je einer Spielerin vertreten: Mademoiselle Payot, Madame Mathieu und Miss Jacobs."

„Nehmen Sie die ersten Vier", schrieb die Daily Mail am selben Tag, „Fräulein Aussem muss noch ein Einzel auf dem Center Court spielen. Trotzdem sollte sie Mlle. Payot schlagen, die Frau Whittingstall so überzeugend besiegt hat." Der Verfasser dieses Artikels sollte mit seiner Prognose Recht behalten, als er über die Begegnung von Margret Scriven und Simone Mathieu schrieb: „Wer auch immer dieses Spiel gewinnen mag, wird nicht gegen Fräulein Aussem überleben, um sich für einen Platz im Finale zu qualifizieren."

Es war der 2. Juli, ein Donnerstag, als sich Cilly Aussem im Spiel gegen die Französin Simone Mathieu für das Finale am folgenden Tag qualifizierte. „Frl. Aussem darf ihren Erfolg als einen Ausgleich für den Unglücksfall betrachten, der sie im letzten Jahr ereilte, als sie über Miss Ryan die Schlussrunde der Damenmeisterschaft erreichen wollte." (**Anmerkung:**

Mit „Unglücksfall“ war das tragische Ausscheiden von Cilly Aussem aus dem Wimbledonturnier des Vorjahres gemeint, als sie im Halbfinale gegen Elizabeth Ryan schwer stürzte und das Spiel wegen einer Fußverletzung abbrechen musste. Siehe Kapitel 1930.)

Bild 4: Kölnische Illustrierte Zeitung, 1931

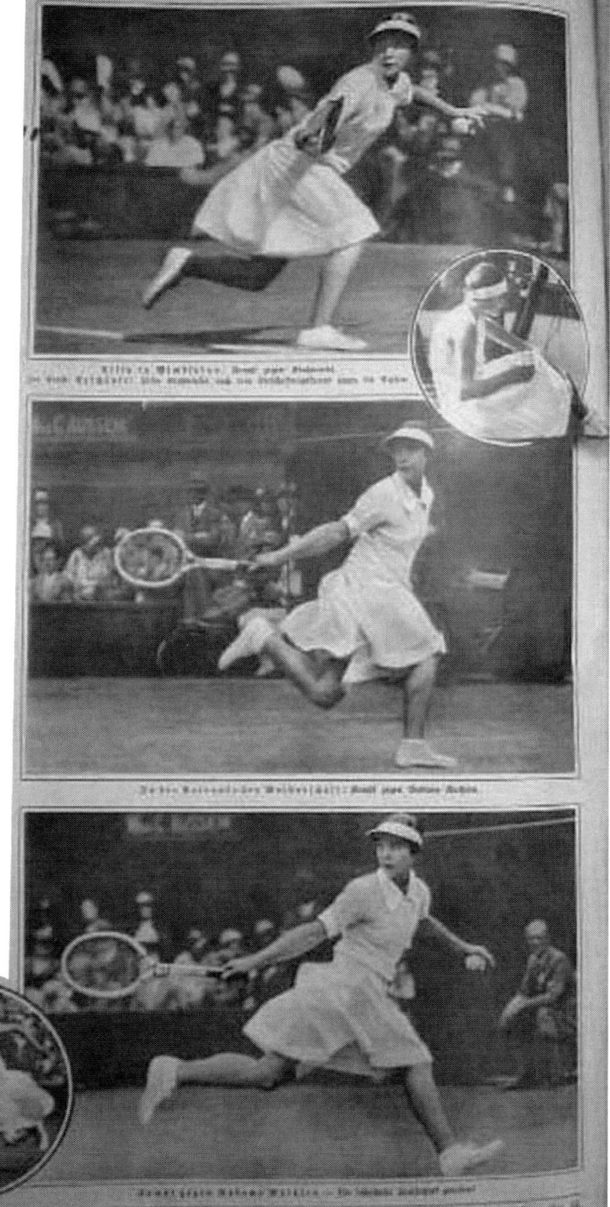

Beide Gegnerinnen hatten sich schon oft gegen übergestanden und kannten ihre Stärken und Schwächen sehr genau Cilly Aussem legte ein enormes Tempo vor und beendete den ersten Satz mit einem 6:0 Sieg. Voller Zuversicht und mit gestärktem Selbstvertrauen trat sie zum zweiten Satz an, den sie überraschend deutlich 2:6 verlor. Simone Mathieu spielte die Bälle geschickt platziert in die Ecken. Cilly Aussem musste viel laufen, um die Bälle zu erreichen, was ihr konditionell allerdings wenig auszumachen schien.

„Ein hübsches Beispiel für ihre Schnelligkeit gab die Deutsche den Zuschauern“, war in einem Spielbericht zu lesen, „als sie einmal außerhalb des Courts zu Fall kam. Sie hatte den Rückhandball im Fallen noch zurückgegeben, und die Französin spielte natürlich auf die ungedeckte Seite des Platzes. Aber wie ein Wiesel war Frl. Aussem rechtzeitig zur Stelle, gab den Ball zurück und rettete unter dem lauten Beifall der Zuschauer einen Punkt!"

Letztendlich konnte Simone Mathieu das Tempo nicht mithalten. Zwar ging sie anfangs leicht in Führung, doch bald schon stand es 4:1 und 5:3 für die Deutsche, und „dann aber ist das Schicksal der Französin besiegelt": Das 6:3 für Cilly Aussem bedeutete die Finalteilnahme.

Ihr Weg dahin sah so aus:

Runde 1:
6:4, 6:1 Sieg über die Französin Jacqueline Goldschmidt

Runde 2:
6:2, 6:3 Sieg über die Ägypterin Alexandroff

Runde 3:
6:0, 6:2 Sieg über die Französin Arlette Neufeld

Viertelfinale:
2:6, 6:2, 6:1 Sieg über die Schweizerin Lolette Payot

Halbfinale:
6:0, 2:6, 6:3 Sieg über die Französin Simone Mathieu

In ihrer täglichen Kolumne in der Zeitung Daily Mail schätzte Elizabeth Ryan am Morgen des Finales die Situation fachlich gekonnt ein und fragte die Leser: „Jetzt wollen Sie bestimmt wissen, wer dieses deutsche Finale gewinnt. Ehrlich gesagt, ich glaube, Frl. Aussem wird gewinnen ... Jedoch gibt es einen großen Unterschied. Die beiden haben sich oft gegenüber gestanden. Fräulein Aussem ist die Nummer 1 in Deutschland und ist, so glaube ich, immer als Sieger aus den Partien der beiden hervorgegangen. Das wird ihr das Gefühl der Überlegenheit vermitteln ... Sie wird selbstbewusst beginnen. Das ist ihr großer Vorteil ... Wenn sie genau so selbstbewusst beginnen wird, wie gegen Frl. Mathieu, wird sie es packen ... Ohne Zweifel ist ihre Fußarbeit die beste aller Tennisspielerinnen. Ich möchte denen, die das Finale sehen, den Rat geben, ihre Augen nicht immer auf den Ball zu richten und diese Beinarbeit zu beobachten. Sie werden dafür sehr belohnt werden."

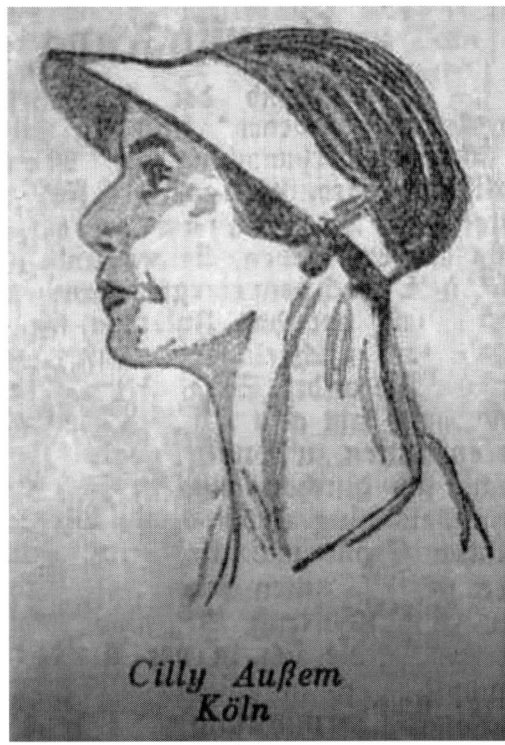

Bild 5: Cilly Aussem , Zeichnung 1931

Auch für Hilde Krahwinkel, die im Halbfinale Helen Jacobs geschlagen hatte, fand die bekannte Spielerin aus Anaheim, Kalifornien, lobende Worte: „Das Ergebnis 10:8 sagt alles über den ersten Satz. Sieben Mal hatte Frl. Krahwinkel einen Matchball, sechs Mal wehrte Miss Jacobs ab. Aber alles in allem spielte sie das falsche Match und machte sich selbst das Leben schwer. Sie hatte einfach die falsche Taktik. Fräulein Krahwinkel ist eine weitaus bessere Spielerin, als sich einige Leute vorstellen. Sie weiß genau, was sie kann und was nicht, und diese Einschätzungen sind von überaus großem Wert."

Neben Helen Jacobs Einschätzungen über die Fähigkeiten der deutschen Tennisdamen gab es aber auch noch eine vollkommen unwichtige und gleichzeitig sehr wichtige Meldung in der Daily Mail vom Tag vor dem Damenfinale: „Der König und die Königin waren am Samstag in Wimbledon und haben einige interessante Spiele auf dem Center Court gesehen. Seine Majestät trug einen Mantel in einem weichen Blauton und ein dazu passendes Barrett."

Roderich Menzel, selbst Wimbledonspieler, tschechischer Daviscupspieler und 1931 deutscher Meister, kannte das Geheimnis von Cilly Aussems Erfolgen, das er im Nachhinein schwärmerisch verriet, ohne dabei die Spielweise von Hilde Krahwinkel abzuwerten:

„Cilly Aussem ... war eine der liebenswürdigsten Persönlichkeiten des Center Courts. In vielen tausend Trainerstunden erarbeitet, kamen ihre Schläge schnell und flüssig, ihre Lauftechnik war makellos. Gegen ein derart ästhetisches Spiel musste das genialische Löffeln Hilde Krahwinkels, ihrer Finalgegnerin von Wimbledon, abfallen."

Hilde Krahwinkels Spielweise wurde oft mit dem Wort „Löffeln" bezeichnet. Vielleicht war das sogar manchmal ein wenig spöttisch gemeint. Sie hatte sich bei einer Feier im Clubhaus an einem zerbrochenen Sektglas verletzt, und die scharfe Kante hatte ihr die Sehnen von zwei Fingern ihrer rechten Hand durchschnitten. Das hatte zur Folge, dass Hilde Krahwinkel den Schläger nur mit drei Fingern fest umschließen konnte. Und so entstand der Eindruck, sie ließe den Schläger nach unten hängen und wollte damit ihren Gegnerinnen ein „Löffelspiel" aufzwingen.

Diese Schwäche an ihrer Hand glich sie durch ein enormes Laufpensum aus. So schreibt Menzel weiter: „Die unermüdliche Fußarbeit war der Schlüssel zu ihren Siegen, die meisten Erfolge erlief sie geradezu. Mit beschränkten Mitteln erzielte sie die verblüffendsten Ergebnisse. Was sie aber über die bloßen Verteidigungskünstler hinaus hob, das waren nicht nur ihre scharfe Vorhand und ein gut angelernter Flugball; es waren Mut, Geist und unverfälschtes Temperament."

Hilde Krahwinkel, *1908 in Essen geboren, hielt sich ein Jahrzehnt lang – von 1930 bis 1939 – unter den Top Ten in der Weltrangliste. In ihren beiden erfolgreichsten Tennisjahren nahm sie hinter der Amerikanerin Helen Jacobs die zweite Position ein.*

Ihre größten Erfolge erzielte die Spielerin des ETUF Essen in den Jahren 1937 bis 1939 als sie im Pariser

Stade Roland Gaross die Endspiele der Französischen Meisterschaften gewann und sich damit den begehrtesten Sandplatztitel der Welt holte. In allen Finalen stand ihr die Französin Simone Mathieu gegenüber, die schon zuvor die Endspiele der Jahre 1929, 1932 und 1933 verloren geben musste.

Die Spielerin, die – wie Menzel einmal über sie schrieb – ihren Spitznamen „die langbeinige Spinne" mit Würde trug, stand zweimal in einem Einzel des Wimbledonfina les. Beide Male verlor sie: 1931 gegen Cilly Aussem und 1936 gegen die Amerikanerin Helen Jacobs. Zwischen diesen beiden Einzelniederlagen konnte sie 1933 an der Seite ihres Partners Gottfried von Cramm den Titel im Mixed gegen Mary Heeley und Norman Farquharson gewinnen.

Bei ihren Auftritten im Wimbledon erreichte sie insge samt viermal das Halbfinale und zweimal das Viertel finale. Im Mixed scheiterte sie im Finale 1930 zusammen mit Daniel Prenn an dem Australier Jack Crawford und der Amerikanerin Elizabeth Ryan deutlich 1:6 und 3:6.

Auch bei den Internationalen Deutschen Meisterschaften zeigte sie ihre Extraklasse, als sie in den Jahren 1933 bis 1939 den Titel gewann – ab 1934 nach ihrer Heirat mit einem dänischen Tennisspieler trat sie unter dem Namen Sperling an. Unter ihren etwa 120 Meistertiteln sind auch etliche aus ihrer Wahlheimat Dänemark. Hilde Krawinkel verstarb am 7. März 1981 in Helsingborg, Schweden.

Der große USSpieler und Trainer Bill Tilden charak terisierte sie einmal so: „Hilde sieht als Tennisspielerin auf den ersten Blick einfach hoffnungslos aus. Ihr Spiel ist extrem ungeschickt. Es ist auf verkrampfte, unorthodoxe Grundlinienschläge beschränkt. Hilde hat keinen Flug und keinen Schmetterball. Und doch ist sie seit 1934 die zuverlässigste Gewinnerin auf allen Tennisplätzen. Sie ist wieder einer der Beweise für die große Tenniswahrheit, dass das ‚Wo' und ‚Wann", nicht aber das ‚Wie' man den Ball trifft, entscheidend für den Sieg ist."

Und nicht nur das: Sie war auch in ihren späten Tennisjahren äußerst erfolgreich. So schlug sie zum Beispiel 1950, da war sie bereits 42 Jahre alt, in ihrer Heimatstadt Essen die gesamte deutsche Tenniselite. Die jungen Spielerinnen waren dem „unorthodoxen" Spiel der Altmeisterin nicht gewachsen. Hilde Sperling nahm es gelassen. Nachdem sie den jungen deutschen Nachwuchsdamen souverän deren sportliche Grenzen aufgezeichnet hatte, strickte sie in aller Ruhe an ihrem Pullover weiter.

Nach Steffi Graf ist Hilde Sperling-Krahwinkel die erfolgreichste Spielerin der deutschen Tennisgeschichte.

Wie schon zuvor in Paris hatte die Mehrheit der Tennissportbegeisterten auf einen Sieg der Engländerin Betty Nuthall gesetzt; zumindest meinte das Mr. Trim, der Besitzer des Fotoladens am Platz, denn bei ihm seien ihre Bilder am meisten gefragt. Doch Betty Nuthall schaffte es noch nicht einmal ins Finale. Das war den beiden deutschen Spielerinnen Cilly Aussem und Hilde Krahwinkel vorbehalten. Cilly war als Nummer 1 gesetzt, Hilde Krahwinkel als Nummer 4. In seinem Buch „The Centre Courts and Others" schrieb F. R. Burrow 1937, dass es niemand gewagt hätte, zu Beginn des Turniers ein solches Ereignis vorauszusagen.

Es war der elfte Tag des Wimbledon Turniers, Freitag der 3. Juli 1931. Ein heißer Tag. Die Besucherzahl auf dem Center Court erreichte nicht ganz die gewohnten Dimensionen eines Endspiels. In der Berliner Morgenpost war von 20.000 Zuschauern die Rede. Viele Briten verzichteten auf einen Besuch des Finales, weil sich dort zwei deutsche, jedoch keine einheimischen Spielerinnen, gegenüber standen. Die ursprüngliche Spielplanung sah vor, dass das Finale am 4. Juli stattfinden sollte. Auf Wunsch der Veranstalter verzichteten die beiden Kontrahentinnen jedoch auf die ihnen zustehende Ruhepause. Obwohl Presseberichten zufolge besonders Hilde Krahwinkel „Spuren sichtlicher Ermüdung zur Schau" trug.

Auch Cilly Aussem war gesundheitlich nicht auf der Höhe. Die beiden Deutschen waren im Damendoppel zuvor schon Helene Nicolopoulo und Lolette Payot in drei Sätzen unterlegen. Cilly Aussem befand sich zu diesem Zeitpunkt, so war in einer Zeitung zu lesen, „wieder unter ärztlicher Aufsicht". Im selben Bericht wurde vermutet, dass sie und ihre Finalgegnerin „vielleicht auch an anderen Turnieren in nächster Zeit nicht teilnehmen können."

Zwar meldeten die Zeitungen, dass Aussem und Krahwinkel den Länderkampf gegen England in Edgbaston bei Birmingham bestreiten würden, doch die beiden hatten zu diesem Zeitpunkt ihre Teilnahme bereits abgesagt.

„Cilly Aussem spielt in dem Länderkampf gegen England nicht mit. Die Überanstrengungen, die ihr die beiden Endrunden in der englischen Meisterschaft auferlegt haben, veranlassen sie, den Rat ihres Arztes zu befolgen und mit Zustimmung des deutschen Mannschaftsführers auf die Teilnahme am Länderkampf zu verzichten", war in der Berliner Morgenpost im Spielbericht über das Finale zu lesen.

In Birmingham regnete es gewaltig, und das Spiel musste mehrfach unterbrochen werden. Das deutsche Damenteam ging in diesem Wettkampf mit 0:10 sang- und klanglos unter. Da blieb den deutschen Berichterstattern nur die Flucht in die Vermutung: „ ... So wäre doch bei Mitwirkung von Frl. Aussem und bei günstigeren allgemeinen Verhältnissen fraglos ein Ergebnis zustande gekommen, das dem deutschen Damentennis Ehre gemacht hätte." Als ob die englischen Spielerinnen nicht auch unter den heftigen Regenschauern in Birmingham hätten leiden müssen.

Im ersten Satz des Finales ging Cilly Aussem schnell mit 3:0 in Führung. Bald darauf hatte Krahwinkel aufgeholt, und es stand nur noch 4:2. Aussem zeigte Unsicherheiten und hätte Krahwinkel fast auf 3:4 herankommen lassen. Doch ein schlecht platzierter Schmetterball der langbeinigen Spielerin aus Essen brachte das 5:2 für die Kölnerin, die schließlich den Satz mit 6:2 für sich entschied.

„Fräulein Aussem begann wie ein Sieger; zuversichtlich von Beginn an“, schrieb die amerikanische Spitzenspielerin Elizabeth Ryan in ihrer täglichen Kolumne in der Daily Mail vom 4. Juli. Der Artikel war überschrieben: „Wie deutsche Mädchen zu Tennischampions wurden“.

„Ausser einem spannenden Ballwechsel zu Beginn des zweiten Satzes gab es für Fräulein Krahwinkel nur wenig Hoffnung“, schrieb Ryan. In der Tat war der zweite Satz hart umkämpft. Dieses Mal ging Krahwinkel durch gute Schläge und Angriffe am Netz mit 3:0 in Führung. Cilly Aussem parierte gekonnt mit äußerst platzierten Bällen und erreichte fast mühelos den Gleichstand zum 3:3.

„Das siebte Spiel entfesselte den härtesten Kampf des ganzen Matches“, formulierte es ein Spielbericht. „Lange Ballwechsel, auf jeder Seite die Entschlossenheit, den notwendigen Punkt zu machen.“ Dann ging das Spiel an Krahwinkel: 4:3.

Cilly setzte dagegen. Ihre Beinarbeit war fantastisch. Und das, obwohl der Boden des Centre Courts schwer spielbar war. Vierzehn Tage lang hatte die Sonne erbarmungslos am Himmel gestanden, und die große Hitze hatte den Boden hart wie Beton werden lassen. Das führte dazu, dass beide Spielerinnen in ihrem Spiel durch Blasen an den Füßen gehandicapt waren. Helen Jacobs, die von Hilde Krahwinkel im Halbfinale ausgeschaltet wurde, bedauerte die beiden Deutschen: „Leider war es ein trauriges Finale. Als Hilde mich 10:8, 0:6, 6:4 besiegte, hatte sie dermaßen schlimme Blasen an den Füßen, dass sie kaum laufen konnte, und Cilly litt nach dem Spiel gegen

Simone Mathieu unter den gleichen Schmerzen. Keiner der beiden tat mehr als den Ball im Spiel zu halten ... "

Die Kölnerin schien mit ihren Fußproblemen besser zurecht zu kommen als ihre Gegnerin, glich aus und ging sogar in Führung. Beim Stand von 5:4 lag sie bereits mit 30:0 vorn, da sicherte sich Krahwinkel vier Punkte hintereinander, und es stand unentschieden: 5:5.

Cilly Aussems größere Sicherheit, ihre fleißige Laufarbeit und ihr starker Siegeswille setzten sich schließlich durch. Sie gewann 7:5 und trug sich damit als erste Deutsche in die Siegerlisten des Turniers von Wimbledon ein. Damit hatte sie das berühmteste Tennisturnier der Welt gewonnen, das, wie es die Berliner Zeitung in ihrer Ausgabe vom 4. Juli 1931 formulierte, „allgemein als Weltmeisterschaft gilt." Ihre Nachfolgerin hieß Steffi Graf, die als zweite Deutsche ein Wimbledon-Einzel gewann: 1988. 57 Jahre später.

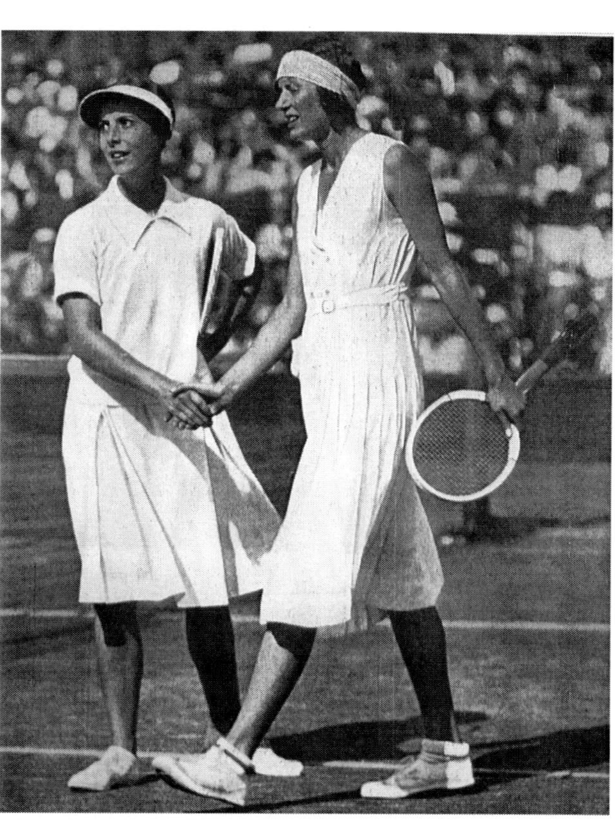

Bild 6: Nach dem Finale. Cilly Aussem und Hilde Krahwinkel (r)

Für Cilly und die anderen Spielerinnen war es seinerzeit nicht so einfach wie heute, vom Centre Court zu den Kabinen zu gelangen. Sie mussten sich erst den Weg durch die Masse von Fans bahnen, Autogramme schreiben oder wartenden Journalisten Interviews geben. Das war für die scheue und zarte Cilly zu viel. Einen solchen Menschenauflauf hatte sie noch nie erlebt. Die begeisterte Menge schien sie zu erdrücken. Sie brach in Tränen aus. Hilfe nahte in Person von Teddy Tinling. Dem Zweimetermann, Manager des Center Courts, dessen Aufgabe es war, sich um die ausländischen Spieler zu kümmern, waren Situationen wie diese nicht fremd. Kurzentschlossen trug der stämmige Brite, der sich mit Hilfe seiner Ellenbogen den Weg durch die dichte Menschenmenge bahnte, die angeschlagene Cilly in ihre Kabine.

„Ich bin überzeugt", so Elizabeth Ryan, „dass die Verliererin gegen eine Spielerin aus einem anderen Land besser gespielt hätte. Ich hasse den Ausdruck ‚Minderwertigkeitskomplex', doch der charakterisiert das Spiel genau. Fräulein Aussem war in der glücklichen Lage, dass sie ihre Landsfrau bisher stets besiegt hatte. Sie wusste genau, was sie zu tun hatte. Genau das tat sie, und die bessere Spielerin hat gewonnen."

Dagegen vertrat die Berliner Morgenpost in ihrer Ausgabe vom 4. Juli 1931 die Meinung, dass es „trotz harten Kampfes im zweiten Spiel ... kein eigentliches Weltmeisterspiel" gewesen sei. Über Hilde Krahwinkel schrieb sie: „So verlor sie leider mit 6:2 und 7:5 und verließ als eine zwar geschlagene, aber der Gegnerin ebenbürtige Kämpferin den Centre Court hinter der, etwas matt, aber doch sehr glücklich lächelnden Weltmeistern Cilly."

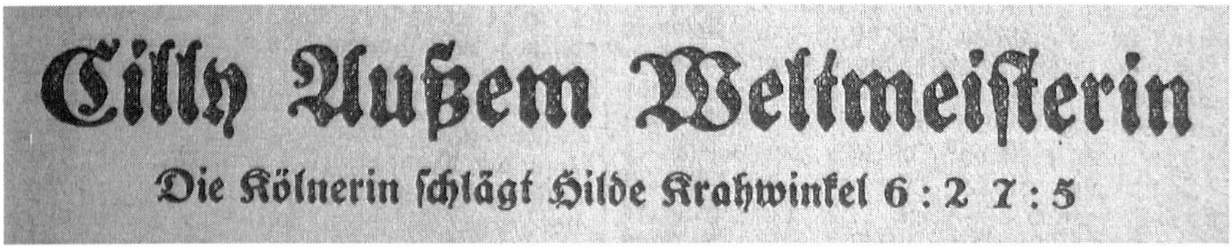

Cilly Außem Weltmeisterin

Die Kölnerin schlägt Hilde Krahwinkel 6 : 2 7 : 5

Bild 7: Kölnische Zeitung vom 4. Juli 1931

Ganz anders ging die englische Presse mit Cilly Aussem um. Aus vollem Herzen schienen die Blätter der jungen Deutschen den begehrten Wimbledontitel nicht zu gönnen, denn trotz des Sieges wurde Kritik laut. Am 4. Juli, einen Tag nach dem Finale, war in einer britischen Zeitung zu lesen: „Fräulein Aussem, der Champion, ist keine ideale Spielerin. Sie hat nicht die Kraft von Miss Nuthall – die nur wenige Frauen haben – aber sie hat ausreichend Schnelligkeit in ihren Schlägen, sie schätzt das Risiko korrekt ein und sie kennt den richtigen Augenblick, wenn sie härter werden und angreifen muss." Immerhin: für einen Sieg im Finale von Wimbledon hatten Cilly Aussems Tenniskünste gereicht.

***Betty Kay Nuthall** war gerade einmal sieben Jahre alt, als ihr Vater ihr die ersten Unterrichtsstunden im Tennis gab. Das war 1918, und neun Jahre später konnte sie bereits ihren ersten großen Erfolg aufweisen. Bei den US Meisterschaften hatte sie es 1927 bis ins Finale geschafft, in dem sie aber der großen Helen Wills mit 1:6 und 4:6 unterlegen war. Das Mädchen aus dem englischen Sussex, wo sie am 23. Mai 1911 in der kleinen Ortschaft Surbiton das Licht der Welt erblickte, war zu diesem Zeitpunkt gerade einmal 16 Jahre alt.*

Nach ihrer überraschenden Finalteilnahme gab es jedoch weder 1928 noch 1929 große Erfolge zu vermelden. In den USA kam sie zwar 1929 ins Mixed Endspiel, konnte aber den Titel nicht erringen. Erst 1930, nachdem sie für das Wightman Cup Team keine Berücksichtigung fand, nahm sie ihr Schicksal selbst in die Hand, verließ ihre britische Heimat und wanderte mit ihrem Bruder, dem britischen Juniorenmeister, in die USA aus. Ihre Entscheidung stellte sich schnell als richtig heraus, ihre Hartnäckigkeit und ihr Mut wurden belohnt. Sie stellte ihre Spielweise um und gewann im gleichen Jahr die US-Meisterschaften im Einzel. Als erste Nicht-Amerikanerin seit der Jahrhundertwende nahm Betty Nuthall die begehrte Trophäe nach einem für sie leichten Endspiel über die als Nummer 1 gesetzte Anna McCune Harper in Empfang. Auch im Mixed war sie bei den US-Meisterschaften mit ihrem Partner John Doeg erfolgreich. Danach erfolgte eine erneute Berufung ins Wightman Team, in dem sie bis 1934 – und dann noch einmal 1939 – an den Start ging.

Noch erfolgreicher gestaltete sich das Jahr 1931. Auf Nuthalls Konto ging der Sieg im Damendoppel bei den US-Meisterschaften sowie zwei Erfolge bei den Französischen Meisterschaften: im Damendoppel und im Mixed. Bei den Einzeln konnte sie sich rühmen, auf dem Weg ins Finale Helen Jacobs und Hilde Krahwinkel geschlagen zu haben. Damit konnte sie ein rein deutsches Finale in Paris vermeiden, denn mit Cilly Aussem hatte sich bereits eine andere deutsche Spielerin qualifiziert.

Doch an der scheiterte Betty Nuthall im Finale. Die Kölnerin setzte sich in zwei Sätzen mit 8:6 und 6:1 durch und wurde die erste deutsche Tennisspielerin, die einen Sieg in Paris davon tragen konnte. Wenige Wochen später war die Britin dann aber doch nicht in der Lage, ein deutsches Endspiel zu verhindern, und so standen sich in Wimbledon Cilly Aussem und Hilde Krahwinkel gegenüber.

Im Jahr 1932 konnte sie den einzigen Erfolg bei den Französischen Meisterschaften im Mixed verbuchen. Ein Jahr später war sie im Doppel bei den US-Titelkämpfen erfolgreich. Im Halbfinale der Einzel gelang ihr ein spektakulärer Sieg über Helen Wills. In Frankreich reichte es im Mixed lediglich zur Finalteilnahme.

In einer Biografie war zu lesen, dass sie ihren Schläger mit einem weit ausgestrecktem rechten Arm wie einen Dreschflegel einsetzte. Dabei schlug sie die Bälle kraftvoll und präzise. Ihr Spiel lebte von dem hohen Tempo in ihrem Vorhandspiel, sie wusste ihre Kräfte geschickt einzuteilen und legte dabei stets eine intelligente Taktik und Spielweise an den Tag.

Betty Nuthall war in den Jahren 1927, 1929, 1930, 1931 und 1933 unter den zehn besten Spielerinnen der Welt gelistet. Sie hatte sich für den Verbleib in ihrer neuen

Heimat entschieden und lebte zuletzt in New York, wo sie am 8. November 1983 verstarb.

Wie selbstherrlich und nationalistisch Teile der englischen Presse agierten, lässt sich aus der Tatsache ableiten, dass die Zeitschrift The Sphere in ihrer Ausgabe vom 11. Juli 1931 in einem Rückblick auf das Wimbledonturnier die Hoffnung ausdrückte, dass Wimbledon 1932 ein Erfolgsjahr für die englischen Spieler sein könnte und Wimbledon 1933 sein sollte. Während Stärken und Schwächen etlicher Spieler beschrieben und Paarungen kommentiert wurden, tauchte der Name der deutschen Siegerin in diesem Artikel nicht ein einziges Mal auf. In dem Bericht war hauptsächlich von der Wiederauferstehung des britischen Tennis die Rede. Ob die Zeitung da nicht zu hoch gegriffen hatte, wenn sie von einer Wiederauferstehung schrieb? Denn nicht eine einzige britische Spielerin hatte es geschafft sich unter den letzten Vier zu platzieren. Im Laufe des Artikels wurden dutzende Spieler und Spielerinnen namentlich genannt – meistens britische, unabhängig von ihrem Abschneiden im Turnier. Die Namen der beiden Finalistinnen tauchten jedoch nicht ein einziges Mal auf. Lediglich das Bild, auf dem Cilly Aussem und Hilde Krahwinkel nach dem Finale zu sehen sind, druckte die Zeitung ab.

Seit Bestehen des Turniers, das seit 1877 nur für Herren und 1884 erstmalig für Damen ausgetragen wurde, war Cilly Aussem nach der Französin Suzanne Lenglen erst die zweite Gewinnerin, die nicht aus den USA oder England stammte. Bis 1914 dominierten die englischen Damen weit vor den Amerikanerinnen das Turnier. Mit ihren Siegen in den Jahren 1919 bis 1923 und 1925 brach zunächst Lenglen in diese anglo-amerikanische Phalanx ein, 1931 war es Cilly Aussem und dann erst wieder 1959 und 1960 die Brasilianerin Bueno sowie 1963 die Australierin Margret Smith.

„Cecily Aussem", wie Cilly heute in den offiziellen Unterlagen des All England Lawn Tennis Clubs in Wimbledon geführt wird, wurde in ihrer Spielweise oft mit Lenglen verglichen:

„Man braucht auch nicht mehr zu erwähnen, als dass die meisten englischen Fachkritiker die Kölnerin mit Suzanne Lenglen verglichen. Sie habe die gleiche Leichtigkeit der Schläge – wenn auch nicht ihrer Technik – und eine in der Welt nicht mehr erreichte Fußarbeit."

Mit **Suzanne Lenglen** *verglichen zu werden, war sicherlich für eine junge Spielerin wie Cilly Aussem mehr als eine große Ehre. Obwohl sie einmal selbst als „the Lenglen of Germany" bezeichnet wurde, konnte sie in keiner Phase ihrer Karriere auch nur annähernd an die Erfolge der Französin anknüpfen. Suzanne Lenglen beherrschte in den zwanziger Jahren das internationale Damentennis, in dem sie neue Maßstäbe setzte. Als 21-jährige schaffte sie es 1920 als erste, bei den Internationalen Englischen Tennismeisterschaften in Wimbledon im Einzel, im Doppel und im Mixed den Titel zu holen.*

Sie war sogar in der Lage, dieses grandiose Kunststück in den Jahren 1922 und 1925 zu wiederholen. 1919 bis 1923 holte sie jeweils den Titel bei den Damen. Ein Jahr später musste sie nach der vierten Runde wegen Krankheit auf eine weitere Teilnahme am Turnier verzichten. Doch 1925 konnte sie wiederum den Titel erringen. Insgesamt holte sie im Wimbledon 15 Titel, und in den Jahren 1925 und 1926 war sie unangefochten die Nummer eins der Weltrangliste.

1926 kam es in Wimbledon zum Eklat, der zur Folge hatte, dass Lenglen in den folgenden Jahren dort nicht mehr antrat: Die „Göttliche" – diesen Namen hatte ihr der französische Dichter Claude Anet verliehen – hatte Queen Mary von England in deren Royal Box in Wimbledon vier Stunden warten lassen. Lenglen war laut eigener Aussage nicht informiert worden, wann Ihre Majestät auf dem Platz erscheinen würde.

Somit hatte sie einen guten Grund gefunden, sich vom Amateursport zu verabschieden. Im gleichen Jahr begann sie in den Vereinigten Staaten ihre Profikarriere. Sie war in jeder Beziehung eine ungewöhnliche Spielerin. So war ihr die konventionelle Tenniskleidung der zwanziger Jahre zuwider. Während ihre Gegnerinnen stets hoch verschlossen gekleidet und mit langen Röcken ihre Spiele bestritten, stellte Lenglen gerne ihre Weiblichkeit zur Schau. Einmal schockte die junge Französin die britischen Zuschauer bei einem Wimbledon Turnier, als sie stark geschminkt und so gekleidet auf den Platz kam, dass sowohl ihre Knöchel als auch ihre Unterarme nicht von Kleidung bedeckt waren. Genau so shocking empfand es die Tenniswelt, als Lenglen mit einer praktischen Kurzhaarfrisur den Platz betrat. Auch das hatte es zuvor nie gegeben.

Sie war auch bekannt dafür, während des Spiels in Tränen auszubrechen, zu schmollen oder einen bösen Gesichtausdruck zu machen. Zwischen den Sätzen war sie gelegentlich einem Schlückchen Brandy nicht abgeneigt. „Manche fanden das schockierend und unanständig, doch sie war lediglich ihrer Zeit voraus", schrieb die International Tennis Hall of Fame. „Suzanne Lenglen hat Glanz auf die Bühne und das Ballett auf den Platz gebracht."

In ihrer einzigartigen Karriere hatte sie 81 Titel im Einzel erkämpft, davon sieben ohne Spielverlust. Dazu kommen 73 Siege im Doppel und acht im Mixed. Zu ihren Erfolgen gehören auch zwei Goldmedaillen im Einzel und im Mixed bei den Olympischen Spielen 1920 in Amsterdam.

Im Alter von nur 39 Jahren verstarb Suzanne Rachel Flore Lenglen am 4. Juli 1939 in Paris an Leukämie.

Cilly Aussems weitere Auftritte mit Gottfried von Cramm endeten bereits in der zweiten Runde. Die beiden Deutschen hatten zuerst das polnisch-japanische Duo Jadwiga Jedrzjowska/Jiro Satoh 6:3, 6:4 besiegt, verloren aber dann 6:8, 4:6 gegen Joan Lycett und Christian Boussus. Auch im Damendoppel gab es an der Seite ihrer Finalgegnerin Hilde Krahwinkel gleich zu Anfang eine Niederlage, die das Aus bedeutete.

Cilly Aussems Wimbledon Historie:

Einzel:

1927: nicht gesetzt, 2 Spiele verloren,
gegen Betty Nuthall in der 1. Runde ausgeschieden
1928: als 7. gesetzt, 3 Spiele gewonnen,
gegen Lili d'Alvarez im Viertelfinale ausgeschieden
1929: als 8. gesetzt, 2 Spiele gewonnen,
gegen Joan Ridley in der 4. Runde ausgeschieden
1930: als 6. gesetzt, 4 Spiele gewonnen,
gegen Elizabeth Ryan im Halbfinale ausgeschieden
1931: als 1. gesetzt, 6 Spiele gewonnen,
gegen Hilde Krahwinkel im Finale gewonnen
1934: als 7. gesetzt, 4 Spiele gewonnen,
gegen Helen Jacobs im Viertelfinale ausgeschieden

Ihre Einzelbilanz in Wimbledon:

Gewonnen: 268 Spiele – verloren: 141 Spiele
Gewonnen: 38 Sätze – verloren: 11 Sätze
Gewonnen: 19 Matches – verloren: 4 Matches

Ihr längstes Einzel:

1928 in der 4. Runde.
24 Spiele gegen F. M. Strawson: 6:1, 4:6, 6:1

Damendoppel:

1927: mit Ilse Friedleben gegen Joan Fry und Margaret Saunders in der 1. Runde ausgeschieden

1928: mit Betty Nuthall gegen Effie Hemmant und Joan Strawson in der 2. Runde ausgeschieden

1929: mit Irmgard Rost gegen Elsa Haylock und Betty Dix in der 1. Runde ausgeschieden

1930: mit Mianne Palfrey gegen J. L. Colegate und C. Tyrrell in der 1. Runde ausgeschieden

1931: mit Hilde Krahwinkel gegen Helene Nicolopoulo und Lolette Payot in der 1. Runde ausgeschieden

1932: mit Phyllis Satterthwaite gegen Madge List und May Bruce in der 2. Runde ausgeschieden

1934: mit Marlies Horn gegen Simone Mathieu und Elizabeth Ryan in der 2. Runde ausgeschieden

Mixed:

1927: mit Heinrich Kleinschroth gegen Joan Lycett und Randolph Lycett in der 1. Runde ausgeschieden

1928: mit Béla von Kehrling gegen Daphne Akhurst und Jack Crawford in der 2. Runde ausgeschieden

1929: mit Daniel Prenn gegen Eileen Bennett und Henri Cochet in der 1. Runde ausgeschieden

1930: mit Bill Tilden gegen Phyllis Mudford und Gordon Crole Rees im Viertelfinale ausgeschieden

1931: mit Gottfried von Cramm gegen Joan Lycett und Christian Boussus in der 3. Runde ausgeschieden

1932: mit Donald Turnbull gegen Joan Ingram und John Olliff in der 2. Runde ausgeschieden

Stationen eines Lebens – 1909 Köln bis 1963 Portofino

1909–1924 Schule, Internat und erste Tennisversuche

Das Geburtsdatum von Cilly Aussem wird sowohl mit dem 4. Januar als auch mit dem 4. April 1909 angegeben. Die meisten Bücher und Kurzbiografien nennen das Aprildatum.

Das dachte ich auch, als ich an einem kalten Wintertag Anfang des Jahres in der Ursulinenschule in Köln anrief, um dort in Erfahrung zu bringen, ob es noch Unterlagen über die ehemalige Schülerin Cilly Aussem gäbe. Als ich meine Wünsche vorgebracht hatte, sagte mir die nette Dame des Sekretariats, diese von mir gewünschten Nachforschungen seien ein Fall für die Sommerferien. Doch so lange wollte ich nicht warten, und deshalb bot ich all meinen Charme auf und erklärte, warum ich diese Angaben gerne etwas früher gehabt hätte. Nach einigen Minuten einigten wir uns darauf, dass ich innerhalb einer Woche zurückrufen und mich nach dem Stand der Nachforschungen erkundigen sollte. Eine Woche und einen Tag später hatte ich die nette Dame wieder am Telefon, und an ihrer triumphierenden Stimmlage in der Antwort auf meine vorsichtige Frage „Haben Sie denn schon etwas finden können?", merkte ich sofort, dass sie fündig geworden war. Ein Glück, denn bis zu den Sommerferien waren es noch mindestens fünf Monate.

Bereits Sekunden später nahm ich Notizen auf, die mit großem Stolz und Eifer aus dem Telefon sprudelten.

Zum ersten Mal hörte ich, dass Cilly Aussem in Wirklichkeit Cäcilia hieß – „mit ä, nicht mit e" – wie die Stimme am Telefon betonte. Nun gut, ich hatte es mir gedacht. Wenn man in Köln geboren und Cilly gerufen wird, dann kann in der Regel davon ausgegangen werden, dass der Taufname Cäcilia war – mit ä.

Also: Cäcilia Aussem, geboren am 4. Januar 1909, Betonung auf Januar, nicht April, nahm ich die freundliche, leicht vorwurfsvolle Ermahnung der Telefonstimme aus dem Sekretariat der Ursulinenschule entgegen. „Und jetzt halten Sie sich fest!", sagte die Stimme. „Sie war vom 26. April 1916 bis 2. August 1918 auf unserer Schule." Auch die Adresse und den Namen des Vaters wusste die Dame aus dem Schulsekretariat zu berichten. Mehr allerdings nicht. „Vielen Dank für Ihre Hilfe!", konnte ich gerade noch sagen, ehe das Gespräch beendet wurde.

Jetzt, nachdem wir wissen, dass Cilly in Wirklichkeit Cäcilia hieß, nennen wir sie weiter einfach Cilly. Das tat ja der Rest der Welt auch.

Dabei halte ich mich an Burghard von Reznicek, der am 2. Januar 1959 im Kölner Stadt-Anzeiger zu Cillys 50. Geburtstag schrieb: „Die höchste Sprosse des Ruhmes ist erklommen, wenn von einem Champion nur noch per Vornamen gesprochen wird. Das Welttennis kennt nur wenige Beispiele. Eines davon ist Cilly Aussem, die schlanke grazile Kölnerin, in den zwanziger und dreißiger Jahren eine der populärsten Erscheinungen auf den rostroten Plätzen und grünen Rasenfeldern des Tennis."

Cilly Aussem erblickte also am Montag, dem 4. Januar 1909 in „Cöln" das Licht der Welt. Sie wuchs in einer gut situierten, großbürgerlichen Familie auf. Ihr Vater Johann Aussem war Generalvertreter der französischen Käsefirma Gervais, und so wandelte sich sein Name in den Kölner Adressbüchern im Laufe der Zeit, dem Trend im französisch besetzten Nachkriegs-Köln folgend, von Johann zu Jean. Die Mutter, in zeitgenössischen Berichten als eine sehr schöne Frau beschrieben, nannte sich Helen, war aber auf den Namen Ursula Franziska getauft.

Mit sieben Jahren wurde die kleine Cilly in der Ursulinenschule in der Machabäerstraße, nicht weit weg vom Kölner

Hauptbahnhof, eingeschult, die sie etwa zweieinhalb Jahre besuchte.

Die Kölner Ursulinenschule wurde 1639 gegründet.

Das pädagogische Konzept der Schule geht zurück auf die heilige Angela Merici (1472–1540), die Gründerin der Gesellschaft der hl. Ursula, des späteren Ursulinenordens.

Angela Merici war eine für ihre Zeit bemerkenswert kluge, vorausschauende, moderne Frau. Sie erkannte die Notwendigkeit, besonders die weibliche Jugend zu unterweisen, um ihr Orientierungshilfen für eigenverantwortliches, unabhängiges und weltoffenes Handeln aus dem Glauben heraus zu geben.

Sie riet ihren Schwestern, sich von Grundsätzen leiten zu lassen, die für die damalige Zeit ungeheuer progressiv waren und nach wie vor aktuell sind. Dabei hatte das Bewahren der Tradition einen ebenso hohen Stellenwert wie Wertschätzung, Toleranz und die Offenheit für Fragen und Angelegenheiten der Mitmenschen.

Im Jahr 1908 taucht der Name Johann Aussem zum erstenmal in einem Kölner Adressbuch auf: Königsstraße 2, 1. Etage. Unter dieser Adresse wurde auch der Stammsitz der Gervais AG geführt, die 1920 mit Sitz in Köln gegründet wurde und ihre Käseprodukt zunächst in einem Werk am Niederrhein produzieren wollte. Diesen Plan gaben Aussem und die Gervais Geschäftsleitung aber schnell auf. Der Standort am Niederrhein erwies sich als vollkommen ungeeignet, weil die im nahen Rhein-Ruhr-Gebiet lebenden neun Millionen Menschen die anfallende Frischmilch restlos verbrauchten.

Ganz anders sah dagegen die Situation in Oberbayern aus, wo die Bauern erhebliche Schwierigkeiten beim Ab-

satz ihrer Frischmilch hatten. Besonders in der Gegend um Rosenheim wurden große Milchmengen produziert, die gar nicht verwertet werden konnten. Die Bauern waren weder in der Lage, ihre Frischmilch in die Münchner Region zu liefern noch hatten sie die Möglichkeit, die Milch einer industriellen Verwendung zukommen zu lassen.

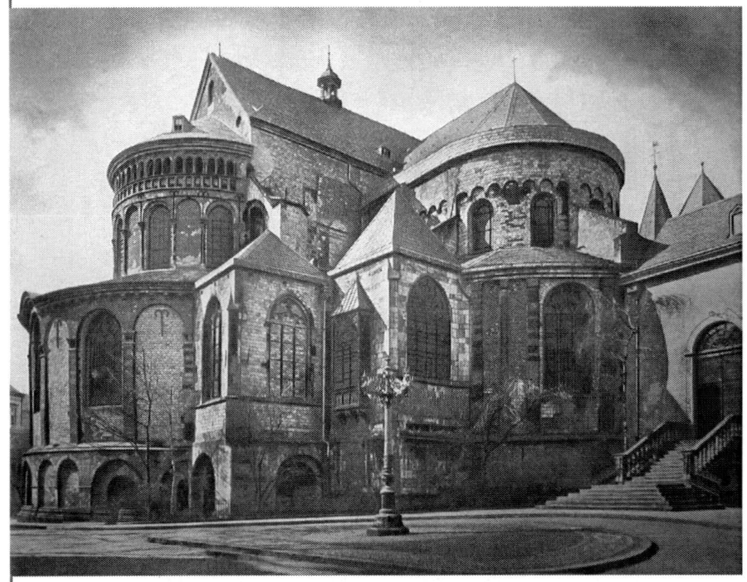

Bild 8: St. Maria im Kapitol, ca. 1910

Um die deutsche Landwirtschaft zu stützen, hatte die Reichsregierung hohe Zölle für die Einfuhr von Frischkäse aus Frankreich verhängt. Das hatte starke Proteste der französischen Regierung zur Folge, und so unterbreitete Reichskanzler Heinrich Brüning 1930 dem französischen Geschäftsführer Charles Gervais in einem persönlichen Gespräch in Berlin den Vorschlag, eine kleine Molkerei in Rosenheim zu übernehmen und sie für seine Zwecke auszubauen. Gervais nahm das deutsche Angebot an und schon kurz nach der Übernahme lag die tägliche Milchanlieferung bei 6.000 Litern.

Die deutsche Geschäftsführung unter der Leitung von Jean Aussem hatte ihren Sitz in der Königstraße. Sie liegt in unmittelbarer Nachbarschaft vom Heumarkt und ist eine kleine Stichstraße, die auf die größte der zwölf romanischen Kirchen der Kölner Innenstadt zuläuft: St. Maria im Kapitol. Diese Kirche wurde im 11. Jahrhundert auf den Fundamenten des 50 nach Christus errichteten römischen Kapitoltempels erbaut.

Der Tempel war den so genannten Kapitolinischen Gottheiten Jupiter, Juno und Minerva geweiht. Um 690 hat Plektrudis, die Frau des fränkischen Hausmeiers Pipin des Mittleren, in den Ruinen dieser römischen Tempelanlage eine Marienkirche gegründet. Das war wie ein Sieg des christlichen Gottes über die Gottheiten der Römer.

In den folgenden ca. 300 Jahren erlebte die Kirche eine wechselvolle Geschichte. Ihre entscheidende Phase ist verbunden mit der Äbtissin Ida, die mit dem ottonischen Kaiserhaus verwandt war. Sie wollte für das Benediktinerinnenkloster, das inzwischen zu Maria im Kapitol gehörte, eine neue Kirche bauen. Das sollte – standesgemäß – eine ganz besondere Kirche werden: nicht nur monumental sollte sie sein, sondern auf den ersten Blick den kaiserlichen Anspruch deutlich machen. Die Äbtissin Ida hat das auf zweifache Weise versucht und erreicht:

Zum einen hat sie als Westabschluss eine Empore gebaut, die in ihrer Architektur ganz deutlich die Wandgliederung der Pfalzkapelle Karls des Großen in Aachen aufgreift, der für die Familie der Ottonen Vorbild gewesen ist.

Zum anderen hat sie auch den Abschluss der Kirche nach Osten besonders gestalten wollen. Dazu hat sie sich etwas Geniales einfallen lassen und für die Choranlage von Maria im Kapitol den Grundriss der Choranlage der Geburtskirche in Bethlehem übernommen. Die Grundrisse der Ostteile beider Kirchen stimmen in den Maßen genau überein. Beide haben einen so genannten Dreikonchen- oder Kleeblattchor – nur dass in Maria im Kapitol die Seitenschiffe des Langhauses auch im Chorbereich ganz herumgeführt sind. Der Kleeblattchor von Maria im Kapitol ist der früheste seiner Art in Deutschland.

Ein Eintrag auf Seite 92 des Kirchenbuches von St. Maria im Kapitol (Signatur KB 244) besagt, dass dort am 20. Januar 1909 ein Mädchen auf den Namen Cäcilia Edith getauft worden ist. Ihr Geburtsdatum war der 4. Januar, ein Montag.

Taufpaten waren ihre Großmutter väterlicherseits, die ebenfalls Caecilia Aussem hieß, sowie ihr Großvater mütterlicherseits, Franz Wiesbaum. Als Eltern waren „Joh. Jos. Aussem und Urs. Franc. Wiesbaum" eingetragen.

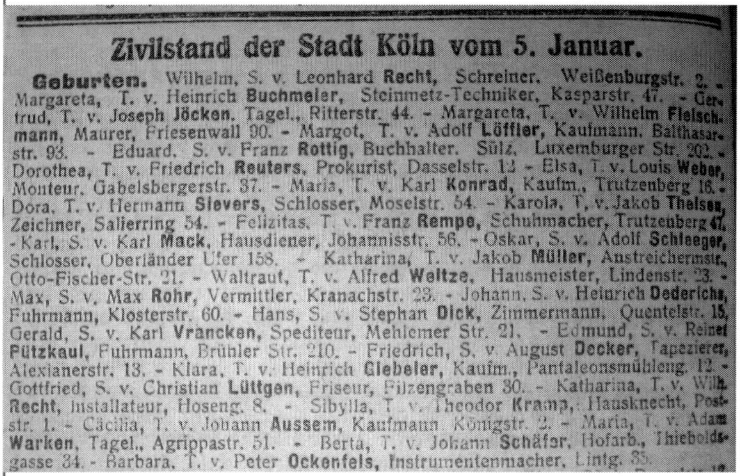

Zivilstand der Stadt Köln vom 5. Januar.

Geburten. Wilhelm, S. v. Leonhard **Recht,** Schreiner, Weißenburgstr. 2. - Margareta, T. v. Heinrich **Buchmeier,** Steinmetz-Techniker, Kasparstr. 47. - Gertrud, T. v. Joseph **Jöcken**, Tagel., Ritterstr. 44. - Margareta, T. v. Wilhelm **Fleischmann,** Maurer, Friesenwall 90. - Margot, T. v. Adolf **Löffler,** Kaufmann, Balthasarstr. 93. - Eduard, S. v. Franz **Rottig,** Buchhalter, Sülz, Luxemburger Str. 202. - Dorothea, T. v. Friedrich **Reuters**, Prokurist, Dasselstr. 12 - Elsa, T. v. Louis **Weber,** Monteur, Gabelsbergerstr. 37. - Maria, T. v. Karl **Konrad,** Kaufm., Trutzenberg 16. - Dora, T. v. Hermann **Sievers,** Schlosser, Moselstr. 54. - Karola, T. v. Jakob **Theisen,** Zeichner, Salierring 54. - Felizitas, T. v. Franz **Rempe,** Schuhmacher, Trutzenberg 47. - Karl, S. v. Karl **Mack,** Hausdiener, Johannisstr. 56. - Oskar, S. v. Adolf **Schleeger,** Schlosser, Oberländer Ufer 158. - Katharina, T. v. Jakob **Müller,** Anstreichermstr., Otto-Fischer-Str. 21. - Waltraut, T. v. Alfred **Weltze,** Hausmeister, Lindenstr. 23. - Max, S. v. Max **Rohr,** Vermittler, Kranachstr. 23. - Johann, S. v. Heinrich **Dederichs,** Fuhrmann, Klosterstr. 60. - Hans, S. v. Stephan **Dick,** Zimmermann, Quentelstr. 15. Gerald, S. v. Karl **Vrancken,** Spediteur, Mehlemer Str. 21. - Edmund, S. v. Reinet **Pützkaul,** Fuhrmann, Brühler Str. 210. - Friedrich, S. v. August **Decker,** Tapezierer, Alexianerstr. 13. - Klara, T. v. Heinrich **Giebeler,** Kaufm., Pantaleonsmühleng. 12. - Gottfried, S. v. Christian **Lüttgen,** Friseur, Filzengraben 30. - Katharina, T. v. Wilh. **Recht,** Installateur, Hoseng. 8. - Sibylla, T. v. Theodor **Kramp,** Hausknecht, Poststr. 1. - Cäcilia, T. v. Johann **Aussem,** Kaufmann, Königstr. 2. - Maria, T. v. Adam **Warken,** Tagel., Agrippastr. 51. - Berta, T. v. Johann **Schäfer,** Hofarb., Thieboldsgasse 34. - Barbara, T. v. Peter **Ockenfels,** Instrumentenmacher, Lintg. 35.

Bild 9

Im Kölner Stadt Anzeiger vom 6. Januar 1909 wurde über den „Zivilstand der Stadt Köln vom 5. Januar" berichtet, in dem 28 Geburten von Neugeborenen aufgelistet waren. Das 25. Kind war „Cäcilia, T. v. Johann Aussem, Kaufmann, Königstr. 2" – also die Tochter von Johann Aussem. Die Mutter wurde nicht erwähnt.

Johann Aussem hatte 1908 eine „Südfrüchte- und Käsegroßhandlung" übernommen und das Geschäft nach und nach aufgebaut. Noch 1918 gab es einen identischen Eintrag im Kölner Adressbuch des Greven Verlags, doch schon 1921 war Johann Aussem unter „Aussem, Jean, Vorst. d. Fromageries Ch. Gervais A-G." zu finden. Neben einigen Mitgliedern der Familie Gervais war im Eintrag des Adressbuches auch seine Frau Helen unter den Mitgliedern des Aufsichtsrats aufgeführt.

Zwei Jahre zuvor war die Familie aus der Kölner Innenstadt in den Vorort Sülz, im Kölner Südwesten, umgesiedelt und wohnte dort in der Weishausstraße 4.

1931, in Cilly Aussems erfolgreichsten Tennisjahr, erwarb Johann Aussem eine prachtvolle Villa; das Haus Deutscher Ring 16. Der Deutsche Ring – heute heißt er Theodor Heuß Ring – ist der nördlichste Teil der Kölner Ringe, der den Ebertplatz (früher Platz der Republik) mit der Rheinuferstraße verbindet.

Seine Tätigkeit bei Gervais hatte Jean Aussem zu einem vermögenden Mann gemacht. Die Firma wusste, was sie ihm zu verdanken hatte. „Unter Konsul Aussems Direktion entwickelte sie sich zu einer weit verbreiteten Handelsgesellschaft, die den aus Frankreich kommenden Gervais-Carré in Deutschland vertrieb", hieß es in der Illustrierten Zeitschrift für die Wirtschaft im Dezember 1957.

Nach dem Krieg, Cilly war schon lange verheiratet und lebte in Italien, stand ein erneuter Umzug an. Im Jahr 1950 ist Helen Aussem im noblen Kölner Stadtteil Marienburg zu finden: Marienburger Straße 60. Zwischenzeitlich hatte sie sich von ihrem Mann getrennt, der nun in München lebte.

Zwei Jahre später, in dem Jahr, in dem Cillys Eltern innerhalb einer Woche starben, lautete die Anschrift Kastanienallee 9, ebenfalls in Marienburg. Das ist der letzte Eintrag im Kölner Adressbuch.

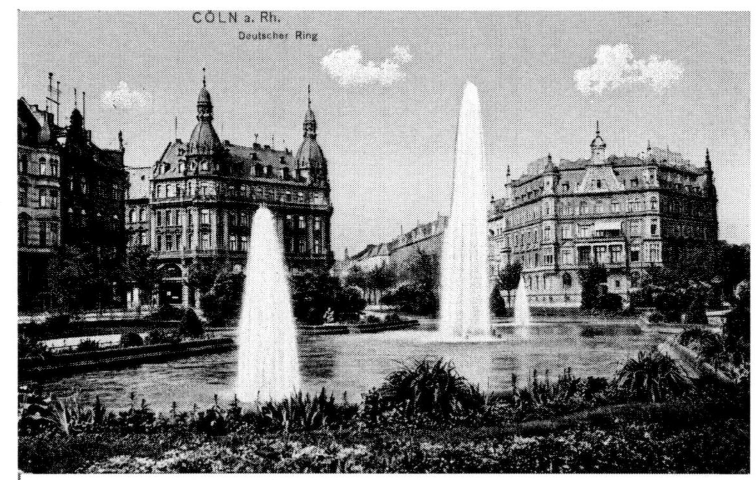

Bild 10:
Deutscher Ring, ca. 1930

Im Gegensatz zu der weit gereisten Cilly haben ihre Eltern trotz mehrerer Wohnsitze in den verschiedensten Vierteln von Köln nur einmal außerhalb der Domstadt gewohnt. Jean Aussems geschäftliche Verbundenheit zu Gervais ließ ihn nach München ziehen. Die letzte Ruhestätte haben er und seine Frau jedoch gemeinsam in Köln gefunden. Ganz offensichtlich gab es eine große Verbundenheit zu Köln und zum Rheinland. Schon der Name lässt auf einen rheinischen Ursprung der Familie schließen. Der Name Aussem stammt von der im Jahre 962 erstmalig erwähnten Siedlung Oulesheim ab. Im Laufe der Zeit wandelte sich im rheinischen Dialekt die Silbe „heim" zu „em" und somit Oulesheim zu Aussem. Heute gehören die kleinen Ortschaften Niederaussem und Oberaussem zur Stadt Bergheim, westlich von Köln.

Nach ihrer Schulzeit wechselte sie in ein schweizerisches Internat am Genfer See. „Als vierzehnjähriges Pensionsmädel" kehrte sie im Sommer 1923 nach Köln zurück. „Ein leichtfüßiges, mittelgroßes Pummelchen, aber ein süßes, kluges Geschöpfchen, e lecker kölsch' Kind, wie wir hier am Rhein zusagen pflegen, ein sehr beachtliches Tennistalent, beileibe aber kein Tennisgenie ...", schrieb ein Zeitgenosse.

An ihrem Elternhaus am Deutschen Ring Nr. 16 zierte ein Schild mit der Aufschrift „Herzlichen Willkommen“ die Fassade eines vornehmen Patrizierhauses. Ihre Eltern und ihr jüngerer Bruder bereiteten Cilly, die aus einem schweizerischen Internat heimkehrte, einen großen Empfang.

Dort, in Montreux, hatte sie Unterricht in Kunstgeschichte und Musik bekommen sowie Sprachen gelernt: englisch, französisch, italienisch. In der Publikation „Frauensport in Köln“ wurde vermutet, man hätte sie „in schöngeistigen Dingen unterrichtet, mit dem Ziel in späteren Jahren dem Mann in repräsentativen Angelegenheiten zur Seite zu stehen.“ Und nun, nach ihrer Rückkehr in ihre Vaterstadt, sollte sie, wie es sich für Töchter aus gutem Hause zu dieser Zeit gehörte, auch in den Genuß von Tanz- und Tennisunterricht kommen.

An Tennis verschwendete die junge Cilly in diesen Tagen nicht einen einzigen Gedanken. In einem Brief, den sie am „11. Fevrier 1922“ aus Montreux Territet an ihre Eltern schrieb, beklagte sie, dass sie Klavierspielen üben musste und dass es im Internat „ziemlich streng“ zuginge. Andererseits freute sie sich auch und fügte bescheiden hinzu: „Und hier ist bald Frühling, und dann kann ich Rad fahren, und das ist ja alles, was ich will!“

Vater Aussem wird als „guter Geschäftsmann“ und „gepflegte Erscheinung“ beschrieben. „Der war immer piekfein und elegant“, bewunderte ihn ein Zeitzeuge aus der Kölner Südstadt, der mit ihm geschäftlich zu tun hatte. Demnach soll es sich bei Johann bzw. Jean Aussem – oder in der kölschen Mundart ausgedrückt: „Schäng“ – um einen etwas gesetzten, grau melierten, etwa 178 cm großen Herrn gehandelt haben, der in Köln „Rang und Namen“ hatte. Und er war sehr vermögend.

Das Tennisspielen konnte sich in dieser Zeit nur die Gesellschaftsschicht erlauben, die es zu einem gewissen Wohlstand gebracht hatte. Für die Anschaffung der Ausrüstung und für Clubbeiträge waren erhebliche Summen erforderlich, die sich Menschen mit weniger guten Ein-

kommen kaum erlauben konnten. So musste z.B. ein Mitglied beim TC Bamberg 1930 einen Jahresbeitrag von 50 Reichsmark entrichten, das zweite Familienmitglied zahlte 40 und Kinder bis 14 Jahren immerhin noch 20 Reichsmark. Ungefähr die gleichen Beträge mussten für die Anschaffung von Tennisschlägern aufgebracht werden. Das Schlägersortiment des Herstellers Heinrich Hammer aus Erbach bewegte sich bei den Einsteigermodellen im Niedrigpreissegment von 6,60 (Modell „Champion") bis 19 RM (Modell „Ideal"). Allerdings gab es auch teurere Varianten – das Modell „Favorit" für 26,50 RM und „Dux Extra" für 30 RM.

Der größte Anbieter weltweit war die seit 1911 bestehende Firma Hammer aus Bad-Mergentheim. Ende der 20er Jahre waren über 400 Arbeiter mit der Produktion von Tennisschlägern und Einzelteilen beschäftigt. Das gefragte Schlägersortiment lag preislich zwischen 24 RM (Modell „Spezial") und 30 RM („Modell Extra Spezial"). Auch die Schläger der in Erbach ansässigen Firma Heinrich Hammer warene gefragte Modelle. Hammer bot ein umfassendes Schlägersortiment im unten und mittleren Preissegment an. Neben Fabrikaten wie Horaczek, Roither und A.C. Becker umfasste das Angebot eine Reihe von Schlägern, für die bekannten Tennisspieler ihre Namen hergaben.

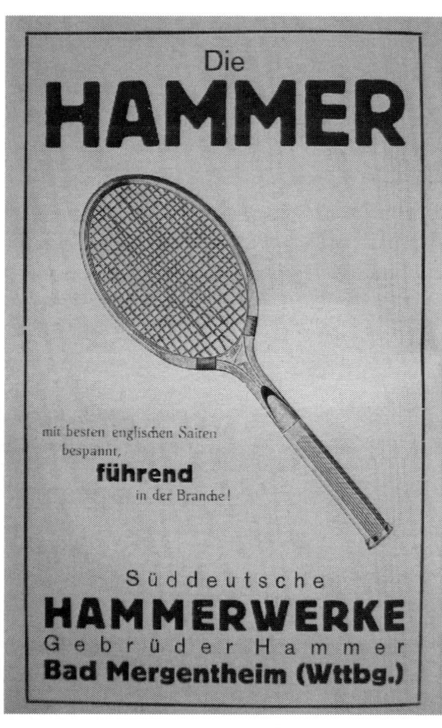

Bild 11: Werbung, 1925

So produzierte beispielsweise die Firma Gebrüder Hammer gegen Zahlung einer Lizenzgebühr ein breit gefächertes Schlägerangebot unter dem Namen des Profiweltmeisters und späteren Trainers von Cilly Aussem, Roman Najuch – „Najuch Gold", „Najuch Orange" oder „Najuch Blauer Stern". Und auch ein weiterer Trainer von Cilly kam namentlich zu Ehren: Willi Hannemann aus Köln. Schläger wie „Sonderklasse

Hannemann", „Triumph" oder „Blau-Weiß" wurden von A.C. Becker in Wiesbaden hergestellt und unter dem Namen des erfolgreichen Spielers und Trainers vermarktet.

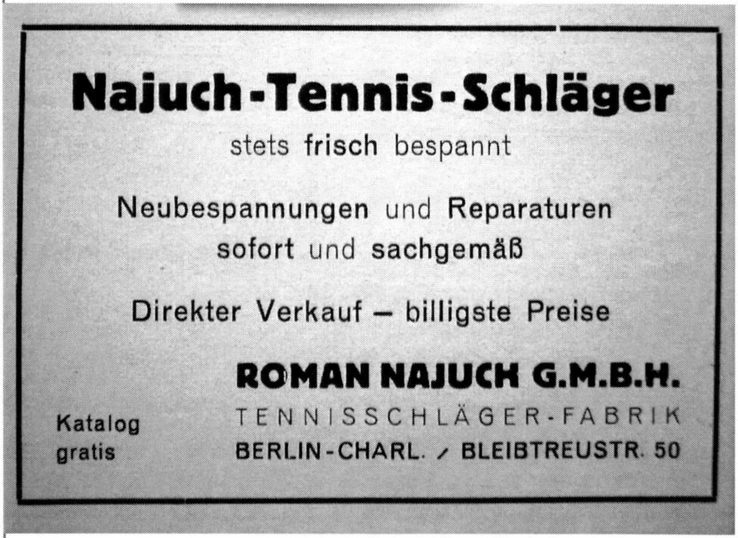

Najuch-Tennis-Schläger
stets **frisch** bespannt
Neubespannungen und Reparaturen
sofort und sachgemäß
Direkter Verkauf – billigste Preise
ROMAN NAJUCH G.M.B.H.
TENNISSCHLÄGER-FABRIK
BERLIN-CHARL. / BLEIBTREUSTR. 50
Katalog gratis

Bild 12: Werbung, 1932

Dritter im Bunde war Otto Kreuzer, in dessen Sortiment sich Schläger der Modelle „Altmeister", „Gilde" oder „Sieg" befanden.

Obwohl in den 20er und 30er Jahren die einheimischen Hersteller in ihren Anzeigen dazu aufforderten, deutsche Fabrikate zu kaufen („Deutsche Spieler, spielt deutsche Schläger"), war der Anteil ausländischer Schläger nicht unbedeutend. Schon seit etwa 1900 hatten sich besonders englische Fabrikate auf dem deutschen Markt etabliert; z.B. Atlas, Ayres, Bussey, Davis und Grey.

Auch die Firma Thonet, bekannt als Hersteller klassischer Sitzmöbel, war in den 20er und 30er Jahren mit einem Schlägersortiment vertreten, das qualitativ mit den besten ausländischen Modellen mithalten konnte. Dabei konnte Thonet schon auf eine lange Tradition in der Tennisschlägerherstellung zurückblicken, die 1891 ihren Anfang nahm und bis ca. 1914 andauerte.

Die gefragtesten Fabrikate waren Dunlop und Slazenger, bei denen man eine höhere Qualität voraussetzen konnte, als bei den deutschen Schlägern. Beide erfreuten sich einer äußerst großen Beliebtheit. Der Siegeszug von Dunlop nahm 1931 mit dem Model „Maxply" seinen Lauf. Nach dem Wimbledonsieg im Mixed 1933 durch Hilde Krahwinkel und Gottfried von Cramm stieg die Beliebtheitskurve des „Maxply" enorm an. Cilly Aussem hat im Laufe ihrer Tenniskarriere mit Schlägern beider Fabrikate gespielt. In ihrem siegreichen Wimbledonfinale benutze sie jedoch den Top Flite des amerikanischen Herstellers Spalding; ein Modell, das seit 1927 auf dem Markt war.

Zu Beginn der 20er Jahre war Tennis der angenehme Zeitvertreib der gut situierten, gehobenen Gesellschaft. Sportliche Gründe, einem Tennisverein beizutreten, waren eher sekundär. Vorrangig dienten diese Vereine dazu, Kontakte zu Seinesgleichen zu knüpfen und die jungen Töchter auf den künftigen Ehestand vorzubereiten.

Bei der Familie Aussem kam – vielleicht neben diesem Wunsch – das Geld des Vaters mit dem Ehrgeiz der Mutter zusammen, und diese glückliche Kombination ermöglichte Tochter Cilly, einem der renommiertesten deutschen Vereine beizutreten: dem Tennis- und Hockey Club Stadion Rot-Weiß Köln.

Dort meldete Johann Aussem seine Tochter Cilly im Jahr ihrer Rückkehr aus der Schweiz an. Zu dieser Zeit war der Tennissport noch nicht so weit gediegen, dass man ihn, speziell bei den Frauen, als Wettkampfdisziplin betrachtete. Es galt als chic, einem elitären, weil teurem Sport nachzugehen und so hatten Golf-, Reit- und Tennisvereine einen besonders hohen Frauenanteil zu verzeichnen. Ebenso wie Hockey dienten diese Sportarten eher dem Zeitvertreib und der geselligen Unterhaltung – und der Eheanbahnung.

„Wie ich zum Tennis kam?", fragte Cilly Aussem Jahre später in einem Beitrag für das Buch „Tennis – das Spiel der Völker" und gab auch gleich die Antwort: „Durch eine Trainerstunde ... Im Sommer 1923 schleppte mich meine Mutter zum Rot-Weiß Klub meiner Heimatstadt Köln, wo sie unter der Fuchtel von Roman Najuch morgens zur Gymnastik den Schläger schwang." Irgendwann einmal, als Mutter Aussem verreist war, drückte Najuch der jungen Cilly einen Schläger in die Hand und sagte: „Jetzt werden wir zusammen üben."

Wenige Jahre, bevor die junge Cilly dem THC Stadion Rot-Weiß Köln beitrat, schrieb das Kölner Tageblatt: „Namentlich im Tennis- und Schwimmsport sicherte sich das weibliche Geschlecht mit einem Male in hervorragender Weise dem ihm gebührenden Platz."

Zum Thema Frauen im Sport äußerte sich die Kölner Autorin Gabi Langen in ihrem Buch „Vom Handstand in den Ehestand": „Das Bild der sportlich aktiven, modernen, ‚neuen' Frau prägten die Illustrierten und die Werbung. Im wirklichen Leben blieb eher ein traditionelles Rollenspiel wirksam, dem sich auch ... Sportlerinnen unterwarfen. Es ließ sich mit sportlichen Aktivitäten nur dann vereinbaren, wenn diese mit Anmut und Haltung zum Ausdruck brachten und die Frauen nicht ‚vermännlichten'. Im sportlichen Alltag überwogen deshalb Gymnastik, Turnen, Volkstänze, Wandern und Schwimmen – Sportarten also, die auch im öffentlichen Urteil als für Frauen besonders geeignet galten. Gleichzeitig prägten die Sportlerinnen das moderne Frauenbild aber entscheidend mit, denn der Frauensport war ein modernes Phänomen, auch wenn er sich zunächst vor allem innerhalb des traditionellen Rollenbildes entfaltete."

Dabei hatte sich die Frau als Mitglied in Sportvereinen noch lange nicht etabliert. Als Resultat einer Untersuchung des Vereinssports der Weimarer Republik kam das Fazit zustande: „Die Gesamtzahl der sporttreibenden Frauen war verschwindend klein." Vertreter von Sportverbänden in Köln kamen 1930 zu der gleichen Erkennt-

nis und führten die geringe Beteiligung von Frauen im Sport unter anderem auf fehlende Werbemaßnahmen von Seiten der Vereine zurück. Aber auch die Doppelbelastung von Hausfrau und Mutter spielte eine Rolle. In der Rheinprovinz waren nach einer Erhebung im Jahre 1928 gerade einmal knapp 3% der weiblichen Bevölkerung Mitglied in einem Turn- oder Sportverein. Das entsprach in etwa dem preußischen Durchschnitt.

Nur ganz zögerlich entwickelte sich der Frauensport, oder das Recht, Sport zu betreiben. Anfangs war Frauen, wie es die Frankfurter Rundschau 1896 schrieb, lediglich „Leibesübungen gegen die Schiefheit" gestattet – mit der primären Absicht, die Chancen auf eine Heirat zu vergrößern. Sport galt in dieser Zeit als eine Männerdomäne. Von den Gegnern des Frauensports war zu hören, dass „durch Springen oder Beinspreizen die Sexualorgane der Mädchen aus ihrer Lage gebracht werden" und dass dadurch „Mannweiber" entstünden. Die deutschen Bischöfe setzten 1914 noch eins drauf, als sie erklärten, dass „die Teilnahme an Sportveranstaltungen eine Schwäche des weiblichen Züchtigkeitsgefühl und Verminderung der Liebe zum stillen häuslichen Wirken" mit sich bringe.

Der gerade einmal siebzehn Jahre alte Verein hatte seinen Sitz an den Kölner Rheinterrassen in Rodenkirchen. Zwei Jahre später siedelte er in den westlichen Kölner Stadtteil Müngersdorf um, wo er noch heute ansässig ist. Hier standen den Mitgliedern in einer schönen waldreichen Umgebung ein elegantes Clubhaus, zwölf Plätze und ein Meisterschaftsplatz zur Verfügung.

Für den Außenstehenden mag es merkwürdig erscheinen, dass Vereine die Sportarten Tennis und Hockey unter einem Dach vereinten und in ihrem Namen führen – so wie beim Tennis- und Hockey Club Rot-Weiß Köln. Der Grund für diese Kombination war, dass die Mitglieder in der wärmeren Jahreszeit von Mai bis Oktober dem Ten-

nissport nachgingen und von November bis April – witterungsbedingt – Hockey bevorzugten.

Es gab aber auch Vereine – z.B. den Sportclub Frankfurt – der ursprünglich als Fußballverein gegründet, zunächst um Hockey und dann um Tennis erweitert wurde. Wie in dieser Zeit üblich, waren die Sportler bei dem einen Verein als Mitglied eingeschrieben, bestritten aber ihre Wettkämpfe für einen anderen Verein.

Ähnlich war es bei Rot-Weiß Berlin. Dort wollten die Mitglieder des Tennisclubs während der Wintermonate nicht auf sportliche Aktivitäten verzichten. „Auf der Suche nach einem Ergänzungssport in den Wintermonaten lag es auf der Hand, neben dem Tennis den artverwandten Hockeysport in das Leben des Clubs aufzunehmen", war in einem Rückblick auf die Berliner Sportszene der 30er Jahre zu lesen.

Auch bei Marienburger Sportclub (MSC) in Köln gab es solche Abspaltungen. Tennis- und Hockeyspieler, bis dahin Mitglieder des MSC, traten 1929 aus dem Verein aus und gründeten den Marienburger Tennis- und Hockey Club. Auf ähnliche Weise entstand auch 1920 der Kölner Hockey- und Tennis-Club Schwarz-Weiß.

Ende des 19. Jahrhunderts gab es schon eine Reihe von Tennisclubs in Deutschland – z.B. in Baden-Baden, Aachen, Krefeld, Essen, Düsseldorf, Köln, Berlin und den ältesten Club, 1877 gegründet, in Bad-Homburg. Entweder hatten die Clubs den Zusatznamen „Hockey" oder „Lawn". Dieses englische Wort heißt im deutschen „Rasen", wurde aber auch bei den Klubs im Namen geführt, die gar keinen Rasenplatz besaßen.

So auch im vornehmen Baden Baden, wo dank britischer Initiatoren 1881 der „Baden Baden Lawn Tennis Club", ins Leben gerufen wurde. Die aktiven Mitglieder wurden von den wohlhabenden Hoteliers unterstützt, die dem Club als passive Mitglieder beigetreten waren. Das erste große Turnier fand 1896 statt und war mehr ein gesellschaftliches als ein politisches Ereignis: die Schirmherrschaft hatte der Großherzog Friedrich von Baden, und auch die Ehrenpräsidenten waren geschickt ausgewählt – der Großfürst Michael von Russland und Prinz Hermann von Sachsen Weimar.

Als am 19. Mai 1902 in Berlin der Deutsche Lawn Tennis Bund gegründet wurde, war Tennis hauptsächlich eine Männerdomäne, die sich fast ausschließlich in privaten und akademischen Kreisen abspielte. „Dabei war das Schwingen der ‚Verlobungskelle' durchaus für beide Geschlechter gesellschaftsfähig, und die Spielweise musste in erster Linie galant und weniger kampfbetont sein", hieß es in der Festschrift „2000 Jahre Sport in Köln".

Tennis war in seiner Anfangszeit wirklich nicht mehr als ein Spiel – wobei der Ausdruck „Spiel" sehr wörtlich genommen werden muss. Hier stand der gesellige Teil im Vordergrund. Sportliche Aspekte gab es kaum, wie ein Zeitgenosse berichtet: „Schneiden galt als unfair, und der Schnippler kam in der gesellschaftlichen Wertung gleich hinter dem Nicht-Reserve-Offizier. Wehe dem, der mit Wissen und Willen einen Stoppball gemacht hätte. Er wäre verfemt gewesen. Placieren wurde schließlich geduldet, und nur wohlbeleibte Jungfrauen empfanden es als ungalant, wenn ihre Tennisgegner, anstatt auf die holde Erscheinung zu spielen, sie von einer Ecke in die andere jagten."

Tennis war seinerzeit eine Modeerscheinung, die vorrangig in den besseren Kreisen ihre Anhänger fand. Dem kleinen Mann aus dem Volk erschien der Zeitvertreib mit Schläger und Filzball eher als eine Marotte der oberen Zehntausend. Das gemeine Volk brachte für diesen merkwürdigen, neumodischen Zeitvertreib überhaupt kein Verständnis auf. So wurde von einem Kölner Bürger berichtet, der einen endlos langen Ballwechsel von zwei Spielern beobachtete und erstaunt ausrief: „Ich hätte nie gedacht, dass es so schwer ist, das Netz zu treffen."

Schüler, die sich mit diesem Spiel beschäftigten, liefen sogar Gefahr, bei ihren Lehrern ob dieses groben Unfugs in Ungnade zu fallen. Schlechte Noten und gelegentliches Nachsitzen waren nicht selten die Quittung für solch frevelhaftes Tun.

Dass Tennis bei weitem noch kein Volkssport war, bestätigt auch der Ausspruch eines Kölner Tennisspielers, der den weißen Sport den gehobenen Gesellschaftsschichten zubilligt: „Und dann eines Abends nach den anregenden Tennispartien mit anmutigen Partnerinnen und sportlich denkenden Klubkameraden bei rheinischer Bowle eine lustige, ungezwungene, aber feinbürgerlich temperierte Geselligkeit auf der Terrasse der Mühle, zu Füßen den dunkelnden Rheinstrom, in der Ferne das Lichtermeer Köln und die in den Abendhimmel aufragenden Türme des Domes."

Und – aus Erfahrung ? – fügte er hinzu: „Ja, es ist schon wahr, Geselligkeit und Sport sind zwei Begriffe, die zusammengehören, wie ‚Wisky und Soda'. Aber falsch gemischt, kann das Getränk fade oder gefährlich werden."

Aus gesellschaftlichen Erwägungen waren Frauen als Mitspielerinnen willkommen. Ansonsten spielten sie im Vereinsleben nur ganz selten eine Rolle. Vorstandsämter waren hauptsächlich von Herren der höheren gesellschaftlichen Schichten besetzt: Adlige, Fabrikanten, Regierungsräte, Gerichtspräsidenten, Polizeipräsidenten, Direktoren oder Vorstandsmitglieder großer Firmen. Nur gelegentlich fand eine Frau Zugang in diese Kreise – wie z.B. im Düsseldorfer Rochus Club, der 1935 eine Klubdirektorin anstellte. Im Allgemeinen beschränkte sich das

Engagement von Frauen in Sportvereinen und –verbänden auf das Amt der Leiterin von Mädchen- und Frauenabteilungen. Die einflussreichen Vorstandsposten waren fast ausschließlich von Männern besetzt, beschreibt 1998 das Jubiläumsbuch zum 100. Bestehen des Düsseldorfer Rochus-Club die Situation.

In den Fällen, in denen die Klubs Grundstücke von den Gemeinden gemietet hatten, um ihre Plätze und Anlagen zu errichten, kamen stattliche Summen zustande. Die Jahresmiete, die der Düsseldorfer Rochus Club an die Stadtkasse zahlen musste, lag im April 1922 bei 15.000 Mark. Schon ein Jahr später ließ die starke Inflation diese Summe auf 300.000 Mark anwachsen.

Die stets ansteigenden Kosten hielten die Vorstände der Tennisclubs aber nicht davon ab, Hallen zu errichten, um dem immer beliebter werdenden Sport auch im Winter nachgehen zu können. Im einigen Städten existierten bereits Tennishallen: beispielsweise in Paris, London, Leipzig und Köln. Sogar das kleine Bonn hatte eine alte militärische Exerzierhalle umbauen lassen. Und natürlich gab es auch in den exklusiven Badeorten an der Côte d'Azur bereits etliche Hallen.

In einigen Fällen bestanden die Bodenbeläge aus Kork, Holz oder Linoleum. Bei den Clubs, die sich scheuten, diese Kosten – Ende der zwanziger Jahre etwa 50.000 Mark – zu investieren, wurde der Zementboden einfach grün gestrichen, um ihm das Aussehen eines Rasenplatzes zu verleihen. Überhaupt war diese Investition für die meisten Clubs kaum zu bewältigen. Immerhin kamen in den Wintermonaten Stromkosten in ungeahnter Höhe auf sie zu.

In der Kölner Flora hatte man um die Jahrhundertwende vier Tennisplätze errichtet, deren Spielfläche mit rotem Schwefelkies belegt war. Der aber machte, besonders in den heißen Sommertagen, den spielenden Damen zu schaffen, weil der aufwirbelnde Staub deren lange, weiße Röcke in Mitleidenschaft zog.

Der Boden einer Tennishalle in München wurde sogar mit Kokosmatten ausgelegt.

Auch beim TC Bamberg hatte man mit dem Bodenbelag zu kämpfen. „Sofort nach Eintreten der günstigen Witterung wurde mit dem Herrichten der Plätze begonnen", ist in einem Jahresbericht 1931 des Vereins zu lesen. Doch der Mangel an Ziegelmehl erschwerte die Arbeit erheblich. Da auf dem Markt keine größeren Mengen zu bekommen waren, konnte der Bodenbelag nur nach und nach mit kleineren Ladungen Ziegelmehl versehen werden. Zu allem Überfluß fiel dann noch die Pumpanlage aus, und erst nach etlichen Untersuchungen und Reparaturversuchen stellte sich heraus, dass ein Frosch beim Pumpen angesaugt und dadurch das Leitungsrohr verstopft worden war.

In die Entwicklung der Bodenbeläge waren die Briten schon viel weiter. Zum einen hatten sie sehr gepflegte Gras- und so genannte „Tout-en-cas" Plätze – also Plätze für jede Gelegenheit – deren Belag aus gefärbtem, sehr klein gemahlenem Granit bestand. Es gab aber auch Plätze, die mit 75 mm breiten Holzlatten belegt waren, zwischen denen man einen 2 mm großen Abstand gelassen hatte, um das Abfließen von Regenwasser zu ermöglichen.

Auch die Gestaltung der Seitenlinien mutet aus heutiger Sicht abenteuerlich an. Auf den schönen Plätzen in Bad-Homburg bestanden sie aus Holz, und in Berlin hatte man dafür weiß gestrichene Stahlbänder verwendet.

Doch Liniengestaltung und Bodenbeläge waren für die deutschen Tennisclubs die geringste Sorge. Vielen ging es ums Überleben. Schon 1934 appellierte der Vorsitzende des Düsseldorfer Rochus Clubs, wie es in einem Buch zum 100sten Jubiläum des Clubs heißt, „unbedingt neue Mitglieder zu werben, da anderenfalls der Rochusclub für immer seine Tore schließen müsse."

Ganz andere Probleme hatte man in dieser Zeit bei Blau-Weiß Berlin. Dort ließen sich die Tennisspieler als „auswärtige und nicht-spielende Mitglieder eintragen, um weniger Beitrag zu zahlen." Auch bei Blau-Weiß war man auf Grund der allgemeinen wirtschaftlichen Lage bestrebt, viele Mitglieder in den eigenen Reihen zu halten. „Wir legen den allergrößten Wert darauf, dass die Clubabende häufig auch von den jüngeren Mitgliedern besucht werden." Die aber waren offensichtlich – wie viele ältere Mitglieder auch – mit den Zuständen im Club nicht einverstanden: „Von verschiedenen Seiten ist gegen die Clubbewirtschaftung Klage darüber erhoben worden, dass der Preis von 3 RM für das an Clubabenden gereichte Club-Abendessen zu teuer ist." Das wollte der Club allerdings nicht wahrhaben: „Die Preise für Speisen und Getränke entsprechen denen eines guten Bierrestaurants, nur mit dem Unterschied, dass die Portionen bei uns größer sind."

Aus heutiger Sicht ist das Wehklagen über den Preis des Abendessens nur schwer nachzuvollziehen. Die 3 RM für das Essen waren 1931 nämlich der Gegenwert für eine Trainerstunde bzw. zwei Tennisbälle.

Cillys Mutter Helen, die stark im Kölner Verein Stadion Rot-Weiß engagiert war und den überaus großen Ehrgeiz hatte, aus ihrer Tochter einen Star zu machen, sorgte dafür, dass das junge zierliche Mädchen nur mit den besten Trainern arbeiten konnte. Einer von ihnen war Roman Najuch, ein aus Polen stammender Profiweltmeister. Seine Erfolge brachten ihn 1928 auf den ersten Platz der deutschen Rangliste. In der Weltrangliste hatte er es – hinter Albert Burke und Karel Kozeluh – auf den dritten Platz gebracht. Ein Zeitzeuge beschrieb Najuch als einen „Mann wie ein Fels, das Gesicht dunkel getönt mit schwarzen Zügen, das schwarze Haar fast zu Mitte gescheitelt, den Scheitel wie mit dem Beil gezogen." Najuch hatte seine Lieblingsschülerin Cilly Aussem im Laufe der späteren Zusammenarbeit so sehr in sein Herz geschlossen, dass er ein Jahr nach ihrem Wimbledonsieg seine 1932 geborene Tochter auf den gleichen Namen taufen ließ.

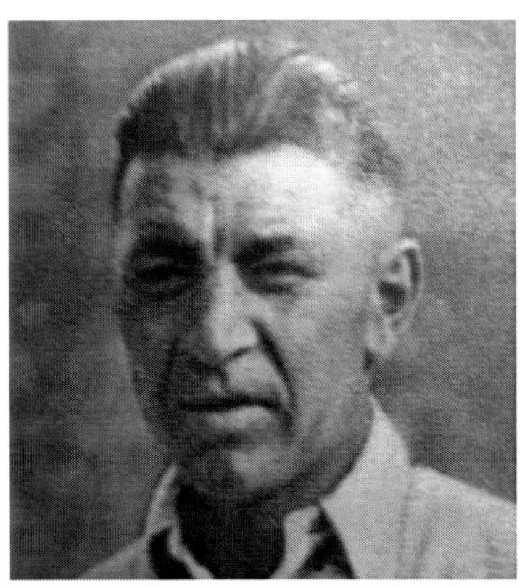

Bild 13: Cillys Trainer Roman Najuch …

Der andere Trainer war Willi Hannemann aus Köln, der später als Reichstrainer tätig war. Hannemann brachte ihr jenes flache Vorhandspiel bei, das damals berühmt und von allen Gegnerinnen gefürchtet war. Er war, so war damals zu lesen, zu seinem Job gekommen, weil der DTB „als erster Tennisverband der Welt einen Berufsspieler zur planmäßigen Sichtung und Schulung des Nachwuchses" heranziehen wollte. Hannemann, so berichteten Zeitzeugen, war ein ausgezeichneter Trainer, der es gut verstand, auf seine Schülerin einzugehen. Cilly Aussem war selbst überrascht, was die Trainingsstunden bei Hannemann in ihrem Spiel bewirkten: „Oft staunten manche der starken Herrenspieler, wenn ich an die, ihrer Meinung nach unerreichbar gesetzten, schnellen Bälle doch noch herankam. Erst später bin ich mir des ungeheuren Vorteils dieser Stärke recht bewusst geworden und habe mich darauf eingestellt."

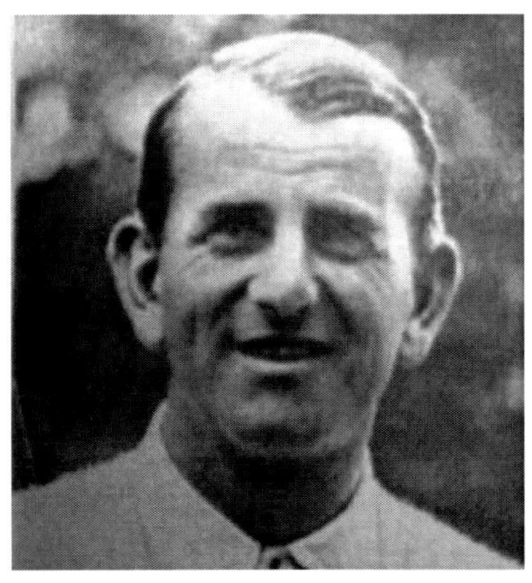

Bild 14: … und Willi Hannemann

Die täglichen Trainingseinheiten bestanden im Wesentlichen aus dem Spiel auf dem Platz und dem Üben bestimmter Schläge. Als „Sparringspartner für das Sicherheitsspiel" wie es in dem Buch „Meine Kölner Tenniserinnerungen" von Cillys Clubkameraden Dr. Friedrich Wilhelm Esser hieß, „fungierte damals der Kölner Walter ‚Wälti' Cohn, der später emigrierte und in Sao Paolo tätig war. Cilly trainierte ebenso mit Robert H. Ramillon, einem „eleganten Ballkünstler" und Howard Kinsey. Aber auch Ronald Boyd, argentinischer Daviscupspieler und der beste Tennisspieler Südamerikas, mit dem sie 1928 die Deutsche Meisterschaft im Mixed gewann, brachte ihr einige technische Finessen bei.

Dabei standen Fleiß und Disziplin im Vordergrund, denn über ein besonders großes Talent, das ihr eine beeindruckende Tenniskarriere ermöglichte, schien Cilly Aussem nicht zu verfügen. So erinnerte sich Friedrich Wilhelm Esser in der Kölnischen Rundschau vom 4. Januar 1959, Cillys 50. Geburtstag: „Dann formten Lehrer von Weltruf, von der sportlichen Auffassung, dem Fleiß und dem Kampfgeist Cillys, die bis zum letzten Ball nie ein Spiel verloren gab, sowie dem Trainingswillen ihrer Schülerin beeindruckt ... Mein Schwarm für Weltmeister Cilly, meine Liebe für diesen einmaligen Tennisbegriff, macht mich jedoch nicht so blind, dass ich nicht erkenne, dass manches an der Rückhand und dem Flug- und Stoppball Cillys auszusetzen war, dass es eine Anzahl von Spielerinnen gegeben hat und noch gibt, die Cilly geschlagen haben oder hätten schlagen können. Nie hat Cilly die Krone der weiblichen „best ever" getragen. Dieses gehörte je nach Geschmack der Französin Suzanne Lenglen, der Göttlichen, oder Helen Moody-Wills, USA."

Auch Dr. Paul Ernst Bauwens, der in seiner Jugendzeit zusammen mit der gleichaltrigen Cilly bei Rot-Weiß Köln gespielt hatte, schloß sich im Jahre 1993 in einem Interview dieser Meinung an: „Cilly zeigte ein Talent, vielleicht nicht das größte Talent. Sie hat sich sehr vieles erarbeitet und zwar wurde sie gefördert von ihren Eltern, in ganz besonderem Maße von ihrer ehrgeizigen Mutter. Die war also dahinter wie bei uns in meiner Generation früher bei der Klavierstunde, wo die Eltern immer kamen: ‚Hast Du was für die Klavierstunde gemacht?' Mutter Aussem war eine sehr, sehr ehrgeizige Frau ... Ein vielleicht noch größeres Talent war Irmgard Rost. Aber die nahm das Ganze spielerisch."

Paula Finger, die zu Beginn von Cillys Karriere gegen sie gewann und verlor, sah das ähnlich: „Ich glaube, Irmgard Rost war genauso talentiert wie Cilly. Aber sie wurde nicht so stark gefördert. Vor allem war es ja Hannemann, der Cilly so unermüdlich zwischen nahm."

Das Wort „Talent" kommt auch in einer Einschätzung von Cilly Trainer Willi Hannemann nicht vor: „Härteste Arbeit, Konditionstraining, viel Schlaf, Kämpfe mit besseren Spielern und der ernste Wille zum Erfolg, das sind die Grundlagen, um Spitzenspieler zu werden. Meine beste Schülerin, Cilly Aussem, hat alle diese Vorbedingungen erfüllt. Sie war ein Musterbeispiel für meisterliche Präzision."

Getrieben vom unbändigen Ehrgeiz ihrer Mutter wurde Cilly Aussem von Jahr zu Jahr erfolgreicher. Doch wer weiß, wie sich ihre Karriere entwickelt hätte, wenn nicht der Ehrgeiz der Mutter und das Geld des Vaters ihr den Weg geebnet hätten? Die junge Spielerin musste ihren Lebensunterhalt nicht durch Tennisspielen bestreiten. Der Einschätzung eines Zeitgenossen nach, bekam Cilly nur sehr geringe Summen für ihre Turniersiege. Bei den Herren war das Profitum im Tennis bereits ein viel diskutiertes Thema; bei den Damen kaum. Sie bekamen lediglich Reise- und Hotelkosten erstattet. Das Tennisspielen diente keinesfalls dazu, den Lebensunterhalt zu sichern. Vielmehr stand nach dem damaligen Verständnis im Vordergrund, im Kreise der wohlhabenden Gesellschaft das Ansehen der eigenen Familie zu steigern und – einen Partner für die Ehe zu finden.

Cilly Aussem war eine Kämpfernatur, aber nur auf dem Platz. Hierzu Paul Bauwens: „Die Cilly spielte sich nicht in den Vordergrund. Sie war ein zurückhaltendes, freundliches, liebenswürdiges Mädchen, aber immer unter der Fuchtel der Mutter." Das ging sogar soweit, dass Helen Aussem während der Spiele die Leistung ihrer Tochter kritisierte und für alle Zuschauer hörbar über den Platz rief, ihre Beinarbeit sei überhaupt nicht gut.

In den Klubnachrichten von Rot-Weiß Köln wurde Jahre später das Mutter-Tochter Verhältnis so geschildert: „Ohne Zweifel verdankt Cilly Aussem neben ihren Eltern, denen kein Opfer zu groß war, um das Sporttalent ihrer Tochter zu fördern, die solide Grundlage ihres schnellen Grundlinienspiels der selbstlosen Hingabe, mit der ihr damaliger Clubkamerad Willi Hannemann immer und immer wieder mit Cilly, seiner gelehrigen Meisterschülerin, trainiert."

Dieser Einschätzung schloß sich auch Friedrich Wilhelm Esser in seinem Buch „Meine Kölner Tenniserinnerungen" an, als er die Zusammenarbeit zwischen Cilly und dem großen amerikanischen Tennisstar Bill Tilden, ihrem zeitweisen Trainer und Spielpartner, beschrieb: „Dass Cilly in dem großen Zauberer des Tennisspiels später dann nicht nur einen überragenden Mixed-Partner, sondern auch den Lehrmeister fand, der ihr die letzten Tricks und Finessen raffinierter Tennistechnik beibrachte, ist nicht zuletzt der Verdienst ihrer sportbegeisterten Mutter, für die die Tenniserfolge ihrer Tochter ein Teil ihres eigenen Willens und ihres Lebensinhaltes waren."

1923

Auf den Rheinterrassen in Köln-Rodenkirchen, der Anlage ihres Kölner Tennis Clubs Rot-Weiß machte Cilly Aussem erstmalig auf sich aufmerksam. Gerade lagen ein paar Tennisstunden hinter ihr, da meldete sie sich in der Juniorenkonkurrenz an und landete ihren ersten Coup. Im ersten Jahr ihrer Tenniskarriere schlug sie beim Herbstturnier die bis dahin als beste Kölner Juniorenspielerin geltende Ruth Zweiffel mit 6:4 und 10:8.

Von Cillys Spiel beeindruckt schrieb der Tennis-Reporter der Kölnischen Zeitung in der Ausgabe vom 24. September 1923: „Bei den Kämpfen der Junioren erlitt im Dameneinzelspiel Frl. Zweiffel, die im Ringen um die Deutsche Meisterschaft Zweite wurde, eine überraschende Niederlage durch Frl. Außem, die zum ersten Male an einem Turnier teilnahm."

Cilly sparte, auf dieses Match zurückblickend, nicht an Selbstkritik: „Obwohl alle Experten sich darüber einig waren, dass ich keinen einzigen richtigen Schlag könnte, besiegte ich zur grenzenlosen Überraschung meine engere Landmännin Ruth Zweiffel, die in jenem Jahr zu den Hoffnungen des Nachwuchses zählte."

1924

In diesem Jahr findet man Cilly Aussem erstmalig in einer Rangliste – auf Platz 13 der Bezirksrangliste. Die Kölner Schülerin, gerade 15 Jahre alt geworden, trat in einem Turnier in der ersten Damenklasse an und schlug sogleich ihre Klubkameradin und spätere Freundin Irmgard Rost, die in der vereinsinternen Rangliste den zweiten Platz einnahm. Als sich Cilly zuerst gegen alle etablierten Kölner Tennisdamen und dann im Finale gegen die Lokalmatadorin durchsetzte, witterte die Kölner Sportpresse eine Sensation: „Das Damen-Einzel I. Klasse gewann eine zukunftsreiche Juniorin, Fräulein Aussem, mit 5:7, 6:2, 6:1 gegen Frau Dalbkermeyer überlegen." Um der Bedeutung dieses Sieges Ausdruck zu verleihen, hatte der Berichterstatter das Ergebnis des dritten Satzes mit zwei Ausrufungszeichen versehen.

Bild 15: Irmgard Rost

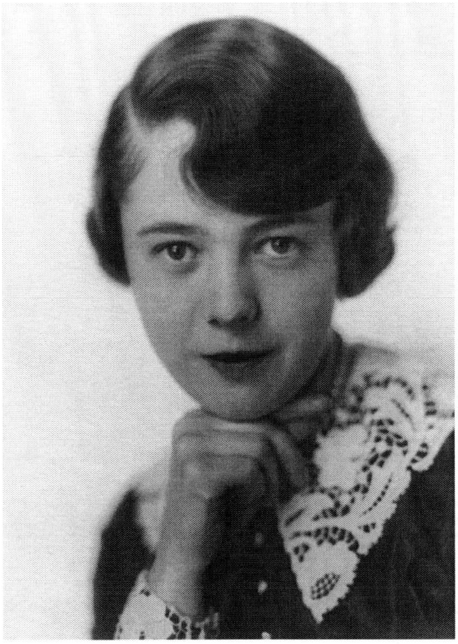

„In der Vorschlussrunde hatte die junge Dame das ihr durchaus gleichartige, erst 15-jährige Frl. Rost nach auf beiden Seiten sehr hübschen Spiel 6:2, 7:5 geschlagen." Der Reporter sollte Recht behalten, als er seinen Artikel mit dem Satz beendete: „Von beiden jungen Spielerinnen wird man jedenfalls im nächsten Jahre noch häufig hören." Gleichwohl vermutete er einen leichten Vorteil für Cillys Gegnerin: „Die Schlagtechnik von Frl. Rost scheint hier die größten Möglichkeiten zu bieten". Die Fachzeitschrift Tennis und Golf war sich unschlüssig: „Wer von beiden jungen Damen die Spielerin wird, ist schwer zu entscheiden." Man stand Cilly einen besseren Aufschlag sowie ein besseres Netzspiel zu, während bei Irmgard Rost die Vorhand – „vorbildlich und ungezwungen geschlagen" – als große Stärke betrachtet wurde. Cilly selbst meinte später, als „Wunderkind" gegolten zu haben, das „verhätschelt und aufgemuntert" wurde.

Noch im gleichen Jahr bestritt Cilly Aussem ihr erstes Auslandsturnier. Zuerst konnte sie in Meran die Britin Worthington überlegen 6:0, 6:0 schlagen, doch danach musste sie sich der amtierenden Wiener Meisterin Lilly Ellisen 6:4, 7:5 geschlagen geben. Nach dieser Niederlage hat sie bei allen weiteren Turnieren in Meran eine gewisse, wie sie selbst sagte, „nervöse Befangenheit" nie mehr ablegen können.

1925–1930 Der Aufstieg

Die Zusammenarbeit mit ihren Trainern entwickelte sich schnell zu einer Erfolgsgeschichte. Aber zum Saisonauftakt musste sie, obwohl sie eigentlich kein schlechtes Tennis zeigte, einige Niederlagen hinnehmen. Gleich zu Beginn des Jahres verlor sie im Vereinskampf des Bremer Tennisvereins von 1896 gegen Rot-Weiß Köln sehr deutlich 1:6 und 2:6, als sie ihrer Gegenspielerin Busch, die sich – wie Tennis und Golf zu berichten wusste – „von ihrer besten Seite zeigte", nichts entgegenzusetzten hatte.

Bald darauf stellte sich der erste große Erfolg in Cilly Aussems Karriere ein. In Erfurt gelang ihr mit einem 6:4, 6:2 Sieg über ihre Kölner Clubkameradin Irmgard Rost der Gewinn der Deutsche Juniorenmeisterschaft. Das Finale begeisterte die Presse so sehr, dass in einem Artikel zu lesen war: „Bei den Damen ist der Aufstieg der Jugend noch deutlicher als bei den Herren." Im Tennishandbuch war unverhohlen die Rede davon, dass „Frl. Außem ... wohl körperlich bereits etwas besser entwickelt war..."

> *Stolz schrieb ein Berichterstatter: „Der Höhepunkt des deutschen Juniorensports wurde dadurch erreicht, dass in Frankfurt am Main zum ersten Male die Juniorenmeisterschaft zum Austrag gelangte, zu der die Teilnehmer trotz aller Hindernisse aus allen Gauen Deutschlands herbeigeeilt waren. Beinahe alle größeren Tennisvereine hatten sich eine Ehrenpflicht daraus gemacht, ihre besten Junioren nach Frankfurt zu entsenden, so daß wohl wirklich alles vertreten war, was Anspruch darauf machen konnte, zur ersten deutschen Juniorenklasse gerechnet zu werden. "*

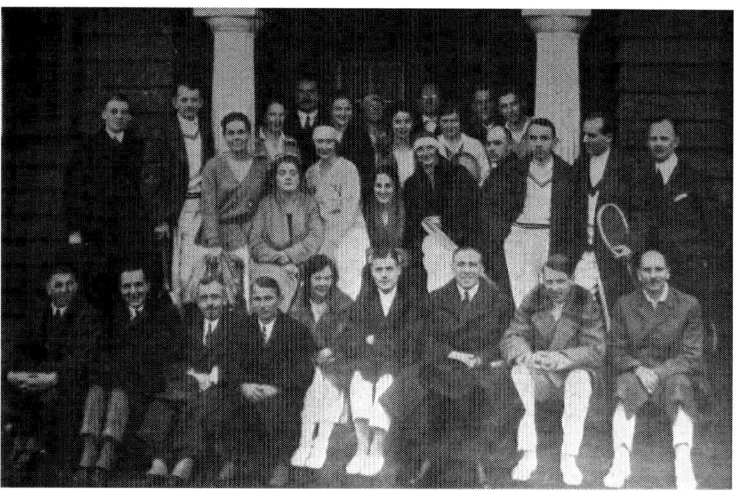

Bild 16: Bremen gegen Köln. Cilly Aussem in der Mitte der oberen Reihe, 1925

Zu diesem Zeitpunkt war Cilly stark genug, um weitaus erfahrenere und ältere Spielerinnen zu besiegen. So schlug „das kleine Frl. Aussem aus Köln" beispielsweise bei einem Turnier in Pforzheim die erfahreneren Spielerinnen Irma Kallmeyer und Erna Ledig und erreichte immerhin das Finale, in dem sie sich der Nummer 1 der deutschen Rangliste Dr. Ilse Friedleben aus Frankfurt geschlagen geben musste. Dass das „Tennisbaby" (Tennis und Golf) „gegen Frau Friedleben chancenlos war, stand natürlich fest", schrieb das Fachorgan. Aber der Verfasser gestand Cilly zu, durch „Unbeirrtheit und Frische ihres zukunftreichen Spiels" die Zuschauer begeistert und den „Beifall der Galerie" ausgelöst zu haben." Da spielte die 2:6, 2:6 Niederlage wohl nur eine untergeordnete Rolle.

Auch beim Turnier in Köln zeigte sie starke Leistungen – und verlor. Zuerst besiegte sie drei Gegnerinnen, denen sie in sechs Spielen nie mehr als drei Punkte gestattete, und dann erlitt sie „eine sehr ehrenvolle Niederlage gegen die „z. Zt. beste Kölner Spielerin, Frau Finger mit 7:3, 3:6, 9:7". Paula Finger, ebenfalls Mitglied bei Rot-Weiß Köln, sicherte sich damit zum dritten Mal den Turniersieg. Zu diesem Zeitpunkt war sie bereits 32 Jahre alt, also doppelt so alt wie Cilly.

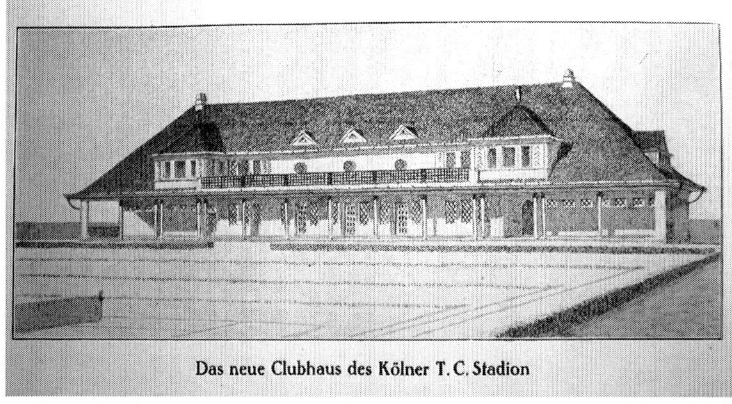
Das neue Clubhaus des Kölner T. C. Stadion

Bild 17

Mit ihren Erfolgen gleich zu Beginn ihrer Tennislaufbahn hatte sich Cilly Aussem für die Teilnahme an der deutschen Meisterschaft in Hamburg qualifiziert. Dort unterlag aber der routinierten ungarischen Meisterin Ilona von Várady mit 2:6 und 4:6. Wiederum bescheinigte ihr die Sportpresse ein gutes Spiel. So schrieb z.B. Tennis und Golf: „Frl. Aussem tat das einzig Richtige ... sie griff von Anfang bis zu Ende forsch an ... die junge, talentierte Kölnerin machte manchen schönen Punkt." Der Verfasser dieses Artikels kam abschließend zu der Erkenntnis: „Das aussichtsreichere Spiele hat jedenfalls Frl. Aussem, und wenn sie sich in der nächsten Saison weiter verbessert, kann sie schon bis zum nächsten Meisterschaftsturnier so weit sein, dass sie den Spieß umdrehen kann."

„Wenn Frl. Aussem sich in diesem Tempo weiter verbessert", wurde in einem anderen Artikel vermutet, „haben wir hoffentlich in ihr in absehbarer Zeit eine dringend notwendige Unterstützung für Dr. Friedleben in internationalen Kämpfen." Aber noch, sieben Jahre nach Ende des Ersten Weltkrieges, mieden die meisten ausländischen Verbände, allen voran die Engländer und Franzosen, die deutschen Spieler.

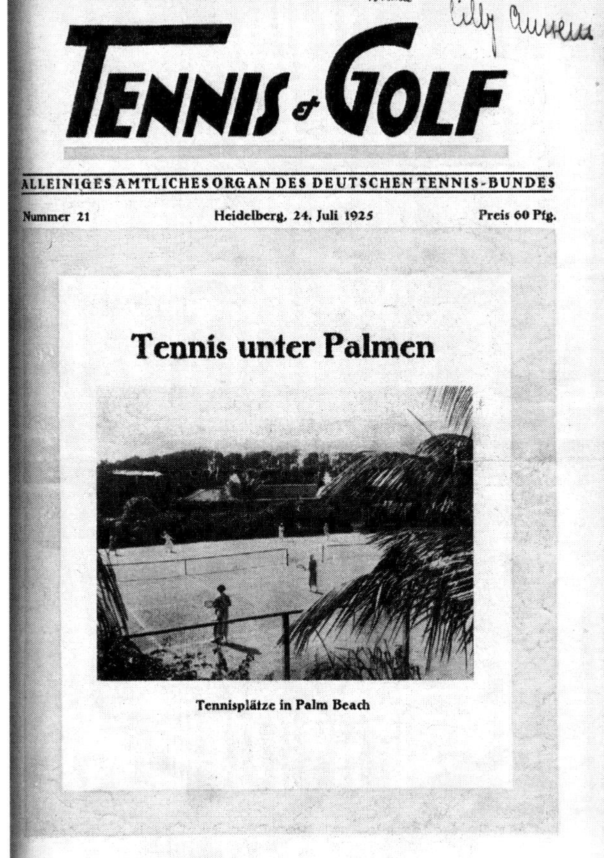

Cilly Aussem

TENNIS & GOLF

ALLEINIGES AMTLICHES ORGAN DES DEUTSCHEN TENNIS-BUNDES

Nummer 21 Heidelberg, 24. Juli 1925 Preis 60 Pfg.

Tennis unter Palmen

Tennisplätze in Palm Beach

Bild 18: Cilly Aussems persönliches Exemplar der Zeitschrift Tennis und Golf vom 24. Juli 1925 mit ihrer Unterschrift

In ihrer Heimatstadt trumpfte Cilly beim Ortsturnier auf und nahm erfolgreich Revanche gegen Paula Finger. Zunächst sicherte sie sich gegen ihre Rivalin den Titel der Kölner Stadtmeisterin sehr souverän mit 6:1, 6:1. Wenig später schlug sie in einem internationalen Kölner Turnier die Düsseldorferin Dolli Vormann, die Nummer 1 des Rheinlandes, in drei Sätzen mit 0:6, 6:1, 6:1 und trat damit den Beweis an, „dass der Sieg über Frau Finger kein Zufallsresultat war."

Die nächste Spielerin, die sich dem neuen Shooting Star aus Köln geschlagen geben musste, war die Nummer 3 der deutschen Rangliste, Hete Kaeber aus Berlin.

Als nebensächliches Fazit, nur die jungen Tennisspielerinnen betrachtend, hieß es in Tennis und Golf: „Einen gewissen Anreiz für unsere jungen Damen, den schönen weißen Sport recht eifrig zu pflegen, mag die Tatsache bieten, dass von den 17 Auserwählten der Kommission nicht weniger als 16 Spielerinnen, also alle bis auf die 16-jährige Kölner Juniorin Cilly Aussem, verheiratet sind. Lernt man erst den wirksamen Rückhandschlag erst in der Ehe?"

Cilly Aussem hat in ihrem persönlichen Exemplar der Zeitschrift Tennis und Golf diesen auf sie bezogenen Satz unterstrichen. Heiratsgedanken werden bei der 16-jährigen zu dieser Zeit sicherlich keine Rolle gespielt haben. Sie musste vielmehr der nächsten schweren sportliche Herausforderung stellen, und sie wusste genau, was auf sie zukam. Auf einer Ankündigung für die „Internationalen Meisterschaften von Deutschland" notierte sie im Hinblick auf die angekündigten Damen-Disziplinen: „Welche Conkurrenz ..."

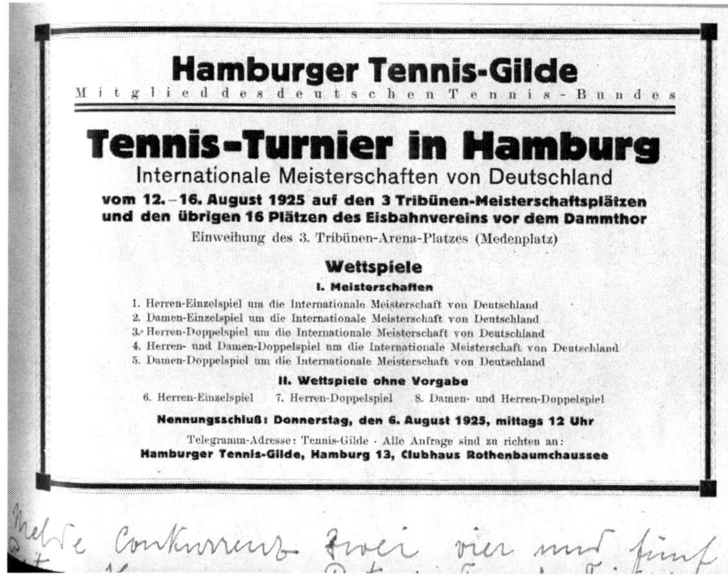

Hamburger Tennis-Gilde

Mitglied des deutschen Tennis-Bundes

Tennis-Turnier in Hamburg

Internationale Meisterschaften von Deutschland

vom 12.–16. August 1925 auf den 3 Tribünen-Meisterschaftsplätzen und den übrigen 16 Plätzen des Eisbahnvereins vor dem Dammthor

Einweihung des 3. Tribünen-Arena-Platzes (Medenplatz)

Wettspiele

I. Meisterschaften

1. Herren-Einzelspiel um die Internationale Meisterschaft von Deutschland
2. Damen-Einzelspiel um die Internationale Meisterschaft von Deutschland
3. Herren-Doppelspiel um die Internationale Meisterschaft von Deutschland
4. Herren- und Damen-Doppelspiel um die Internationale Meisterschaft von Deutschland
5. Damen-Doppelspiel um die Internationale Meisterschaft von Deutschland

II. Wettspiele ohne Vorgabe

6. Herren-Einzelspiel 7. Herren-Doppelspiel 8. Damen- und Herren-Doppelspiel

Nennungsschluß: Donnerstag, den 6. August 1925, mittags 12 Uhr

Telegramm-Adresse: Tennis-Gilde · Alle Anfrage sind zu richten an:
Hamburger Tennis-Gilde, Hamburg 13, Clubhaus Rothenbaumchaussee

Bild 19: 1925 – Anzeige Hamburger Tennis-Gilde mit Vermerk von Cilly Aussem

Trotz des starken Wettbewerbs schaffte sie es bis ins Finale, wo sie wiederum an der deutschen Meisterin Ilse Friedleben scheiterte. Die routinierte Meisterin aus Frankfurt schlug die Hoffnungsträgerin des deutschen Tennis souverän 6:2, 6:2.

Der Sportberichterstatter der Zeitschrift Tennis und Golf hatte das Potenzial der jungen Kölnerin erkannt, gab ihr den Rat,

„fleißig an der Vervollkommnung ihres Spiels" zu arbeiten und tröstete sie zugleich mit dem Hinweis, dass auch Rom nicht an einem Tag erbaut worden sei.

Bis zum mit Spannung erwarteten Länderkampf gegen Holland, der im September in Köln stattfinden sollte, hatte Cilly Aussem noch einige Turniere auf ihrer Agenda. Die Stationen hießen Frankfurt, Berlin und Düsseldorf.

Zunächst schlug Cilly in einem Klubkampf ihre frankfurter Gegnerin Hoeck vom Club Frankfurt 1914. Am gleichen Tag war sie mit ihrem Trainer und Partner Willi Hannemann gegen das routinierte Meisterpaar Ilse Friedleben/Oscar Kreuzer erfolgreich.

Bild 20: Tennismode im Jahr 1925

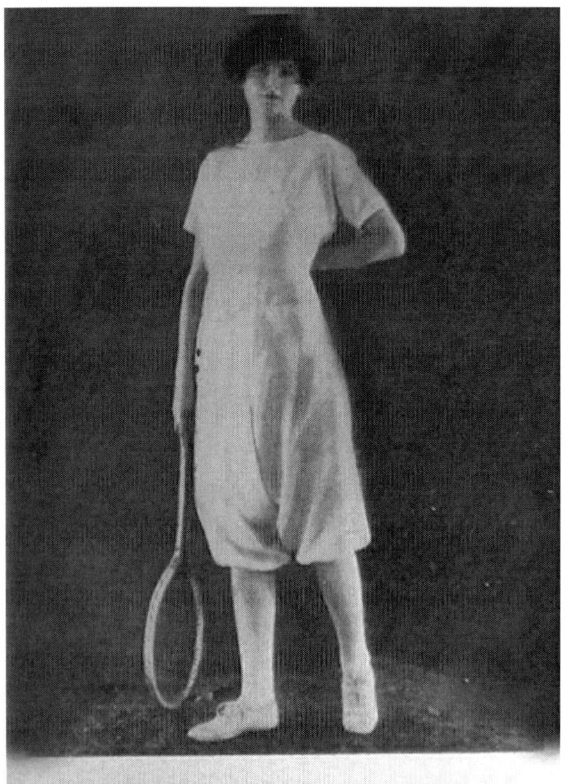
Die Knickerbockers – ein praktisches Tenniskleid

Seidene Knickerbockers bilden die neueste Mode auf den englischen Tennisplätzen. Das praktische Sportgewand, an jeder Seite mit 6 roten Knöpfen versehen, wird nach beendetem Spiel durch Ueberwerfen einer Tunika in ein Straßenkleid verwandelt

Dagegen blieben ihre beiden Auftritte in Berlin ohne Erfolg. Sowohl beim Turnier des Schlittschuhklubs als auch beim Pfingstturnier von Rot-Weiß verlor sie gegen Elly Ledig, die ihr in Pforzheim deutlich unterlegen war. Irma Kallmeyer brachte sie erneut eine Niederlage bei, diesesmal 6:4, 6:4, und sorgte damit für eine Bestätigung des Ergebnisses beim Turnier in Pforzheim.

Im Köln-Düsseldorfer Damendoppel siegte Cilly Aussem mit Anita Lent „nach hübschen Spiel" gegen Irma Kallmeyer und Erika de Lacroix 6:1, 2:6, 6:4. Cilly Aussem hatte einen guten Tag erwischt. Ihr wirkungsvolles Spiel war der Garant für den Sieg. Ein Sportbericht bestätigte: „Die Entscheidung fiel hauptsächlich durch das wirkungsvolle Netzspiel von Frl. Aussem."

Kurz darauf ging es in Düsseldorf im Mixed mit Willi Hannemann weiter. Die beiden Kölner erwiesen sich jedoch als viel zu stark für ihre Clubkameradin Paula Finger und deren Leverkusener Partner Fritz Kuhlmann und gewannen 6:1, 6:4.

Auch im Damendoppel konnte Cilly Aussem einen Sieg für sich verbuchen. Mit ihrer Partnerin Lulu Holzapfel aus Berlin siegte sie 6:3, 6:3 gegen das Düsseldorfer Damenduo Anita Lent und Dolli Vormann. „Im Tempo stand das Spiel nur wenig einem guten Herren-Vierer nach", war das Fazit eines Spielberichtes.

Dann stand der Höhepunkt der Tennissaison auf dem Spielplan: der Länderkampf gegen Holland. Erwartungsgemäß trat das holländische Team mit seiner Spitzenspielerin Kornelia „Kea" Bouman an, gegen die Cilly gleich zweimal spielen musste – und beide Male scheiterte sie. Im Einzel spielte sie „zu hastig und mit zu großem Lampenfieber", um der Holländerin gefährlich werden zu können. Im Doppel, mit Ilse Friedleben, gelang ihr lediglich ein 6:4 Sieg im ersten Satz; dann folgten mit 3:6, 4:6 zwei Satzverluste, die den holländischen Damen Bouman und Stroink den Sieg brachten.

Bild 21: Deutschland gegen Holland

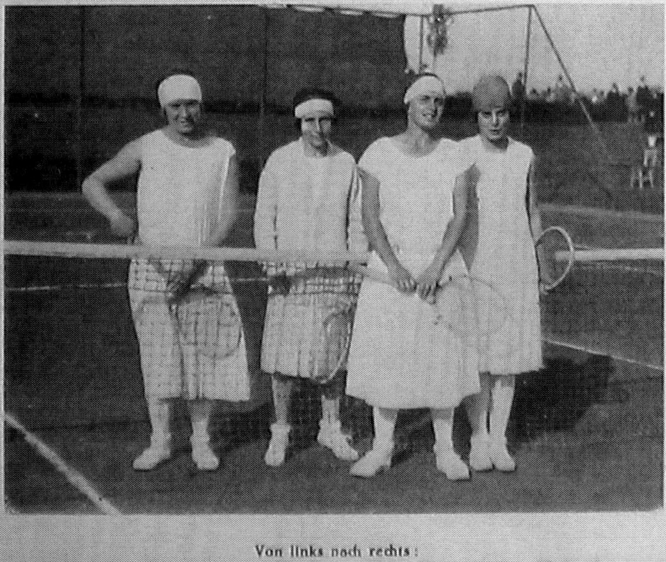

Von links nach rechts:
Frau Stroink, Frau Friedleben, Frl. Bouman, Frl. Aussem

Nach diesem – für Cilly verlustreichen Länderkampf – bestritt sie im Oktober im schweizerischen Vervey mit dem Ungarn Béla von Kehrling das Mixed. In einem ausgeglichenen Spiel gelang ihr mit dem Dauermeister aus Budapest ein 8:6, 6:4 Sieg über die Anglo-Französin Germaine

Golding und deren Partner, den italienischen Baron Hubert de Morpugo.

Dagegen scheiterte Cilly im Finale des Dameneinzels an eben dieser Germaine Golding, die zu dieser Zeit für ihre junge Gegnerin noch zu spielstark war. Ein Reporter meinte, dass Cilly den ersten Satz vielleicht hätte gewinnen können, „da sie schön angriff und gut am Netz tötete". Aber gegen diese starke Gegnerin und deren lange, präzise Bälle kam die unerfahrene Cilly nicht an. Mit 4:6, 1:6 musste sich sie geschlagen geben. Im weiteren Verlauf des Turniers gelang es ihr immerhin, die an dritter Stelle der schweizerischen Rangliste stehende Spielerin de Trey aus Lausanne mit 6:4, 6:3 zu besiegen.

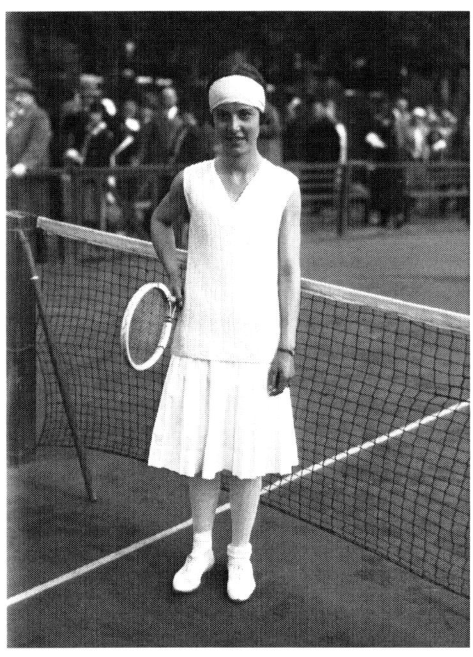

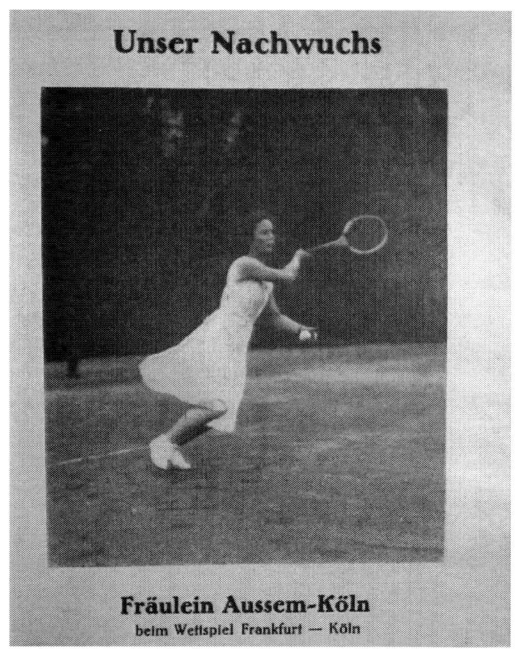

Bild 22 und 23: Cilly Aussem 1925

Tennis und Golf berichtete einige Jahre später, auf die Jugendarbeit des Deutschen Tennisbundes zurückblickend: „Wer möchte dabei nicht auch einmal an die Aufbauarbeit denken, die durch den deutschen Tennis-Bund seit Jahren im Jugendtennis geleistet wir: zählen doch gerade Frl. Aussem und Frl. Krahwinkel zu jenen jungen Spielerinnen, die von den Hannemannkursen und anderen verdienstvollen Unternehmungen entscheidende Förderung erfahren haben. Erinnern wir uns daran, dass Frl. Aussem 1925 die erste deutsche Junioren-Meisterschaft gewonnen hat … trotz mancher gesundheitlicher Hemmungen, die diesen Weg nicht gerade erleichterten." Das mag als ein erstes Indiz gelten, dass Cilly Aussem schon in sehr jungen Jahren gesundheitliche Probleme hatte.

Ein Kölner Journalist schrieb in einer Zusammenfassung über das Sportjahr 1925: „ … denn gerade unter den Kölner Junioren sind Spielerinnen, die man sich merken muß, Fräulein Außem, Fräulein Rost, Fräulein Zweiffel. Halten diese, was sie jetzt versprechen, ist man der Sorge um den Nachwuchs an guten Tennisspielerinnen enthoben."

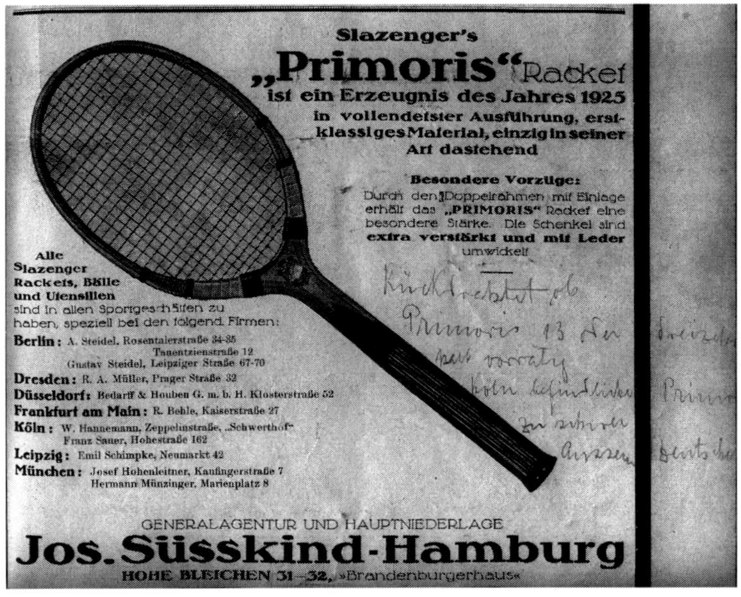

Bild 24: Anzeige aus dem Jahr 1925 mit dem handschriftlichen Vermerk von Cilly Aussem: „… Ob Primoris 13 oder 13 ½ vorrätig. In Köln befindlicher Primoris zu schwer. Aussem, Deutschland"

Außer den beiden jungen Kölner Nachwuchsspielerinnen hatte der Deutsche Tennisbund Mitte der zwanziger Jahre relativ wenig an jungen Spielern und Spielerinnen zu bieten. So wurde in einem Tennishandbuch beklagt, „daß ein großer Teil derjenigen Spieler und Spielerinnen, die einmal unter glücklichen Umständen eine Junioren-Meisterschaft gewonnen haben, stehen geblieben sind und keine weiteren nennenswerten Fortschritte gemacht haben.

Wirklich in die erste Klasse aufgerückt sind von unseren Junioren eigentlich nur ... Frl. Aussem und Frl. Rost ... Genau dieselbe Feststellung kann man in Frankreich und in England machen."

Denn auch in England ging der Stern einer zukünftigen Weltklassespielerin auf. Dort hieß im gleichen Jahr die Siegerin bei den Juniorinnen Betty Nuthall. Im Laufe ihrer Tenniskarriere sollten sich die sportlichen Wege von Betty und Cilly einige Male kreuzen – zum Beispiel 1931 im Finale der Internationalen Französischen Meisterschaften in Paris.

Bild 25: 1925 – Rheinische Rangliste

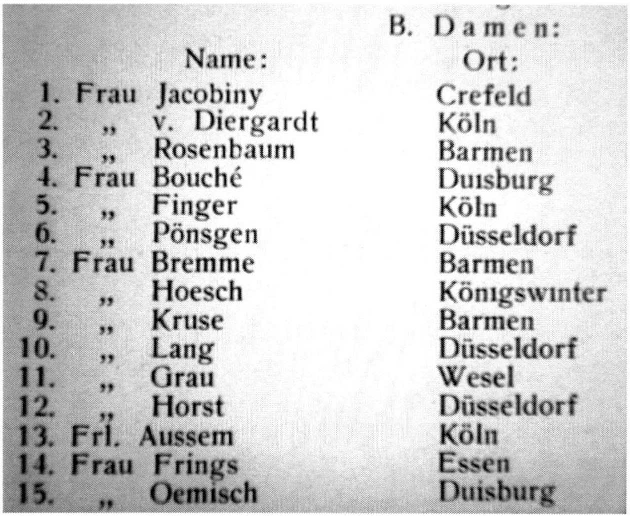

B. Damen:

Name:		Ort:
1. Frau	Jacobiny	Crefeld
2. „	v. Diergardt	Köln
3. „	Rosenbaum	Barmen
4. Frau	Bouché	Duisburg
5. „	Finger	Köln
6. „	Pönsgen	Düsseldorf
7. Frau	Bremme	Barmen
8. „	Hoesch	Königswinter
9. „	Kruse	Barmen
10. „	Lang	Düsseldorf
11. „	Grau	Wesel
12. „	Horst	Düsseldorf
13. Frl.	Aussem	Köln
14. Frau	Frings	Essen
15. „	Oemisch	Duisburg

Zu Beginn des Jahres 1925 stand Cilly Aussem auf dem 13. Platz der rheinischen Rangliste. Am Ende des Jahres belegte sie bereits den ersten Platz. In der neuen deutschen Rangliste wurde sie auf dem 6. Rang geführt. Dabei war sie noch nicht einmal 17 Jahre alt. Ihr kometenhafter Aufstieg hatte begonnen.

1926

Die erste sportliche Herausforderung des Jahres 1926 war das Bremer Hallenturnier, bei dem Cilly Aussem unter anderem mit Willi Hannemann im Mixed antrat. Zu Beginn des Turniers waren sie gegen „ein leichtes Paar" erfolgreich. Dahinter verbargen sich immerhin die Deutsche Meisterin Ilse Friedleben und ihr Partner Albrecht Lüdke, der in diesem Jahr bei den

Medenspielen die deutsche Mannschaftsmeisterschaft für Rot-Weiß Köln gewinnen konnte und dabei so prominente Mitstreiter wie seinen jetzigen Gegner, Willi Hannemann, hatte.

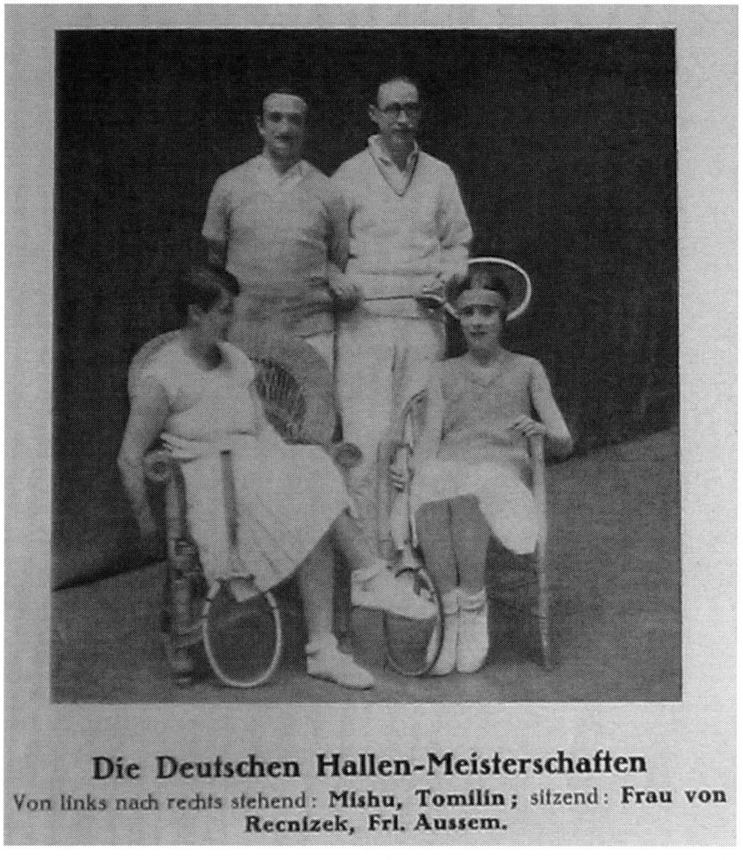

Die Deutschen Hallen-Meisterschaften
Von links nach rechts stehend: **Mishu, Tomilin**; sitzend: **Frau von Recnizek, Frl. Aussem.**

Bild 26: Bremen, 1926

Am zweiten Wettkampftag schaltete Cilly eine Bremer Spielerin namens Klatte nach deutlichen Anfangsschwächen mit 3:6, 6:2, 6:1 aus. Danach setzte sie ihre Siegesserie im Mixed mit Willi Hannemann fort. Im Finale scheiterten die beiden aber an Ilse Friedleben und Albrecht Lüdke. Die beiden Paare lieferten sich „ein heißes Treffen“, berichtete eine Zeitung.

Ebenso wenig reichte es für Cilly im Dameneinzel. Ilse Friedleben war „bedeutend besser“. Ihre Routine und Abgeklärtheit bescherten ihr einen deutlichen Sieg über die junge Kölner

Nachwuchsspielerin. „Frl. Aussem hat sich seit dem Vorjahr stark verbessert", blickte ein Sportjournalist zurück und behielt mit seiner Prophezeiung recht, dass sie „im Laufe der kommenden Sommerspielzeit noch viel von sich reden machen" würde.

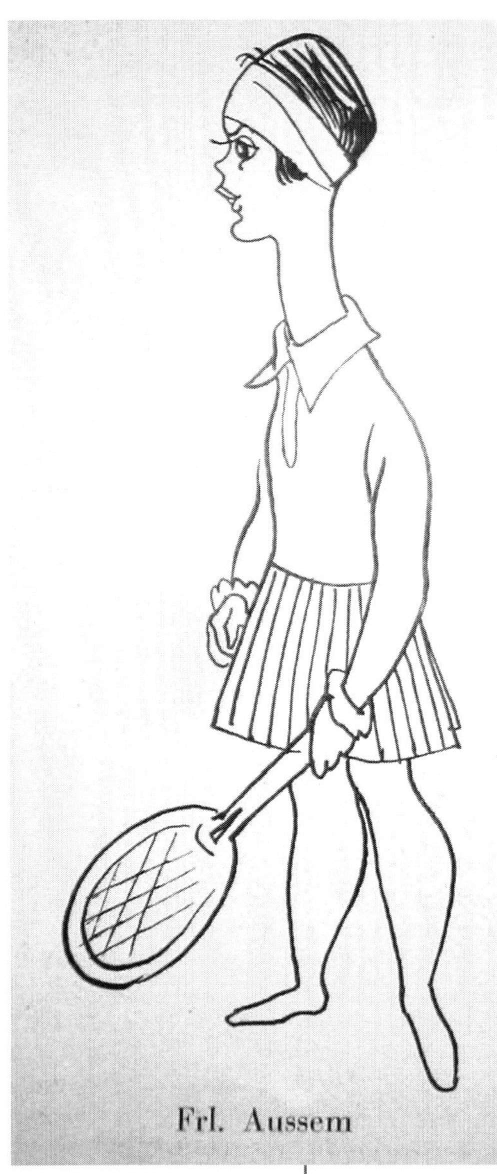

Bild 27: Karikatur, 1926

Acht Jahre nach Beendigung des Ersten Weltkriegs wurde Deutschland von seinen Nachbarn, speziell Frankreich, nach wie vor mißtrauisch betrachtet. Da machte es keinen Unterschied, ob Wirtschaft, Politik oder Sport im Vordergrund standen: Nach dem verlorenen Krieg hatten die Beziehungen zu den Nachbarstaaten noch lange nicht das Normalmaß erreicht.

Daher bemühte sich Louis Dufour, der Turnierleiter und Schriftführer des Schweizerischen Tennisverbandes, für das anstehende Turnier in Montreux sowohl französische als auch deutsche Spieler einzuladen. Er ging davon aus, dass sich keiner der beiden Tennisverbände einem sportlichen Wettkampf auf neutralem Boden widersetzen würde. Die beiden französischen Stars René Lacoste und Jean Borotra hatten ihre Teilnahme bereits zugesagt. Nun wartete man auf die Zusage der deutschen Spieler.

„In der Schweiz hatte man mit Deutschlands Aufnahme in den Völkerbund fest gerechnet und glaubte, dass der französische Verband aus Anlaß der Genfer-See-Turniere, seinen Spielern gestatten würde, gegen Deutsche auf neutralem Boden anzutreten. Daraus ist nun nichts gewor-

den", war in einer Vorschau auf die beliebten Turniere zu lesen. Der Verfasser glaubte, dass der Schweizerische Tennisverband mit seiner sportlichen Initiative „in eine äußerst schwierige Lage versetzt worden ist, die nicht so einfach zu klären sein wird."

Aber nicht nur Frankreich sondern auch Belgien hatte erhebliche Vorbehalte gegen die Tennisnation Deutschland. Die Belgier betrachteten die Wiederaufnahme Deutschlands in den Internationalen Tennisverband noch im März 1926 als nicht spruchreif und galten als die schärfsten Widersacher solcher Pläne.

Offensichtlich sah aber Deutschland keine dringende Notwendigkeit, wieder in den Internationalen Tennisverband aufgenommen zu werden, denn für die Hauptversammlung am 18. März 1926 in Paris hatte der DTB keinen entsprechenden Antrag gestellt. Somit konnte erst auf der Versammlung des Jahres 1927 über einen eventuellen Antrag verhandelt werden.

Da die Franzosen dem Turnier in Montreux fernblieben, wurde dieser Wettkampf von englischen und deutschen Spielern und Spielerinnen dominiert. Mit großer Spannung wurde daher die mögliche Finalbegegnung von Cilly Aussem gegen Germaine Golding erwartet; eine Französin, die mit einem Engländer verheiratet war. Nach einigen guten Spielen erreichten beide Spielerinnen souverän das Finale, und so kam es am 23. April 1926 zum erwarteten Aufeinandertreffen der führenden Vertreterinnen ihrer Länder.

Beide knüpften an ihre guten Leistungen in der Vorrunde an und spielten auf hohem Niveau. „Nach vollkommen ausgeglichenem Kampf, nach beiderseits prächtigem Spiel", schaffte die deutsche Juniorenmeisterin „das völlig Unerwartete". Cillys effektives Grundlinienspiel und die Art und Weise, wie sie ihre Flugbälle schlug, waren die Grundlage für ihren sensationellen

Sieg. In einem Sportbericht war zu lesen, dass Cillys Spiel alle Zuschauer mitgerissen hätte, egal ob „Engländer, Franzosen, Amerikaner oder Deutsche."

„Frl. Außem schlägt Madame Golding", titelte ein Sportberichterstatter an seine Redaktion in Köln. Begeistert schrieb er über Cilly Aussems 6:4, 5:7, 6:4 Sieg über Germaine Golding. Damit hatte sie erfolgreich Revanche für die Finalniederlage des Vorjahres genommen.

Nur zwei Tage später trug sich Cilly Aussem erneut in die Gewinnerliste von Montreux ein: zuerst im Einzel mit einem 6:2, 6:1 Sieg über die schweizerische Ex-Meisterin Sautter aus Lausanne und danach im Mixed zusammen mit H.C. Fischer 6:1, 6:0 gegen die Britin Cowan und deren deutschen Partner Hans Moldenhauer.

Mit diesem jungen Nachwuchstalent aus Berlin wurde Cilly Aussem später im Jahr deutsche Meisterin im Mixed. Damit ging sie als jüngste deutsche Meisterin aller Zeiten in die Geschichte ein: sie war gerade einmal 17 Jahre und sieben Monate alt.

Wer weiß, wie sich Cilly Aussem Karriere an der Seite von Hans Moldenhauer weiterentwickelt hätte, wenn dieser nicht tödlich verunglückt wäre. Als die junge Tennishoffnung am 29. Dezember 1929 vom Training auf dem Weg nach Hause war, kollidierte er bei einem Überholmanöver auf nasser Straße mit einer Straßenbahn. Er verlor die Kontrolle über sein Fahrzeug. Die Straßenbahn konnte nicht mehr zum Stehen gebracht werden und prallte in die Seite von Moldenhauers Fahrzeug. Der junge Tennisspieler erlitt einen Schlüsselbein- und Schädelbasisbruch, erhebliche Fleischwunden sowie schwerste Verletzungen an den Beinen.

> *Am 4. Januar 1930 wurde er in Berlin beerdigt. Neben diplomatischen Vertretern von England, Frankreich, Polen und Japan war die gesamte deutsche Tenniselite anwesend – auch Cilly Aussem.*

Moldenhauer hatte auf sich aufmerksam gemacht, als er gegen den Kölner Willi Hannemann am 5. Juli 1925 das Frankfurter Allgemeine Tennisturnier mit 4:6, 6:1 und 6:1 für sich entscheiden konnte. Schon einen Monat später, am 5. August, gewann er die nationalen Tennismeisterschaften, die in diesem Jahr erstmalig nach Beendigung des Ersten Weltkrieges ausgetragen wurden. Bis Ende 1929 hatte er elf Einzel und drei Doppel gewonnen. Mit seinen Team-Kollegen Kleinschroth, Landmann, Dressart und Prenn hatte er in der Davis Cup Mannschaft gestanden.

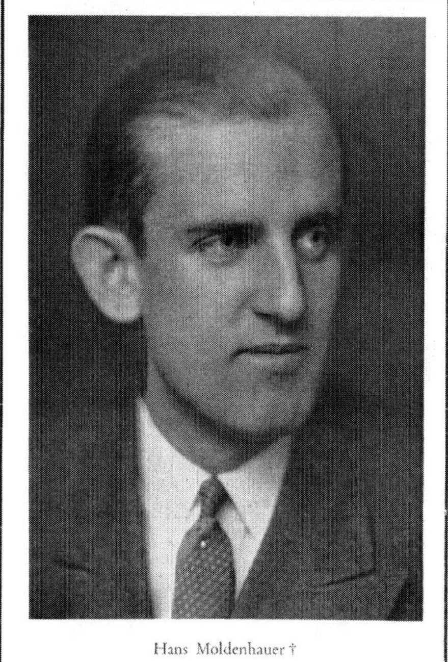
Hans Moldenhauer †

Bild 28:
Hans Moldenhauer

Hans Moldenhauer und Cilly Aussem schlugen die Ungarn Ilona von Várady und Béla von Kehrling. Die junge Kölnerin komplettierte ihren Erfolg mit Siegen über die Nummer 1 der deutschen Rangliste, Ilse Friedleben: einmal in der Schlussrunde des Rot-Weiß Turniers in Berlin und das zweite Mal im schweizerischen Territet.

Beim Drei-Städte-Kampf Köln-Bremen-Frankfurt hielt Cilly Aussem eine Fußverletzung vom Start ab, wegen der sie einige Tage im Krankenhaus verbringen musste. Obwohl dadurch die stärkste Kölnerin fehlte, gelang den Rheinländern ein überzeugender Sieg.

Fast hätte sie einige Tage später beim Länderkampf gegen Ungarn antreten müssen, doch der wurde abgesagt, weil den deutschen Herren eine so weite Reise nicht zugemutet werden konnte und weil die Ungarn „einige Damenspiele einflechten wollten“, was jedoch nicht im Sinne des DTB war.

Anstatt dessen trat sie im böhmischen Marienbad an. Dort musste sich die „gefürchtete, erfahrene Sicherheitsmeisterin

Ungarns, Frau von Petery-Várady" – so Roderich Menzel 1951 in seinem Buch „Weltmacht Tennis – der Nachwuchsspielerin aus Köln geschlagen geben. „Das Erstaunliche an diesem Erfolge war", schrieb Menzel, „dass ein so junges Geschöpf mit den Waffen des Alters focht und die Gegnerin durch deren eigene Kampftaktik schachmatt setzte." In einem „prächtigen Spiel" besiegte Cilly die ungarische Meisterin 7:5, 2:6, 6:2.

In der Zeitschrift Der Tennissport, Nr. 6 vom 15. März 1940 schrieb Menzel, er hätte bei diesem Turnier „die kleine Cilly zum erste Male" gesehen. Und er war sogleich angetan von ihrem Spiel und von der Leichtigkeit, mit der sie ihre Spiele bestritt. Aber beim Betrachten ihres Spieles daran zu denken, „einer Weltmeisterin zuzuschauen", kam ihm nie in den Sinn. Dafür hielt er Cilly „fast zu schlicht im Auftreten, sie war einfach ungekünstelt in ihrer Haltung, herzlich nach dem Spiel, lächelnd nach der Niederlage."

Im Mixed scheiterte sie mit Hans Moldenhauer bereits in der Vorschlussrunde. Überraschend verloren die beiden gegen einen Spieler namens Gottlieb aus Brünn und seine aus Prag stammende Partnerin Amende, die in einem Sportbericht mit dem Attribut „deutsches Element im Ausland" bezeichnet wurde.

Bei der Damenmeisterschaft von Berlin setzte es am 24. Mai gegen Paula von Reznicek eine herbe 3:6, 4:6 Niederlage, dagegen kamen die beiden als Paar im Doppel mühelos eine Runde weiter.

Ihr Können stellte Cilly auch Anfang Juli beim Kölner Kampfspielturnier, „Meisterschaft der Deutschen" genannt, unter Beweis. Zuerst siegte sie 6:2, 6:4 gegen die Krefelderin Friedel Jacobiny, ihre Vorgängerin bei den rheinischen Meisterschaften und dann 6:0, 6:1 gegen Klara Hammer aus Bad-Mergentheim. Den Weg ins Finale verbaute ihr tagsdrauf die starke Nelly Neppach. Die Frankfurterin hatte gerade ein Turnier in Italien gewonnen, und Cilly war „erst vor wenigen Tagen aus dem

Krankenlager" aufgestanden, „an das sie seit dem Berliner Tennisturnier gefesselt war." Sie hatte einige gute Szenen, speziell am Netz und bei ihren Aufschlägen, unterlag dann aber 4:6, 5:7. Ein Pressebericht beschrieb Cillys Spiel als eine „vorzügliche Leistung" und fand es „schade, dass der vorjährige, meteorähnliche Aufstieg von Frl. Aussem durch ihre diesjährige Erkrankung unterbrochen wurde". Ansonsten, so der Reporter, wäre Cilly mit „größerer Aussicht auf Erfolg" in dieses Match gegangen.

Ebenso wenig reichte es für das Finale des Kampfspielturniers. An der Seite ihres Partners Hans Moldenhauer gab es zunächst einen 6:2, 6:4 Sieg gegen Friedel Jacobiny und Carl Lange. Die nächste Begegnung mussten die beiden Jungstars jedoch verloren geben. Gegen die Routine und das Können von Ilse Friedleben und Wilhelm Schomburgk hatten sie keine Chance. Nach drei Sätzen hieß es 6:2, 3:6, 6:1 für das routinierte hessisch – sächische Duo, das am Tag darauf das Finale gewann.

Im Vorfeld zum Kampfspielturnier hatte der Deutsche Tennisbund harsche Kritik an der Stadt Köln geübt. Der DTB sah die Austragung des Turniers in der Tennishochburg Köln als gefährdet an und kritisierte die hohen Abgaben, die die Stadt vom austragenden Verein verlangte: „Wenn man hört, dass das Kölner Stadtamt dem Stadion Club Rot-Weiß nicht nur eine hohe Pacht, sondern drükkende Abgaben vom Umsatz sportlicher Veranstaltungen auferlegt, so wird man, wenn dies schon am grünen Holz geschieht, Schlüsse auf die Allgemeinheit ziehen müssen. Der Ausschuß für die deutschen Kampfspiele 1926 in Köln hat nur nach langen Verhandlungen eine bescheidene Summe als Zuschuß für Tennis bewilligt. Es ist eben leider eine allgemein irrige Auffassung, dass die Tennisklubs genügend Mittel besitzen..."

Organisation und Planung der Kampfspiele lagen in den Händen von Carl Diem, der bereits vier Jahre zuvor für die erste Veranstaltung dieser Art in Berlin verantwortlich gezeichnet hatte. Bei den zweiten Deutschen Kampfspielen in Köln wurde in zwanzig Disziplinen um den Sieg gekämpft – eine davon war das Tennis. Das Ereignis, das den meisten Sportlern und besonders den Zuschauern im Gedächtnis blieb, war der große Fackelzug am Rheinufer, der am Abend des 3. Juli zur Eröffnung veranstaltet wurde und – wie in der Presse zu lesen war – „an dem sich 10.000 Sportler beteiligten, 200.000 Zuschauer sollen an den Straßen gestanden haben: So ward das Fest aller Deutschen am Rhein eingeleitet."

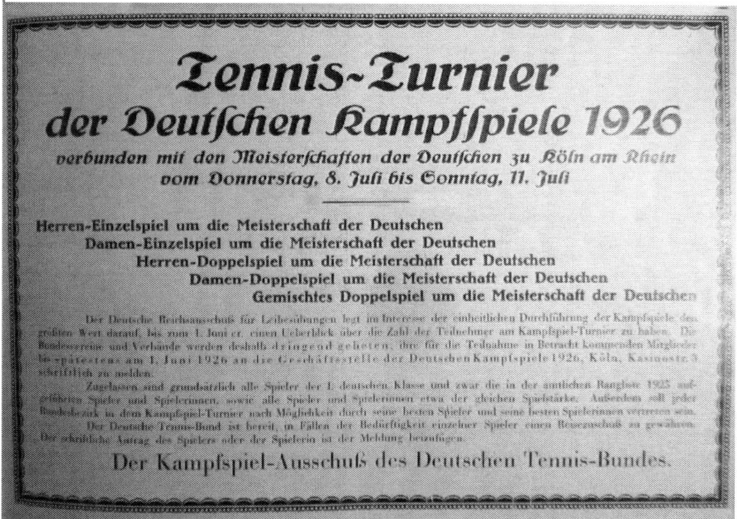

Tennis-Turnier
der Deutschen Kampfspiele 1926
verbunden mit den Meisterschaften der Deutschen zu Köln am Rhein
vom Donnerstag, 8. Juli bis Sonntag, 11. Juli

Herren-Einzelspiel um die Meisterschaft der Deutschen
Damen-Einzelspiel um die Meisterschaft der Deutschen
Herren-Doppelspiel um die Meisterschaft der Deutschen
Damen-Doppelspiel um die Meisterschaft der Deutschen
Gemischtes Doppelspiel um die Meisterschaft der Deutschen

Der Deutsche Reichsausschuß für Leibesübungen legt im Interesse der einheitlichen Durchführung der Kampfspiele den größten Wert darauf, bis zum 1. Juni cr. einen Ueberblick über die Zahl der Teilnehmer am Kampfspiel-Turnier zu haben. Die Bundesvereine und Verbände werden deshalb dringend gebeten, ihre für die Teilnahme in Betracht kommenden Mitglieder bis spätestens am 1. Juni 1926 an die Geschäftsstelle der Deutschen Kampfspiele 1926, Köln, Kasinostr. 3 schriftlich zu melden.

Zugelassen sind grundsätzlich alle Spieler der 1. deutschen Klasse und zwar die in der amtlichen Rangliste 1925 aufgeführten Spieler und Spielerinnen, sowie alle Spieler und Spielerinnen etwa der gleichen Spielstärke. Außerdem soll jeder Bundesbezirk in dem Kampfspiel-Turnier nach Möglichkeit durch seine besten Spieler und seine besten Spielerinnen vertreten sein.

Der Deutsche Tennis-Bund ist bereit, in Fällen der Bedürftigkeit einzelner Spieler einen Reisezuschuß zu gewähren. Der schriftliche Antrag des Spielers oder der Spielerin ist der Meldung beizufügen.

Der Kampfspiel-Ausschuß des Deutschen Tennis-Bundes.

Bild 29

Die Eröffnungsrede durch den Kölner Oberbürgermeister Konrad Adenauer löste bei der Bevölkerung begeisterten Jubel aus. „Seine Rede, die schlicht und einprägsam war, wurde dank des Lautsprechersystems auf dem ganzen Platz gehört ...", lobte die Kölnische Zeitung den neuesten Stand der Technik und ließ es sich nicht nehmen, den gesamten Wortlaut abzudrucken: „Willkommen am heiligen Strom! Ihr Brüder und Schwestern aus Süd und Nord, aus Osten und Westen, willkommen! Ihr deutschen Brüder und Schwestern aus Danzig und aus dem Saargebiet, aus Oberschlesien, aus Siebenbürgen, aus Deutsch-

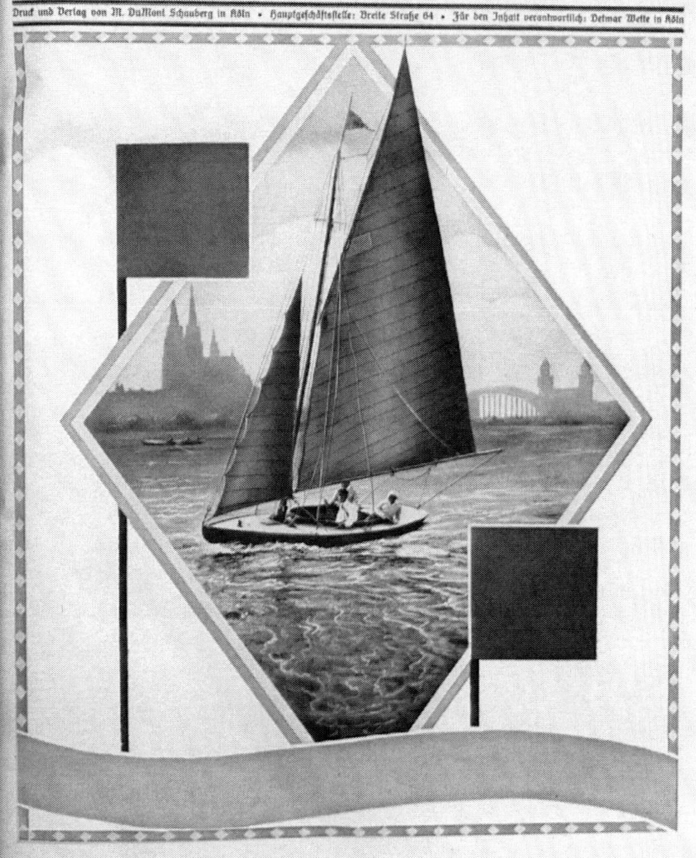

Bild 30

*Böhmen, aus Chile und aus Amerika, und vor allem ihr Brüder aus Deutsch-Österreich! Willkommen am heiligen Strom und dem alten heiligen Köln! Auserlesen seid ihr aus vielen zum edeln Wettstreit, aber ihr seid auch auserlesen und zu uns geschickt, um der alten, seit mehr denn tausend Jahre zum Deutschen Reich gehörenden Stadt Köln nach achtjähriger Besetzung den Gruß und den Glückwunsch aller Deutschen zu ihrer Befreiung zu überbringen. (***Anmerkung:*** *Damit meinte Adenauer die bis 1926 andauernde britische Besatzung des Rheinlandes nach dem Ersten Weltkrieg) Es grüßt und dankt euch durch meinen Mund Kölns Bürgerschaft mit treudeutscher Liebe. Vereint stehen hier auf weitem Grund, umgeben von grünen Wällen, Vertreter der deutschen Stämme, erfüllt vom Streben nach idealen Zielen, erfüllt von Gemeinschaftsgeist, erfüllt von treuer Liebe zum deutschen Vaterland. Derselbe Geist, der euch beseelt, muß eines jeden Deutschen Brust beseelen, und ihr, die deutsche Jugend, ihr sollt Banner-*

träger auf diesem Wege sein. Mögen die II. Deutschen Kampfspiele das deutsche Volk dem näher bringen, was uns allen not tut, dem Gefühl und der Überzeugung von der Schicksalsgemeinschaft für immer. Das ist Kölns Wunsch zu den Kampfspielen. Glückauf zum frischen, fröhlichen Kampf." Reichspräsident Paul von Hindenburg schloß sich in einem Telegramm Adenauers Worten an und hoffte, dass die Veranstaltungen dazu beitragen, „dass in unserm Vaterlande ein kräftiges und körperlich ertüchtigtes Geschlecht herangebildet wird. "

Nach dem Auftritt in Köln ging es für Cilly Mitte August bei den Deutschen Meisterschaften in Hamburg weiter. Das schnelle Ausscheiden im Einzel nach nur zwei Spielen schien auf ihre Motivation und auf ihren Kampfeswillen keinen Einfluß gehabt zu haben. Sie nutze mit Hans Moldenhauer ihre Chance im Mixed, als sie in der Vorschlussrunde Nelly Neppach und Daniel Prenn 8:6, 6:1, 6:3 ausschaltete. Aussem und Moldenhauer befanden sich an diesem Tag in bestechender Form. Cilly legte ein „forsches Spiel" an den Tag, und Moldenhauer „smashte vorzüglich". Während das Pech seinen Gegnern an den Fersen haftete, sicherte er „durch einen neuen glänzenden Smash" zum 6:3 im dritten Satz die Finalteilnahme.

Dort konnten die beiden jungen Deutschen nach einem spannenden Spiel das hoch favorisierte ungarische Meisterpaar Ilona von Petery und Béla von Kehrling besiegen. Der 6:4, 5:7, 6:2 Sieg war in erster Linie Cilly Aussems starkem Spiel zu verdanken. Moldenhauer, dem eine Zeitung „wenig Begabung für das Doppelspiel" attestierte, hatte einen schlechten Tag erwischt, obwohl er im Anschluß an diese Mixed-Partie das Endspiel um die Herrenmeisterschaft mühelos für sich entscheiden konnte.

Nach dem Mixed-Erfolg in Hamburg blieb Cilly erst einmal einen Monat dem Tennisplatz fern. Während Ilse Friedleben bei allen möglichen bedeutenden und unbedeutenden Turnieren antrat – z.B. in Düsseldorf, Koblenz, Bad Ems, Karlsruhe und St. Moritz – war von Cilly Aussem nichts zu sehen. Sogar das

Allgemeine Kölner Tennisturnier in ihrem Heimatclub sagte sie ab – wegen einer Fußverletzung.

Anfang September war Cilly für den Länderkampf gegen Holland in Scheveningen eingeplant, doch sie erteilte dem DTB eine Absage. Offensichtlich war die Fußverletzung ernster als vermutet.

Erst Mitte September trat Cilly beim Herbstturnier von Rot-Weiß Berlin an, wo sie im Endspiel der amtierenden deutschen Meisterin Dr. Ilse Friedleben aus Frankfurt gegenüberstand. Die Meisterin und die jungen Nachwuchshoffnung lieferten sich zur Freude des Publikums einen spannenden Kampf. Im ersten Satz lag Ilse Friedleben schon 5:2 in Führung. Sie war nur noch wenige Punkte von Sieg entfernt, als Cilly Aussem die Aufschläge ihrer Gegnerin gekonnt parierte und letztendlich einen 5:6 Rückstand in einen 8:6 Sieg umwandeln konnte.

Bild 31: „Die Berliner Tennissensation. Die glückliche junge Siegerin nach ihrem Erfolge."

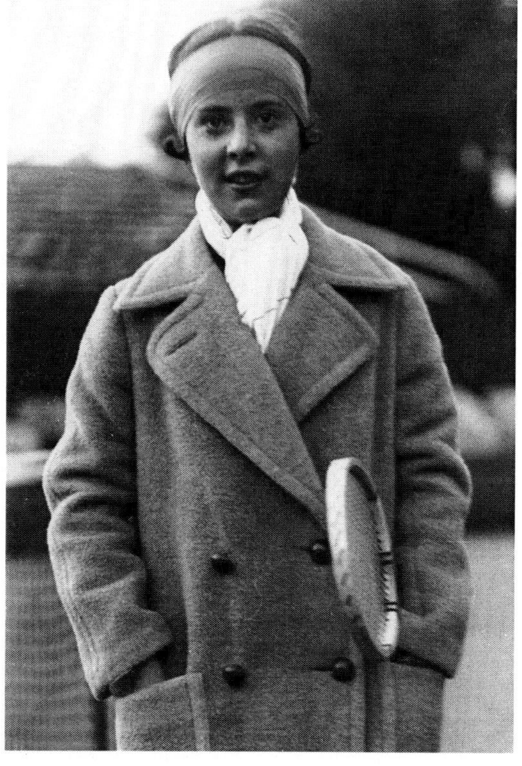

Der zweite Satz zeigte gewisse Parallelen zum ersten. Wieder stand es 5:2; dieses Mal jedoch für Cilly Aussem. „Aber die kampferprobte Meisterin ließ sich nicht verblüffen", schrieb die Kölnische Zeitung und schaffte den Ausgleich zum 5:5. Und wiederum gelang Cilly die Wende, indem sie den zweiten Satz mit 7:5 siegreich beendete. Ein Sportjournalist fasste diesen überraschenden Erfolg in einem einzigen Satz zusammen: „Frl. Aussems glückliches und unbesorgtes Turniertemperament, verbunden mit solidem und großem Können sowie einen festen Siegeswillen, verschafften ihr diesen, in ihrer bisherigen Tennislaufbahn, allergrößten Erfolg", den Sieg über die deutsche Meisterin.

Tennis und Golf sah indessen einige Schwachstellen bei der jungen Kölne-

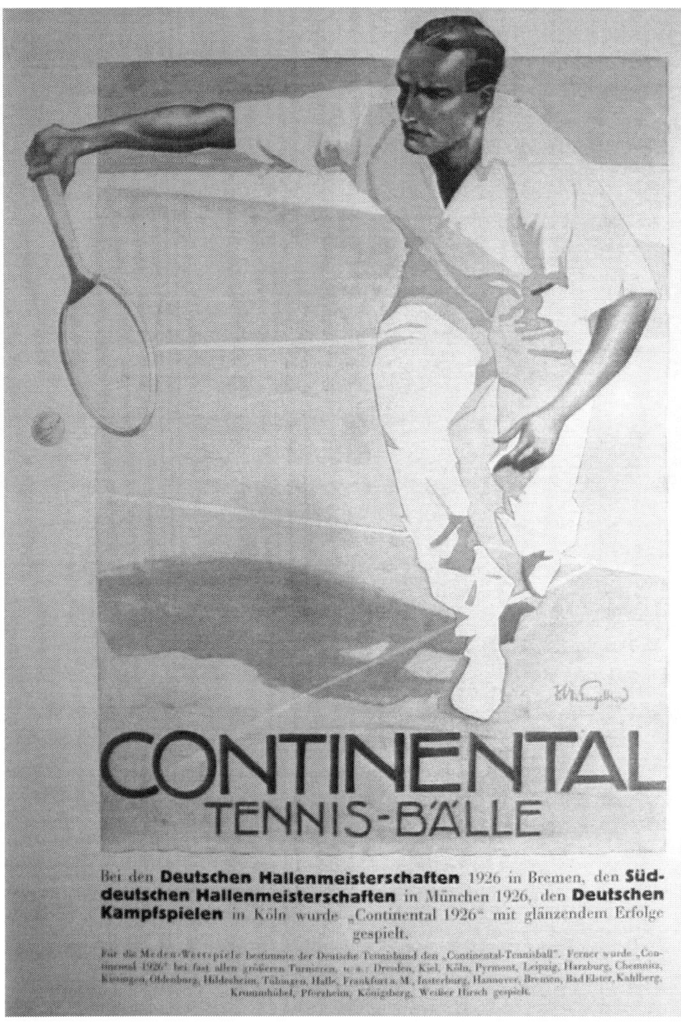

Bild 32: Werbung, 1926

rin: „Die Rückhand ist zu weich und bietet keine Angriffsmöglichkeiten. Der Flugball ist besser geworden, er muß aber noch unbedingt gekreuzter werden, damit nicht der zweite Ball ein Verlustpunkt ist."

Der Verfasser dieser Zeilen erkannte andererseits aber auch das enorme Potential von Cilly Aussem: „Ausgezeichnet ist die Aufmerksamkeit und Sicherheit ... das Beste wohl ihr Lauftechnik, die ins Damenhafte übersetzt an das große Können Froitzheims erinnert. "

Im gleichen Berliner Turnier trat Cilly mit dem ungarischen Spitzenspieler Béla von Kehrling gegen das deutsche Ehepaar Heinrich und Toni Schomburgk an, das sich jedoch als eine Nummer zu groß erwies. Cilly „spielte nicht hart genug", formulierte es die Kölnische Zeitung und hatte der „großen Stärke" des Leipziger Ehepaares nichts entgegenzusetzen.

Für Cilly Aussem war das Berliner Turnier ihr letzter Auftritt in diesem Jahr. Die Fußverletzung machte weitere Spiele unmöglich.

Obwohl sie dadurch eine kürzere Saison hatte als ihre Konkurrentinnen, hatte sie sich zu diesem Zeitpunkt bereits auf Platz

3 der deutschen Tennisrangliste gespielt. Vor ihr standen nur noch Ilse Friedleben und Nelly Neppach.

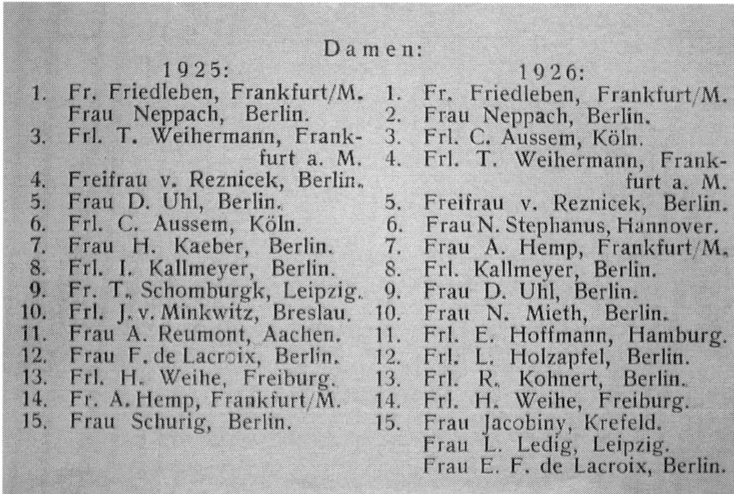

Damen:

	1925:		1926:
1.	Fr. Friedleben, Frankfurt/M.	1.	Fr. Friedleben, Frankfurt/M.
	Frau Neppach, Berlin.	2.	Frau Neppach, Berlin.
3.	Frl. T. Weihermann, Frankfurt a. M.	3.	Frl. C. Aussem, Köln.
4.	Freifrau v. Reznicek, Berlin.	4.	Frl. T. Weihermann, Frankfurt a. M.
5.	Frau D. Uhl, Berlin.	5.	Freifrau v. Reznicek, Berlin.
6.	Frl. C. Aussem, Köln.	6.	Frau N. Stephanus, Hannover.
7.	Frau H. Kaeber, Berlin.	7.	Frau A. Hemp, Frankfurt/M.
8.	Frl. I. Kallmeyer, Berlin.	8.	Frl. Kallmeyer, Berlin.
9.	Fr. T. Schomburgk, Leipzig.	9.	Frau D. Uhl, Berlin.
10.	Frl. J. v. Minkwitz, Breslau.	10.	Frau N. Mieth, Berlin.
11.	Frau A. Reumont, Aachen.	11.	Frl. E. Hoffmann, Hamburg.
12.	Frau F. de Lacroix, Berlin.	12.	Frl. L. Holzapfel, Berlin.
13.	Frl. H. Weihe, Freiburg.	13.	Frl. R. Kohnert, Berlin.
14.	Fr. A. Hemp, Frankfurt/M.	14.	Frl. H. Weihe, Freiburg.
15.	Frau Schurig, Berlin.	15.	Frau Jacobiny, Krefeld.
			Frau L. Ledig, Leipzig.
			Frau E. F. de Lacroix, Berlin.

Bild 33: Deutsche Rangliste 1925 und 1926

In einer Zusammenfassung des Tennisjahres 1926 befaßte sich eine Analyse mit den Stärken und Schwächen der einzelnen deutschen Spielerinnen. Im Kapitel „Fräulein Cilly Aussem" begeisterte sich ein Fachmann: „Hört man von Deutschland Herren-Tennisnachwuchs, fällt einem mancher hoffnungsvolle Name ein; spricht man vom Nachwuchs der Damen, konzentriert sich alles auf einen Klang: Cilly Aussem.

Und nicht nur, dass die Spielstärke und Veranlagung der überschlanken, beweglichen Kölnerin sie an die Spitze des Damennachwuchses stellt, nicht nur, dass sie als halbes Kind heute nach zwei Siegen über Deutschlands Meisterin nicht nur die gleiche Klasse wie Frau Friedleben und Frau Neppach bereits darstellt; Cilly Aussem ist auf deutschen Turnieren seit den Glanzzeiten der Mieken Rieck die erste und wieder Bahn brechende, die dem neuen angreifenden, netzspielenden Damentennis den Weg weist, und mit ihrer eigenen graziösen und so gar nicht ver-

männlichten Erscheinung beste Propaganda ist. (**Anmerkung:** Magdalena „Mieken“ Rieck-Galvao war die beste deutsche Tennisspielerin vor dem Ersten Weltkrieg. In den Jahren 1910 und 1911 wurde sie Deutsche Meisterin, 1912 Vizeweltmeisterin und 1913 Weltmeisterin. 1926 errang sie mit Ellen Hoffmann den Meistertitel im Doppel).

Cillys Überkopfspiel ist gut, etwas geschnitten und placiert, ohne ganz das auszugeben, was er an Mühe kostet. Der Vorhand, mit natürlichem Schwung geschlagen, wird als Angriffsschlag oft am höchsten Punkt genommen, hat viel Fahrt und Länge, der Rückhand ist sicher und – da sehr spät geschlagen – geeignet, auch die bestplacierten gegnerischen Bälle noch zu erreichen, aber viel zu ‚gelegt', um dem Angriff zu dienen. Flugball- und Überkopfspiel ermangeln bisweilen noch der letzten Dosis Wucht, beweisen aber ausgesprochenes Talent und werden mit einer sorglos-selbstverständlichen Unbekümmertheit geschlagen, die das Publikum beinahe so sehr entzückt wie die runden Kinderaugen.

Und die Kölnerin denkt schnell und konsequent und hat bisher auch für den Gegner immer die faire Anerkennung des gutnervigen Kindes – oder einer wirklichen Kämpferin gezeigt. Dieses ‚entweder oder' wird sich nächstens offenbaren. Wir hoffen alle auf das Oder und dann wird Cillykind in den schwersten Tennisschlachten, die ihr noch bevorstehen, zeigen können, wie man kämpferisches Tennis charmant und männlich-modernes Tennis reizvoll verkörpert.“

1927

Nach der auskurierten Fußverletzung stand Cilly Aussem gleich zu Beginn des neuen Jahres wieder auf dem Platz, als auf der

Anlage von Rot-Weiß Köln die Mannschaft des Kopenhagener Vereins Boldklubben 93 zu Gast war. Für Cilly stand bei dieser Begegnung im Vordergrund, wieder Spielpraxis zu bekommen. Sie spielte gut und hatte keine Mühe mit ihren dänischen Konkurrentinnen Dam und Fredriksen. Auch im Mixed, mit ihrem Trainer Willi Hannemann, gab es zwei souveräne Siege. Cilly Aussem war also bestens gerüstet für die Riviera-Turniere, die kurz darauf an der Côte d'Azur stattfinden sollten.

Die finanzielle Situation der Familie erlaubte es ihr, an diesen exklusiven Tennisveranstaltungen in Südfrankreich und Norditalien teilzunehmen. So war sie in diesem Jahr erstmalig an der Côte d'Azur anzutreffen; beispielsweise in Nizza, Cannes, Monte Carlo und anderen mondänen Orten, in denen die europäische Exklusivgesellschaft gerne die kalten Winter überbrückte.

Das war kein billiges Vergnügen. Eintausend Francs musste jeder Spieler als Startgeld aufbringen – umgerechnet 165 Mark. Ende der zwanziger Jahre war das eine stattliche Summe, die allerdings auch die freie Unterbringung der Teilnehmer beinhaltete. Welchen Wert 165 Mark zu dieser Zeit hatten, lässt sich daran ermessen, dass eine Kreuzfahrt auf einem Luxusdampfer vom Hamburg über Lissabon und verschiedene Stationen im Mittelmeer bis Genua lediglich 100 Mark teurer war. Es ist ohne Weiteres vorstellbar, dass für die besser gestellten Damen und Herren der gehobenen Gesellschaft eine solche prestigeträchtige Reise einen wesentlich höheren Stellenwert gehabt hat, als einem Tennisclub beizutreten.

Für die 165 Mark Startgeld, die bei den Riviera-Turnieren fällig wurden, sollte auf den schönsten Plätzen gespielt werden können. „Es sollen die besten Plätze an der Riviera sein", schrieb der Kölner Spieler Georg Demasius und fügte spöttisch hinzu, „in Deutschland sind fast alle Plätze so! Die anderen hätten sehr gut eine neue Decke gebrauchen können. Überhaupt wird der deutsche

Tennisspieler, der an die Riviera geht, seine Ansprüche zurückschrauben müssen. Man muß sich mit Sonne und Wärme zufrieden geben."

Während sich Cilly Aussem zur Vorbereitung auf die Saison in Südfrankreich aufhielt, diskutierten die Funktionäre des Internationalen Tennisverbands die Ballfrage. Zu diesem Zweck hatte man sogar eine Ballkommission ins Leben gerufen. Dieses Gremium hatte gerade die Empfehlung ausgesprochen, „in Zukunft nur noch mit glatten ungenähten Bällen zu spielen und die Sprunghöhe in der Weise zu ändern, dass ein Ball, wenn man ihn aus einer Höhe von 250 Zentimeter fallen lässt, nur noch eine Sprunghöhe von höchstens 152 und mindestens 140 Zentimeter haben darf."

Bild 34: Werbung, 1927

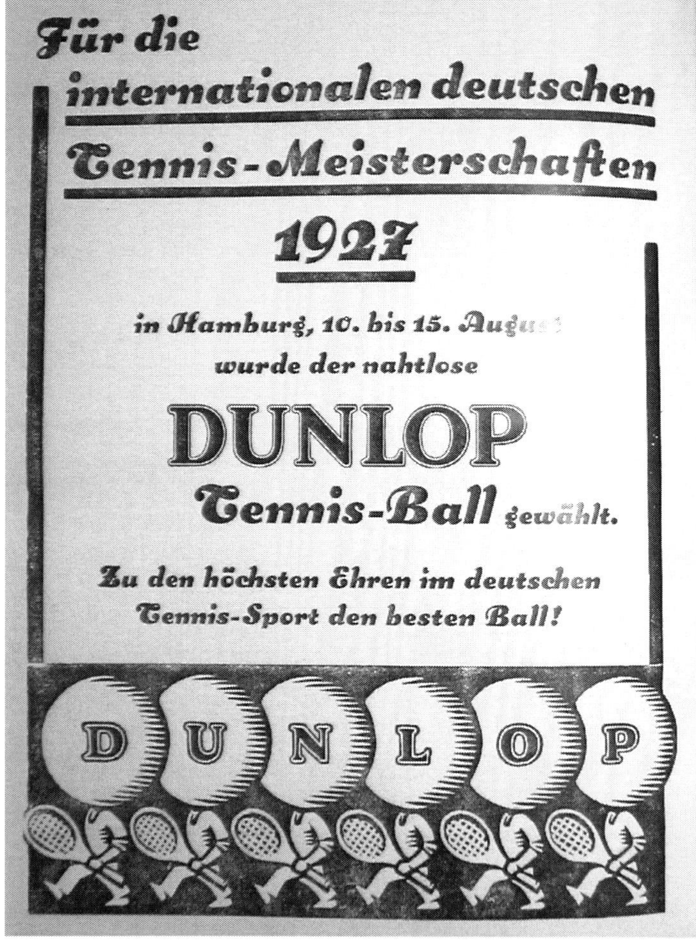

Diese Empfehlung dürfte an den in Südfrankreich angetretenen Spielern und Spielerinnen vollkommen vorbeigegangen sein. Dort konnte Cilly bei den Turnieren in Cannes und Nizza zunächst einige Siege erringen. Ihre Gegnerinnen hatten jedoch bei Weitem nicht das Format der 18-jährigen deutschen Nachwuchsspielerin. Zuerst hieß es für Cilly aber, eine Niederlage einzustecken. Und die war äußerst bitter: 0:6, 0:6 lautete das Ergebnis im Mixed mit ihrem Partner Otto Graf Salm gegen das britisch-monegassische

Paar Shaw/Landau. Das bedeutete das Aus bereits in der ersten Runde.

Besser lief es im Einzel. Zuerst bekam die Französin Feret mit 6:0, 6:2 die Stärke der Deutschen zu spüren, einen Tag später, am 18. März, ähnlich deutlich die Britin Alstone, die mit 6:1, 6:4 besiegt wurde. Den Weg ins Finale von Nizza musste Cilly allerdings der spanischen Spitzenspielerin Lili d'Alvarez überlassen.

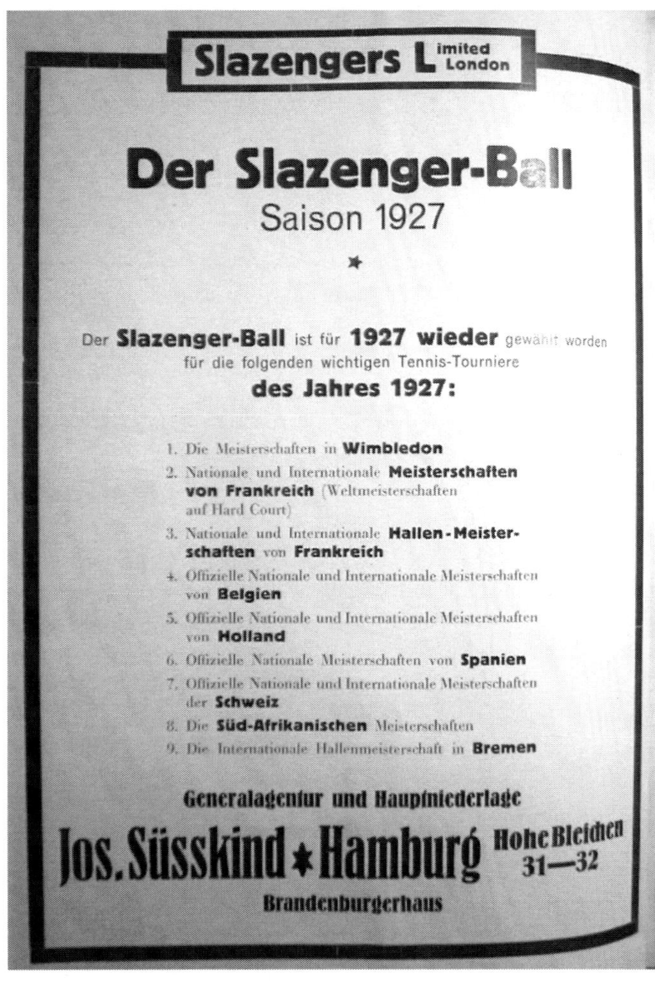

Bild 35: Werbung, 1927

Mit Otto Froitzheim als neuem Mixed-Partner schaffte sie es in Cannes nur in die dritte Runde. Dann gab es gegen die relativ unbekannten Franzosen Lafaurie/Poulin eine unerwartete 5:7, 1:6 Niederlage.

Auch beim zweiten Turnier in Cannes, eine Woche später, kam das Aus in Runde drei. Im Spiel gegen die Französin Taunay hieß es nach zwei Sätzen 1:1 – beide Spielerinnen hatten jeweils 6:1 gewonnen. Im entscheidenden dritten Satz verlor Cilly 5:7 und schied aus dem Turnier. Trotz dieser Niederlage bescheinigte ihr ein Zeitungsbericht, dass sich ihr Spiel zwar von Tag zu Tag verbessern würde, sie ihrer Form aber noch weit hinterher laufe.

An den schweizerischen Hallenmeisterschaften in St. Moritz, Anfang Februar, nahm sie nicht teil. Den Kampf um den Titel überließ sie fünf Spielerinnen aus Deutschland und einer aus Holland. Die Kölnische Zeitung berichtete über die Spiele im Mixed und schloß diesen Artikel mit dem Satz: „Wir finden es überhaupt sehr merkwürdig, dass die Deutschen alle mit ausländischen Partnern spielen anstatt zusammen zu spielen."

Zu Ostern nahm Cilly als Einzelspielerin sowie im Doppel mit Hans Moldenhauer am Turnier des Montreux Palace Lawn Tennis Club teil. Dort gehörte sie, zumindest im Einzel, zu den Favoriten. Die Auslosung brachte sie mit den Britinnen Keays und White sowie der Irin O'Neil in eine Gruppe.

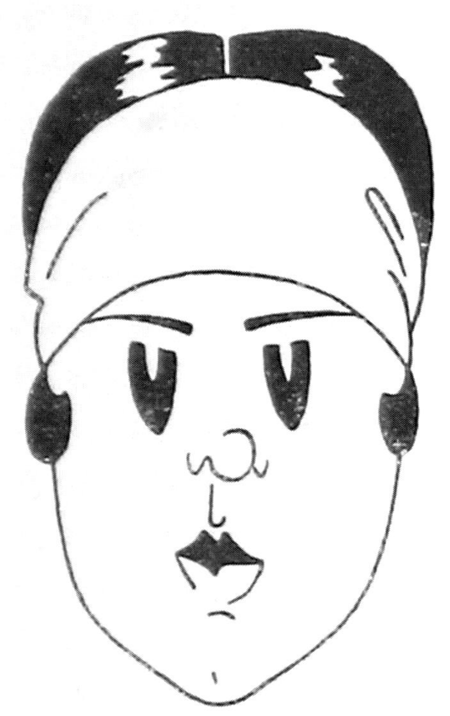

Bild 36: Cilly Aussem, zeitgenössische Karikatur

Eine Zeitung räumte ihr und Germaine Golding gute Chancen auf den Sieg ein und schrieb wenig charmant über eine der Konkurrentinnen: „Die alte Irländerin Miß O'Neil dürfte für die Entscheidung nicht in Frage kommen." Auch wenn die Irin bereits 65 Jahre alt war, so war das doch eine sehr unfeine Art der Berichterstattung.

Ebenso despektierlich schrieb Tennis und Golf über eine weitere Begegnung in dieser Gruppe: „Cilly Aussem gewann das Damen-Einzelspiel glatt mit 6:1, 6:1 gegen die alte Engländerin Mrs. Keays, die vorher die noch ältere Irin O'Neil in zwei Sätzen abgefertigt hatte."

Die Siegerin der zweiten Gruppe, Germaine Golding, hatte im letzten Augenblick ihre Teilnahme zurückgezogen, und so hatte es Cilly Aussem nicht schwer, das Turnier für sich zu entscheiden.

Auch Hans Moldenhauer gewann sein Finale. Für die beiden deutschen Einzelgewinner gab es abschließend im Mixed noch einen weiteren Erfolg, als sie „das ausgezeichnet eingespielte anglo-französische Paar Frau Golding/H. C. Fisher nach anfangs völlig offenem Spiel" 9:7, 6:2 besiegten.

Für die im Mai angesetzte „Meisterschaft von Preußen" hatte sich Cilly Aussem nicht gemeldet. Sie zog ein Turnier in Wiesbaden vor, das sie souverän gewann und das sie gleichzeitig zur Vorbereitung auf die offenen französischen Meisterschaften nutzte. Beim Wiesbadener Turnier glaubte ein Beobachter, in Cillys Spiel „maschinenmäßig anmutende Technik" gesehen zu haben.

Neun Jahre nach Kriegsende waren deutsche Spieler erstmalig wieder bei den Meisterschaften in Paris und Wimbledon zugelassen. In Frankreich sorgte Cilly Aussem für die Sensation, als sie die französische Meisterin Helene Contostavlos 6:0, 1:6, 6:3 besiegte und auch deren Landsfrau Simone Mathieu eine empfindliche 6:3, 4:6, 6:0 Niederlage beibrachte.

> *Den Sieg über Helene Contostavlos, der Nummer 1 der französischen Rangliste, brachte den englischen Tennisexperten und Weltranglistenverfasser Arthur Wallis Myers im Daily Telegraph zum Staunen: „... Dies war Frl. Aussem, ein 18 Jahre altes Fräulein aus Köln, das als die Vorhut einer im Anzug befindlichen Streitmacht heute als erste Deutsche nach dem Kriege auf dem Meisterschaftsplatz ihren Einzug hielt und einem staunenerregenden Sieg errang ... Obwohl Frl. Aussem die Inhaberin der Deutschen Meisterschaft im gemischten Doppel ist, war sie bisher auf außerdeutschen Turnieren so gut wie unbekannt, und als sie im Winter an der Riviera spielte, hatte nichts angedeutet, welche ehrgeizigen Pläne sie hatte. In der Zwischenzeit ist sie jedoch auf Veranlassung ihrer Mutter durch den amerikanischen Examateur Howard Kinsey in die Lehre genommen worden ... "*

Ebenso beigeistert zeigte sich ein weiterer Tennisexperte, S. M. Doust, der Cillys Sieg über die Französin als „die beste Leistung" beschrieb. Dabei schätzte er die Tatsache, dass Helene Contostavlos Anfang des Jahres zweimal die amerikanische Spitzenspielerin Elizabeth Ryan geschlagen hatte, derart hoch ein, „dass der Sieg von Frl. Aussem einen staunenerregenden Triumph für eine so junge Spielerin, die noch niemals im Ausland gespielt hat, darstellt." In seiner Euphorie hatte Doust übersehen, dass Cilly zu diesem Zeitpunkt bereits an einigen Turnieren in Frankreich, in der Schweiz und in Italien teilgenommen hatte.

Mit dem viel beachtetem Sieg über Helene Contostavlos hatte sich die junge Deutsche unter die letzten Acht gespielt, wo sie am 1. Juni gegen Irene Peacock mit 6:4, 2:6, 4:6 ausschied. Cilly war ihrer Gegnerin fast gleichwertig. „Die deutsche Mauer", so wurde Cilly in Paris wegen ihrer starken Defensivleistungen genannt „hat sich jedenfalls über alle Erwartungen gut gehalten und den deutsche Tennissport in Paris recht erfolgreich und ehrenvoll vertreten", lobte die deutsche Presse. Für den Sieg war letztendlich die große internationale Wettkampferfahrung der Südafrikanerin ausschlaggebend.

Irene Peacock war 1927 auf dem Höhepunkt ihrer Karriere angelangt, als sie zusammen mit ihrer Landsfrau Esther „Bobbie" Heine das Damendoppel bei den Französischen Meisterschaften in St. Cloud gewann.

Dort fanden in diesem Jahr die französischen Meisterschaften letztmalig statt. Ein Jahr später traf sich die Tenniselite im neuen Pariser Stadion Roland Gaross, das so revolutionäre Neuerungen wie eine elektrische Anzeigentafel und eine Lautsprecheranlage hatte und in dem die Meisterschaften noch heute ausgetragen werden.

Den Auftritt der Südafrikanerin Bobbie Heine rief in der Männerwelt höchste Bewunderung hervor. So schrieb Burghard von Reznicek in seinem Buch „Spiel der Völker": „Als im Jahre 1927 bei den französischen Meisterschaften Bobbie Heine erstmalig in Europa erschien, blieb angesichts der wunderbaren Erscheinung der Südafrikanerin den Spielern und den Zuschauern einfach die Sprache weg. Hier kam aus dem viele tausende Kilometer entfernten Natal ein prachtvoll gewachsenes Farmergirl, dem der kurze Tennisdreß und das weiße Stirnband reicheren Schmuck verlieh als einer Prinzessin das schönste Abendkleid und Collier." Und auch Bill Tilden, der große Champion und spätere Trainer von Cilly Aussem, dem man kein besonderes Interesse am weiblichen Geschlecht nachsagte, kam ins Schwärmen: ... ein Mädchen von ungewöhnlicher Schönheit und so schön anzuschauen ..."

Lob gab es auch für die technischen Einrichtungen, die den zahlreichen Pressevertretern zur Verfügung standen: „Nicht nur, dass auf der Pressetribüne kleine Pulte zum Schreiben vorhanden waren, es gab auch einen besonderen Telephon- und Telegraphenraum. In dem Telefonraum waren sechs besondere Fernsprechapparate aufgestellt und im Telegraphenzimmer mindestens die gleiche Anzahl von Telegraphenapparaten für die Nutzung für die Presse. Die amerikanische Associated Preß hatte sogar ihren eigenen Privatapparat nebst besonderem Draht."

Als am 15. Juni 1927 die Starterlisten „für das Meisterschaftsturnier in Wimbledon am 20. Juni auf den klassischen Grasplätzen" bekannt gegeben wurden, waren unter den gemeldeten 78 Damen zwei Deutsche zu finden: Ilse Friedleben und Paula von Reznicek. Nicht aber Cilly Aussem. Der sollte, wie eine englische Zeitung zu berichten wusste, 5000 englische Pfund für den Wechsel ins Profilager angeboten worden sein. Das Dementi der Spielerin folgte auf dem Fuß, und so tat eine deutsche Zeitung diese Pressemeldung aus England als „Sensatiönchen" ab und wunderte sich, dass man „als Tenniscrack jetzt vor Sensationen nicht mehr sicher ist."

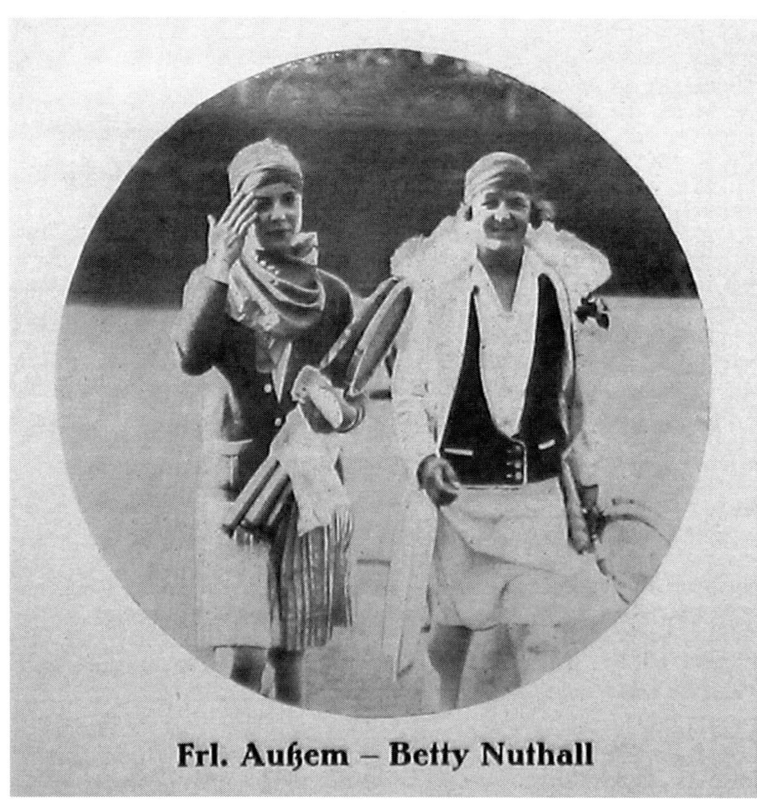

Bild 37

Der DTB meldete Cilly sehr kurzfristig für Wimbledon an, und schon wenige Tage später hatte sie dort ihren ersten Auftritt. Sie scheiterte allerdings bereits in der ersten Runde an dem 16-jährigen britischen Tennistalent Betty Nuthall. Nach zwei Sätzen hieß es 6:3 und 6:4 für die Britin. Cilly war nervös, spielte die Bälle zu kurz und zu langsam. Sie hatte während des gesamten Spiels nicht die nötige Ruhe, um ihre junge Gegnerin ernsthaft in Gefahr zu bringen. Für die Kölnerin, so die deutsche Presse, waren die Hoffnungen „zu hoch gespannt." Vielleicht war ihr schlechtes Abschneiden auf die Fußverstauchung zurückzuführen, die sie davon abgehalten hatte, wenige Tage vor Wimbledon am Londoner Queens Turnier teilzunehmen.

Ebenso wenig war das Doppel mit Ilse Friedleben von Erfolg gekrönt. Am 30. Juni wurden die beiden deutschen Damen von ihren britischen Gegnerinnen Joan Fry und Margret Saunders mit 0:6, 1:6 – so die Kölner Sportpresse – „erledigt". Kurz darauf kam auch im Mixed das Aus. Mit Heinrich Kleinschroth verlor Cilly 3:6, 3:6 in der ersten Runde gegen das britische Ehepaar Joan und Randolph Lycett.

Ihre Auftritte in Wimbledon hat Cilly Aussem vermutlich nicht in besonders guter Erinnerung behalten. Dabei hatte sich die britische Presse sehr viel von einer Turnierteilnahme deutscher Spieler versprochen; speziell für die britischen Spieler. So drückte der Kommentator der Tageszeitung Evening Standard im Vorfeld zum Turnier die Hoffnung aus, „dass die Bewerbung von Deutschen um englische Titel auf alle englischen Spieler wie ein Weckruf wirken würde." Zwischen den Zeilen mag das wohl geheißen haben: „Passt auf, die Deutschen kommen, lasst sie bloß nicht gewinnen!"

Bereits eine Woche nach Wimbledon stand Cilly in ihrer Heimatstadt beim Internationalen Tennisturnier um den Ehrenpreis der Kölnischen Zeitung auf dem Platz. Neben ihr waren fünfzehn weitere Spielerinnen gemeldet. Darunter Paula von Reznicek, die deutsche Meisterin Ilse Friedleben und die Französin Simone Mathieu. Die Kölner Lokalpresse vermutete, Mathieu würde „unter allen Umständen versuchen, für ihre letzte Niederlage Revanche zu nehmen."

Doch zunächst stand Cilly der Düsseldorferin Anita Lent gegenüber, die gegen die „andauernd im Angriff liegende Kölnerin" chancenlos war und beide Sätze 0:6 verlor. Mit ähnlich souveränen Erfolgen schickte Cilly Aussem die Dresdnerin Luise Fritsch (6:0, 6:1) und die Spanierin Torras (6:2, 6:0) nach Hause.

Dann kam es zur ersten Begegnung des Jahres zwischen Cilly Aussem und Ilse Friedleben. Wiederum standen sich die prominentesten Vertreter zweier Tennisgenerationen gegenüber: die junge, 18 Jahre alte Kölnerin und die 25-jährige routinierte Meisterin aus Frankfurt. Friedleben musste sich der Frische und der Unbekümmertheit ihrer Herausforderin geschlagen geben. Zu diesem Zeitpunkt war Cilly war gerade einmal 18 Jahre und sieben Monate alt und damit die jüngste deutsche Siegerin im Einzel. Die Kölnische Zeitung bezeichnete ihren 6:2, 6:2 Sieg als eine Sensation. „Ihr Spiel machte einen sehr gereiften Eindruck, wobei besonders ihr kurzer Wechsel mit langem und kurzem Spiel auffiel." Damit hatte Ilse Friedleben innerhalb kürzester Zeit die vierte Niederlage gegen den neuen Stern am Tennishimmel einstecken müssen. Der Wechsel an der deutschen Tennisspitze war vollzogen. Im 25. Jahr des Deutschen Tennisbundes gab es eine neue Nummer 1 in der deutschen Damenrangliste: Cilly Aussem.

Ein Zeitungskommentator bilanzierte die Begegnung Aussem/Friedleben mit dem Fazit, die zukünftigen Gegnerinnen von Cilly Aussem müssten sich darauf einstellen, dass sie „nur immer so gut spielen werden können, wie Frl. Aussem es ihnen erlaubt."

Cilly konnte schon bald einen weiteren Erfolg vermelden, als sie im Doppel an der Seite von Simone Mathieu das Duo Luise Fritsch und Friedel Jacobiny 6:3, 6:2 besiegte und dabei, wie es ein Sportreporter formulierte, „zeitweise internationale Klasse" zeigte.

Den dritten Erfolg in diesem Turnier errang Cilly Aussem in Mixed mit Hans Moldenhauer. Die beiden jungen Deutschen setzten sich im Finale gegen das französische Paar Simone Mathieu/Christian Boussus durch. Das Endergebnis: „ein sehr schöner 6:2, 7:5 Sieg". Cilly spielte „außerordentlich sicher und klug". Moldenhauer fand erst im zweiten Satz zu seinem Spiel und entschied das Match mit einem „unnehmbaren Schmetterball."

Bevor die Deutschen Meisterschaften im Hamburg begannen, nutze Cilly kleinere Turniere in Duisburg und Düsseldorf, um sich auf dieses bedeutende Ereignis vorzubereiten. Dabei lief alles nach Plan. Ihre Gegnerinnen, allesamt lokale Tennisgrößen aus verschiedenen Städten des Rheinlands, wurden zum Teil sehr schnell und sehr deutlich geschlagen. In Düsseldorf trat sie nur im Doppel an und hatte dort mit dem französischen Weltklassespieler Jean Borotra keine Mühe, das Finale zu erreichen. Einen Sieg gab es jedoch nicht, denn der Franzose ging auf große Tenniswelttournee und hatte deshalb keine Zeit mehr, im Finale anzutreten.

Dabei hatten die Veranstalter Glück, dass sich „der fliegende Baske“ überhaupt für das Turnier in Düsseldorf gemeldet hatte. Zeitungsberichten zu Folge soll er das nur unter einer einzigen Bedingung getan haben – nämlich, dass er das Mixed mit Cilly Aussem bestreiten dürfte.

Die Vorbereitung für die Titelkämpfe im Hamburg war genau zum richtigen Zeitpunkt gekommen. Kurz darauf gewann Cilly erstmalig die deutsche Meisterschaft. Ohne auch nur einen einzigen Satz zu verlieren, schlug sie ihre Konkurrentinnen Hoffman, von Várady, von Reznicek und Friedleben. Dabei hielt es ein Spielbeoachter für besonders erwähnenswert, dass Cilly Aussem ihr Spiel gegen Paula von Reznicek in einem blutroten Pullover und einem eben solchen Stirnband bestritt.

Die Kölnische Zeitung schrieb vor dem Finale, in dem sich die mehrfache deutsche Meisterin Dr. Ilse Friedleben und die Nachwuchshoffnung Cilly Aussem gegenüber standen: „Auf den Ausgang dieses Spiels darf man zu Recht gespannt sein, um so mehr als Frl. Aussem bekanntlich in den letzten drei Spielen Frau Friedleben besiegte. Die alte Weisheit „Im Nachhinein ist man immer schlauer“ galt auch für den Korrespondenten dieser Zeitung, für den am nächsten Tag Cillys 6:3, 6:3 Sieg „unseren Erwartungen entsprach.“

Cilly hatte sich auf das Spiel gut vorbereitet, legte ein enormes Laufpensum an den Tag und schien stets im Voraus zu wissen, wohin ihre Gegnerin die Bälle spielen würde. Sie beherrschte das Spiel souverän, und in einem Zeitungsbericht wurde ihre Spielweise sogar mit „zermürben“ beschrieben.

Über die neue deutsche Meisterin schwärmte der Verfasser: „Ihr gesamtes technisches Können ist grundsolide, ihr Ballgefühl hochentwickelt, so dass auf dieser Grundlage, die sie ja in erster Linie ihrem Klubkameraden Hannemann verdankt, ihr Aufstieg in die internationale Linie gesichert scheint.“ Auch Cilly wusste, was sie Hannemann zu verdanken hatte: „Erleichtert wurde mir die Anpassung an dem mir von Hannemann gezeigten Stil durch die geringen Schwierigkeiten, welche mir das Laufen bereitete."

Am 11. August stand die „mit Spannung erwartete Begegnung von Frl. Aussem und Frl. Hoffmann" auf dem Programm. In dieser Begegnung hatte Cilly einiges gutzumachen, denn im Vorjahr hatte sie gegen die Hamburgerin verloren und brannte auf Revanche. Vielleicht war sie übermotiviert, denn sie begann das Spiel nervös und konnte „eine merkliche Aufgeregtheit nicht bannen." Ellen Hoffmann brillierte mit enorm harten und schnellen Vorhandschlägen. Cilly hielt geschickt dagegen und spielte gezielt auf die Rückhand ihrer Gegnerin, die dieser taktischen Finesse aber nicht Paroli bieten konnte. Obwohl das Publikum seine Lokalmatadorin lautstark unterstützte, setzte Cilly sich mit ihrer Erfahrung und Routine durch und gewann 6:3, 6:2.

Bild 38: Ellen Hoffmann (l) mit Cilly Aussem

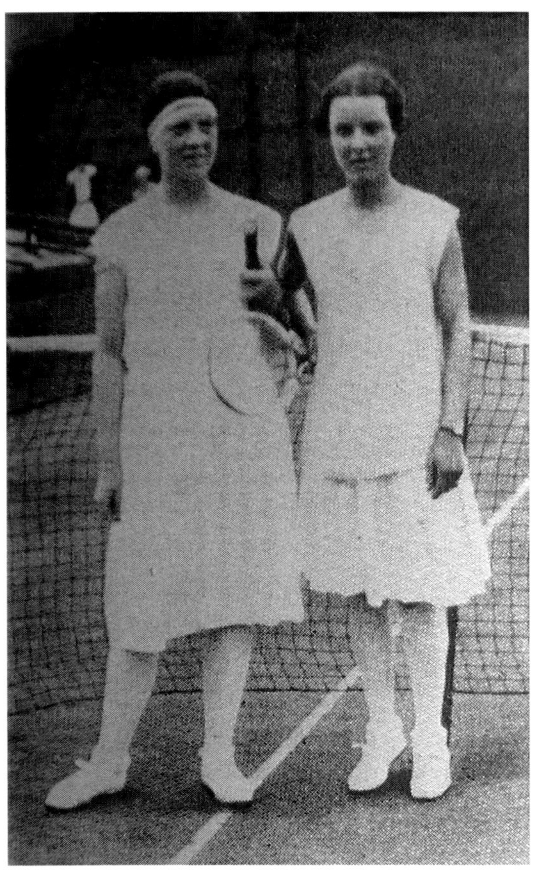

Einen Tag später schaltete sie Paula von Reznicek aus. Mit einem 6:2, 6:4 Erfolg bewies Cilly „die Richtigkeit ihres Platzes in der Rangliste vor Frau von Reznicek", schrieb der Korrespondent der Kölnischen Zeitung aus Hamburg. Im zweiten Satz ließ sie allerdings anfangs Schwächen erkennen, die ihrer Gegnerin eine schnelle 2:0 Führung ermöglichten.

Am Tag des Endspiels war sie in bestechender Form. Sie führte im ersten Satz schnell mit 4:1 und legte ein „unerschütterlich gleichmäßiges und sicheres Abwehrspiel an den Tag, dem Ilse Friedleben nichts entgegensetzten konnte. Der erste Satz ging mit 6:3 an die Kölnerin, die sich beim Stand von 4:3 im zweiten Satz auch durch eine einstündige Regenpause nicht aus der Ruhe bringen ließ.

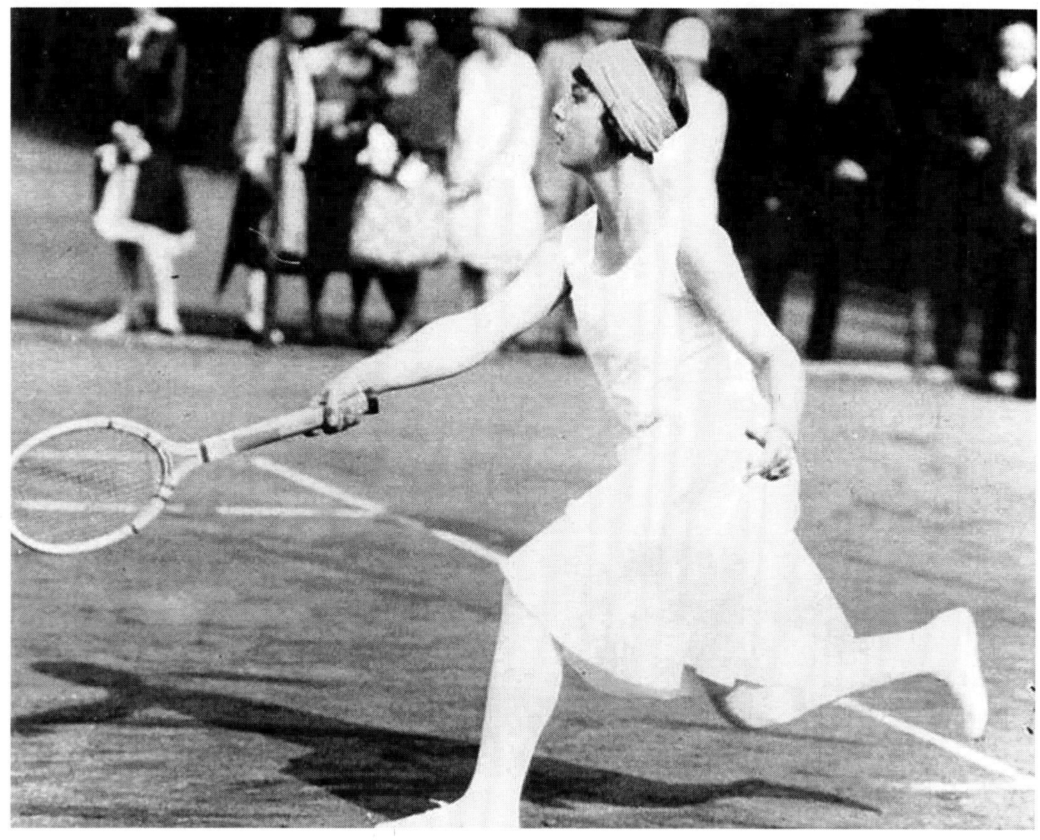

Bild 39: In Düsseldorf gegen Holland

Tags darauf überschrieb die Kölnische Zeitung ihren Artikel mit der denkbar kürzesten, aber sehr treffenden Zeile: „Cilly Aussem, Köln, Deutsche Meisterin“. Jetzt hatte sie es erstmalig in ihrer Karriere geschafft: sie war Deutsche Meisterin im Einzel.

Zwei Tage später wurde Cilly Aussem für den geplanten Länderkampf gegen Holland nominiert. Während sich im amerikanischen Forst Hills die Damenteams aus Amerika und England im Wightman Cup gegenüberstanden – die USA siegten 5:2 – trat Cilly an der Seite des Berliners Hans Moldenhauer bei den Internationalen Deutschen Meisterschaften im Mixed an – und verlor gegen die deutsch-britische Kombination Buß/

Hughes. Moldenhauer hatte einen rabenschwarzen Tag erwischt. Cilly und er führten in beiden Sätzen bereits 4:0 und 5:3, und beide Male schafften die Gegner die Wende. Ein Zeitungsbericht kritisierte Moldenhauers „schlecht placierte und niemals tödliche" Schmetterbälle, die „unglaublichsten Fehler" und sein „taktisch falsches Spiel". Vielleicht wollte sich Moldenhauer nicht verausgaben und sich lieber auf sein Spiel im Einzel konzentrieren, denn schon am nächsten Tag berichtete die Presse von seinem Finalsieg und dem Gewinn der deutschen Meisterschaft.

Ihre ursprüngliche Zusage, beim Städteturnier in der Halle mit der Kölner Mannschaft im Rochus Club Düsseldorf gegen die Heimmannschaft anzutreten, zog Cilly zurück. Das hatte zur Folge, dass die gesamte Begegnung der Damenmannschaft abgesagt werden musste, während bei den Herren die Kölner ihren nördlichen Nachbarn deutlich unterlegen waren. Auch bei den Rhein Ruhr Verband Wettkämpfen, die Ende Juli bei Rot-Weiß Köln stattfanden, trat Cilly nicht an.

Erst am 26. August ging sie bei einem Turnier beim Internationalen Jubiläumsturnier in Bad-Homburg wieder an den Start. „Unter großem Beifall der Zuschauer trat nachmittags Fräulein Aussem zum ersten Spiel an. Mit Landry als Partner schlug sie das Paar Fräulein Meintzinger (Mainz) und Hartz (Berlin) 6:3, 6:0", war in einem Sportbericht zu lesen. Schon einen Tag später war Cilly mit ihrem französischen Partner Landry wieder erfolgreich. Dieses Mal war es aber schwerer als am Tag zuvor. Die beiden zogen in die dritte Runde ein, in der sie „gegen Frau Fritsch und den Schlesier Bräuer nur nach hartem Kampf 6:2, 8:6, 6:1" siegten.

Als es Anfang September in Düsseldorf zum Länderkampf gegen Holland kam, hatten die Deutschen keine Mühe mit ihren Gästen. Zum 8:0 Zwischenstand am ersten Wettkampftag trug Cilly mit einem 6:0, 6:1 Sieg über Madzy Rollin-Conquerque bei. „Fräulein Aussems Klasse war natürlich viel zu hoch", relativierte die Sportpresse diesen souveränen Sieg.

Am Ende des nächsten Wettkampftages stand es 15:1 für Deutschland. Den einzigen Punkt verdankten die Holländer ausgerechnet Cilly Aussem und deren Berliner Partnerin Irma Kallmeyer, die ihr Doppel mit 5:7, 1:6 verloren.

Durch ihren 6:3, 6:2 Sieg im Mixed mit Hans Moldenhauer und den 6:0, 6:4 Sieg im Einzel gegen Dros Canters verschaffte Cilly dem deutschen Team weitere Punkte, so dass es am Ende des Länderkampfes 21:3 für Deutschland stand.

Das war ein deutliches Ergebnis – zu deutlich, wie ein Berichterstatter meinte, der die Sapnnung vermisste und Kritik an der Sportpolitik übte: „Die deutsche Tennisbehörde hätte besser getan, eine entsprechend geschwächte Mannschaft gegen die Holländer aufzustellen".

Nur einen Tag nach dem Länderkampf gegen Holland trat Cilly Aussem bei zwei Turnieren im französischen Le Touquet an, einem kleinen Luftkurort an der französischen Kanalküste. Im ersten Turnier, das vom 5. bis 12. September ausgetragen wurde, besiegte sie auf dem Weg ins Finale zunächst zwei relativ schwache Gegnerinnen: „in der dritten Runde Frl. Saunier 6:0, 6:1 und in der Vorschlussrunde die von Wimbledon bekannte Frau Mavrogordato 6:2, 6:2." Dann traf sie, ziemlich erkältet („körperlich indisponiert" hieß es in einem Spielbericht) und deshalb nicht in besonders guter Form, im Finale auf die Nummer zwei der Weltrangliste, Lili d'Alvarez, der sie sich mit 3:6, 2:6 geschlagen geben musste.

Im Mixed mit dem Franzosen Christian Boussus gelang ihr allerdings „nach aufregendstem Kampf", wie es eine Zeitung formulierte, ein 6:2, 2:6, 7:5 Sieg über d'Alvarez/Aron. Dabei hatte das spanisch – französische Paar im entscheidenden dritten Satz schon 5:2 geführt, und der Sieg war zum Greifen nahe. Jedoch gelang es Aussem/Boussus mit äußerster Konzentration, dem Spiel eine Wende zu geben und den Turniersieg zu erkämpfen.

Im Damendoppel hatten es Cilly und Lili wesentlich leichter. Ihnen wurde der Turniersieg kampflos zugesprochen, da ihre Finalgegnerinnen vorzeitig abreisten.

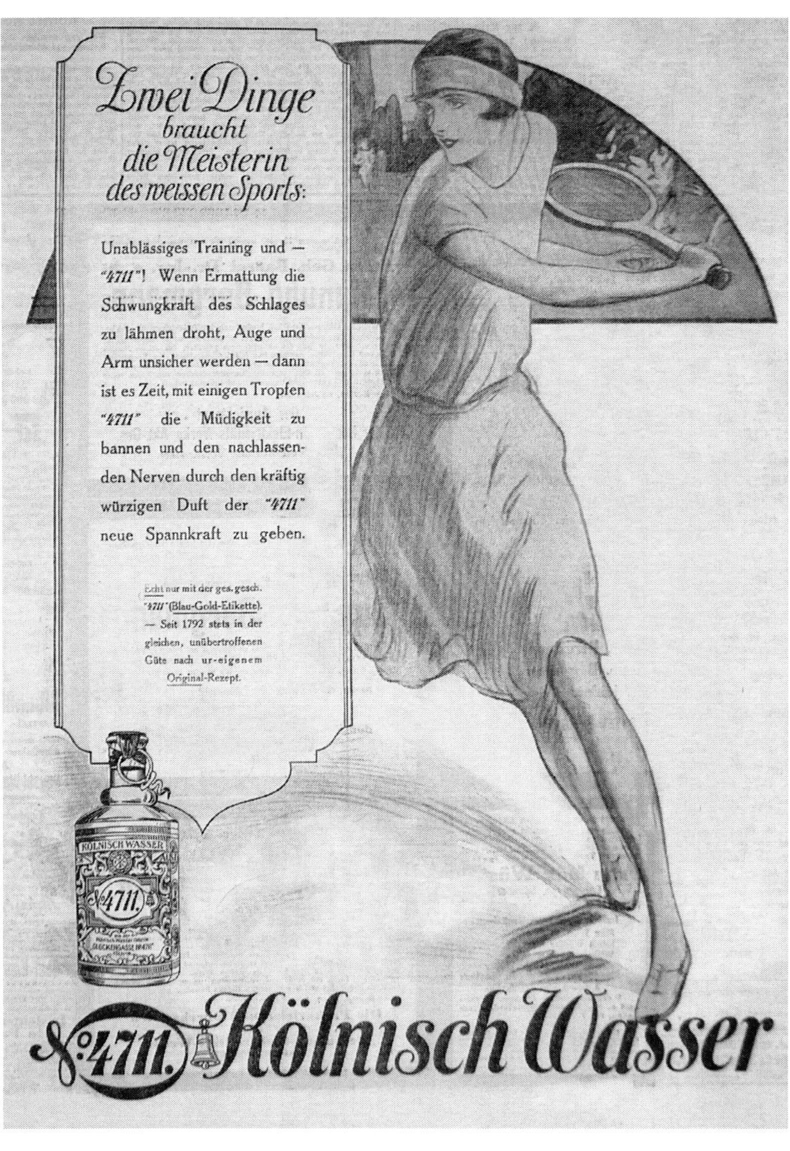

Bild 40: Cilly mag für diese 4711-Werbung (1927) als Vorbild gedient haben.

Nach Abschluß des ersten Turniers ging es vom 12. bis 18. September mit dem nächsten Wettbewerb in Le Touquet weiter. Ihren drei ersten Gegnerinnen ließ sie nicht den Hauch einer Chance: die Französinnen Anet und Lacaurie mussten sich 6:2, 6:0 bzw. 6:1, 6:2 geschlagen geben, die Britin King sogar 6:0, 6:0 – „ein Ergebnis, das die Pariser Tenniswelt verblüffte“, war in einer Zusammenfassung des Turniers zu lesen.

Ebenso souverän wie Cilly hatte sich auch Lili d’Alvarez den Weg ins Finale erkämpft. Für die Kölnerin war es ein einschneidendes Erlebnis in ihrer noch so jungen Tenniskarriere, als sie am letzten Turniertag die Spanierin, die als beste europäische Spielerin galt, erstmalig in einem Einzel besiegen konnte. Nach drei Sätzen hatte sie die kleine Sensation geschafft: 7:5, 4:6 und 7:5 hieß es am Ende für die Deutsche. Als ein „stirring match" – ein aufregendes Match – bezeichnete ein britischer Reporter diese Begegnung. Ähnlich sah es sein deutscher Kollege, der begeistert schrieb: „Es war ein Tempo im Spiel, wie ich es bei Cilly noch nie sah." Cilly Aussem nannte diesen Sieg später „meine Gesellenprüfung".

Schon einen Tag setzte sie ihre Erfolgsgeschichte fort; diesesmal im gemischten Doppel, in dem sie wiederum mit dem Franzosen Christian Boussus antrat. Sie besiegten Lili d'Alvarez und deren britischen Partner, den Oberst Cartwright, mit 2:6, 6:3, 6:3.

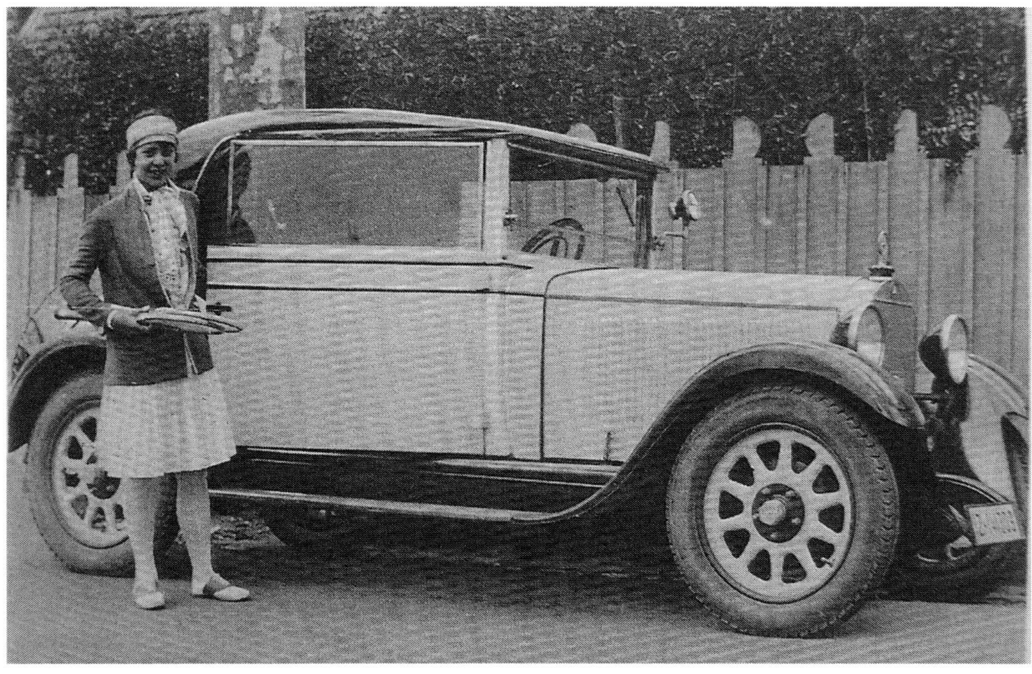

Bild 41: Cilly Aussem vor einem Mercedes, 1927

Mit einem Sieg im Doppel an der Seite von Lili d'Alvarez schloß Cilly Aussem die Saison ab. Im Verlauf der beiden Turniere in Le Touquet hatte sie fünf von sechs Finalbegegnungen gewonnen. Das war eine mehr als überzeugende Bilanz. So sahen das auch die zahlreich anwesenden englischen Zuschauer, bei denen „der Sieg der jungen 18-jährigen Deutschen größte Begeisterung hervorgerufen hat“, wie stolz ein deutscher Kommentator berichtete.

Damit war die Saison für Cilly fast beendet. Bei den englischen Hallenmeisterschaften im Londoner Queens Club trat sie trotz einer sehr guten internationalen Besetzung nicht mehr an. Neben den deutschen Spielerinnen Rost, Kallmeyer und Friedleben waren auch etliche Stars aus Frankreich und England vertreten. Cilly hatte ursprünglich beabsichtigt, beim Herbstturnier in Meran zu spielen, sagte ihre Teilnahme aber kurzfristig ab. Ebenso verzichtete sie auf die Turniere in Montreux und Vevey sowie an der Villa d'Este, einem modänem Grandhotel der Luxusklasse, am Comer See. Der amerikanische Kolumnist Herb Caen charakterisierte die Villa d'Este einmal mit dem Satz: „Der genaue Ort des Himmels auf Erden ist niemals festgelegt worden, aber er könnte sich sehr gut genau hier befinden. “

Nach ihren fünf Siegen bei den Turnieren an der französischen Kanalküste erfuhr sie in ihrer Heimatstadt eine besondere Auszeichnung. Ihr Club Rot-Weiß Köln zeichnete sie anlässlich eines Ehrenabends mit einer „geschmackvollen Erinnerungsgabe“ aus. Der Vorsitzende beglückwünschte Cilly zu ihren zahlreichen Titelgewinnen im In- und Ausland und betonte, dass sie trotz „beispielhaft schnellen Aufstiegs im Sport ihre liebenswürdig-bescheidene Art bewahrt habe“. Der Berichterstatter der Kölnischen Zeitung hoffte, dass die „zahlreichen Ehrungen sicher ein Ansporn zu weiterer sportlicher Arbeit“ sein würden.

Obwohl sie eine gute Saison hingelegt und ihre erste Internationale Deutsche Meisterschaft gewinnen konnte, ging die Presse mit Cilly Aussem – und auch Hans Moldenhauer, dem Meister bei den Herren – nicht immer ganz freundlich um. Das stieß beim Deutschen Tennisbund auf herbe Kritik und so schrieb dessen Bundesleiter Wilhelm Schomburgk in der

Ausgabe 29/1927 von Tennis und Golf: „Es ist mir psychologisch beinahe unverständlich, wie es möglich ist, dass eine junge Spielerin, die doch wirklich in diesem Jahr bewiesen hat, dass sie etwas kann ... so herunter gerissen werden kann. Es muß scharf zurückgewiesen werden, wenn das Spiel von Frl. Aussem mit ‚Löffeleien' und ähnlichen Ausdrücken bezeichnet wird."

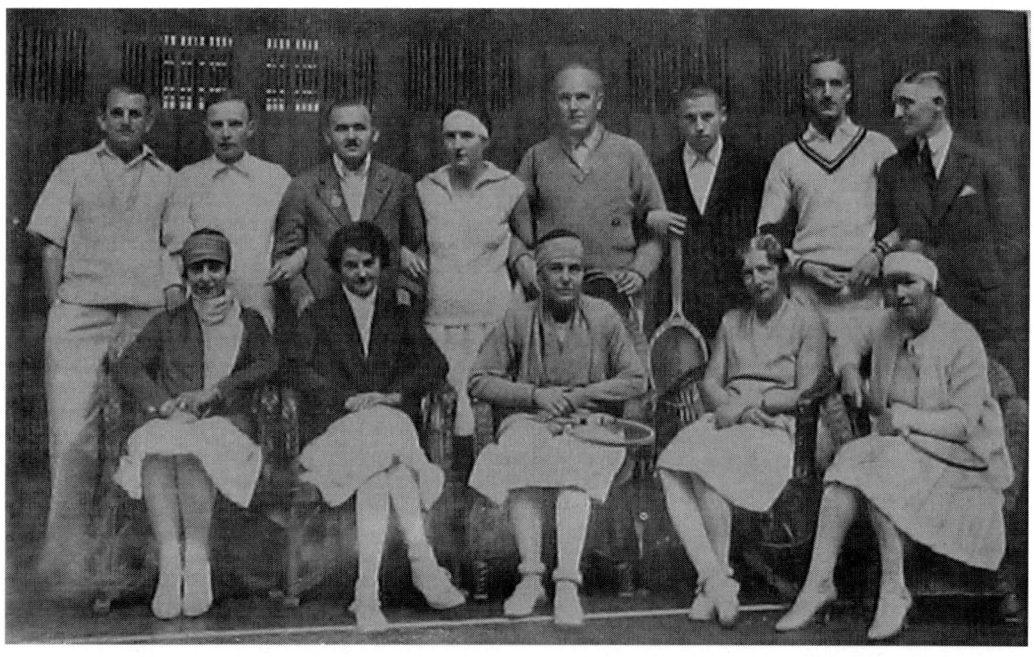

Bild 42: „Tennis und Golf" Titelbild Nr. 35/1927. Cilly Aussem untere Reihe links. Willi Hannemann hintere Reihe links.

Cilly ließ sich von der Kontroverse zwischen dem DTB und der schreibenden Zunft nicht beeinflussen. Sie gab ihre Antwort auf dem Platz und bewies erneut ihre Stärke, als sie zum Abschluß der Saison im November 1927 beim Hallenturnier Bremen – Rheinland antrat und dort ihren Gegnerinnen in beeindruckender Weise deren sportliche Grenzen aufzeigte.

> *Im gleichen Jahr soll Cilly Aussem an den Starnberger See in das Haus der Baronin Gisa von Barathy gezogen sein.*

Die Baronin wird in verschiedenen Quellen als Cillys Pflegemutter bezeichnet. Das wird aber von Zeitzeugen, die im unmittelbaren Umfeld von Cilly bzw. der Baronin gelebt haben, als nicht richtig dargestellt.

Es gibt Quellen, die sagen, dass die Baronin in Garmisch gelebt hat. In den Meldeunterlagen der Gemeinde Garmisch findet sich jedoch kein Hinweis darauf.

Ebenso wenig ist sie im Melderegister der Gemeinde Berg am Starnberger See zu finden. Zeitzeuge berichteten unabhängig voneinander und übereinstimmend, dass Cilly Aussem Anfang der 30er Jahre in der Villa Drenhaus in der Seestraße 71/73 in Kempfenhausen (Gemeinde Berg) wohnte und dort auf einem eigenen Tennisplatz am See direkt hinter der Villa trainierte. Das prachtvolle Gebäude wurde im Jahr 1904 für den Kunstmaler Ernst Ludwig Plass errichtet und 1925 von dessen Erbin Maria Plass veräußert. Käuferin war eine Gisa Freifrau von Korff, verehelichte Drenhaus-Barathy, die die Villa für 130.000 Reichmark erwarb. Drei Jahre später ließ sie die Villa total renovieren, und 1939 wurde das Anwesen von dem Dortmunder Direktor Dr. Hermann Wenzel erworben.

Cilly schien ein ganz besonderes Vertrauensverhältnis zu der Gräfin bzw. Frau Drenhaus zu haben. Immerhin nahm sie sie einige Jahre später mit auf ihre drei Monate dauerende Südamerika-Tournee, auf die im Kapitel „1931" detailliert eingegangen wird.

Zeitzeugen konnten nicht viel zu Cilly Aussems Lebensabschnitt am Starnberger See beisteuern. Warum und wann sie sich dort nieder ließ und auf welche Weise sie die Gräfin kennen gelernt hat, wird wohl immer ungeklärt bleiben. Im letzten Kapitel dieses Buches berichten Zeitzeugen über Cillys Aufenthalt in Bayern.

1928

Im Januar 1928 wurde Cilly Aussems Clubkamerad und Trainer Willi Hannemann zum Reichtstennistrainer ernannt. Seine Erfolge und Cillys Meistertitel beim Internationalen Pfingstturnier in Berlin bescherten dem Tennissport im Rheinland einen unerwarteten Boom. Allein hier stieg die Zahl der Tennisvereine innerhalb eines Jahres von 103 auf 127, in denen 10.900 Anhänger des weißen Sports Mitglied waren. Bereits drei Jahre zuvor waren von den 519 registrierten deutschen Tennisvereinen 88 im Rheinland ansässig. Damit stellte das Rheinland den stärksten Bezirk des Deutschen Tennisbundes. Das hielt die Führungsspitze des DTB jedoch nicht davon ab, die Spieler in Köln, Düsseldorf und anderen Städten an Rhein und Ruhr besonders kritisch zu betrachten. Man schien in Berlin davon auszugehen, dass die Rheinländer dem DTB Vorsitzenden Dr. Wilhelm Schomburgk nicht besonders positiv gegenüber standen.

Auf der Jahresversammlung des Bezirks Rheinland, am 8. Januar 1928 in Köln, konnte sich dann aber der Generalsekretär des DTB, Dr. Grube, davon überzeugen, „dass die Tennisspieler am Rhein sehr friedfertige, allen umstürzlerischen Ideen abholde Leute sind, die Dr. Schomburgks verdienstvolles Wirken durchaus anerkennen und im übrigen nicht mehr verlangen als recht und billig ist."

Mitte Januar veröffentlichten deutsche Zeitungen auf ihren Sportseiten Ilse Friedlebens Rückblick auf die Saison 1927 und ihre Einschätzungen der verschiedenen deutschen Spitzenspielerinnen. Friedleben, selbst mehrfache deutsche Meisterin befasste sich auch mit ihrer Nachfolgerin Cilly Aussem und gab für die Titelträgerin des Jahres 1927 folgendes Statement ab: „Vielerlei Erörterungen und gegensätzliche Meinungen über Cilly Aussem: ‚Welch kolossales Talent, endlich der moderne Stil ...' behaupten ihre Bewunderer; ‚ihr ganzes Können ist angelernt, ist nichts wie langeweilige Löffelei ...' fanden ihre Gegner, wurden durch ihre diesjährigen Erfolge hinfällig. Um Höchstleistungen in diesem Sport zu vollbringen ist viel mehr nötig als Talent (z.B. sind Cillys Beine ihr Talent), viel mehr als gewissenhaftestes Üben je erreichen könnte. Frl. Aussem hat durch systematisches und ausgezeichnetes Training eine erstaunliche maschinelle Schlagsicherheit und wunderbare Fußarbeit erreicht. Sie ist zu hervorragender Leistung befähigt und durch ihre körperliche Leistungsfähigkeit, das seltene „Equilibre" ihrer Nerven in Verbindung mit einem sehr zielbewusstem Willen und unverzagtem Kampfgeist, und einem hellen Verstand, der nüchtern und kaltblütig zu eigenem Vorteil dirigiert; ihre Spielleidenschaft hat Maß, lässt sich nicht hinreißen, kann auch entsagen."

Fast zeitgleich mit dem Erscheinen dieses Artikels trafen die Tennisspieler aus Köln und Düsseldorf in einem Städtekampf aufeinander. Die Kölner Rot-Weißen hatten den Rochus-Club aus der Nachbarstadt zur Vorbereitung auf die neue Saison in die Tennishalle der Brügelmann-Werke im rechtsrheinischen Kölner Stadtteil Deutz eingeladen. Zum deutlichen 13:3 Heimsieg trug Cilly Aussem mit Erfolgen im Einzel, Doppel und im Mixed bei. Anerkennend schrieb die Kölnische Zeitung über ihr Spiel gegen Friedel Jacobiny, „dass sie sich weiter verbessert hat. Ihre Rückhand ist schneller und härter geworden und auch der Aufschlag hat gegen früher mehr Fahrt. Sie setzte Frau Jacobiny die Bälle mit einer solchen Härte in die Ecken, die manchmal verblüffend war."

Ende Januar stand für die Kölner ein weiterer Städtekampf auf dem Spielplan; allerdings ohne Cilly Aussem. Denn die war zu diesem Zeitpunkt bereits in Südfrankreich, wo die Saisonvorbereitungen mit den Riviera-Turnieren ihre Fortsetzung fanden.

Dort, in Beaulieu, standen die ersten Spiele an, die als Training für die internationalen Meisterschaften in England, Frankreich und Hamburg galten. Aber Cilly Aussem schaffte es nicht ins Finale, in dem Elizabeth Ryan gegen ihre britische Konkurrentin Phyllis Satterthwaite brillierte. Die junge Dame aus Kalifornien trug sich in allen drei Endspielen in die Siegerlisten ein.

Für das Turnier Monte Carlo hatte die Presse der amtierenden Deutschen Meisterin Chancen auf einen Sieg eingeräumt, weil Lili d'Alvarez nur im Doppel, nicht aber im Einzel antreten und daher keine Konkurrenz für Cilly Aussem darstellen würde. Aber daraus wurde nichts, und auch im Mixed, an der Seite des Italieners Gasilini gab es eine Niederlage. Ihre britisch-tschechischen Gegner Phyllis Satterthwaite und Jan Kozuleh waren einfach zu stark und gewannen 6:2, 6:4.

Bild 43: Werbung, 1928

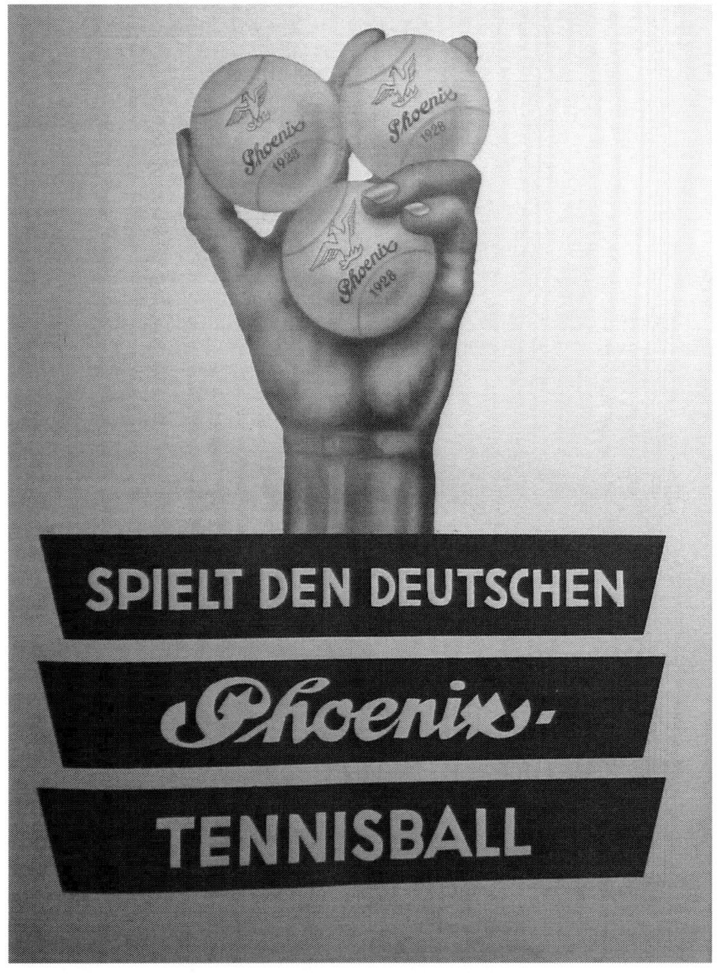

Ebenso ging das Einzel, wiederum in Beaulieu, verloren. Hier war Cilly Aussem der Amerikanerin Dallas Corbiere mit 3:6, 6:2, 3:6 unterlegen. Für die deutsche Sportpresse kam diese Niederlage unerwartet, denn man hatte sich auf Grund der intensiven Saisonvorbereitungen von Cilly Aussem weitaus mehr erhofft.

Zwar konnte sie am nächsten Tag mit ihrer Partnerin Irma Kallmeyer einen überlegenen 6:0, 6:0 Sieg gegen das britische Damendoppel Adamson/Drayton erringen, doch schon zwei

Tage später setzte es die nächste Niederlage: im Doppel blieben die Amerikanerinnen Corbiere/Endicott mit 6:0, 6:8, 6:3 siegreich.

Beim Turnier des Beausite Turniers in Cannes schlug sich Cilly Aussem anfangs beachtlich. Nach vier Siegen über ihre Gegnerinnen Tauney aus Frankreich, Kohnert aus Berlin, die Amerikanerin Endicott und die starke Britin Phyllis Satterthwaite erreichte sie fast mühelos das Finale, in dem sie am 2. April auf die große Elizabeth Ryan traf. Dem „raffinierten Spiel dieser routinierten Meisterin" – so die Kölnische Zeitung – der damaligen Nummer 3 der Weltrangliste, war die 19-jährige Cilly nicht gewachsen. Ryan gewann überlegen 6:2 und 6:0. Fast hätte ein tragischer Unfall ihre Karriere beendet. Sie geriet mit einem Finger in eine Eisenbahntüre. Zuerst sah es als aus, als müsse er amputiert werden, doch ein solcher Eingriff konnte letztendlich vermieden werden. Schon wenige Monate später hatte Ryan zur ihrer alten Spielstärke zurückgefunden, als sie sich Ende Juli, beim Turnier in Pforzheim, drei Titelgewinne an einem einzigen Tag holte

Nach der bitteren Niederlage gegen Elizabeth Ryan stand Cilly beim nächsten Turnier in Nizza wieder Dallas Corbiere gegenüber. Sie revanchierte sich eindruckvoll für die Niederlage in Beaulieu, was den Briten Arthur Wallis Myers, den Herausgeber der Weltrangliste, zu folgenden Zeilen veranlasste: „Da Frl. Aussem gesundheitlich wieder ganz hergestellt war, war sie in derselben guten Form wie im gemischten Doppelspiel ... Namentlich im ersten Satz überspielte die Deutsche ihre Gegnerin in allen Phasen des Spiels."

Wallis Myers war es auch, der zu großen Überraschung eines deutschen Berichterstatters, über Cilly Aussem mehr lobende Worte fand als im eigenen Land geschrieben wurden. Er hatte die Kölnerin während der gesamten Vorbereitung in den Riviera-Turnieren beobachtet und in dem einen oder anderen Turnier sogar im Mixed an ihrer Seite gespielt. Nach dem überraschenden Turniersieg in Mentone, als Cilly mit dem Ungarn Béla von Kehrling gegen Henri Cochet und die großartig kämpfende Eileen Bennett erfolgreich war, schrieb Wallis Myers als Fazit: „ ... aber trotzdem gehören Fräulein Aussem die Ehren des Tages."

Dagegen fand die heimische Presse harsche Worte. So war in der Frankfurter Zeitung von „Mangel an Training" zu lesen und von der „Enttäuschung, die Fräulein Aussem ihren Anhängern bereitete." Und das alles nur wegen einer Niederlage gegen die Britin Hardy, die allerdings mit 1:6 und 2:6 sehr deutlich ausfiel, und daher – so die Zeitung – dem Spiel den „Charakter einer Zufallsschlappe" nahm. Mit einem Seitenhieb auf Cillys ehrgeizige Mutter hieß es weiter: „Es bleibt also angesichts dieser zweiten Niederlage gegen eine nicht mal zur Weltklasse gehörende Gegnerin nur die eine Erklärung, dass die Achtzehnjährige, durch den Übereifer ihrer Umgebung unruhig geworden, vielleicht auch etwas übertrainiert, die unumgänglich nötigen Nerven verlor, die ihre technisch keineswegs besseren englischen und amerikanischen Gegnerinnen besaßen."

Zu einem einigermaßen versöhnlichen Abschluß der Riviera-Turniere kam es dann aber doch noch, als Cilly Aussem beim Turnier in Cannes die US Spielerin Dallas Corbiere 6:3 und 6:0 schlug und damit ihren Erfolg von Nizza wiederholen konnte. Auch im gemischten Doppel mit dem Schweizer Charles Aeschlimann war sie erfolgreich.

Diese Erfolge hatte man von Cilly Aussem erwartet; nicht aber, dass sie an der Seite der spanischen Spitzenspielerin Lili d'Alvarez das Doppel verlieren würde. Und das gegen zwei so unbekannte Gegnerinnen wie die Britin Harvey und deren französischer Partnerin Tauney.

Die Niederlagen bei einem Teil der Riviera-Turniere machten Cilly weniger zu schaffen als der Kommentator der Frankfurter Zeitung vermutete. Sie nahm das lässig hin, denn sie mochte die Riviera-Turniere ganz gerne; vor allen Dingen aus spielerischen Erwägungen, denn sie haben ihr – wie sie 1932 schrieb „am meisten in der Fortbildung trotz vielfacher Niederlagen genützt ... Man trifft dort in zwangloser Umgebung so viel verschieden geartete Spielerinnen, dass es die reinste Unterrichtsschule durch Anschauung ist.“

Dagegen hatte die deutsche Meisterin der vergangenen Jahre, Ilse Friedleben aus Frankfurt, nur wenig Sympathien für dieses „Wintertraining des Tennisspielers“. Ob ein Spieler nach Ablauf der Saison den Schläger zur Seite legen oder in wärmen Gefilden an Turnieren teilnehmen sollte, sei jeden selbst überlassen. Friedleben gehört aber anscheinend zu denen, die sich lieber in der spielfreien Zeit eine Pause gönnte. Mit einem leichten Seitenhieb, und vielleicht einem neidvollen Blick, setzte sie sich kritisch mit den Spielern auseinander, die an den Turnieren am Mittelmeer teilnahmen. „Alle, die Zeit und sehr viel Geld haben, können im tiefen Winter auf den mondänen, von Sport- und anderen Sensationen erfüllten Turnierplätzen der Riviera ihr Rakett schwingen ... Allgemein genügt in der Übergangszeit zum Körpertraining ein der persönlichen Neigung und Veranlagung gemäßer Mannschaftssport ...“, schrieb sie in einem Leitartikel. „Auf jeden Fall ist es gut, eine Weile kein Tennis zu sehen, alle Variationen von Fachsimpeleien zu meiden ... die nötige Distanz und Nervenruhe zu milderer Beurteilung der schlechten Plätze, Bälle, Schiedsrichter, Partner, Beleuchtung, Klima zu gewinnen.“

Ganz anderer Meinung war der deutsche Tennisspieler Dr. J. P. Buß aus Mannheim, der in seinen „Randglossen zum Riviera-Tennis“ die „zwingende Notwendigkeit“ für die deutschen Spieler und Spielerinnen sah, an diesen Turnieren zwischen Toulon und Genua teilzunehmen, da sie ansonsten den Anschluß an die Weltspitze verlieren würden. Denn, so Dr. Buß: „ ... bei der Rückständigkeit des deutschen Tennis" sei eine Teilnahme der Deutschen „doppelt erforderlich".

Gleichzeitig machte der Verfasser den Erfolg aber davon abhängig, „... ob wir, wie andere Länder, das Spielermaterial gewinnen, das wirtschaftlich in der Lage ist oder in die Lage versetzt wird, die genügende Zeit dem Tennis zu widmen, d.h. praktisch gesprochen für uns die völlige Preisgabe des alten Amateurbegriffs und das offene Bekenntnis zum Sport als Hauptsache im Leben, ermöglicht durch private oder verbandliche Subvention ... Ob diese Entwicklung dem Sport selbst zum Segen gereicht, muß allerdings sehr bezweifelt werden."

Buß machte sich auch über den Wandel im Tennissport Gedanken: „Obwohl auch an der Riviera die Kommerzialisierung unverkennbar ihren Einzug gehalten hat, ist doch das Ganze beherrscht von einer sportlichen Sachlichkeit ..." Selbst mit der Art und Weise, wie amerikanische Konzerne „ihren Machtkomplex und ihre Attraktionsfähigkeit zu steigern" versuchten, beschäftigte sich Buß. Als Beispiel führe er die Ballfrage an: „Die Bevorzugung von Slazenger wird mit Erfolg angegriffen, nicht nur von Dunlop, sondern auch von Spalding. Es spielen dabei trotz der riesenhaften Geldquellen der Kasinos, die ihren Segen mehr oder weniger auch über die englischen Tennisklubs ergießen, ökonomische Erwägungen eine gewichtige Rolle."

Was die Resultate der Riviera-Turnier des Jahres 1928 und sportliche Zukunft des deutschen Tennis anbelangte, so war der Verfasser eher vom Pessimismus geprägt und kam zu dem Fazit, dass „ ... die Überlegenheit des englischen Damentennis wohl kaum deutlicher bewiesen werden kann ... Man lernte eine große Zahl dem Namen nach noch kaum bekannter englischer Spielerinnen kennen, die all mit guten Aussichten gegen unsere besten

Damen antreten können. Die Engländerinnen spielen das richtige Tennis. Sie haben die natürliche Anlage des modernen Tennis und können laufen ... Die erste englische Damenklasse ist wirklich eine Klasse für sich und wir haben dem fürs erste leider nichts entgegenzusetzen."

Für Buß konnte, wenn überhaupt, nur eine einzige deutsche Spielerin mithalten: „Unsere Deutsche Meisterin Cilly Aussem". Er sah sie schon Anfang April des Jahres 1928 in einer „Krisenperiode, die sie nicht zur Entfaltung ihres im Vorjahr gezeigten Könnens kommen lässt ... Trotz ihrer Misserfolge ist und bleibt Fräulein Aussem die erste Repräsentantin des deutschen Tennissports."

Dagegen ging die Frankfurter Zeitung mit der Kölnerin und ihrem privaten Umfeld, ohne die Mutter beim Namen zu nennen, hart ins Gericht: „An sich wäre das erste Versagen von Cilly Aussem im Turnier von Beaulieu nicht sonderlich tragisch zu nennen gewesen. Daß bekannte Spieler und Spielerinnen im ersten Turnier der Spielzeit schlecht abschneiden, ist eine Erscheinung, die man immer wieder beobachten kann. Daß Cilly Aussem aber gegen Miß Hardy mit dem niederschmetternden Resultat von 1:6, 2:6 im zweiten Turnier von La Festa (Monte Carlo) verliert, nimmt der ersten Niederlage den Charakter einer „Zufallsschlappe" und beweist, dass man wohl zu große Hoffnungen auf die Kölnerin gesetzt hat. Mangel an Training und fehlende Akklimatisierung tragen sicher keine Schuld an der Enttäuschung, die Fräulein Aussem ihren Anhängern bereitete ... Und da die Beweihräucherung gewisser Kreise, die im Vorjahr aus jedem Sieg Cillys eine Sensation machten, ihr auch die richtige (und beim Tennis so wichtige) Selbsteinschätzung raubten, nahm sie die Sache möglicherweise zu leicht."

In die gleiche Kerbe schlug der Kommentator von Tennis und Golf: „Cilly Aussem, im Laufe dreier Jahre in die in-

ternationale Klasse hineingewachsen, schlägt im Herbst 1927 Alvarez und Corbiere, verliert im Frühjahr an der ungewohnten Riviera gegen verschiedene Spielerinnen der ersten englischen Damenklasse. Von den meisten früher vergöttert und unter der Überschrift ‚Die neue Lenglen' gefeiert, muss sich die 18-jährige jetzt sagen lassen, dass es für die Riviera keine Entschuldigung gibt und dass sie unter der moralischen Last ihrer Niederlagen in den Sommer gehe ... Inwieweit Cilly Aussem durch die extremen Übertreibungen geschädigt worden ist, wird sich klarer zeigen, wenn wir unsere junge Meisterin bei uns beim Spiel gegen Helen Wills begrüßen dürfen."

Nach diesem ziemlich verpatzten Saisonauftakt bei den Riviera-Turnieren konnte Cilly Aussem Mitte April ihren ersten Erfolg bei einer internationalen Veranstaltung im spanischen Biarritz erringen. In der ersten Runde schlug sie ihre britische Gegnerin Lady Taylor deutlich mit 6:1 und 6:2. Auch im Mixed, zusammen mit dem Franzosen Henri Cochet, konnte sie einen überlegenen Sieg verbuchen: 6:1, 6:1 hieß es am Ende gegen die Franzosen Haustou/Guilot. Cochet hatte, so war in einem Kommentar über die Saisonvorbereitungen im April 1928 zu lesen, Cilly Aussem „auf Grund ihres glänzendes Spiels aufgefordert, ... das Gemischte Doppel in Biarritz mit ihm zu spielen."

Nachdem Cilly Aussem die beiden Französinnen Leconte und Peyre besiegt hatte und somit das Turnier für sich entschied, errang sie mit Henri Cochet einen weiteren Erfolg im Mixed.

Beim anschließenden Turnier, zwei Wochen später im schweizerischen Territet-Montreux, setzte die Kölnerin ihre Erfolgsserie fort. In einer Neuauflage des Endspiels um die deutsche Meisterschaft des Vorjahres besiegte sie die Altmeisterin Ilse Friedleben aus Frankfurt 6:2, 6:3 und gewann somit das Turnier. Auf dem Weg ins Finale hatte sie zuvor die Französin Conquet mit 7:5, 6:1 ausgeschaltet. Einen weiteren Erfolg verbuchte Cilly im Doppel mit Ilse Friedleben. Die beiden blieben mit einem 6:4, 6:4 Sieg über das französische Paar Conquet/ Golding erfolgreich. Fast hätte Cilly einen dritten Triumph in diesem Turnier eingeheimst. Im Mixed an der Seite des Franzosen René de Buzelet stand sie dem Duo Germaine Golding/ Hector Fisher gegenüber. Nachdem Cilly und ihr Partner den ersten Satz 6:4 gewonnen hatten, zog sich der zweite Satz so sehr in die Länge, dass die beiden beim Stand von 12:12 auf eine Weiterführung des Match verzichteten.

Nach der Leistungssteigerung in den verschiedenen Turnieren zu Jahresbeginn fand Cilly Aussem ihre Form schnell wieder und war bereits einen Monat später in ausgezeichneter Verfassung. In einer Begegnung, die „für Berlin Sensation war“, stand sie am 13. Mai 1928 beim Rot-Weiß Turnier im Grunewald Lili d'Alvarez gegenüber. „Es war ein Genuss sondergleichen, diese beiden Gestalten spielen zu sehen“, schrieb die Kölnische Zeitung und nahm das Ergebnis gleich in der Überschrift vorweg: „Cilly schlägt Lily“.

Die Spanierin, die einen Monat zuvor in einem bravourösen Finale in Monte Carlo das Turnier gegen die Britin Phyllis Satterthwaite 6:1, 7:5 gewonnen hatte, war hinter Helen Wills die Nummer zwei in der Weltrangliste. Lili reiste, ebenso wie Cilly, mit ihrer Mutter an. Ein Berliner Boulevardblatt beschrieb schwärmerisch den Auftritt der Spielerin von der iberischen Halbinsel: „Der Alvarez' Auftreten bei Rot-Weiß verlief genau so, wie man sich das im Allgemeinen in Mitteleuropa von einer Spanierin vorstellt. Olé! Ein Temperamentsbolzen war sie, und doch, mit echt kastilischer Würde bewegte sie sich.“

Das Training der beiden Kontrahentinnen hatte Roman Najuch übernommen. „Aber was für ein Gegensatz war das! Die Spanierin führte ihr Rackett wie ein Florett“, begeisterte sich ein Zeitgenosse. „Die Aussem arbeitete fleißig an ihrer Tennislektion mit Najuch.“

Nachdem starker Regen einsetzte, befürchtete man schon, die Begegnung könne nicht stattfinden. Gleichzeitig zeigten sich die Eisheiligen von ihrer schlechtesten Seite und ließen die Temperaturen rapide fallen. Letztendlich kam die Sonne wieder zum Vorschein, und dieser Wetterumschwung „füllte die Tribünen mit einem eleganten Publikum“, hieß es in einem Spielbericht.

Cilly Aussem legte im ersten Satz jeglichen Respekt vor dem großen Namen ihrer Gegnerin ab und entschied das Spiel „durch fabelhaftes Laufen und zähen Siegeswillen“ 6:3 für sich. Im zweiten Satz lag sie schon fast hoffnungslos zurück, schaffte aber Dank ihrer starken Rückhand die Wende. Nachdem die Spanierin dreimal erfolgreich einen Matchball abwehren und dann einen kurzen Ball von Cilly nicht über das Netz zurückspielen konnte, stieß die junge Deutsche einen Freudenschrei aus. Ihr zweiter Sieg über Lili d'Alvarez war perfekt. Am Ende des zweiten Satzes hieß es 7:5. Lili riskierte zu viel und machte etliche Leichtsinnsfehler. Cilly spielte auf Sicherheit und gewann. In den Interviews nach dem Spiel führte Lili d'Alvarez ihre Niederlage auf den weichen Bodenbelag zurück. Ähnlich äußerten sich im Laufe des Turniers auch andere Spieler, die auf der Rot-Weiß-Anlage am Berliner Hundekehlensee antraten.

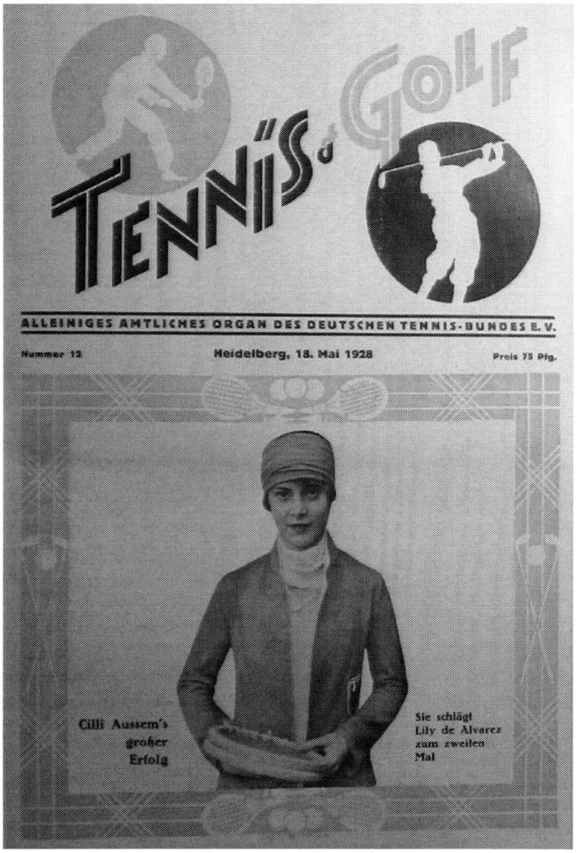

Bild 44:
„Tennis und Golf“
Titelseite Mai 1928

Auch wenn einem Spielbeobachter der Auftritt von Lili eleganter erschien und er ihre Leistung in diesem Match besser als die von Cilly einstufte, lobte die Berliner Presse die junge Kölnerin in den höchsten Tönen: „Was Froitzheim bei den Herren, ist Aussem bei den Damen.“

Offenbar schien dieses Spiel viel Kraft gekostet zu haben, denn zum Damendoppel trat Cilly Aussem verletzt an. Folglich unterlag sie mit ihrer Berliner Partnerin Ruth Kohnert dem spanisch-deutschen Doppel Lili d'Alvarez und Paula von Reznicek 6:1, 6:2. Die Spanierin zog alle Register ihres Könnens, denn sie wollte ihre Niederlage im Einzel wettmachen und blieb den Beweis nicht schuldig. Das Spiel ihrer beiden deutschen Gegnerinnen war geprägt von Abstimmungsschwierigkeiten, und deshalb war eine klare Niederlage nicht zu vermeiden.

Burghard von Reznicek, Sportjournalist und Verfasser des Buches „Tennis, das Spiel der Völker" schwärmte später von den Spielen Aussem – d'Alvarez: „In unzähligen Partien gegen große Gegnerinnen habe ich Cillys unheimliche Energie und ihre elegante Spielweise bewundern können. Zu den schönsten Erinnerungen zählen ihre Begegnungen mit der rassigen Spanierin Lili d'Alvarez. Diese Matches waren wohl die Inkarnation von Anmut und Schönheit im Tennis."

Die Deutsche und die Spanierin, übrigens heirateten beide später einen Adeligen und trugen den Titel Gräfin, waren Ende der zwanziger Jahre nicht nur herausragende Sportlerinnen, sondern für die männlichen Bewunderer auch außerhalb des Tennisplatzes eine Attraktion. So ergötzte sich ein Zeitgenosse: „Cilly war auch trotz ihrer mädchenhaften Anmut mit dem Bandmaß gemessen auch noch die Schönheitskönigin unter den weiblichen Tennisstars von Weltklasse gewesen. Hier gebührt der rassigen Spanierin Lili d'Alvarez ... die Krone."

Das Turnier in Berlin war ursprünglich gar nicht auf der Agenda des Deutschen Tennisbundes. Nachdem aber der deutsch-amerikanische Länderkampf der Damen abgesagt wurde, entschloß sich der DTB, ein Ersatzturnier auf die Beine zu stellen und fasste als Resumee zusammen: „Die ganze Veranstaltung fügte sich besonders würdig in den Rahmen der Bestrebungen der letzten Zeit, das deutsche Damentennis erfolgreich zu fördern."

Wenige Tage später stand das Kölner Tennis Ortsturnier an, und die heimische Presse jubelte „Cilly Aussem spielt mit". Zusammen mit 25 weiteren Spielerinnen war sie in der „Ersten Damenklasse" gemeldet. Dann machte sich in Köln Enttäuschung breit, denn schon einen Tag später hatte sie „wegen der in Berlin erlittenen Sehnenzerrung" ihre Teilnahme abgesagt.

Am selben Tag meldete die Presse unter der Überschrift „Frl. Außem – Frl. Nuthall in Wimbledon": „Betty Nuthall, die Bezwingerin der Deutschen Meisterin, Frl. Außem, bei den vorjährigen Tenniskämpfen in Wimbledon, hatte bei dem Deutschen Tennisbund angefragt, ob sie in diesem Jahr mit Frl. Außem das Damendoppelspiel in Wimbledon bestreiten könne. Nach Genehmigung des Deutschen Tennisbundes hat Frl. Außem sich bereit erklärt, mit Frl. Nuthall das Doppel zu spielen." Damit stand das jüngste Paar in der Geschichte von Wimbledon auf dem Platz.

Doch zunächst musste Cilly bei den Internationalen Meisterschaften von Frankreich antreten, bei denen ihr, wie es ein Sportberichterstatter erhoffte, „vielleicht ein Zusammentreffen mit der besten Spielerin der Welt, Helen Wills, in der zweiten Runde winkt, wenn es ihr gelingt, die zweitbeste Engländerin, Mrs. Watson in der ersten Runde zu schlagen." Es gelang ihr. Und wie! Phoebe Watson gewann den ersten Satz zwar deutlich 6:2 und lag im zweiten Satz schon sicher mit 5:0 in Führung. Da rappelte sich Cilly angesichts der drohenden Niederlage auf, gewann dreizehn Spiele hintereinander und beendete den zweiten Satz mit einem 7:5 Erfolg. Im dritten Satz legte Cilly ein unglaubliches Stehvermögen an den Tag, jagte Watson von einer Ecke in die andere und gewann souverän 6:0. Dazu Cilly Aussem ein Jahr später: „Ich merkte, dass sie etwas schlapp machte und kämpfte um jeden Ball, mit dem Erfolg, dass ich schließlich noch im wahrsten Sinne des Wortes das Rennen für mich entscheid."

Wie die Presse vermutet hatte, kam es nach diesem großartigen Sieg zu der Begegnung mit Helen Wills, doch Cilly Aussem ging in einem Spiel, das „von Anfang bis Ende uninteressant“ war und in dem von beiden Spielerinnen nichts riskiert wurde, vor 8.000 Zuschauern sang- und klanglos mit 6:1, 6:2 unter. Cilly, so vermutete Tennis und Golf, musste in diesem Spiel „mehr laufen als wahrscheinlich in irgend einem anderen.“ Sie sah diese Niederlage mit großer sportlicher Fairness, als sie noch zu ihrer aktiven Zeit rückblickend verlauten ließ, dass sie sich nach dem Sieg über Phoebe Watson einer noch größeren Gegnerin „beugen musste, Helen Wills. Ihr wieder zu begegnen, ist einer meiner Tenniswünsche.“

Von Paris machte sich Cilly auf den Weg nach Breslau, wo sie erstmalig bei einem Tennisturnier antrat. Auch hier musste sie eine bittere Niederlage einstecken. Gegen ihre oftmalige Rivalin Paula von Reznicek verlor sie überraschend 2:6, 1:6. „Die Kölnerin spielte außerordentlich befangen“ und war „sichtlich indisponiert“, war in der Presse zu lesen.

Das Turnier in Breslau war gerade beendet, da stand in Cilly Aussems Heimatstadt Köln schon die nächste Verpflichtung auf der Tagesordnung: ein „Damen-Wettspiel Rheinland gegen Paris“, an dem neben Cilly in einem zehnköpfigen Team auch ihre Klubkameradin Irmgard Rost sowie Hilde Krahwinkel und Änne Peitz zu finden waren.

Während sich die deutsche und die französische Fachpresse darüber stritten, ob es bei diesem Aufeinandertreffen „Rheinland gegen Paris“ (deutsche Version) oder „Rheinland gegen Tennis Club de Paris“ (französische Version) handelte, hatte es Cilly Aussem zu Beginn des Turniers mit Nanette Le Besnerais zu tun. Die junge Französin war der Stein des Anstoßes in diesem Streit, denn sie gehörte nicht zum Tennis Club de Paris sondern zu einem anderen Verein – nämlich Racing Paris.

Cilly Aussem wird es egal gewesen sein, welchem Club ihre Gegnerin angehörte. Nach einem schwachen Auftakt übernahm sie im zweiten Satz die Initiative, schlug so harte und präzise Bälle, dass die Französin keine Chance hatte, das Tempo mitzuhalten. Mit 6:3 und 6:1 musste sie sich der Kölnerin geschlagen geben.

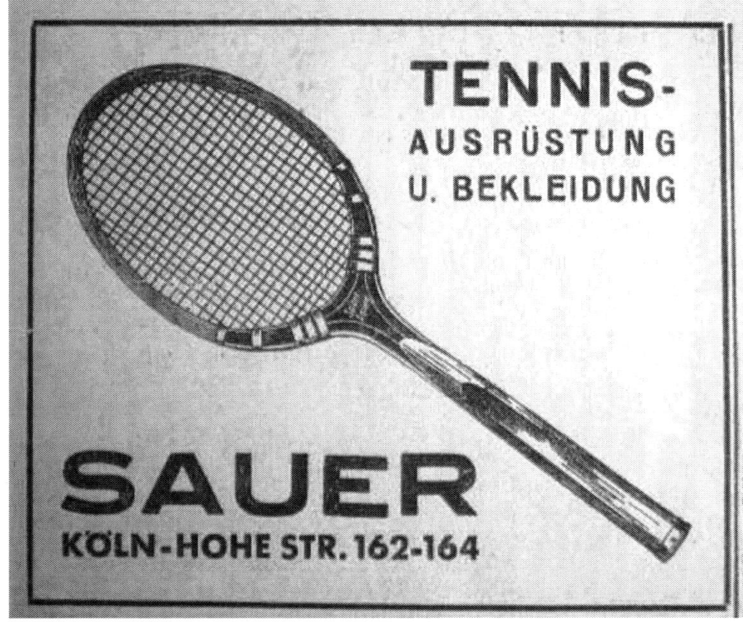

Bild 45: Werbung, 1928

Die Französin zog tags darauf noch einmal den Kürzeren, als sie mit ihrem Partner Laurent erneut gegen Cilly Aussem und Eberhard Nourney verlor. Das Kölner Mixed, bei dem Nourney von der Kölnischen Zeitung eine „quecksilbrige Beweglichkeit" bescheinigt wurde, gewann im „schönsten Spiel des Abends" 6:3, 7:5.

Und auch der dritte Versuch, Cilly Aussem zu besiegen, misslang Nanette Le Besnerais. Das Kölner Doppel Aussem/Rost schlug sich beachtlich und lag im ersten Satz gegen Vaussard/ Le Besnerais 5:3 in Führung, als ein heftiges Gewitter dem Spiel ein frühes Ende bereitete.

Die Pechsträhne der Französin war damit aber noch nicht beendet. Sie wird ihre Auftritte im Kölner Rot-Weiß Stadion sicherlich nicht in guter Erinnerung behalten haben. Denn auch das Spiel gegen Irmgard Rost musste sie 7:5, 7:5 verloren geben.

In der nächsten Runde traf Cilly Aussem wieder auf die französische Spitzenspielerin Jeanne Vaussard, die gegen das starke Spiel der Kölnerin nichts ausrichten konnte und sehr deutlich 1:6 und 2:6 verlor. Ein Journalist bewunderte, dass die Kölnerin im ersten Satz „eine derartige Fahrt und Länge" hatte, denen die Französin nichts entgegensetzen konnte.

Im Laufe des Jahres 1928 trafen deutsche Klubmannschaften viermal auf Teams aus Frankreich. Im Tennishandbuch wurde beklagt: „Die Beziehungen mit unseren westlichen Nachbarn kamen sehr viel langsamer in Gang." Auch die Schuldigen waren schnell ausgemacht: es waren „die allgemeinen Verhältnisse", und nicht die mangelnde Initiative des deutschen Tennisbundes „oder anderer Stellen."

Kurz darauf trat Cilly bei den Internationalen Meisterschaften von Holland in Scheveningen an. Dort sah man dem Auftritt der Deutschen mit besonderer Freude entgegen. „Man wünscht dringend das Erscheinen der Deutschen Meisterin", war in einer Kölner Zeitung zu lesen, die sich auf Berichte in der holländischen Presse berief und die Zeitung Telegraaf zitierte, der in einer halbseitigen Vorschau auf die Meisterschaften die Möglichkeit von Cilly Aussems Teilnahme abschätzte: „Mogeleijkkomt Frl. Außem".

Die Kölnerin wurde „herzlich begrüßt" besiegte gleich in ihrem ersten Spiel die Holländerin Driebeek mit Leichtigkeit 6:0, 6:1.

Ihre nächste Gegnerin, die englische Spielerin Joan Ridley, war ein anderes Kaliber. Im ersten Satz leistete die junge Britin erbitterten Widerstand – bis zum Spielstand von 4:4. Dann setzte sich Cilly Aussem mit 6:4 durch. Den zweiten Satz ging Ridley sehr verhalten an. Beide Spielerinnen lösten sich kaum von der Grundlinie. Die Deutsche beherrschte diese Spielvariante besser und entschied den zweiten Satz 6:3 für sich. Diese Begegnung fasste der Korrespondent der Kölnischen Zeitung mit dem Fazit zusammen: „Heute brachte sie ihre schärfste Gegnerin zu Strecke."

Auch im Mixed, in dem sie mit dem Amerikaner Frank Hunter antrat, gab es einen Erfolg zu vermelden. In der ersten Begegnung hatte das deutsch-amerikanische Paar „in Frl. de Jong – Grandquillot nicht viel zu schlagen, besonders da die Holländerin in diesem Vierer viel zu schwach war." Das Ergebnis war deutlich: 6:1 und 6:3.

Die Deutsche und der Amerikaner ergänzten sich im Laufe des Turniers so gut, dass sie souverän das Finale erreichten und den Titel gewannen. Allerdings trug der amerikanische Sieger beider Wimbledon-Doppel des Vorjahres erheblich mehr dazu bei, als seine deutsche Partnerin.

Ein Sieg im Einzel gelang Cilly jedoch nicht. Hier scheiterte sie im Endspiel an der holländischen Meisterin Kea Bouman. Die beiden Meisterinnen zeigten ein spannendes Spiel, in dem keine der anderen etwas schenkte. Cilly Aussem legte einen furiosen Start hin und entschied den ersten Satz 6:2 für sich. Ganz anders sah es im zweiten Satz aus. Ein „Schwächeanfall" und „plötzlich aufkommende nervöse Beschwerden" – so ein Spielbericht – machten den Gesamtsieg zunichte; dabei hätte Cilly Aussem „genau so gut siegen können wie Frl. Bouman." Das siebzigminütige Match brachte einen 8:6, 6:2 Erfolg für die Holländerin.

> *Die sechs Jahre ältere Niederländerin hatte zu diesem Zeitpunkt bereits etliche große Erfolge vorzuweisen: Sie hatte die niederländischen Meistertitel der Jahre 1923 bis 1925 und bei den Olympischen Spielen 1924 in Paris eine Bronzemedaille im Mixed mit ihrem Landsmann Henrik Timmer gewonnen. Nach ihrer ersten Begeg-*

nung mit dem neuen deutschen Nachwuchstalent sollte sie noch einmal bei den nationalen Meisterschaften des Jahre 1926 erfolgreich sein. Ihr bestes Jahr war allerdings 1927, als sie die Französischen Meisterschaften im Einzel und mit Lili d'Alvarez im Doppel gewinnen konnte.

Die einzige Begegnung der beiden Spielerinnen datierte aus dem Jahr 1925. Damals, beim Länderkampf Deutschland gegen Holland in Köln, war Kea Bouman schon eine bekannte Spielerin, während die 16-jährige Cilly Aussem noch am Anfang ihrer Karriere stand und sehr deutlich verlor.

Unmittelbar nach dem Auftritt in Holland bereitete sich Aussem auf die Internationalen Tennismeisterschaften von England vor. Wimbledon stand vor der Türe, und Cilly hatte schon vor dem Turnier höchste Weihen erhalten. Helen Wills hatte sie, neben Kea Bouman, Eileen Bennett, Betty Nuthall und Lili d'Alvarez, zu den Favoritinnen erklärt. Alle seien etwa gleich stark, ließ sie in einem Interview mit der Nachrichtenagentur United Press verlauten; sie seien die besten Spielerinnen Europas. Aber Spitze in Europa zu sein, war nicht genug, um Wimbledon zu gewinnen. Das nahm Helen Wills für sich selbst in Anspruch.

Um sich mit den für sie so ungewohnten Rasenplätzen vertraut zu machen, nutzten etliche deutsche Wimbledonteilnehmer die Möglichkeit, an den Londoner Meisterschaften im Queens Club teilzunehmen. Auch Cilly Aussem hatte sich dazu entschlossen; allerdings nur im Doppel mit Joan Ridley und im Mixed mit dem erst 16 Jahre alten amerikanischen Daviscupspieler Wilbur F. Coen. Verwundert schrieb ein Reporter, dass Cilly und ihr US Partner zusammen gerade einmal 35 Jahre zählten, während ihr Gegner, der Australier Norman Brookes (er hatte Paula von Reznicek als Partnerin) bereits fast 51 Jahre alt war. Brookes hatte zu diesem Zeitpunkt seinen Zenith schon längst überschritten, gehörte aber im gewissen Sinn zur Tennisprominenz. Immerhin konnte er vier Wimbledon Finalteilnahmen aufweisen, bei denen er zweimal erfolgreich war:

1907 und 1914. Sein letzter Erfolg lag also schon vierzehn Jahre zurück.

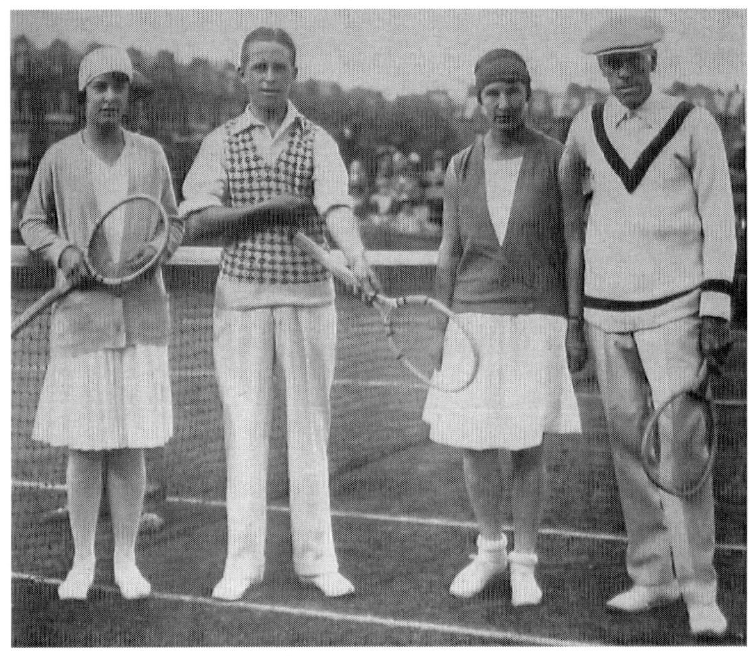

Bild 46: Im Queens Club, 1928

Das „junge Mixed-Paar", wie es ein Spielbericht formulierte, holte sich mit einem 6:4, 8:6 den Titel der Londoner Meister. Dagegen reichte es im Doppel mit Joan Ridley für Cilly Aussem nicht zu einem Sieg. Sie mussten sich schon im Halbfinale dem starken Paar Eileen Bennett/Ermyntrude Harvey geschlagen geben.

Am 28. Juni hatte Cilly Aussem ihren ersten Auftritt im Wimbledon. Ihre erste Gegnerin war die britische Hockeynationalspielerin M. V. Chamberlain, die für Cillys Weiterkommen in die nächste Runde keine nennenswerte Hürde darstellte. Cilly hielt ihre Gegnerin mit „harten Grundlinienschlägen" erfolgreich in Schach

In der nächsten Runde gestaltete sich das Spiel für Cilly etwas schwieriger. Obwohl eine deutsche Zeitung ihren 6:4 und 7:5 Sieg „über die alte, routinierte Satterthwaithe durch Ausdauer" nur am Rande erwähnte, war das Weiterkommen keinesfalls selbstverständlich. Tennis und Golf schrieb in einer Zusammenfassung der Einzel, dass Cilly Aussems Spiel an diesem Tag „nicht schnell genug gegen das Sicherheisspiel der routinierten Engländerin" und die Begegnung durch endlose Ballwechsel geprägt war.

Als am folgenden Tag die dritte Britin, F. M. Strawson, 1:6, 6:4, 1:6 gegen Cilly verlor, freute sich Tennis und Golf, dass „nunmehr eine abermalige Begegnung zwischen Frl. Aussem und Mlle. de Alvarez gesichert" sei.

Genau so war es. Doch die Begegnung mit dem spanischen Star brachte für Cilly eine 5:7, 2:6 Niederlage, die das Ausscheiden aus dem Turnier bedeutete. Dabei hatte sie im ersten Satz bei einer 5:1 Führung den Sieg bereits vor Augen. Die Spanierin trat bei diesem Spielstand den Beweis an, schrieb Tennis und Golf, dass sie „unzweifelhaft das größere Allround-Spiel und die härten Schläge besitzt." Die Zeitschrift gestand Cilly zu, dass ihre Schläge zwar „mindestens dieselbe Länge" wie die ihrer Gegnerin hatten, aber „die spanischen Drives waren erheblich härter und namentlich der Backhand war besser." Trotzdem gab es für die Deutsche ein dickes Kompliment von der Redaktion, denn die war der Meinung, dass Cilly Aussem sich darüber freuen konnte, unter „die letzten Acht gelangt zu sein." Damit hätte sie für eine „würdige Vertretung des deutschen Tennissports" gesorgt.

Ein britischer Chronist berichtete über eine Begebenheit am Randes des Spiels gegen Lili d'Alvarez, bei der sich die Deutsche heftig über ihre Gegnerin beschwerte. In dieser Zeit war es üblich, dass die Konkurrentinnen vor dem Spiel ankündigten, welche Farbe das Stirnband und die Wolljacke hatten, die sie über dem weißen Tennisdress tragen würden.

Eine Ausnahme war Lili d'Alvarez, die – sehr zu Cillys Missfallen – grundsätzlich nie die Farben im Voraus ver-

riet. Die Spanierin erschien zu diesem Match in gelber Strickjacke und dem dazu passenden Stirnband. Allgemein war es üblich, dass die Spielerinnen nach wenigen Ballwechseln die Strickjacken ablegten und dann in weißer Tenniskleidung weiterspielten. Als aber Lili ihre Strickjacke das gesamte Spiel über anbehielt, war die Deutsche außer sich. Das war einfach zu viel. „Es macht mir nichts aus, dass ich verloren habe," sagte Cilly nach dem Spiel, „aber sie hätte wenigstens ihre Jacke ablegen können."

Später, in der Kabine, wurde der Grund für das Tragen der Jacke ersichtlich. Lili konnte sie überhaupt nicht ablegen, denn kurz vor Spielbeginn hatten sich einige Haken gelöst, und so musste die Jacke provisorisch mit Sicherheitsnadeln befestigt werden. (Der Reißverschluss wurde erst neun Jahre später erfunden). Cilly, so vermutete der Chronist, wird mit innerlicher Genugtuung wahrgenommen haben, dass Lilis weißes Oberteil unansehnlich geworden war und sich durch die Jacke verfärbt hatte.

Die schöne, 1905 in Rom geborene Spanierin war stets sehr modebewusst. Die italienische Designerin Elsa Schiapartelli hatte extra für sie einen Hosenrock kreiert, der – how shocking – bei der feinen englischen Gesellschaft für große Empörung sorgte. In Köln machte d'Alvarez schon im Jahre 1922 von sich reden, als „die kapriziöse Spielerin" mit „gerollten Doppelsöckchen" – damals auch Strumpftaubenfüßchen genannt – zu einem Spiel gegen Ilse Friedleben antrat. Da die englischen Besatzungstruppen es ablehnten, dem veranstaltenden Tennisclub Rot-Weiß einige Plätze in der Anlage im Stadtwald zur Verfügung zustellen, musste dieses Spiel auf einer völlig unzureichenden Anlage des Kölner Klubs Schwarz-Weiß im Stadtteil Riehl ausgetragen werden. Solche Platzverhältnisse war Lili, das „spanische Wunderkind", nicht gewohnt. Zu allem Überfluß verlor sie das Spiel und schwor sich daraufhin, nie mehr in Köln zu einem Match anzutreten. Den Kritikern war das egal. Sie beschäftigten sich lieber mit Lilis ausgeprägten Hang zu Mode und bescheinigten ihr, „mit ihren bis zu den Knöcheln aufgerollten kleinen weißen Söckchen und verhältnismäßig kurzen Röcken allein schon eine Sensation" gewesen zu sein.

Auch Bill Tilden war von der Spanierin angetan: „Lili d'Alvarez war eine gebildete junge Dame. Sie sprach deutsch, englisch, französisch und italienisch fließend ebenso wie ihre spanische Muttersprache. Ihre natürliche Grazie war außergewöhnlich. Ihr Gesicht war rassig und ihre Figur bemerkenswert gut. Die Leichtigkeit und die Flüssigkeit ihres Spiels ist niemals von irgendeinem anderen Spieler, ob Mann oder Frau, erreicht worden. Sie war ein noch größeres Genie im Frauentennis als selbst Suzanne Lenglen. Sie war eine hervorragende Leichtathletin, eine erstklassige Tänzerin, eine fabelhafte Schwimmerin. Sie war ein As als Ski- und Eisläuferin, eine großartige Reiterin und fuhr Auto wie ein Mann. Und, für eine Frau ein Kuriosum, sie war die beste Billardspielerin der Welt."

Nach dem frühzeitigem Ausscheiden in Wimbledon ging es für Cilly zurück nach Köln, wo in der Zeit vom 12. bis 15. Juli ein internationales Tennisturnier anberaumt worden war. Bei den Damen sollten 24 Teilnehmerinnen an den Start gehen. Die Auslosung ergab, dass Cilly Aussem zuerst gegen die Spanierin Morales antreten musste.

Diese Hürde nahm sie problemlos, und auch die nächsten Gegnerinnen stellten sich als relativ leichte Aufgabe dar. Mit ihrer Klubkameradin Irmgard Rost hatte sie allerdings größte Mühe: 9:7 und 8:6 hieß es nach zwei Sätzen für Cilly. Ein Sportbericht bescheinigte Rost „ein völlig gleichwertiges Spiel" und bemängelte, dass Aussem nur wenig riskierte, „was sonst in großen Kämpfen bei ihr nicht vorkommt."

Das mag auch an der glühenden Hitze in der Domstadt gelegen haben. Die Zuschauer blieben dem Turnier fern, und die Akteure weigerten sich, in der Mittagshitze zu spielen. So geriet der Spielplan schnell durcheinander. Darüber hinaus, so Tennis und Golf, wollte sich die Turnierleitung „keiner Klage wegen Menschenschinderei aussetzen".

Cilly Aussems Siegeszug endete erst im Finale, in dem sie gegen Toni Richter-Weihermann, eine der drei Weihermann-Schwestern, antreten musste. Den ersten Satz gewann Cilly 6:4, nachdem sie bereits 5:0 geführt hatte. Im zweiten behielt sie mit 6:3 die Oberhand, den dritten brach sie beim Stand von 5:1 für ihre Gegnerin ab. Aber nicht aus eigenem Antrieb, denn sie wollte unbedingt weiterspielen. Sie brach in der Pause zusammen, und da sie sich mehrfach erbrechen musste, diagnostizierten die Ärzte einen Hitzschlag und untersagten ihr, das Spiel fortzusetzen.

Nach einer kurzen Erholungspause setzte sie das Turnier mit dem Argentinier Ronald Boyd, einem „Doppelspieler ganz großen Formats", fort. Die Pause schien ihr gut getan zu haben, sie schafften es ins Finale, für das sich auch Irmgard Rost und Oscar Kreuzer qualifiziert hatten. Zum Match kam es jedoch nicht, da Cilly sowohl auf das Mixed als auch auf das Damendoppel verzichtete. Offenbar hatte sie sich von ihrem Hitzschlag noch nicht ganz erholt.

„Das Damen Doppelspiel Klasse A ist mit Absicht nur sehr klein gehalten, um einer Übermüdung der Teilnehmerinnen vorzubeugen", hieß es in einer Pressemitteilung. Das war auch nötig, denn wenn man sich allein Cilly Aussem Reiserouten aus etwa vier Monaten anschaut, wird deutlich, welche enormen Strecken sie zurücklegen musste: Monte Carlo–Berlin–Köln–Paris–Breslau–Köln–Scheveningen–London–Köln–Hamburg. Dazwischen lagen Trainingseineinheiten, meistens Spiele in allen Disziplinen, die sich über mehrere Tage erstreckten – und ziemlich langwierige Bahn- oder Autoreisen.

In Köln musste Cilly Aussem Anfang August gleich zweimal hintereinander antreten: dem internationalen Turnier folgte sogleich ein Länderkampf gegen Australien. Die Presse war sich im Klaren darüber, dass die deutschen Damen keine Chance gegen das starke australische Team hatten, hoffte aber auf ein gutes Abschneiden, um das Ansehen des deutschen Damentennis weiter zu fördern.

Die Deutschen unterlagen erwartungsgemäß 3:8. Dabei holte Cilly Aussem zwei Punkte. Zunächst besiegte sie Esna Boyd 7:5, 6:4. In ihrem Spiel gegen die australische Nummer 1, Daphne Akhurst aus Sydney, zeigte sie sich in überragender Form. Sie schlug die in der Weltrangliste weit vor ihr stehende Spielerin in beiden Sätzen 6:3.

„Ohne die Absicht zu haben, die Leistungen der jungen deutschen Meisterin irgendwie beeinträchtigen zu wollen, bin ich doch überzeugt, dass die Australierinnen ganz wesentlich besser abgeschnitten haben würden, wenn sie etwas länger Gelegenheit gehabt hätten, mit der äußerst schweren Ballsorte zu spielen, die in Köln benutzt wurde," schrieb ein australischer Reporter. „Ein schwerer Ball auf einem langsamen Platz ist nicht allzu geeignet, Grundlinienbälle mit einiger Länge zu schlagen. Alle Australierinnen mussten nach ihren ersten Spielen Handgelenkschützer tragen. Es scheint in Deutschland einige sehr sichere und beständige Spielerinnen zu geben, die, wenn sie etwas häufiger im Ausland spielen wollten, manche Erfolge haben würden. Es sind sicherlich keine Spielerinnen mit besonders auffallendem Stil, aber sie haben eine Art und Weise, jeden Ball im Spiel zu halten, die für ihre Gegnerinnen äußerst störend und nervenanspannend ist."

Die australische Presse machte für diese unerwarteten Niederlagen neben den „schweren Bällen" auch das Wetter verantwortlich: „Der einzige Regen, den wir überhaupt auf unserer kontinentalen Tournee getroffen haben, fiel in

Köln ..." Aber es gab auch eine realistische Einschätzung über die Spielstärke der deutschen Damen: „In Köln ... war der deutsche Widerstand äußerst bedrohlich."

Auch im Turnier des Düsseldorfer Rochus Clubs – damals noch auf der alten Anlage am Zoo – besiegte sie eine Spielerin, die in der Weltrangliste vor ihr stand: Elizabeth „Bunny" Ryan.

Cilly hatte sich nach einem 4:6, 6:3, 6:0 Sieg über die Lokalmatadorin Änne Peitz ins Finale gespielt. Elizabeth Ryan schaltete auf dem Weg dorthin Ilse Friedleben aus, die ihr mit 2:6, 3:6 unterlegen war.

So kam es zum Finale Aussem – Ryan, dessen Ergebnis von der deutschen Presse als „Ein Triumph des Deutschen Damen-Tennis" gefeiert wurde. „Die Schlußrunde am Sonntagnachmittag brachte eine erhebliche Sensation, denn Frl. Cilly Aussem gelang es, die gefürchtete Kalifornierin, die Dritte der Weltrangliste, in zwei Sätzen 7:5, 6:4 zu schlagen ... Tosender Beifall der etwa 2500 Zuschauer, begeistertes Händeklatschen, und Arm in Arm verlassen die beiden Kämpferinnen den Meisterschaftsplatz. Einer der bedeutendsten deutschen Tenniserfolge war erzwungen ... Für Frl. Außem wird dieser Erfolg, so wie wir sie kennen, ein Ansporn zum weiteren Aufstieg sein."

In dieser dramatischen Begegnung zog Cilly alle Register ihres Könnens. Ihre langen, präzisen Rückhandschläge zwangen die Kalifornierin, an der Grundlinie zu bleiben. Ryan kam kaum ans Netz. Cilly nutze diese Chance, hatte aber auch mit einigen Bällen, die über die Netzkante rutschen, immenses Glück. Die Zeitschrift Tennis und Golf beschrieb Ryans Spiel als „männlich" und stellte fest, dass deren scharf angeschnittene Bälle für Cilly Aussem kaum eine Gefahr darstellten.

Mit diesem Sieg hatte sie innerhalb kürzester Zeit zum zweitenmal eine Spielerin geschlagen, die es nur wenige Wochen zuvor in Wimbledon unter die letzten Vier gebracht hatte: zuerst Daphne Akhurst und nun Elizabeth Ryan.

Im Doppel standen die beiden Finalistinnen vereint Seite an Seite und siegten gegen Ilse Friedleben und Änne Peitz überlegen 6:1, 6:3. Für einen dritten Erfolg bei diesem Turnier reichte es nicht mehr. Zwar gelang Cilly im Mixed mit dem Franzosen Jean Borotra ein 7:5, 8:6 Sieg über Ilse Friedleben und Guillermo Robson, doch im Finale scheiterten die beiden, durch die vorherigen Begegnungen ziemlich mitgenommen, an Elizabeth Ryan und Ronald Boyd.

Vor den Internationalen Deutschen Meisterschaften, die für Anfang August in Hamburg anberaumt waren, stand ein Turnier in Bad-Kreuznach auf Cillys Programm. Sie hatte sich dort sowohl für das Mixed mit Ronald Boyd als auch für das Einzel gemeldet. Beide Disziplinen konnten jedoch kaum als Herausforderung betrachtet werden. Noch nicht einmal das Einzelfinale, in dem sie wieder auf Toni Richter-Weihermann traf, war eine sportliche Hürde. Cilly revanchierte sich mit einem niemals gefährdeten 6:1, 6:2 Sieg im Schnelldurchgang für die Niederlage in Köln. Mit Boyd im Mixed komplettierte sie ihren Triumph, indem sie in sechs Begegnungen ihren Gegnern lediglich sechs Satzgewinne erlaubte.

Für die Meisterschaften in Hamburg schien Cilly Aussem also gut gerüstet zu sein. Zur allgemeinen Überraschung konnte sie dort ihren Titel aus dem Vorjahr aber nicht verteidigen. Dabei war ihr Weg ins Finale ziemlich mühelos. Zuerst hatte sie die beiden Britinnen Muriel Thomas und Phoebe Watson und dann die deutschen Spielerinnen Hoffmann und Buß in jeweils zwei Sätzen besiegt. Damit hatte sie das Endspiel erreicht, in dem sie an der australischen Meisterin Daphne Akhurst scheiterte, die sich damit für ihre Niederlage in Köln revanchierte. Im ersten Satz lief für Cilly alles nach Plan, und es sah nach dem 6:2 Sieg schon so aus, als ob sie ihren Titelgewinn des Vorjahres wiederholen könne. Im zweiten Satz zeigte sie jedoch „bedenkliche Erscheinungen“ (Kölnische Zeitung vom 12.

August) und spielte so schwach, dass sie 0:6 verlor. Den entscheidenden dritten Satz musste sie 6:4 abgeben, und der Berichterstatter der Kölnischen Zeitung fand es „schade, dass Frl. Aussem ihr Schlussrundenfieber nicht ablegen konnte." „Die Meisterschaft", so vermutete der Journalist, „wäre sonst sicher im Land geblieben."

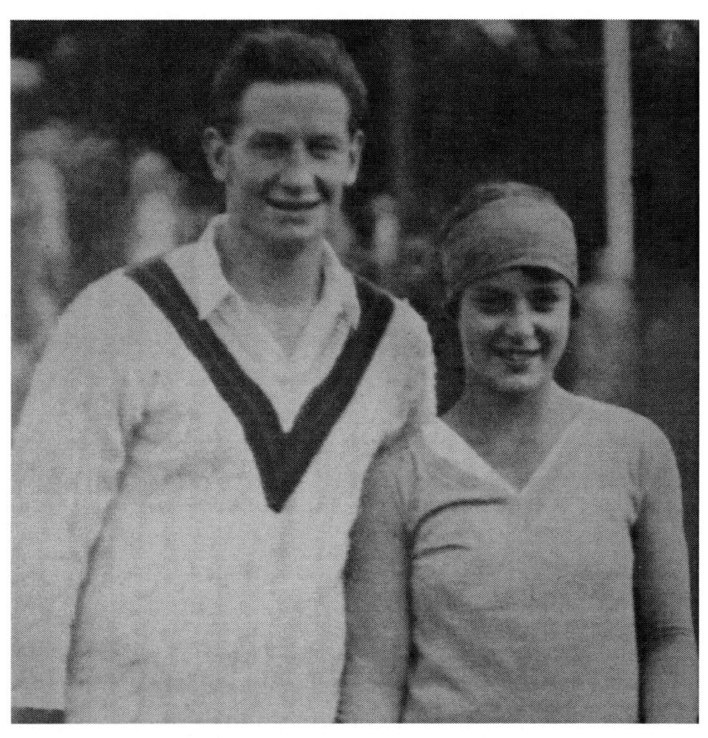

Bild 47: Meisterpaar: Ronald Boyd und Cilly Aussem

Cilly trat auch noch im Mixed an und holte sich mit dem Argentinier Ronald Boyd den Titel. Somit „ergab sich wenigsten ein halber deutscher Sieg", atmete die Sportpresse auf. Im Finale konnten sie das australische Duo Daphne Akhurst und Edgar Moon in zwei Sätzen besiegen. Fast hätte es auch mit dem „halben" deutschen Sieg nicht geklappt, denn das Paar aus Down Under hatte im ersten Satz bereits mit 5:3 und im zweiten mit 4:3 in Führung gelegen, ehe Ronald Boyd Dank seiner großartigen Tagesform das Spiel noch herumreißen konnte. So gewann das deutsch-argentinische Paar 7:5 und 6:4. Für Daphne Akhurst, die bis dahin bereits das Dameneinzel und -doppel gewonnen hatte, wäre es der dritte Sieg bei den Internationalen Deutschen Meisterschaften gewesen. Bewundernd stellte die Presse fest, dass sie trotz der drei anstrengenden Finalbegegnungen nicht „die geringste Spur von Ermüdung" zeigte.

Daphne Akhurst war mit ausgezeichneten Referenzen nach Deutschland gekommen: den australischen Meistertiteln der Jahre 1925, 1926 und 1928. Ihren euro-

päischen Gegnerinnen hatte sie eines voraus: sie war aus ihrem Heimatland gewohnt, bei extrem hohen Temperaturen zu spielen, und deshalb schienen ihr die drei Finalteilnahmen nichts auszumachen. In der zweiten Hälfte der zwanziger Jahre war sie unangefochten die Nummer 1 der australischen Rangliste. Den Anspruch auf diese Position unterstrich sie 1929 und 1930 mit zwei weiteren Meistertiteln.

Als Edgar Moon, den man in seiner Heimat kurz Gar rief, seine ersten spektakulären Erfolge verzeichnen konnte, titelte eine australische Zeitung im schönsten Wortspiel: „A new star is born – it's a moon." (Ein neuer Stern ist geboren – es ist ein Mond).

Um Cilly Aussems Gesundheit war es im Allgemeinen nicht gut bestellt. Ihre Füße waren sehr empfindlich, und da sie eine ausgesprochen schnelle Spielerin war, erwies sich das für sie oft als hinderlich. Ihre Augenkrankheit verschlimmerte sich von Jahr zu Jahr, später kamen Probleme mit Blinddarm und Leber dazu. Aber auch um ihre Psyche war es nicht zum Besten bestellt. So machten ihr Niederlagen schwer zu schaffen, wie eine der damals besten deutschen Tennisspielerinnen, Paula Stuck von Reznicek berichtete: „Als ich sie … bei der Internationalen Meisterschaft schlug, kullerten dicke Tränen aus ihren wunderschönen braunen Augen, und wir versuchten, sie mit allen Mitteln zu trösten." Doch in Wirklichkeit ging das am eigentlichen Problem der jungen Spielerin vorbei. „Es ist nicht wegen der Niederlage, sondern nur, weil ich Mutti enttäuschte", erklärte sie ihre Tränen.

Bei einem Turnier am 12. August 1928 ereignete sich ein kurioser Vorfall, in dessen Mittelpunkt die Mutter von Cilly Aussem sowie deren Gegnerin Paula von Reznicek standen. Cilly lag bei diesem Spiel gegen die in der Rangliste weit hinter ihr stehende von Reznicek in Rückstand. Mutter Helen Aussem war fest davon überzeugt, dass Reznicek ihre Tochter zuvor hypnotisiert hätte. Sie mach-

te diese Vorwürfe sogar in einem Brief an den Präsidenten des Deutschen Tennisbundes publik und forderte ihn auf, etwas dagegen zu unternehmen. Paula von Reznicek ging in die Offensive und verlangte von Cillys Mutter, die gegen sie erhobenen Vorwürfe zurückzunehmen. Als die aber dieser Aufforderung nicht nachkam, flogen die Fäuste. Zuerst traf es Frau Aussems rechtes Ohr, dann das linke. Für diesen schwungvollen Einsatz wurde Paula von Reznicek vom Bundesleiter des Deutschen Tennisbundes mit einem vorläufigen Spielverbot von drei Wochen bestraft. Diese Strafe wurde jedoch vom Disziplinarausschuß des DTB auf sechs Wochen, beginnend mit dem 20. August, verlängert, „weil Frau v. Reznicek die Interessen des Tennissports dadurch verletzt hat, dass sie am 12. August auf dem Platze des Eisenbahnvereins vor dem Dammtor zu Hamburg eine andere Dame tätlich beleidigt hat."

Sogar in der New York Times fand dieser Vorfall Erwähnung. In der Ausgabe vom 21. August 1928 war folgender Bericht zu lesen:

„Weil die Mutter von Cilly Aussem ... darauf beharrte, dass ihre Tochter zweimal unter Hypnose von Frau von Reznicek besiegt worden war, legte letztere ihren Schläger zur Seite und verpasste Frau Aussem eine Ohrfeige.

Nun werden die Gerichte angerufen, um zu entscheiden, wer wen beleidigt hat. Frau Aussem hat wegen Körperverletzung Anklage erhoben, und Frau von Rezniceks Gegenklage lautet auf Diffamierung.

Zwischenzeitlich ist die Herausforderin von Frl. Aussem vom Tennisverband für sechs Wochen disqualifiziert worden. Sie hat gegen diese Strafe Berufung eingelegt und das damit begründet, dass ihre Boxeinlage keinesfalls eine Verletzung der Tennisregeln darstellte, sondern reine Selbstverteidigung war, um ihre Ehre wieder herzustellen.

Der Brief von Frau Aussem, in dem sie sich über das Hypnotisieren ihrer Tochter beschwerte, wurde bereits vor einigen Wochen an den Deutschen Tennisbund geschickt; nachdem Cilly – die bis dahin von anderen deutschen Spielerinnen nicht besiegt werden konnte – Frau von Reznicek zuerst an der Riviera und dann in Breslau unterlegen war.

Nachdem die Siegerin dieser beiden Begegnungen von diesem Brief erfuhr, verlangte sie, ihn zurückzuziehen. Als das abgewiesen wurde, versetzte sie der ahnungslosen Kölnerin einen wirkungsvollen Schlag."

Der deutsche Tennisbund war bestrebt, diese für ihn äußerst unangenehme Sache schnell aus der Welt zu schaffen und bestellte dazu zwei Vorstandmitglieder, die zwischen den beiden Kontrahentinnen vermitteln sollten. Sechs Wochen später war die Sache vom Tisch: Paula von Reznicek bedauerte ihre „tätliche Beleidigung", und Frau Aussem sprach „ihr Bedauern über die Auslegung der ihr nachgesagten Äußerungen" aus. Zumindest war das als offizielle Sprachregelung in der Presse zu lesen.

Nach diesem denkwürdigen Auftritt ihrer Mutter nahm Cilly für den Rest des Jahres an keinen weiteren Tennisturnieren teil. Sie fehlte sowohl bei den Länderkämpfen gegen Ungarn und Österreich (Deutschland gewann 6:3 bzw. 8:3) als auch bei den gut besetzten Turnieren von Rot-Weiß Berlin und in Meran. Für das Hallenturnier Berlin – Rheinland zog sie ihre Meldung zurück, und am Vier-Städte-Turnier in Bremen nahm sie ebenso wenig teil wie am Turnier Amsterdam – Rheinland, in dem die Spitzenspieler beider Länder aufeinander trafen. Und auch auf das beliebte Pariser Weihnachtsturnier, für das sie ursprünglich gemeldet war, musste sie verzichten.

Den Grund für die zahlreichen Absagen lieferte ein Artikel in der Kölnischen Zeitung vom 18. Dezember 1928: „Cilly Aussem, die deutsche Tennismeisterin, ist von einem längeren Aufenthalt in München wieder zurückgekehrt. Sie ist von ihrem Augenleiden vollständig wieder geheilt und hat ihr Training bereits aufgenommen."

Für 1928 hatte sich Cilly vorgenommen, so hatte sie es einem französischen Journalisten in einem Interview gesagt, „vielleicht auch" einmal in Amerika zu spielen, aber dieses Vorhaben hat sie nie in die Tat umgesetzt.

Die Weltrangliste von A. Wallis-Myers.

Zum bessern Verständnis der nachfolgenden Ausführungen unsers Mitarbeiters wiederholen wir nachstehend noch einmal die Rangliste der „ersten zehn" Damen und Herren, die wir bereits in der Abend-Ausgabe der Kölnischen Zeitung vom Freitag, dem 21. September, veröffentlicht hatten.

Herren	Damen
1. T. Cochet (Frankreich)	1. Miß H. Wills (U. S. A.)
2. R. Lacoste (Frankreich)	2. Señorita de Alvarez (Spanien)
3. W. T. Tilden (U. S. A.)	3. Miß D. Akurst (England)
4. F. T. Hunter (U. S. A.)	4. Miß E. Bennett (England)
5. J. Borotra (Frankreich)	5. Mrs. Watson (England)
6. G. M. Lott (U. S. A.)	6. Miß Ryan (U. S. A.)
7. H. Austin (England)	7. Frl. Cilly Außem (Deutschland)
8. J. Hennessey (U. S. A.)	8. Mlle. K. Bouman (Holland)
9. H. L. de Morpurgo (Italien)	9. Miß H. Jacobs (U. S. A.)
10. J. B. Hawkes (Australien)	10. Miß E. Boyd (Australien)

Bild 48: Wallis-Myers Weltrangliste 1928

Obwohl sie im Laufe des Jahres einige unerwartete Niederlagen hinnehmen musste, war 1928 ein gutes Jahr für Cilly Aussem. So gut, dass sie am Ende des Jahres „unumstritten" auf dem ersten Platz der rheinischen und der deutschen Rangliste stand und in der Weltrangliste auf Platz 7 geführt wurde. Mit der Britin Phoebe Watson auf Platz 6 und der zweitplatzierten Spanierin Lili d'Alvarez standen vor ihr immerhin zwei Spielerinnen, denen sie im Laufe der Saison jeweils zwei Niederlagen beigebracht hatte: Phoebe Watson wurde von ihr in Paris und bei den Deutschen Meisterschaften im Hamburg besiegt, Lili d'Alvarez verlor nach dem Spiel in Touquet auch die Begegnung Anfang Mai beim Turnier von Rot-Weiß Berlin.

1929

Am 2. Januar kündigte die Kölnische Zeitung an, dass die Stadt demnächst auf dem Gelände der Messe eine eigene Tennishalle bekommen würde, die „sehr guten Zementboden und ausreichendes Tageslicht" besitzt ... Für das Abendspiel sind Tiefstrahler mit 1000 Kerzen angelegt". Dann müssten, so die Zeitung, die Kölner Spieler, wie Aussem, Rost, Nourney, Kuhlmann und Cohn nicht mehr „die Gastfreundschaft der Nachbarstädte" in Anspruch nehmen.

Bild 49: Eileen Bennett und Cilly Aussem am 1. März 1929 in Monte Carlo

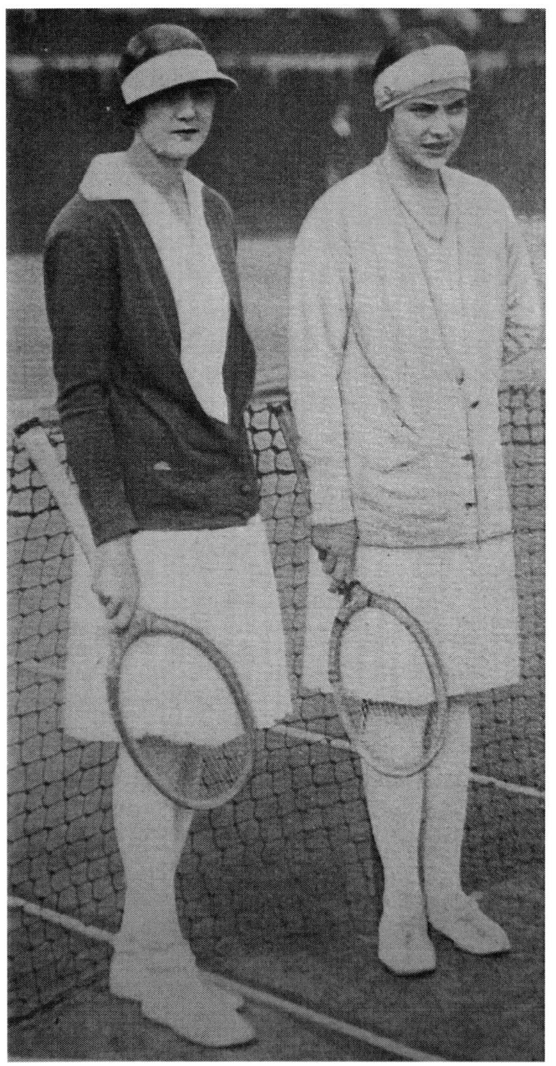

In einer dieser Nachbarstädte, nämlich in Düsseldorf, erlebte Cilly Aussem den Saisonauftakt bei einem Hallenturnier. Ziel dieses Turniers war es, „Anhaltspunkte für die zukünftige Besetzungen der Doppelpaare zu gewinnen". Da sich die „außergewöhnliche Kälte in der Halle sehr störend bemerkbar" machte, kamen einige „papiermäßig überraschende Ergebnisse" zustanden. Dazu gehörten unter anderem die Niederlage von Aussem/Kuhlmann gegen Krahwinkel/Wenzel im Mixed sowie Aussem/Rost gegen Krahwinkel/Peitz im Damendoppel.

Nach dem Düsseldorfer Turnier trat Cilly, wie viele andere Top-Spielerinnen, bei den beliebten Turnieren an der italienischen und französischen Mittelmeerküste an. Sie hatte gerade erst eine schwere Augenkrankheit überwunden und war deshalb noch nicht in Form. So gab es erst einmal eine Reihe von Niederlagen: in Beaulieu unterlag sie der Britin Joan Fry mit 4:6, 6:3 und 6:2. Im gleichen Turnier schied sie im

Mixed mit dem Amerikaner Wilbur Coen und im Doppel mit Phyllis Satterthwaite aus. In Cannes war sie mit Eileen Benett dem britisch-australischen Duo Betty Nuthall und Esna Boyd 3:6, 1:6 unterlegen, und beim Butler Cup in Monte Carlo verlor sie am 1. März „nach matten Widerstand", wie es eine Zeitung formulierte, 3:6, 4:6 gegen ihre kürzliche Doppelpartnerin Eileen Bennett. In weiteren Mixed-Begegnungen gab es Licht und Schatten: eine 5:7, 4:6 Niederlage mit dem Amerikaner Scovel gegen den Schweizer Charles und Phyllis Covell sowie einen 7:5, 6:0 Sieg mit Scovel gegen Morrill/Maddock.

Zwei Tage später, in Beaumont, scheiterte sie erneut an Eileen Bennett und deren Landsfrau Joan Fry. Diesesmal im Damendoppel mit Änne Peitz aus Düsseldorf. Das rheinische Duo gewann den ersten Satz überraschend deutlich mit 6:2 und hatte im zweiten Satz bei einer 5:3 Führung den Sieg bereits vor Augen. Doch die beiden Britinnen holten Punkt für Punkt auf und entschieden die nächsten beiden Sätze für sich. „Auf alle Fälle ist das Abschneiden ein schöner Erfolg für die Unsern", tröstete der Korrespondent der Kölnischen Zeitung seine Leser.

Als nächstes stand das Festa-Turnier im „regenkalten" Monte Carlo auf dem Spielplan. Cilly schaffte es als einzige Deutsche unter die letzten Vier. Sie schied aber aus und musste den Britinnen Betty Nuthall und Eileen Benett das Finale überlassen.

Nach Monte Carlo waren zeitgleich Turniere in Juan les Pins und Mentone anberaumt. „Die Tennisstreitmacht teilt sich in zwei Lager", klärte ein Sportkorrespondent die Leser auf. Cilly entschied sich für Mentone. Dort trat sie im Mixed mit Prinz Schaumburg an, schied aber schon frühzeitig mit einer 0:6, 6:8 Niederlage gegen das englische Paar Covell/Rogers aus. Dagegen erreichte sie im Einzel mühelos die Endrunde, nachdem sie u. a. „in glänzender Form spielend", die schweizerische Spitzenspielerin Lolette Payot 2:6, 6:2, 6:3 besiegte.

Als Fazit dieses Spiels schrieb der Kommentator der Kölnischen Zeitung: „Man muß diesen Sieg der Kölnerin, die end-

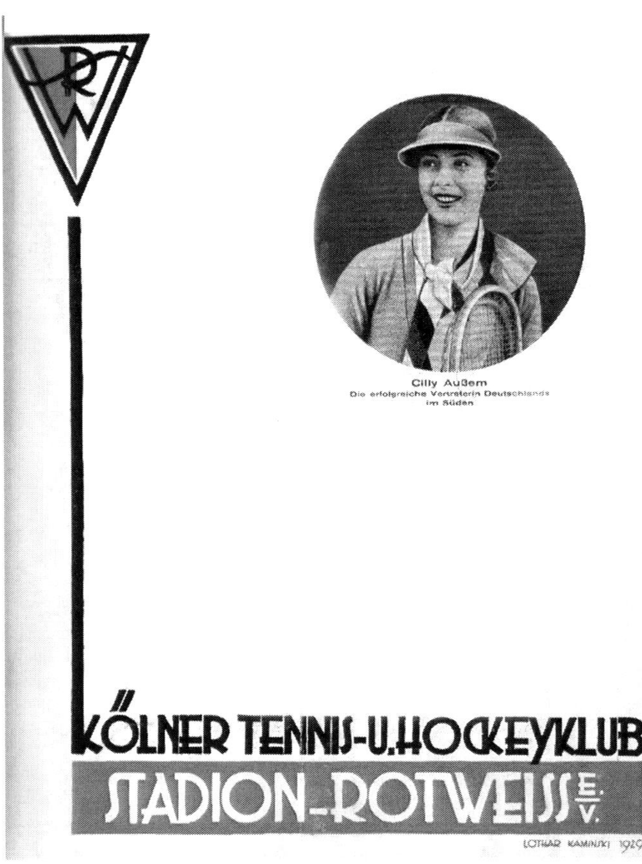

Bild 50: Vereinszeitung von Rot-Weiß Köln

lich wieder hergestellt und in guter Form ist, hoch anrechnen, denn erstens hatte Frl. Payot, deren anmaßendes Auftreten keinen guten Eindruck hinterließ, die gar nicht angesetzte Vorschlussrunde von der Turnierleitung regelrecht erzwungen, zweitens war die Stimmung für die Westschweizerin und drittens besitzt der Tennissport in der 19-jährigen ein 100prozentiges Talent, das bereits Erfüllung ist. Ein enorm rapides und schwächeloses Grundlinienspiel bei eleganten Schlägen verbindet sich mit sicherem Aufschlag und taktischem Feingefühl. Frl. Payot darf man bald zur auserlesenen Extraklasse zählen."

Cillys gute Form hielt nicht lange an. Nach dem überzeugenden Sieg gegen Lolette Payot verlor die durch „abermalige Fehlentscheidungen im ersten Satz nervös gewordene Kölnerin", so ein Spielbericht, das Finale mit 4:6 und 7:9 gegen Phyllis Covell. Auch im Damendoppel scheiterte sie, mit ihrer italienischen Partnerin Speranza, im Finale. Einen Erfolg gab es für Cilly aber letztendlich doch noch, als sie zusammen mit dem Ungarn Béla von Kehrling im traditionellen „Gemischten Doppel der Nationen" das Mixed gegen das deutsch-britische Duo Worm/Satterthwaite in drei hart umkämpften Sätzen gewann.

Von Mentone zog die Tenniskarawane zurück ins nahe gelegene Monte Carlo, wo die Südfranzösischen Meisterschaften stattfanden. Cilly erreichte hier die Vorschlussrunde im Einzel, musste den Turniersieg aber Paula von Reznicek überlassen. Im Damendoppel trat sie mit Leila Anet an, der Tochter des Schriftstellers Claude Anet. In ihrer Berichterstattung verzichtete die deutsche Presse gerne darauf, den Vornamen der jungen Spielerin zu nennen. Anstatt dessen verlieh man ihr den Namen ihres berühmten Vaters und nannten sie „Frl. Claude Anet". Leila war erst 17, also drei Jahre jünger als Cilly. Bei ihrem ersten gemeinsamen Auftritt konnten die beiden jungen Damen gleich einen Erfolg verbuchen. Auch wenn der 6:4 und 7:5 Sieg erst „nach schwerem Kampf" zustande kam, schafften es die beiden immerhin ins Halbfinale.

Äußerst kritisch, und offensichtlich in seinem Nationalstolz sehr verletzt, setzte sich ein deutscher Sportberichterstatter mit dem Schriftsteller Claude Anet und dessen Tennis spielender Tochter Leila auseinander: „Hier haben wir ein Schulbeispiel, wie eine begabte und durch zahllose Trainerstunden früh fortgeschrittene Spielerin von ihrer Umgebung als Star aufgeputzt wird. Was sich Vater Anet – übrigens in deutlicher Spitze gegen alle deutschen Teilnehmer! – in dieser Beziehung leistet, spottet jeder Beschreibung und muss im Namen des Sports gegeißelt werden, denn man tut den jungen Dingern den denkbar schlechtesten Dienst, wenn die Gazetten Spalten über sie bringen und ihr Tun und Lassen als Offenbarung hingestellt wird. Als Folge kommen dann die übernervösen, vor Sieg und Niederlage zitternden Champions auf den Plan." Und hämisch, mit einer Anspielung auf die französische Tennislegende Suzanne Lenglen, der ausgerechnet Claude Anet den Beinamen „die Göttliche" gegeben hatte, schloss der Artikel mit dem Satz: „Mrs. Covell schlug die blonde Leila 6:1, 6:3, die neue ‚Suzanne' wird noch von vielen Dutzenden geschlagen werden!"

Im abschließenden gemischten Doppel, das sie mit Wilbur Coen bestritt, gab es für Cilly einen schönen 6:3, 10:8 Erfolg gegen das amerikanisch-schweizerische Duo Rice/Aeschlimann. In einer Zusamenfassung der Riviera-Turniere war zu lesen, dass sie endlich ihre „nervöse Indisposition überwunden“ hat und sie ein ausgezeichnetes Flugballspiel zeigte.

Beim Turnier in Nizza schlug Cilly zuerst ihre Doppelpartnerin Leila Anet, die im Einzel bei weitem nicht an die gezeigten Leistungen im Doppel anknüpfen konnte. Die nächste Gegnerin war aus einem anderen Holz geschnitzt: Lili d'Alvarez. Cilly bekam das deutlich zu spüren, und obwohl sie besser in Form war und wesentlich sicherer spielte als an den Vortagen, musste sie sich am Ende 3:6, 6:2, 4:6 geschlagen geben. Die Spanierin ging einen Tag später „mit dem ganzen Rüstzeug ihres herrlichen Könnens“ und einem 6:4, 6:1 Sieg über Paula von Reznicek als Siegerin in die Geschichte des Turniers in Nizza ein.

Bild 51: Werbung, 1929

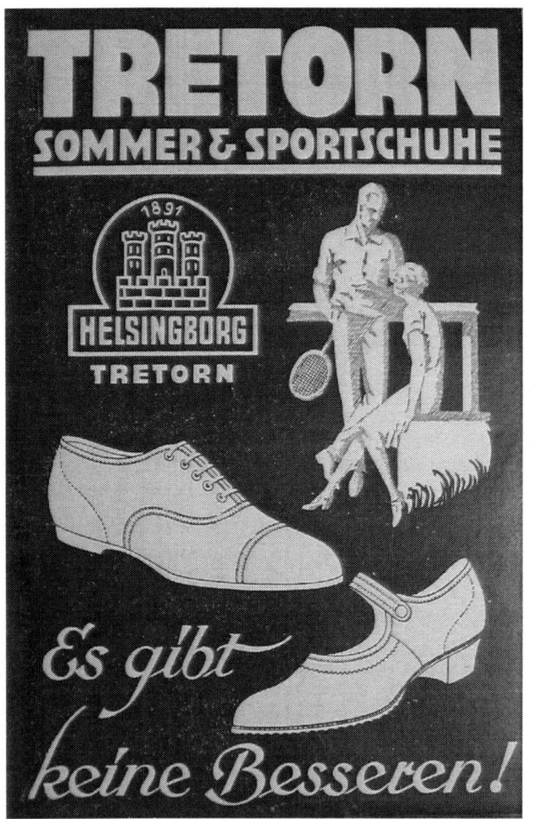

Für Cilly Aussem war Nizza kein gutes Pflaster. Nach dem Ausscheiden im Einzel gab es ebenso eine Niederlage im Mixed. Die Erfolglosigkeit von Nizza setzte sich im Beausite Turnier von Cannes fort. Gegen die Britin Phyllis Satterthwaite musste sie eine vollkommen unnötige 6:3, 7:5, 7:5 Niederlage einstecken. Die hoch favorisierte Kölnerin hatte im dritten Satz schon wie die sichere Siegerin ausgesehen, „doch konnte die Britin bei Gluthitze in einem endlosen Kampf“ den Sieg davontragen.

In den ersten beiden Monaten des Jahres war Cillys Name – außerhalb von Spielberichten – oft in den Schlagzeilen der Presse aufgetaucht. Sie war in Südafrika vermutet worden und sollte sich gleichzeitig in Biarritz an der spanischen Atlantikküste aufhalten. Eine französische Zeitung übernahm sogar eine voreilige Meldung der britischen Nachrichtenagentur Reuters „Rücktritt von Frl.

Aussem". Voreilig deshalb, weil ein Reuters Mitarbeiter ein Gespräch aufgefangen hatte, in dem Cilly von ihrer vorjährigen Augenoperation erzählt hatte. Der Nachrichtenmann hatte diese Information aber in das Jahr 1929 gelegt, und so verbreitete sich in der europäischen Presse schnell die Meldung, dass Cilly Aussem, nach 1928, wieder einmal an den Augen operiert werden müsse. Nichts davon stimmte. Der „Alarm um Cilly Aussem" – wie Tennis und Golf es in der Ausgabe 8/1929 formulierte, war ein Fehlalarm.

Zu Beginn der neuen Tennissaison machte Cilly Aussem sich in Deutschland rar. Für den „Hallentenniskampf Rheinland gegen Amsterdam/den Haag" in Essen war sie ebenso nicht gemeldet wie für das Internationale Turnier in Berlin, bei dem alle anderen deutschen Spitzenspielerinnen antraten; auch blieb sie dem Turnier in ihrem Heimatclub Rot-Weiß Köln und dem kurz darauf statt findenden Kölner Ortsturnier fern. Parallel dazu fand bei Blau-Weiß Berlin ein Turnier statt – unter anderem mit Kohnert, Neppach, Hoffmann und Friedleben – aber ohne Cilly Aussem.

Lediglich für die Trainingsspiele bei Rot-Weiß Köln, an denen die gesamte deutsche Tenniselite der Damen teilnahm, war sie gemeldet. Dort trat sie aber nicht an, weil der Deutsche Tennisbund sie, die gerade bei einem Turnier am Genfer See spielte, freigestellt hatte. Der DTB hatte die Trainingsspiele als Vorbereitung für den bevorstehenden Länderkampf gegen die USA angesetzt und wollte so die Form der einzelnen Spielerinnen testen.

Als im Februar dieses Jahres die Spielerinnen für die deutschen Hallenmeisterschaften in Bremen genannt werden mussten, war Cilly Aussem unter den 36 gemeldeten Damen nicht zu finden. Zur gleichen Zeit verbreitete die britische Zeitung Morning Post die Nachricht, dass Cilly Aussem sich abermals eine Augenerkrankung zugezogen habe, die eine schnelle Operation erforderlich machen würde. „Wir setzten diese Meldung stark in Zweifel", schrieb die Kölnische Zeitung am 3. April, „zumal nach privaten Berichten jüngster Tage Fräulein Aussem wohlauf sein muß." Wenige Tage später kam die Zeitung noch einmal auf dieses Thema zu sprechen, die wohl auch dem Gerücht aus englischer Quelle aufgesessen war: „Sämtliche Meldungen von einer neuerlichen Augenerkrankung und Turnieraufgabe der Kölnerin sind unwahr, auch für die Deutsche schädigend." Dem Bericht zufolge hatte sie das Training mit Roman Najuch fortgesetzt und war dann mit ihrem Wagen nach Montreux-Territet gefahren, um dort an einem Turnier teilzunehmen.

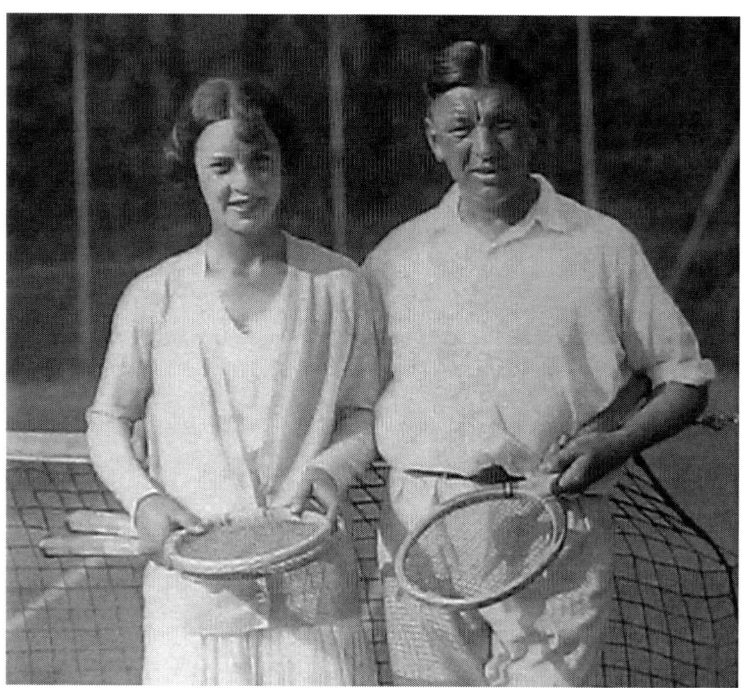

Bild 52: Cilly und Roman Najuch, 1929

Die Meldung über die erneute Augenkrankheit war in keiner Weise zutreffend gewesen, denn Cilly trat in guter Form beim Pfingstturnier von Rot-Weiß Berlin an, wo sie zunächst zwei Südafrikanerinnen besiegte. Zuerst Ruth Tapskott mit 4:6, 6:4 und 6:2, dann deren Teamgefährtin de Smidt mit 6:3, 6:4 und 1:6. Ein Berichterstatter attestierte ihr eine taktisch ausgezeichnete Leistung und eine „ungemeine Energie".

Im Finale stand ihr Paula von Rezincek gegenüber. Es war der 20. Mai, ein warmer Sonntag, als Cilly sowohl im Einzel als auch im Mixed eine Niederlage einstecken musste. Die Berlinerin hatte nichts zu verlieren und spielte munter drauf los. Sie forcierte das Tempo, variierte die Länge und spielte permanent auf Cillys Rückhand. Die Kölnerin geriet unter „physischen Druck", wie es eine Zeitung schrieb, und musste den hart umkämpften Satz 5:7 verloren geben. Im zweiten Satz lag sie hoffnungslos 1:5 zurück, kämpfte sich mit einem ungeheuren Willen („ein großartiger Kampf") noch einmal heran, verlor dann aber schließlich 3:6. Ein über die Netzkante kippender Ball brachte den entscheidenden Punkt für die Berlinerin.

Für die Niederlage im Mixed mit Henri Cochet war in erster Linie die an diesem Tag in Topform spielende Südafrikanerin Esther „Bobbie" Heine verantwortlich, die zusammen mit Cochets Landsmann Jacques Brugnon 2:6, 6:2 und 7:5 erfolgreich blieb. Dabei sahen Aussem/Cochet nach einer 5:3 Führung im entscheidenden dritten Satz schon wie die sicheren Sieger aus. Die Aufschläge des Franzosen blieben an diesem Tag jedoch wirkungslos, und eine Reihe von Doppelfehlern kostete ihn und seiner deutschen Mitspielerin den Sieg.

Das von Anfang an favorisierte deutsch-französische Duo hatte im Laufe des Turniers nur ein kleines Erfolgserlebnis zu verzeichnen, als es im Spiel um Platz 3 die Südafrikanerin Alida Neave und deren deutschen Mitspieler Otto Froitzheim 6:4, 6:2 besiegte.

Den Abschluß des Berliner Pfingstturniers beschrieb ein Kolumnist so: „Das Pfingst-Turnier ist zu Ende ... Preisverteilung draußen. Beifall. Händeschütteln. Essen. Tanz. Bald geht der Zug nach Paris ..."

In diesem Zug saß auch Cilly Aussem. Sie trat bei den Französischen Meisterschaften an, wo sie sich überlegen bis ins Viertelfinale durchkämpfte. Auf ihrem Weg dahin besiegte sie Violette Gallay, Lolette Payot, Ida Adamoff und Bobbie

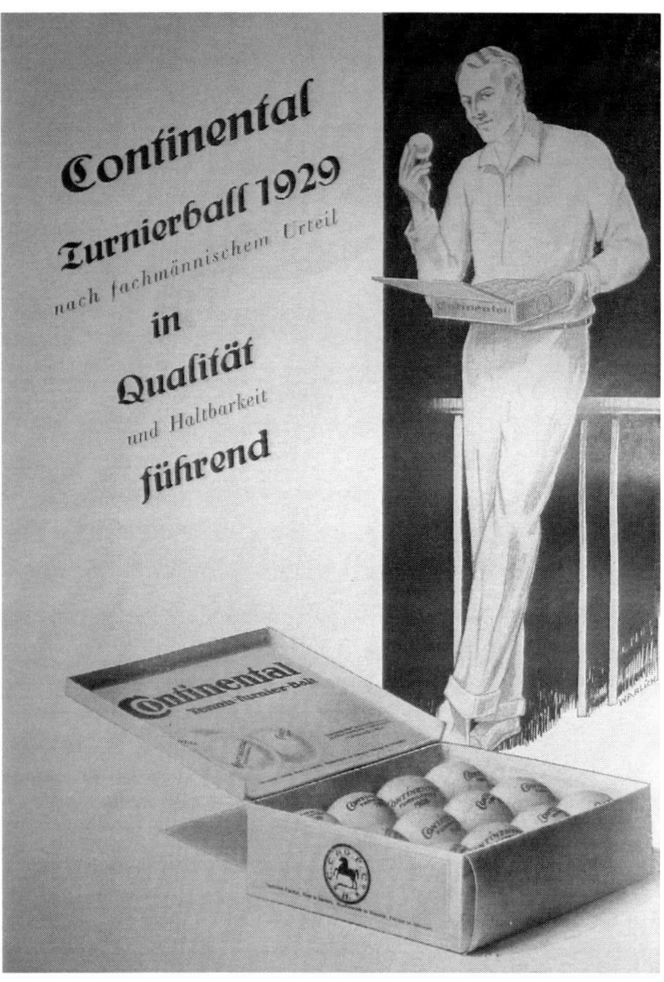

Bild 53: Werbung, 1929

Heine. Erst im Halbfinale konnte sie gestoppt werden. Ihrer französischen Gegnerin Simone Mathieu war sie trotz einer Niederlage fast gleichwertig. Im ersten Satz, den sie 6:8 verlor, sah sie die Presse sogar „etwas besser und auch schneller" als die Französin. Nachdem Cilly den zweiten Satz mit 6:2 für sich entscheiden konnte, legte Simone Mathieu im entscheidenden dritten Satz ein enormes Tempo vor und siegte 6:2. Trotz dieser Niederlage machte ihr ein Spielbericht ein schönes Kompliment: „Für Deutschlands Spitzenspielerin ist es jedenfalls ein Erfolg, in Paris unter den letzten Vier gewesen zu sein."

Auch im Damendoppel mit Irmgard Rost reichte es nicht zum ganz großen Erfolg, Die beiden Kölnerinnen scheiterten an den südafrikanischen Spielerinnen Bobbie Heine und Alida Neave.

Im Mai stellte der Deutsche Tennisbund seine Damenmannschaft gegen den bevorstehenden Länderkampf gegen die USA auf. Neben Cilly Aussem wurden Paula von Reznicek, Hilde Krahwinkel und Irmgard Rost nominiert. Ihnen standen auf US Seite als Spielführerin Helen Wills, von einer Berliner Zeitung ehrfürchtig als „Tennismadonna" tituliert, und deren Teamgefährtinnen Edith Cross und Marjorie Morill gegenüber. Am 8. und 9. Juni kam es auf der Anlage von Rot-Weiß

Berlin zum Aufeinandertreffen der drei Amerikanerinnen mit den vier deutschen Spielerinnen.

Ein Zeitungskommentator beschäftigte sich mit der Spielstärke der Weltranglistenersten und schrieb ganz erstaunt: „Die Überlegenheit von Wills beruht ... in erster Linie auf dem für eine Dame außerordentlich scharfem Tempo, mit dem sie zu spielen pflegt." Das bekam bei ihrem ersten Auftritt in Deutschland sogleich Paula von Reznicek zu spüren, die sich zwar tapfer wehrte, aber 3:6, 2:6 verlor.

Schon zuvor, beim Länderkampf gegen Holland, hatte Helen Wills von sich reden gemacht. Sie schockte die Veranstalter und 4.000 Zuschauer, indem sie in kurzen Socken antrat, die ihre Beine nicht bedeckten. Diesen Auftritt wiederholte sie eine Woche später in Paris bei der Begegnung mit den französischen Damen, die Helens Söckchen als einen „modischen faux pas" abtaten, der möglichst schnell vergessen sein sollte. Und das ausgerechnet bei der Einweihung des neuen französischen Stadions Roland Gaross. Als der US-Star eine Woche später in Berlin erneut seine eigenwillige Modekreation auch dem deutschen Publikum vorführte, wurde der englische Tennisverband hellhörig. Er wollte verhindern, dass die heimischen Zuschauer in den zweifelhaften Genuß von Helens modischer Extravaganz kamen. Kompromisslos verfügten die Briten, dass es bei den anstehenden Spielen in Wimbledon grundsätzlich Pflicht sei, mit bedeckten Beinen zu spielen.

Dagegen machte Irmgard Rost mit einem Dreisatzsieg über Marjorie Morill ihre Sache besser und holte den ersten Punkt für Deutschland. Den zweiten Punkt, und damit die Führung am ersten Wettkampftag, sicherte Cilly Aussem dem deutschen Team mit einem nie gefährdeten 6:1, 6:2 Sieg über Edith Cross. Cilly war in blendender Form und legte ein angriffsfreudiges und temperamentvolles Spiel vor, dem die Amerikanerin aber nichts entgegenzusetzten hatte.

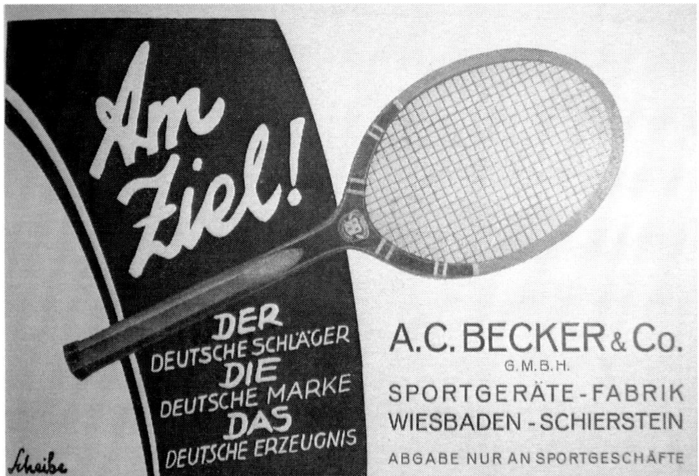

Bild 54 und 55:
Werbung, 1929

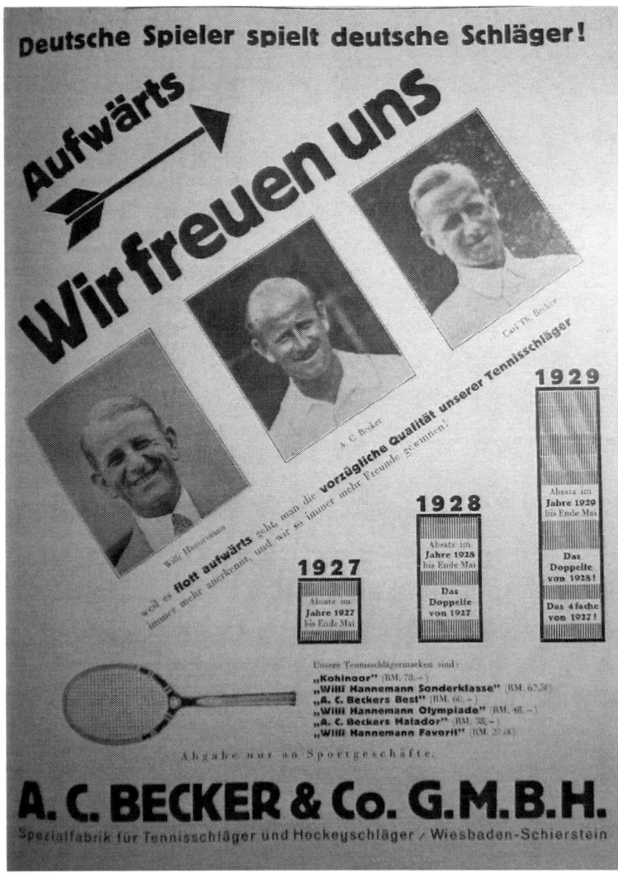

Das änderte sich schlagartig am zweiten Tag im Spiel gegen Helen Wills. Die 24-jährige Amerikanerin war wesentlich besser in Form als am Vortag. Bei Cilly war es genau umgekehrt. Sie spielte, war einen Tag später in der Presse zu lesen, „taktisch nicht geschickt“. Den ersten Satz verlor sie mit dem „deprimierenden Ergebnis“ von 0:6, den zweiten mit 1:6. Achthundert Zuschauer im ausverkauften Stadion sahen diese Begegnung, in der das spielerische Können Helen Wills für die Kölnerin unerreichbar blieb.

Die Ergebnisse ihrer Teamgefährtinnen am zweiten Wettkamptag brachten die deutsche Mannschaft mit 4:3 in Führung. Den letzten Sieg und Punkt holten die Amerikanerinnen im Doppel, als Wills/Cross die Kölnerinnen Aussem/Rost 6:3 und 6:2 besiegten. Den beiden Rheinländerinnen gestand die Presse ein „überraschend gutes Zusammenspiel“ zu, auch wenn sie am Netz nur wenig angreifen konnten.

Am Ende hatten die deutschen Damen den Länderkampf mit

4:3 Punkten, 8:8 Sätzen und 72:71 Spielen gewonnen. Den deutschen Tennistriumph an diesem Wochenende machte das Herrenteam mit einem 3:2 Sieg über die italienische Mannschaft perfekt.

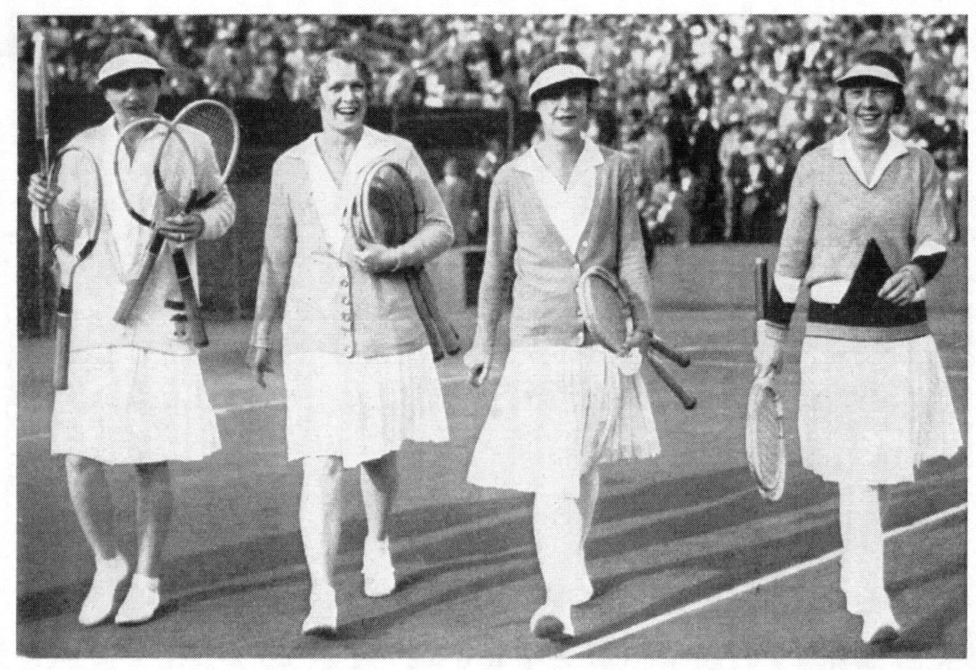

Damenländerkampf Deutschland – Amerika 4:3 in Berlin (1929)
V. l. n. r.: Wills, Cross, Aussem, Rost

Bild 56

Die schon zu Anfang ihrer Karriere oftmals auftretende Augenkrankheit zwang Cilly zum Verzicht auf Turniere und Training. Schon damals hatten ihr die Ärzte geraten, den Leistungssport aufzugeben. Zunächst einmal folgte sie diesem Ratschlag und fasste nach ihrem Auftritt in Paris den Entschluss, bei den deutschen Meisterschaften nicht anzutreten. Ihre „böse Augenkrankheit" war so weit fortgeschritten, dass sie nicht mehr in der Lage war, Spiele zu bestreiten. Ihre Freundin und oftmalige Gegnerin, die Britin Betty Nuthall, wusste über einen Brief zu berichten, der „aus einem Sanatorium in Deutschland" kam.

Der Bericht von Betty Nuthall erschien in der Daily Mail vom 27. Juni 1931 und hatte die Überschrift: „Wenn Cillie Aussem niemals mehr gespielt hätte – eine Persönlichkeit, auf die das Tennis nicht verzichten kann".

> *„Nichts hat mir in allen meinen Tennisfreundschaften größere Freude bereitet, als einen Brief, den ich vor über zwei Jahren aus einem Sanatorium in Deutschland erhielt. Er war von Cillie Aussem, und sie schrieb mir, dass keine Gefahr mehr bestünde, ihr Augenlicht zu verlieren und dass sie bald auf dem Tennisplatz zurück sein würde.*
>
> *Cilly hatte sich am Auge verletzt, als sie vor etwa drei Jahren in Cromer* (**Anmerkung:** eine Stadt an der britischen Norfolk Küste) *spielte, und wochenlang hielt sich das Gerücht, dass sie ihr Augenlicht ganz verlieren würde. Es wäre für sie und ihre Freunde eine Tragödie gewesen, wenn diese wunderschönen braunen Augen, die so freundlich leuchten, für immer dem Sonnenlicht und den Bildern, die sie so liebte, verschlossen geblieben wären."*
>
> *Dabei hatte Betty Nuthall sich zu Beginn unter ihrer deutschen Freundin etwas ganz anderes vorgestellt. Im gleichen Zeitungsartikel gestand sie jedoch ein, das ihr (typisch englisches) Bild von Cilly mit der Realität überhaupt nichts gemeinsam hatte: „Wir alle hatten dieses teutonisch sture Bild im Hinterkopf. Aber Cillie und stur? Ich muss lachen, wenn ich nur daran denke. Leuchtende braune Augen in einem hübschen Gesicht, eingerahmt von samten schwarzen Haaren, ihre dunkle Gesichtsfarbe und eine hübsche Nase – und alle lachen zusammen."*
>
> *Eine nette Anekdote steuerte die deutsche Tennisspielerin Paula Stuck von Reznicek in der Jubiläumszeitschrift von 1972 zum 75-jährigen Bestehen des LTTC Rot-Weiß Berlin bei. Dabei ging es um Doping, besser gesagt, um vermeintliches Doping und den holländischen Masseur Kaes, dessen „schnelle Pillen" angeblich für Siege sorgten.*

„Nur wussten wir damals nicht, dass er sie jedem Spieler verabreichte, der ihn darum bat, und so waren sehr oft beide Gegner gedopt. Es wurde gemunkelt, was Kaes da alles für Wundermittel in seine kleinen runden weißen Pillen gemixt hatte. Viel später gestand er mir einmal, dass er Traubenzucker mit Schokolade ... verabreichte. Als ich 1929 Cilly Aussem im Pfingstturnier in zwei Sätzen schlagen konnte, bedankte ich mich bei ihm. Ich hörte durch Zufall von Cilly, die gerade aus seinem Zimmer kam, dass seine Pillen völlig wirkungslos geblieben waren."

Zur Vorbereitung auf Wimbledon nahm Cilly an den Tennismeisterschaften von London im Queens Club teil. Gleich am ersten Tag, am 18. Juni, konnte sie einen überraschenden Erfolg vermelden, als sie „die frisch gebackene holländische Meisterin J. Sigard nach prächtigem Kampf 7:5, 2:6, 6:1 aus dem Felde schlagen konnte." Am 19. Juni war Cilly bereits in der vierten Runde. Dazu reichte ihr ein ziemlich müheloser 6:3, 6:0 Sieg über die britische Spielerin Tomblin.

Auch im Doppel mit Irmgard Rost zog sie in die nächste Runde ein. Dann kam das Aus – und zwar im Doppelpack. Zuerst wurde sie „überraschend glatt von der jungen Engländerin Fräulein Goldsack 6:2, 6:1 geschlagen". Am selben Tag musste sich Cilly der Britin noch einmal geschlagen geben. Elsie Goldsack und ihre Partnerin Jameson besiegten das Duo Aussem/Rost 6:2, 6:1.

Am 24. Juni begann das Turnier in Wimbledon, das sich einer äußerst großen Beliebtheit erfreute. Bereits im Frühjahr waren über 18.000 Anfragen nach Sitzplatzkarten eingegangen; 6.000 mehr als im Vorjahr.

Die glücklichen 3.500 Besitzer einer Eintrittskarte erlebten gleich zu Anfang das große Favoritensterben. Am vierten Tag erwischte es Betty Nuthall, einen Tag später schieden Lili d'Alvarez, Eileen Bennett und Simone Mathieu aus. Cilly

Aussem ging es nicht besser. Sie hatte zwar in einem starken Spiel „die erstklassige Amerikanerin" Molla Mallory besiegt, verlor dann aber später gegen Joan Ridley.

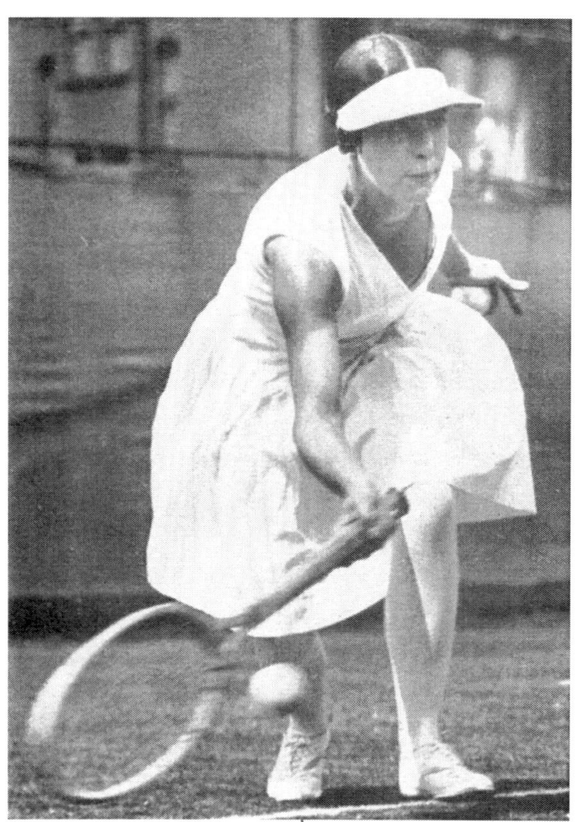

Bild 57:
Cilly Aussem im Spiel gegen Molla Mallory, 1929

Über das Spiel Aussem – Mallory schrieb die Presse: „Die Amerikanerin war durchweg im Angriff und auch im Schlag wuchtiger. Aber Cilly war in der Verteidigung die Sicherheit selbst. Sie erlief die bestplaciertesten Bälle der Gegnerin." Mallory verlor „in zwei glatten Sätzen" 4:6, 1:6.

Anna Margarethe „Molla" Bjurstedt, *später Mallory, war nicht gerade das, was man eine filigrane Spielerin nennt. Die Tochter eines norwegischen Offiziers legte in ihren Spielen eher eine ungewöhnliche Ausdauer an den Tag und konnte kämpfen wie ein Löwe.*

Mehr als deutlich bekam das 1921 die Französin Suzanne Lenglen im Finale der US-Titelkämpfe zu spüren. Den ersten Satz hatte die starke Norwegerin mit 6:2 gewonnen. Lenglen war von deren aggressiver und furioser Spielweise vollkommen überrascht und konnte kein Gegenmittel finden, um die Norwegerin zu stoppen. Sie jagte die Französin von einer Seite des Spielfeldes auf die andere. Für Lenglen war es meistens unmöglich, die präzise geschlagenen Bälle ihrer Gegnerin zu erreichen. Die mühevoll zustande kommenden Returns von Lenglen parierte Bjurstedt souverän. Die Französin sah bald ein, dass sie der starken Vorhand von Molla Bjurstedt nichts entgegen zu setzen hatte. Lenglen, die bis dahin zwei Mal die Französischen Meisterschaften sowie zweimal mit

Elizabeth Ryan das Damendoppel und drei Einzeltitel in Wimbledon gewonnen hatte, war völlig außer Atem. Sie hustete, war vollkommen entkräftet, den Tränen nahe und teilte nach wenigen Ballwechseln im zweiten Satz dem vollkommen verdutzten Schiedsrichter mit, sie sei krank und könne nicht weiterspielen.

Damit hatte sich Bjurstedt zum sechsten Mal seit 1915 in die Siegerliste der US-Meisterschaften in Forest Hills eingetragen. Zwei weitere Siege folgten: 1922 und 1926. In diesem Finale stand sie Elizabeth Ryan gegenüber. Im dritten Satz hatte sie – fast aussichtslos – mit 0:4 zurückgelegen. Mit einer nicht zu überbietenden kämpferischen Glanzleistung machte sie das Unmögliche wahr und gab dem spektakulärsten Spiel ihrer glanzvollen Karriere die entscheidende Wende.

Molla hatte einen ungewöhnlich harten Aufschlag, den sie einmal so begründete: „Ich glaube fest daran, den Ball immer mit aller Macht schlagen zu müssen!“

Bereits 1912 hatte sie bei den Olympischen Spielen in Stockholm eine Bronzemedaille im Tennis erringen können. Nach dem Gewinn der Medaille und acht nationalen Meisterschaften war Molla Bjurstedt in ihrer Heimat eine Heldin, doch als sie drei Jahre später nach Amerika ging, kannte sie dort kaum jemand. Um ihren Lebensunterhalt zu verdienen, nahm sie einen Job als Masseurin an. Im gleichen Jahr konnte sie die US-Hallenmeisterschaften für sich entscheiden, als sie die Titelträgerin Marie Wagner mit 6:4 und 6:4 schlug. Das war der Auftakt zu insgesamt fünf Titelgewinnen. In ihrem neuen Umfeld gefiel es ihr so gut, dass sie sich für den Verbleib in den Vereinigten Staaten entschied. Dort feierte sie auch ihre größten Erfolge.

Ihre Karriere begann 1915 mit ihrem ersten Gewinn der US-Meisterschaften gegen die dreimalige Siegerin

Hazel Wightman. Ein Reporter verglich ihr kraftvolles und konsequentes Spiel mit einem Panther, der sich an seine Beute heranpirscht. Fünfzehnmal trat sie bei den US-Meisterschaften an. Im Alter von 42 Jahren gewann sie dort ihren achten Titel. Dabei war ihre schlechteste Platzierung das Erreichen des Viertelfinales 1927 – da war sie bereits 43 Jahre alt. Mit 45 Jahren nahm sie dann endgültig Abschied von den US-Titelkämpfen – und sie schaffte es 1929 tatsächlich noch einmal, bis ins Halbfinale vorzudringen.

Auch im Doppel der US-Meisterschaften war sie erfolgreich. 1916 gewann sie mit Marie Wagner den Titel in der Halle. 1916 und 1917 war sie im Doppel mit Eleonora Sears erfolgreich. Die Finale der Jahre 1918 und 1922 verlor sie.

Dagegen schienen ihr die Mixed Spiele weniger zu liegen. Ihren drei Siegen 1917 mit Irving C. Wright sowie 1922, 1923 mit Bill Tilden, dem späteren Partner und Trainer von Cilly Aussem, standen in regelmäßigen Abständen Niederlagen gegenüber: 1915, 1918, 1920, 1921 und 1924.

1920 heiratete sie Franklin Mallory, einen vermögenden Börsenmakler, und trat ab dann ihre Spiele unter ihrem neuen Namen Mallory an. In den Jahren 1922 bis 1924 spielte sie im Finale der US-Meisterschaften gegen die Amerikanerin Helen Wills. Während sie 1922 den Titel erringen konnte, brachte ihr Wills in den beiden darauffolgenden Jahren Niederlagen bei.

Weniger erfolgreich als in den USA war sie in Wimbledon. Zweimal erreichte sie dort das Halbfinale und nur ein einziges Mal, 1922, stand sie im Finale, das sie deutlich 2:6 und 0:6 gegen Suzanne Lenglen verlor.

Von 1923 bis 1928 spielte sie im Wightman Cup Team. Sie war in der Weltrangliste der Jahre 1925, 1926 and

1927 unter den ersten Zehn platziert und zwischen 1915 und 1928 dreizehn Mal in den Top Ten der US-Rangliste. In den Jahren 1915, 1916 und 1918 bis 1922 sowie 1926 belegte sie in der Weltrangliste Platz 1.

Molla Mallory starb am 22. November 1959 in Stockholm. Sie wurde 74 Jahre alt.

Nach der enttäuschenden Saison 1929 entschloss sich Cilly Aussem, vorerst kürzer zu treten. „Cilly Aussem spielt vorläufig nicht mehr“, überschrieb Tennis und Golf einen Artikel, in dem die Gründe für Cillys Zwangspause dargelegt wurden, denn, „die vielen Anstrengungen und Aufregungen der letzten Monate haben Frl. Aussem doch seelisch und körperlich derart mitgenommen, dass sie auf dringendes Anraten ihres Arztes und auf Wunsch ihrer Eltern sich entschlossen hat, bis auf weiteres auf die Ausübung des Tennissports zu verzichten.“

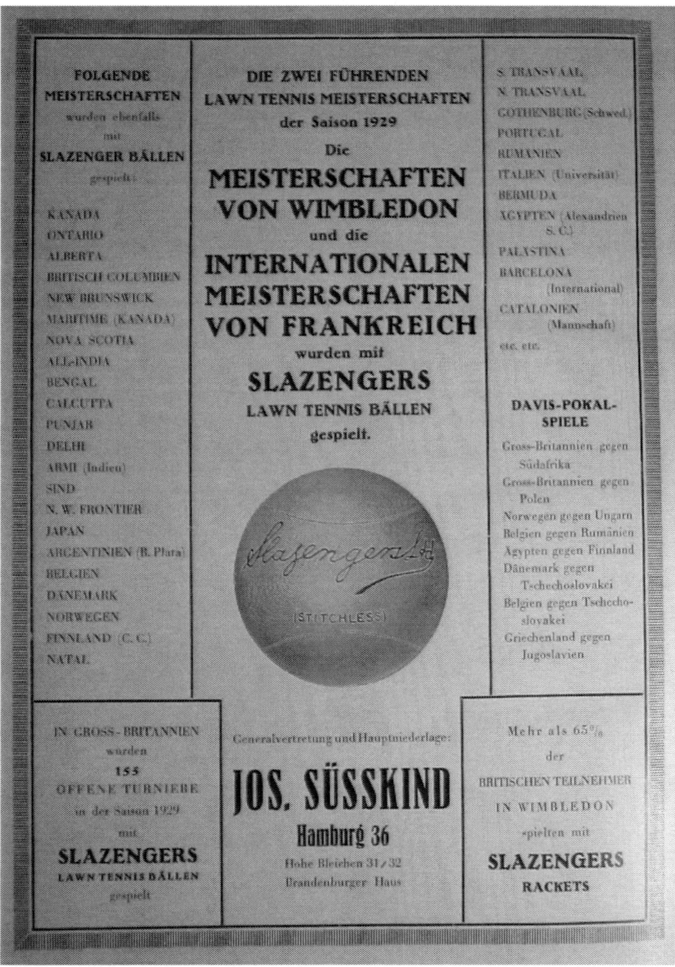

Bild 58: Werbung, 1929

Es mag zynisch klingen, aber Cillys Verzicht kam ihren Eltern zu diesem Zeitpunkt vielleicht nicht ungelegen. Was verwundert, ist der Hinweis, dass Cilly die Spielpause auch „auf Wunsch ihrer Eltern“ eingelegt hat. Schließlich war ihre Mutter doch bekannt dafür, Cilly zu Höchstleistungen anzuspornen und die Erfolge ihrer Tochter für sich selbst in Anspruch zu nehmen.

Exakt zu diesem Zeitpunkt ereignete sich in New York das, was man später den schwarzen Freitag nannte, mit dem die schwerste Weltwirtschaftskrise begann. Als am 25. Oktober 1929 an der Wall Street die Aktienkurse zusammenbrachen, hatte das besonders für die amerikanische und die deutsche Wirtschaft verheerende Folgen. Das amerikanische Bruttosozialprodukt brach um 28% ein.

Für Deutschland, noch hoch verschuldet aus dem 1. Weltkrieg und stark belastet durch die im Vertrag von Versailles festgelegten Reparationszahlungen, kam es schlimmer als für alle anderen europäischen Staaten. Die Nachfrage brach zusammen. Firmenzusammenbrüche, Bankenschließungen und Massenarbeitslosigkeit waren an der Tagesordnung. Während die Zahl der Arbeitslosen im September 1929 bei 1,3 Millionen lag, waren es drei Jahre später bereits über sechs Millionen. Im gleichen Zeitraum sank der deutsche Warenexport von 13,5 auf 5,7 Milliarden Reichsmark. Der Außenhandel ging ebenso stark zurück wie die Industrieproduktion, die ein Minus von 40% zu verzeichnen hatte.

Der Kapitalstrom nach Deutschland versiegte. Die für die deutsche Wirtschaft so dringend benötigten ausländischen Kredite flossen nicht mehr.

Die Realeinkommen sanken um ein Drittel. Armut und Kriminalität stiegen rapide an. Viele Anleger blieben hochverschuldet zurück. Etliche Firmen hatten Kredite mit ihren eigenen Aktien gedeckt und hatten ebenfalls mit unüberwindbaren Problemen zu kämpfen. Die akuten Kapitalverluste, vor allem aber auch der Vertrauensverlust bei den Anlegern, machte eine Erholung der Wirtschaft schwierig.

Die Regierung setzte auf harte Sparpolitik. Die Kurse fielen noch weitere drei Wochen. Erst am 15. November stellte sich eine leichte Besserung ein. Der Dow Jones Index stand bei ca. 180 Punkten. Einige Anleger glaubten nun, der Tiefpunkt sei erreicht und kauften wieder mit hohem Risiko die vermeintlich billigen Aktien. Aber die Kurse fielen weiter; erst im Sommer 1932 war der absolute Tiefpunkt mit 41 Punkten erreicht – der gleiche Wert wie am 26. Mai 1896, als der Dow Jones Index erstmalig veröffentlicht wurde.

Erst im November stand Cilly wieder auf dem Platz. An der Seite des gleichaltrigen Franzosen Robert Ramillon, dem späteren Sieger der French Pro Championship des Jahres 1932, absolvierte sie erste Trainingseinheiten, deren Erfolg sich bereits im kommenden Jahr bemerkbar machen sollte. Der Mann aus Cannes hatte eine zweimonatige Verpflichtung als Trainer in Köln angenommen und war mit dem Hallentraining in Cillys Heimatclub Rot-Weiß betraut worden. Dessen Mitgliederzeitung wusste im Februar 1930 zu berichten, dass „Frl. Aussem bei Ramillon mehrere neue Schläge erlernte“. *Bild 59*

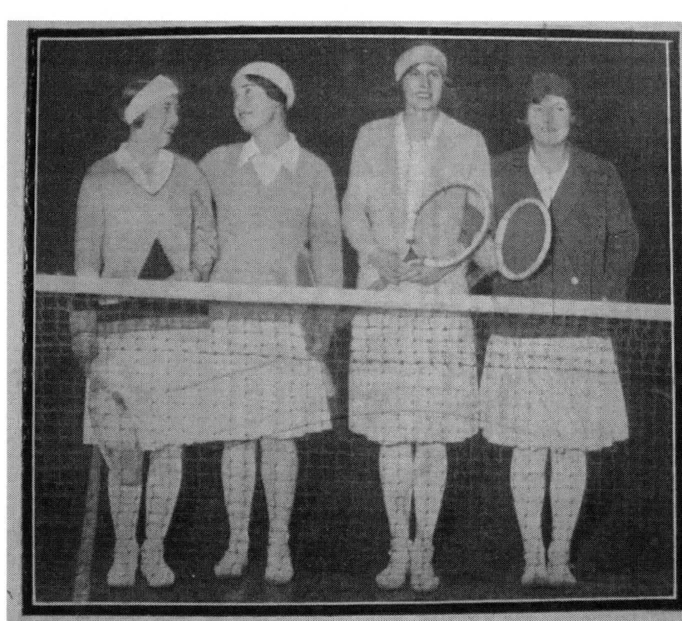
Frl. I. Rost, Frl. C. Außem, Frl. H. Krahwinkel, Frl. L. Fischer beim Kölner Hallen-Turnier

Offensichtlich war es aber anfangs nicht leicht, die neuen Schlagvarianten in allen Belangen umzusetzen. Denn als Cilly Aussem am 22. Dezember zum erstenmal der Essener Spitzenspielerin Hilde Krahwinkel bei einem Hallenturnier in Köln gegenüberstand, hatte die junge Dame aus der Ruhrmetropole nach drei Sätzen die Nase vorn. Zwar war es nur ein Schaukampf, aus dessen Resultat keine Schlüsse gezogen werden konnten, doch beide Kontrahentinnen waren sehr um den Sieg bemüht.

Ein Spielbeobachter attestierte Cilly Aussem zwar, dass ihr Spiel sich durch ein schärferes Tempo auszeichnete und ihre Bälle nach dem Training mit Ramillon präziser waren, bemängelte aber gleichzeitig, dass sie ihre neu einstudierte Rückhand nicht besonders wirkungsvoll einsetzte. Vielmehr stellte er fest, dass ihre Rückhandschläge nur dann von Erfolg gekrönt waren, wenn sie die von Ramillon gelernte Version vergaß und ihren „alten, ungekünstelten Schlag spielte."

Was Cilly im Einzel gegen Hilde Krahwinkel nicht schaffte, gelang mit ihrem Kölner Klubkameraden Eberhard Nourney im Mixed und Irmgard Rost im Doppel: zwei Dreisatzsiege über Krahwinkel und deren Spielpartner. Die Presse war sich aber einig, dass Hilde Krahwinkel von den vier Damen die mit Abstand beste Spielerin war.

Cillys Tennisjahr 1929 ließ der Verfasser in einem kurzen Resumee Revue passieren: „Sie trug in der Hallenspielzeit lediglich ein Wettspiel aus und zwar gegen die diesjährige deutsche Hallenmeisterin Hilde Krahwinkel. Wenn dieses Wettspiel auch knapp im 3. Satz und zwar m. E. auf das Versagen ihrer Nerven hin verloren wurde, so ist von Frl. Aussem in diesem Jahr bestimmt noch manch schöner, großer Erfolg zu erwarten."

Nachdem Cilly Aussem im Vorjahr noch die deutsche Rangliste anführte, wurde sie 1929 darin gar nicht geführt. Den Grund dafür lieferte die Ranglistenkommission des Deutschen Tennisbundes: „Nach der Menge der vorliegenden Resultate gehört Frl. Aussem nicht zu den Spielerinnen, die aus Mangel an den vorliegenden Ergebnissen nicht gewertet werden können. Die Art ihrer Resultate würde jedoch eine Klassifizierung der Kölnerin als eine Ungerechtigkeit sowohl gegen sie selbst als auch namentlich gegen ihre Mitbewerberinnen erscheinen lassen; gegen sie selbst insofern, als schließlich eine einzige, im Frühjahr erlittene Niederlage gegen eine deutsche Spielerin erlittene Niederlage noch nicht genügen dürfte, um die Unterlegenheit gegenüber Frau von Reznicek zu beweisen; gegen die anderen Damen insofern, als sie weder Frau Friedleben noch Frau Krahwinkel, noch allen folgenden Ranglistendamen überhaupt die Möglichkeit gab, sich mit ihr zu messen." Anstatt die Spielerin dort einzustufen, wo es nach den Resultaten der abgelaufenen Saison gerechtfertigt gewesen wäre, verschaffte man ihr einen Sonderstatus, indem man sie erst gar nicht in die Rangliste aufnahm.

1930

Das neue Jahr begann für Cilly Aussem mit einer traurigen Pflicht. Unter großer Anteilnahme nahm die Sportwelt von dem jungen Berliner Tennisspieler Hans Moldenhauer Abschied, der wenige Tage zuvor mit seinem Auto tödlich verunglückt war. Moldenhauer war verschiedene Male zusammen mit Cilly Aussem im Mixed angetreten. Ihren größten Erfolg feierten die beiden 1926 mit dem Gewinn der deutschen Meisterschaft. An einem kalten Wintertag wurde Moldenhauer in Berlin zu Grabe getragen. Es war der 4. Januar; Cilly Aussems 21. Geburtstag.

Als nach einer zwölfjährigen Besatzungszeit die französischen Truppen am 30. Juni 1930 unter dem großen Jubel der Bevölkerung aus dem Rheinland abzogen und die Rheinprovinz ihre Freiheit wieder erlangte, brach auch für die junge Spielerin aus Köln eine neue Zeit an.

In diesem Jahr traf Cilly Aussem den berühmten William Tilden, die damalige Nummer 1 der Tennisweltrangliste. „Big Bill", nannte man den Amerikaner aus Germantown, der im Jahre 1685 gegründeten ersten deutschen Siedlung in Amerika, im US Bundesstaat Philadelphia gelegen. Bill Tildem war sofort von der jungen Kölnerin angetan. „Ich kenne keine andere Weltklassespielerin, die ähnlich sympathisch ist. Das ist ein junger Mensch, den man ganz einfach gerne haben muss", schrieb er später einmal über sie.

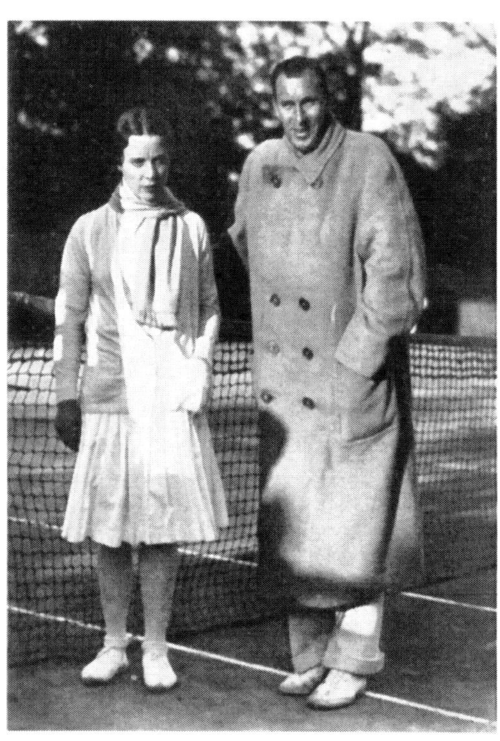

Frl. Aussem-Tilden
Sieger der französischen Meisterschaft im Gemischten Doppelspiel 1930

Bild 60

Tilden, so ein Zeitzeuge, nahm sich der Kölnerin an, „um sie in die Geheimnisse des ganz großen Tennis einzuweihen ... ohne Furcht vor etwaigen Niederlagen das Tennis als Sport und nicht als hartes Muss zu betrachten." In einem Rückblick Ende der 50er Jahre wurde Tilden als „Superchampion" bezeichnet. Ihm hatte Cilly Aussem letztendlich alle großen Erfolge zu verdanken. Das sollte die Arbeit der anderen Trainer nicht schmälern. Aber Tilden – „wohl der beste Tennispädagoge" – brachte ihr die Finesse bei, die spielentscheidend war. Und Cilly „zeigte sich als gelehrige Schülerin, die auch in Taktik nichts mehr zu wünschen übrig ließ und im Mixed am Netz frisch drauflos spielte."

Der Kölner Autor und Tennisspieler Dr. Friedrich Wilhelm Esser nannte Tilden in einem Artikel zu Cilly Aussems 50. Geburtstag am 4. Januar 1959 in der Kölnischen Rundschau einen „Zauberer". Dieser Zauberer hatte sich der „etwas verstörten Tennisseele Cillys" angenommen. Esser zitierte in diesem Zusammenhang den früheren deutschen Weltklassespieler Roderich Menzel, der die Kölnerin persönlich kannte: „Tilden verbesserte Cillys Technik, sparte nicht mit taktischen und vor allen nicht mit psychologischen

Winken. Die Idee, das deutsche Fräulein zur Weltmeisterin zu machen, wurde ihm ebenso wichtig wie seine eigenen Erfolge."

Die Deutsche und der Amerikaner beherrschten die Konkurrenz und gewannen im Mixed nach Belieben. Dabei schlugen sie die bis dahin besten Paare der Welt: Elizabeth Ryan, die mit Jean Borotra sowie Eileen Bennet, die mit Henri Cochet zusammen spielte. Die beiden Franzosen bildeten mit René Lacoste („Der Alligator") und Jacques Brugnon die „vier Musketiere". Dieses Quartett war in der europäischen Tennisszene das Maß aller Dinge. Nun stießen zwei von ihnen im Mixed auf die Kombination Aussem/Tilden – und beide verloren.

***William Tatem Tilden II** war der Tennischampion der zwanziger und dreißiger Jahre. Auf sein Konto gehen unzählige großartige Erfolge: in den Jahren 1920 bis 1929 gewann er siebenmal die US-Meisterschaften. Dort stand er achtzig Mal auf dem Platz, den er 73 Mal als Sieger verließ. In Wimbledon triumphierte er als Einzelspieler in den Jahren 1920, 1921 und 1930. Da war er bereits 37 Jahre alt. Er war die treibende Kraft des US-Teams im Daviscup und hatte maßgeblichen Anteil an der Siegesserie der Amerikaner. Er galt als unschlagbar. Selbstbewusst ließ er einmal verlauten: „Ich bin überrascht, wenn ich den Ball einmal nicht treffe."*

1931, in seinem ersten Jahr als Profi, holte er sich sogleich den Weltmeistertitel. Vier Jahre später gelang ihm das noch einmal. Zum Abschluß seiner Karriere war er zusammen mit seinem Landsmann Vincent Richards im Herrendoppel erfolgreich; 1945 – im Alter von 52 Jahren. Auch als Buchautor hat sich Tilden hervorgetan: 1938 mit „Aces, Places and Faults" und 1948 mit „My Story" – beide mit autobiografischen Elementen. Im Jahr 1950 wurde er in einer Umfrage der Nachrichtenagentur Associated Press zum bedeutendsten Tennisspieler der ersten Hälfte des 20. Jahrhunderts gewählt. Und das nur sechs Wochen nach seiner Entlassung aus dem Gefängnis, wo er zum zweitenmal wegen ungewünschter Annäherung an einen Jugendlichen einsaß.

Bill Tilden war zwar der unumstrittene Tenniskönig seiner Zeit, aber auch extravagant und selbstzerstörerisch zugleich. Er war ein Star und sein Name wurde im gleichen Atemzug mit den US Sportlegenden Jack Dempsey, Babe Ruth und Bobby Jones genannt. „Tilden ist ein Künstler. Er hat mehr von einem Künstler als neun Zehntel aller Künstler, die ich kenne. Es ist die Schönheit des Spiels, das Tilden so liebt", beschrieb ihn ein Zeitgenosse.

Sein exzentrischer Hang zu Selbstdarstellung machte auch auf dem Tennisplatz nicht Halt. So erschien er einmal zu einem Spiel gegen den großen Bill Johnston im eleganten Kamelhaarmantel auf den Platz. Johnston hatte Tilden im Finale der US-Meisterschaften des Jahres 1919 eine empfindliche Niederlage beigebracht. Tilden nahm Revanche und besiegte Johnston in einem legendären Match, das drei Stunden dauerte. Nach diesem Sieg hatte er sich den Spitznamen „Big Bill" verdient.

Weniger erfolgreich war er als Schauspieler und Verfasser von Theaterstücken. „Der Tennisspieler schuldet den Zuschauern genau so viel wie der Schauspieler dem Publikum", versuchte er seinen Ausflug zum Theater zu erklären.

Es wird berichtet, dass Tilden einmal ein Angebot über 50.000 Dollar für eine Profitour ablehnte. „Mr. Tilden, ich glaube, Sie sind ein verdammter Narr", soll der Veranstalter namens Pyle zu ihm gesagt haben. Tildens Antwort: „Mr. Pyle, ich glaube, Sie haben Recht!"

In seinem Leben als Tennisprofi – so schätzt man – hat er etwa eine halbe Million Dollar verdient. Als man ihm am 5. Juni 1953 in Los Angeles nach einem Herzschlag tot in seinem Bett fand, betrug sein Barvermögen 88 Dol-

lar und 11 Cents. Seine Taschen waren bereits für die Abreise nach Cleveland, Ohio, gepackt, wo Bill Tilden an den Meisterschaften der US-Profis teilnehmen wollte

Der Auftakt bei den Riviera-Turnieren war für Cilly Aussem alles andere als erfolgreich. Beim Carlton Turnier, das vom 3. bis 9. Februar 1930 in Cannes stattfand, gab es gleich eine Reihe von Niederlagen: zuerst unterlag sie der Engländerin Joan Ridley 3:6, 3:6 und dann musste sie sich im Damendoppel mit der Italienerin Lucia Valerio 4:6, 1:6 gegen das starke Paar Elizabeth Ryan/Sylvia Lafaurie geschlagen geben.

Auch im Mixed mit ihrem neuen Partner Bill Tilden lief es schlecht für die Kölnerin: gegen Elizabeth Ryan und Henri Cochet gab es eine 10:12, 3:6 Niederlage. Nur langsam schienen sich die beiden in ihrer Spielweise aneinander zu gewöhnen. Zumindest gab der 6:3, 6:4 Sieg über Elizabeth Ryan und deren neuen Partner Kingsley Grund zu verhaltenem Optimismus. Als sich Cilly und Bill am folgenden Tag im Finale souverän 6:3, 7:5 gegen Ridley/Worm behaupteten, schien das ein erstes Indiz dafür gewesen zu sein, dass die beiden sich gefunden hatten.

Einen Tag später trafen sich die Spieler und Spielerinnen in Nizza wieder. Jetzt lief es im Einzel besser für Cilly Aussem – und auch für Bill Tilden. Paula von Reznicek war wegen einer plötzlich auftretenden Krankheit nicht in der Lage, ihren Titel aus dem Vorjahr zu verteidigen, und damit schlug Cillys Stunde: „Wenn Frl. Aussem auch in der Endrunde in Mrs. Gerson-Hirsch keine ebenbürtige Gegnerin hatte“, so ein Spielbericht, „und sehr glatt 6:0, 6:2 siegte, so hatte sie doch vorher Gelegenheit, in einem spannenden Match ihre frühere Niederlage gegen Miss Ridley durch einen klaren 6:1, 6:1 Sieg wettzumachen.“

„Wie allen Mitgliedern aus den Zeitungsnotizen bekannt ist, errang unsere Spitzenspielerin Cilly zum ersten Male die Südfranzösische Meisterschaft in Nizza", schrieb stolz die Vereinszeitung ihres Kölner Clubs.

Ihren Triumph komplettierte Cilly Aussem im Doppel mit Elizabeth Ryan mit einem niemals gefährdeten 6:3, 6:3 Sieg über Paula von Reznicek und deren britische Mitspielerin Owen.

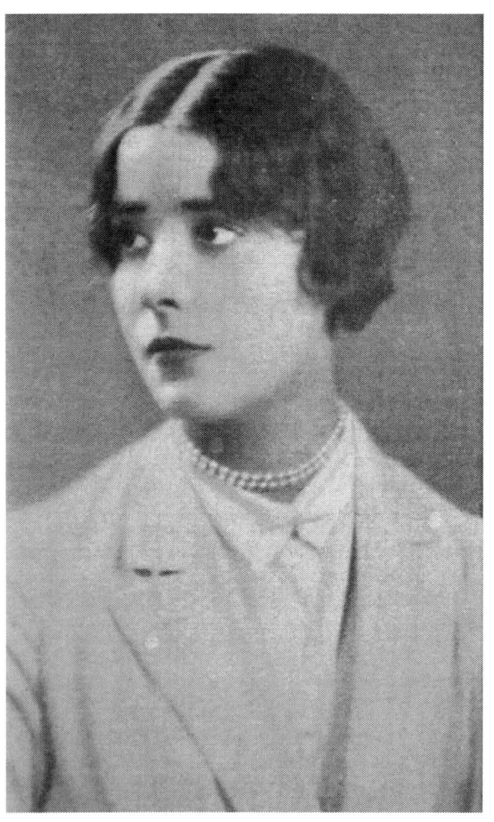

Bild 61: Cillys Portrait

Im Mixed trat Cilly nicht mit Tilden, sondern mit dessen Freund und Landsmann Wilbur F. Coen an. Die beiden erreichten ziemlich problemlos das Finale, für das sich auch das Duo Ridley/Peters qualifiziert hatte. Da den Veranstaltern aber keine Zeit für die Durchführung des Finales blieb, wurde der erste Preis unter den beiden Gegnern geteilt.

Beim Turnier in Beaulieu vom 17. bis 23. Februar, an der Stadtgrenze zu Nizza, sah es für die deutschen Damen gar nicht gut aus. Von Reznicek musste sich der jungen Französin Leila Anet mit 6:1 und 8:6 geschlagen geben. Für die Französin war es bereits die zweite deutsche Spielerin, die sie in diesem Turnier besiegen konnte. Sie hatte zuvor „die dritte deutsche Vertreterin Frl. Löwenthal 6:0, 6:1 von der weiteren Teilnahme ausgeschlossen." Auch die deutsche Nummer 1 schied aus. Cilly Aussem verlor in drei Sätzen 4:6, 7:5 und 6:4 gegen „Mrs. Owen (geb. Chamberlain!)".

Dass der Reporter den Namen Chamberlain mit einem Ausrufungszeichen versah, mag politische Gründe gehabt und sich gegen England gerichtet haben. Arthur Neville Chamberlain war zu dieser Zeit Vorsitzender der Konservativen Partei und wurde allgemein als der kommende führende Politiker des Vereinigten Königreiches be-

trachtet. Später war er britischer Außenminister sowie Schatzkanzler. Wegen seiner unentschlossenen Kriegsführung verlor er schnell den Rückhalt seiner Partei und trat am 10. Mai 1940 als Premierminister zurück.

Chamberlains Außenpolitik in den 30er Jahren wird gemeinhin als Appeasement-Politik (Politik der Beschwichtigung) bezeichnet. Er suchte, selbst nach der Annektierung des Sudetenlandes durch das Deutsche Reich, die Verständigung mit Deutschland, um einen Krieg zu verhindern. Gleichzeitig begann er aber, Großbritannien aufzurüsten. Erst nach dem Einmarsch deutscher Truppen am 17. März 1939 in Prag änderte er seine Haltung und schloss Garantieverträge mit Polen, Griechenland, Rumänien und der Türkei gegen mögliche deutsche Angriffe. Am 3. September 1939, zwei Tage nach dem Angriff Deutschlands auf Polen, erklärte die Regierung Chamberlain Deutschland den Krieg.

Einen Tag nach Beendigung des Turniers in Beaulieu zog die Tenniskarawane weiter nach Monaco, um dort im exklusiven Monte Carlo Country Club um den Butler-Pokal und den Beaumont-Pokal zu spielen.

Das Damendoppel bestritt Cilly Aussem mit der Altmeisterin Paula von Reznicek, die in einem Artikel über das Spiel in der Zeitschrift Tennis und Golf eine amüsante Episode zum Besten gab: „Als wir mitten in unserem Doppel gegen Petchell – Noel waren und meine Partnerin am Servieren ist, ertönt ein entsetzlicher Knall – ein Autozusammenstoß, der uns alle aufhorchen läßt. Ehe aber noch irgendjemand Stellung nehmen kann, rast Cilly Aussem, in unwahrscheinlicher Geschwindigkeit dem Zaun entgegen, überspringt ihn und macht einen Hürdenlauf. Alles hinter ihr her ... Die Plätze wie ausgekehrt – selbst der greise Schiedsrichter kletterte in nervöser Hast von seinem Thron und ward nicht mehr gesehen. Der Zusammenstoß war gottlob harmlos, aber die Engländer, die alles vom sportlichen Standpunkt aus betrachten, sagten lobend zu Cilly Aussem: „Sie würden bei einer Schnitzeljagd ganz vorzüglich abschneiden."

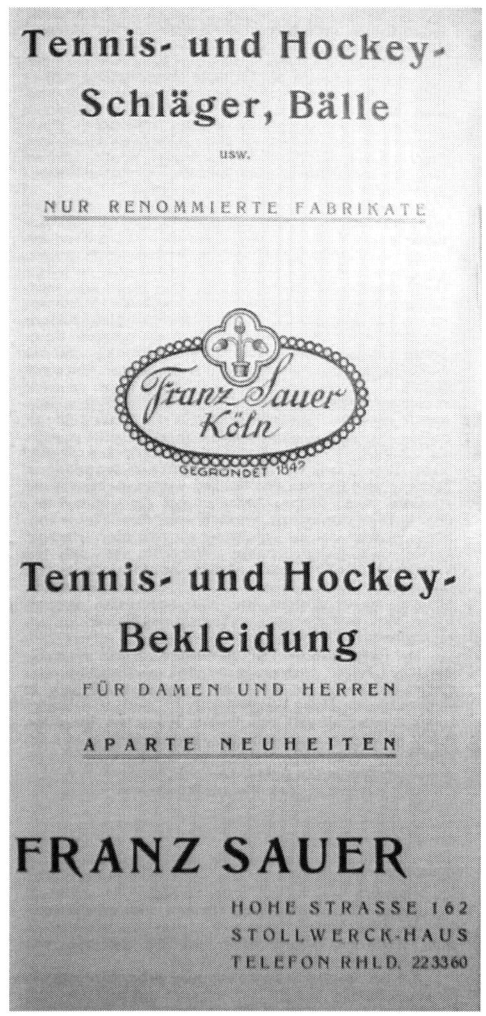

Bild 62: Werbung, 1930

Nachdem das unterbrochene Spiel seine Fortsetzung gefunden hatte, standen die beiden Deutschen in der nächsten Runde der Paarung Colette Rosambert und Doris Metaxa gegenüber, die in einem hart umkämpften Dreisatzmatch die Oberhand behielten.

Bei den Meisterschaften von Cannes, die vom 24. bis 30. März im Beausite Lawn and Tennis Club ausgetragen wurden, gab es für Cilly Aussem Licht und Schatten. Im Doppel war sie wiederum an der Seite von Elizabeth Ryan erfolgreich. Die Amerikanerin legte ein bravouröses Spiel an den Tag, das spielentscheidend war. Die deutsch-amerikanische Kombination beendete das Spiel mit einem überlegenen 6:0, 6:1 Sieg über Paula von Reznicek und deren britischen Partnerin Muriel Thomas.

In einem weiteren Doppel verlor sie mit Reznicek im Halbfinale gegen die begeisternd aufspielende Kombination d'Alvarez/Owen mit 6:2 und 6:3. Nach den ersten Erfolgen mit Tilden musste Cilly Aussen eine unerwartete Niederlage einstecken: gegen Elizabeth Ryan, die im Mixed mit einem neuen Partner, dem japanischen Daviscupspieler Harada, antrat.

Bill Tilden trug sich bei diesem Turnier erneut in die Siegerliste ein, als er im Doppel mit Wilbur Coen das Finale gewann.

Interessanterweise tauchen die Namen dieser beiden US-Spieler auch in den Siegerstatistiken der Herreneinzel auf.

Allerdings fand dieses Spiel gar nicht statt, da Tilden die Begegnung ablehnte. Als Begründung gab er an, Coen sei sein bester Freund und gegen den könne er nun mal kein Finale bestreiten. Also wurde der erste Platz von den Veranstaltern geteilt und zweimal vergeben. Den Zuschauern war das überhaupt nicht recht. Sie hatten sich auf ein spannendes Finale gefreut. Nun buhten sie, pfiffen die Spieler aus und verlangten erfolgreich ihr Eintrittgeld zurück.

Die verminderten Einnahmen bei diesem Turnier mögen für Tilden eine Lehre gewesen sein. Es ist wahrscheinlich, dass der Veranstalter Tildens Gage kürzte, was im Laufe der Saison der Ausschlag zu einem Meinungswechsel des US-Stars gewesen sein könnte. Denn schon bei den folgenden Turnieren bestritt er gegen seinen Freund Coen sowohl Einzel- als auch Doppelspiele.

Wie bei den Herren wurde auch bei den Damen der erste Platz geteilt. Die Ehre der Sieger wurde Elizabeth Ryan und Paula von Reznicek zuteil.

Das nächste Turnier hatte Cilly Aussem in Monte Carlo zu bestreiten. Nach guten Leistungen erreichte sie fast mühelos das Finale, in dem sie die französische Spitzenspielerin Simone Mathieu klar 6:1, 6:4 besiegte. Für die Französin war die Begegnung mit Cilly Aussem das erste Match des Jahres, und die Deutsche spielte noch nicht in der gewohnten Form.

Nach Monte Carlo stand das Turnier in St. Raphael auf der Tagesordnung. Auch hier holte sich Cilly Aussem den Titel im Doppel. Zusammen mit Elizabeth Ryan schlug sie die unbekannte Paarung Springer/Sineux in einen ungefährdeten 6:3, 6:0 Sieg.

Den zweiten Erfolg erzielte sie mit Bill Tilden. Die beiden blieben im Finale über das US-Paar Ryan/Abe 6:1 und 7:5 erfolgreich.

Mit dem Turnier in Juan le Pins schloß die Riviera-Saison 1930 ab. Entgegen früherer Jahre zeichnete sich das Frühjahr in Südfrankreich bei den meisten Veranstaltungen nicht durch sonniges Wetter und blauen Himmel aus. Vielmehr hatten die Akteure mit Stürmen, Regen und teilweise frostigen Böden zu kämpfen, was dem einen oder anderen große Probleme bereitete; gerade unter dem Aspekt, dass die Riviera-Turniere in erster Line dazu dienten, sich auf harte Wettkämpfe bei den großen nationalen und internationalen Turnieren vorzubereiten und eine Spielform aufzubauen.

Beim letzten Turnier war Cilly wiederum groß in Form und schaffte es, sich für drei Finalteilnahmen zu qualifizieren. Sie war aber nur einmal erfolgreich. Wiederum gewann sie mit ihrer Doppelpartnerin Elizabeth Ryan – diesesmal 6:2, 6:3 gegen das schweizerisch-britische Paar Lolette Payot/Muriel Thomas.

Dagegen ging das Einzel 2:6, 5:7 gegen Ryan verloren. Und auch der erneute Auftritt mit Bill Tilden war nicht von Erfolg gekrönt. Das Mixed verloren die beiden in drei Sätzen gegen Ryan/Coen – also Tildens besten Freund, gegen den er aus genau diesem Grund wenige Tage zuvor im Finale von Cannes gar nicht anzutreten bereit war.

Für Cilly Aussem war der Auftakt an der Côte d'Azur gut gelungen. Hinter Elizabeth Ryan war sie die zweiterfolgreichste Spielerin aller Turniere. Nach Abschluß der 19 Turniere hatte sie vier Siege im Einzel und 10 Erfolge im Doppel zu verzeichnen. Bester Spieler aber war ihr neuer Spielpartner Bill Tilden, der es im Einzel auf 12 und im Doppel auf 18 Siege brachte. In einer Zusammenfassung der Turniere bedauerte Tennis und Golf, dass es dem hageren Amerikaner an ebenbürtigen Gegnern mangelte.

Tilden bezeichnete Cilly später einmal als die beste Mixed-Partnerin, die er jemals hatte. Dass die beiden zusammen arbeiten konnten, ist vermutlich der ehrgeizigen Mutter

Helen Aussem zu verdanken, die dem großen amerikanischen Spieler unbedingt ihre Tochter anvertrauen wollte. Als Helen Aussem den US-Crack an der Côte d'Azur fragte, wie aus ihrer Tochter eine wirkliche Meisterin werden könne, soll der geantwortet haben: „Indem Sie, Frau Aussem, den nächsten Zug nach Deutschland nehmen ...!" Auch die Variante „Gnädige Frau, lassen Sie mir die Tochter da und packen Sie für sich selbst schnell die Koffer!" ist in Umlauf. Vermutlich stimmen beide Antworten nicht. In seinem Buch „Aces, Places and Faults" widmete Tilden Cilly, ihrer Mutter sowie den Turnieren des Jahres 1930 an der Riviera einigen Raum, doch ein Hinweis darauf, dass er Mutter Aussem nach Deutschland zurückschicken wollte, kommt in diesem Buch nicht vor. Tilden schaffte es aber, die spielerischen Qualitäten seiner neuen Schülerin deutlich zu verbessern: eine Kombination aus harter Vorhand, unglaublicher Präzision sowie ihr Laufpensum und ihr Siegeswille verbesserten ihr Spiel nachhaltig. Sie war nun besser als jemals zuvor.

In seinem Buch erinnerte sich Tilden, dass er Cilly erstmalig 1927 Tennis spielen sah – in einem Match gegen die Britin Betty Nuthall. Tilden kannte die Deutsche bis dahin nur flüchtig, und als sie im Frühjahr 1930 in Südfrankreich eintraf, fragte er sie, ob sie mit ihm die Saison im Mixed bestreiten würde. Cilly war sehr erstaunt, dass jemand ihr ein solches Angebot machte, akzeptierte aber. Für Tilden war damit sogleich klar: Sie hat einen Minderwertigkeitskomplex.

*Cilly sah das allerdings aus einer ganz anderen Perspektive. Zum einen verlegte sie diese Begebenheit in das Jahr 1929 – also ein Jahr vor Tildens Zeitangabe – und zum anderen stimmte sie dem Angebot des Amerikaners „begeistert" zu, denn ihr „Herz schlug heftig vor Freude." Außerdem, so wird Cilly Aussem in Burghard von Reznicek*s

Bild 63: Bill Tilden

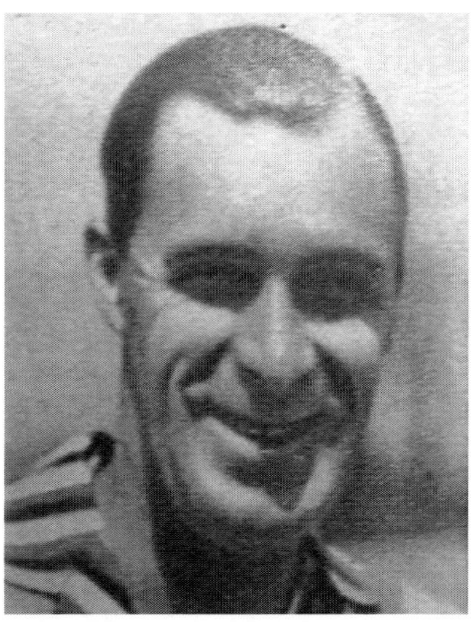

Buch „Tennis – das Spiel der Völker" von 1932 zitiert, wünschte sie sich, seit sie Tilden gegen Lacoste 1927 in Paris erstmalig hatte spielen sehen „im Innersten sehnsüchtig, einmal mit ihm spielen zu dürfen."

„Cilly war einer der schönsten, charmantesten Frauen, die man sich vorstellen kann", schrieb Tilden, „doch Frau Aussem, obwohl selbst keine Spielerin, war tennisfanatisch. Sie liebte es und setzte all ihre Hoffungen auf Cilly. Cillys Tennis war für die das wichtigste der Welt ... Ich fand schnell heraus, dass Cilly Niederlagen zu Tode fürchtete, weil das von ihrer Mutter so ernst genommen wurden. Natürlich liebte Cilly Tennis, doch als wir 1930 gemeinsam anfingen, hatte sie Angst zu spielen. Ihr erstes Winterturnier verlor Cilly im Finale gegen Bunny Ryan, die schon seit einigen Wochen an der Riviera war. Cilly wurde darüber fast krank. Ich ging ein großes Risiko ein, indem ich ihr erzählte, wie dumm ihr Benehmen und das ihrer Mutter war. An diesem Abend gingen wir gemeinsam essen."

Dabei begann Tilden folgenden Dialog:

„Toll, dass Du schon bei Deinem ersten Turnier das Finale erreicht hast."

„Oh, es war schlimm, gegen Bunny zu verlieren. Das hätte mir nicht passieren sollen. Es war schrecklich. Was werden sie zu Hause in Deutschland sagen?"

„Sie werden es nicht wissen und wenn sie es wissen, werden sie sich nichts daraus machen!"

„Was meinst Du damit, dass sie sich nichts daraus machen werden?", fragte Cilly erstaunt.

„Was ich sage. Niemand, bis auf ein paar Freunde wissen über diese Turniere Bescheid oder interessieren sich dafür.

Sogar Deine Freunde machen sich nichts daraus. Wir sehen Dich gerne gewinnen, und wir möchten auch, dass Du gewinnst; aber es ist nicht wichtig, ob Du diese oder nächste Woche gewinnst oder verlierst. Du hast diese Woche gegen Ryan verloren, doch Du wirst in der nächsten Woche eine neue Chance gegen sie bekommen und dann vielleicht siegen. Und wenn nicht, dann ist das nicht wichtig. Eines Tages wirst Du es schaffen. Hör auf, Dir darüber Sorgen zu machen. Es ist keine Schande zu verlieren. Sollte jemand glauben, dass das doch der Fall ist, dann lach' ihn aus. Keiner kann immer gewinnen. Wenn Du erst einmal so oft besiegt wirst wie ich besiegt worden bin, wirst Du Dir keine Sorgen mehr machen. Das Leben ist zu kurz. Wir werden noch viele Mixed zusammen verlieren."

„Macht Dir das nichts aus?", fragte sie.

„Doch, im Spiel; aber wenn es vorbei ist, nicht mehr."

„Denk' doch mal darüber nach, was die Leute sagen."

„Die meisten Leute werden es gar nicht erfahren. Weder wir noch die Turniere sind wichtig. Schließlich ist alles nur ein Spiel."

Das war neu für Cilly. Doch Tildens psychologische Tricks halfen. Schon wenige Tage später musste das deutsch-amerikanische Duo eine Niederlage hinnehmen, mit der Cilly problemlos fertig wurde. Kurz darauf hatte Tilden seine Schülerin so weit, dass sie sich auf bevorstehende Spiele freute, anstatt sich zu fürchten. Tilden gab ihr Selbstvertrauen, ihr Spiel wurde kraftvoller und präziser, und ihr Gesundheitszustand verbesserte sich rapide.

Selbst die US-Spielerin Helen Jacobs war begeistert. Obwohl sie 1930 aus Gesundheitsgründen nicht bei den Riviera-Turnieren antreten konnte, kam sie an die Côte d'Azur, um sich die Spiele ihrer Konkurrentinnen anzuschauen. Jacobs war erstaunt über den Fortschritt, der in Cillys Spiel zu erkennen war. „Man konnte von Spiel zu Spiel die Hand von Bill Tilden sehen", schrieb sie in einem Rückblick: „ ... ihre ausgedehnte Vorhand, ihre Präzision und ihre intelligent eingesetzte Rückhand." Cillys überlegenes Spiel gab der Amerikanerin zu denken. „Ich habe mir sie sofort als eine Spielerin gemerkt, die ich mit großem Respekt behandeln und gegen die ich mit höchster Aufmerksamkeit spielen muß." Helen Jacobs wusste besser als jede andere Spielerin, was es heißt, in einem Match einer Schülerin von Bill Tilden gegenüber zu stehen. Schließlich war sie selbst durch seine Schule gegangen.

Auch die britische Presse zeigte sich von der Stärke der Deutschen angetan. Nachdem Cilly beim Turnier in Cannes die britische Starspielerin Chamberlain mit 6:0, 6:0 geschlagen hatte, schrieb der Daily Telegraph: „Cilly Aussem spielte besser denn je und überrannte ihre Gegnerin". Die Zeitung Electric World fasste das grandiose Spiel der Deutschen in einem Satz zusammen: „Noch nie sahen wir Frl. Aussem in einer solch überragenden und überzeugenden Form wie heute", und fügte hinzu: „Miss Chamberlain hatte gegen die Deutsche Meisterin nichts zu bestellen und wurde vernichtend geschlagen." Ein ähnlicher Kommentar war in der Daily Mail zu lesen: „Wir sahen Frl. Aussem nie so spielen wie heute." Die Berliner Zeitung sah sogar eine Gefahr für die Nummer 1 der Weltrangliste: „Nach Helen Wills ist Cilly Aussem augenblicklich die stärkste Spielerin der Welt und sogar in ihrer jetzigen Verfassung für Miss „Pokerface" eine Gefahr, die nicht zu unterschätzen ist."

Nach den für ihn so erfolgreichen Riviera-Turnieren entschloß sich Bill Tilden zu einem Auftritt Mitte Mai in Köln. Die Kölnische Zeitung war vom Erscheinen des Weltmeisters sehr angetan, weil er seine „hochentwickelte Kunst in der Beherrschung des weißen Tenniballes" unter Beweis stellen wollte. Das Interesse war riesengroß. Mehr als 3500 Zuschauer wollten sich diese einmalige Chance nicht entgehen lassen und Zeuge der „Tilden Festspiele" sein. Der von einem englischen

Schriftsteller als „Napoleon des Tennissports" titulierte Tilden machte den Veranstaltern den äußerst ungewöhnlichen Vorschlag, zusammen mit Cilly Aussem gegen die beiden Kölner Rot-Weiß Spieler Eberhard Nourney und Fritz Kuhlmann anzutreten – also ein Mixedpaar gegen zwei Herren.

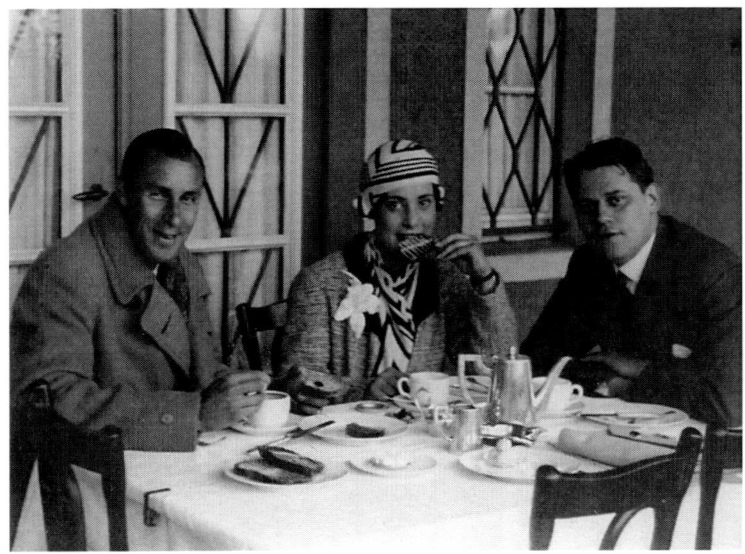

Bild 64: Bill Tilden, Cilly Aussem und Baron von Oppenheim, 1930 in Köln

Sich vor dem großen Namen Tilden verbeugend, stimmten die Verantwortlichen zu. Offenbar schienen Nourney/Kuhlmann sowohl Respekt vor dem großen Tilden als auch vor ihrer jungen Klubkameradin zu haben. Ein Spielbeobachter wusste nämlich zu berichten, dass die beiden Herren sehr irrritiert wirkten. Gentlemen-like verschonten sie Cilly mit all zu hart geschlagenen Bällen und verloren das Spiel höflicherweise 1:6, 5:7.

Als Cilly am zweiten Wettkamptag mit Irmgard Rost auf die Paarung Hilde Krahwinkel/Änne Peitz stieß, war es mit der Rücksicht vorbei. Die Kölner Damen mußten eine herbe 1:6, 1:6 Niederlage einstecken. Die zahlreichen Zuschauer hatten von Cilly nach deren großartigen Erfolgen bei den Riviera-Turnieren wesentlich mehr erwartet. Doch die ließ sich von der

Nervösität ihrer Partnerin anstecken, was letztendlich zu dieser klaren Niederlage führte.

Der Niederlage im Doppel folgte ein Sieg im Mixed. Da stand sie wieder mit Bill Tilden auf dem Platz, der kurz zuvor sein Einzel gegen den deutschen Spitzenspieler Otto Froitzheim gewonnen hatte. Dieses Mal lief es besser für Cilly und Tilden. Die beiden beendeten den ersten Satz gegen Krahwinkel/ Kuhlmann mit einem mühelosen 6:1 Sieg. Im zweiten Satz sah das Publikum ein wesentlich ausgeglicheneres Spiel. Dabei waren Tildens hervorragend platzierte Aufschläge spielentscheidend für den 6:4 Sieg.

Bild 65: Cilly Aussem in Wien, 1930

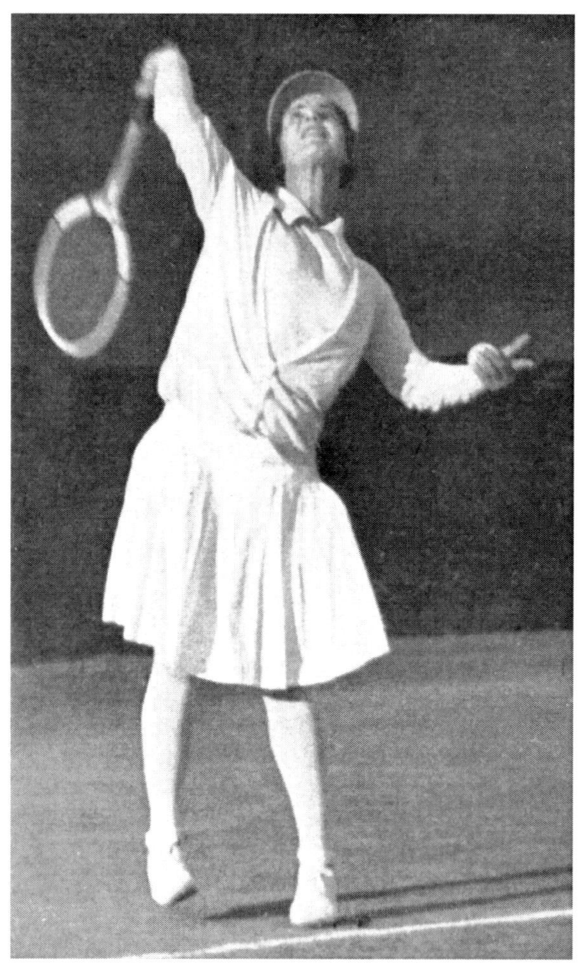

Nach diesen Schaukämpfen in Köln traten mit Hilde Krahwinkel und Änne Peitz zwei prominente Vertreter des Deutschen Tennis beim Turnier Amsterdam – Rheinland an. Cilly Aussem war dort nicht am Start. Sie zog, bevor die Internationalen Meisterschaften von Frankreich und England riefen, die Österreichischen Meisterschaften in Wien vor. Sie nutzte dieses verhältnismäßig einfache Turnier zur intensiven Vorbereitung auf die beiden bedeutenden Veranstaltungen in Paris und Wimbledon. Ihr Plan ging auf: sie kam, ebenso wie ihr neuer Trainer Bill Tilden, mit drei Titeln nach Hause. Schon fast bedauernd stellte ein Sportjournalist fest, dass beide „keine gleichwertigen Gegner“ gefunden habe. So gab es bei den Österreichischen Meisterschaften kein Finale, in denen Cilly und Bill alleine oder zusammen nicht als Sieger hervor gingen.

Allerdings hatten die beiden während dieser Meisterschaftsrunden keinen ernst zu nehmenden Gegner. Cilly Aussem leistete sich sogar einmal den Luxus, gegen die wenig bekannte österreichische Spielerin Eisenmenger in zweiten Satz eines Matches mit 0:5 zurückzuliegen. Dann drehte sie auf und gewann fünf Spiele hintereinander. Die Österreicherin, durch diesen Zwischenspurt völlig entnervt, gab daraufhin vollkommen demotiviert das Spiel auf.

„Die deutsche Meisterin ist so gut geblieben, wie sie vor zwei Jahren war", schrieb Tennis und Golf, „sie ist aber auch schärfer geworden."

Die Resultate der Finalspiele von Österreich:

Herreneinzel:	*Tilden – Matejka 6:3, 6:2, 8:6*
Herrendoppel:	*Tilde/Salm – Pren/Kleinschroth 4:6, 8:6, 8:6, 4:6, 6:3*
Dameneinzel:	*Aussem – Schomburgk 6:2, 6:4*
Damendoppel:	*Aussem/Schomburgk – Pak/Schreder 6:0, 6:1*
Mixed:	*Tilde/Aussem – Schreder/von Kehrling 6:4, 6:3*

„Das Mixed war eine leichte Affäre für Tilden/Aussem, denen Schreder/Kehrling nicht ernstlich gefährlich werden konnten", war im Tennismagazin zu lesen. Das galt, bis auf das hart umkämpfte Herrendoppel, ebenso für alle anderen Finalbegegnungen

Von leichten Spielen konnte bei den Mitte Mai beginnenden Meisterschaften in Paris dann keine Rede mehr sein. Nachdem sich die gesetzte Deutsche mit einem 6:3, 6:4 Sieg über die Französin Michelle Bernard und Josane Sigart aus Belgien in die nächste Runde gespielt hatte, traf sie auf Elizabeth Ryan. In einem temporeichen Spiel gewann die Kalifornierin den ersten

Satz 6:4. Im zweiten Satz gelang es Cilly, umjubelt und angetrieben von den zahlreichen Zuschauern, zwölf Spiele hintereinander zu gewinnen. Sie schaffte ein 6:1, 6:0 und hatte sich damit ins Halbfinale gekämpft, in dem sie einen Tag später auf die spätere Turniersiegerin Helen Wills-Moody traf. Genau so deutlich wie Cillys Sieg gegen Ryan fiel ihre Niederlage gegen die große Helen aus.

Immerhin bezeichnete Tennis und Golf diese Begegnung als „richtigen Kampf". Dennoch lagen zwischen Cilly Aussem und Helen Wills-Moody Welten. Der Klassenunterschied machte sich schnell bemerkbar. Die Kölnerin kam mit dem Spiel der Amerikanerin überhaupt nicht zurecht. Die Weltranglistenerste konnte sich jedoch prächtig auf das Spiel der Deutschen einstellen und daher das Tempo nach eigenem Belieben bestimmen. Cilly befand sich meist in der Defensive und hatte besonders mit den Aufschlägen ihrer Gegnerin viel Mühe. Den Kritikern, die im Vorjahr meinten, bei der Amerikanerin ein viel langsameres und nachlassendes Spiel festgestellt zu haben, gab Tennis und Golf mahnend mit auf dem Weg, sie hätten sich „gründlich geirrt".

Vor dem Sieg über Cilly hatte die starke Amerikanerin schon Irmgard Rost sehr deutlich mit 6:0, 6:1 ausgeschaltet. Die beiden Kölnerinnen unterlagen später auch im Doppel. Am vierten Turniertag verloren sie gegen Dorothy Round und Phoebe Watson. Die beiden Damen aus England erwiesen sich als zu stark und siegten deutlich mit 6:1, 6:3. Die Presse kritisierte das lasche Spiel der beiden Kölnerinnen und kam zu dem Schluss, dass sie anders hätten aufspielen müssen, um einem solch starken Paar Paroli bieten zu können. Wie beim Doppel in Köln war das Spiel von Cilly Aussem und Irmgard Rost von großen Abstimmungsschwierigkeiten und Ungenauigkeiten geprägt, was letztendlich für den leichten und schnellen Sieg der Engländerinnen spielentscheidend war.

Da am selben Tag auch das Herrendoppel gegen seine englischen Gegner ausschied, beklagte die Presse, man könne dieses

Datum als „englischen Tag oder auch einen schwarzen Tag für Deutschland“ bezeichnen.

Im Mixed mit Bill Tilden hätte es für Cilly fast nicht zum Weiterkommen gereicht. Cilly hatte nach ihrem Aus im Einzel und im Doppel einige Tage das Bett hüten müssen, ließ es sich aber nicht nehmen, mit Tilden im Mixed gegen das französische Paar Barbier/Grandguillot anzutreten. Es war Tilden, der das Spiel fast im Alleingang entschied. Mit gekonnten Bällen und von seiner kränkelnden Partnerin kaum unterstützt, war er der Garant für den 7:5, 6:3 Sieg.

Das gleiche Bild bot sich den Zuschauern einen Tag später. Dieses Mal waren Simone Mathieu und der japanische Daviscupspieler Harada die Gegner. Tilden war großartig in Form. Cilly weniger. Sie überließ Tilden bedingungslos das Kommando und griff nur in das Spiel ein, wenn es unbedingt nötig wurde. Ihre Zurückhaltung schien Tilden zusätzliche Motivation zu geben, und so endete der erste Satz 6:3.

Im zweiten Satz lieferte sich Tilden mit dem Japaner spannende Ballduelle, in die Simone Mathieu immer wieder einzugreifen versuchte. Das war aber nur gelegentlich von Erfolg gekrönt. Als Mathieu/Harada im zweiten Satz bereits 5:3 in Führung lagen, schaffte Tilden in einer beispielhaften Aufholjagd den Ausgleich zum 7:7. Harada, der bis dahin fast fehlerlos gespielt hatte, wurde immer nervöser, machte einige schwerwiegende Fehler und konnte den 9:7-Erfolg von Bill Tilden und Cilly Aussem nicht verhindern.

Damit hatten sich die beiden in die Vorschlussrunde gekämpft, in der sie zwei Tage später sensationell einem der besten Mixedpaare der Welt, Elizabeth Ryan und Jean Borotra, mit 6:1, 6:2 deutlich überlegen waren. Tennis und Golf wunderte sich, dass die Kalifornierin und der Baske „ohne größeren Widerstand“ besiegt werden konnten. „Das Resultat ist nur dadurch verständlich, dass Borotra weit unter Form spielte und Tilden seine Schwächen mit größtem Raffinement ausnützte", versuchte der Berichterstatter eine Erklärung zu finden.

Die Zusammenarbeit und das Training mit Bill Tilden hatten sich für Cilly Aussem also bereits in kürzester Zeit ausgezahlt. Als feststand, dass das neue Mixedpaar im Finale auf die Turniersieger der letzten beiden Jahre, die Britin Eileen Whittingstall, die frisch verheiratet und besser unter ihrem Mädchennamen Bennett bekannt war, und deren französischen Partner Henri Cochet treffen würde, schien das Endergebnis schon im Vorfeld eine klare Sache zu sein.

Cilly war nach wie gesundheitlich nicht auf der Höhe – und auch ihre Gegnerin litt an den „Folgen ihres kürzlichen Unwohlseins". Daher hing die Entscheidung für Sieg und Titel von der Tagesform der Herren ab. Eine Zeitung vermutete in Hinblick auf ein eventuelles Einzelfinale zwischen Tilden und Cochet einen „Probe-Galopp", also ein Kräftemessen der beiden Tennisgiganten.

Tatsächlich waren die beiden Damen die großen Schwachpunkte in dieser Begegnung. Keine erreichte ihre normale Tagesform. Cilly war offenbar gesundheitlich etwas besser dran als Eileen Whittingstall; zumindest bezeichnete sie ein Spielbericht als die „zuverlässigere Partnerin als die schöne Engländerin".

Tilden wusste, was er seiner neuen Partnerin schuldig war. Sofort zu Beginn des Spiels übernahm er die Initiative und zeigte sein großartiges Können als Mixedspieler.

Einer seiner „glänzendsten Schaustellungen" war es zu verdanken, dass er und Cilly im zweiten Satz eine 5:2 Führung herausspielten. Cochet hielt dagegen. Er konnte Tilden einige Aufschläge abnehmen und auf 5:4 verkürzen. Diese Aufholjagd zehrte an seinen Nerven. Übereifrig verschlug er einige aussichtsreiche Bälle und musste so dem deutsch-amerikanischen Paar den 6:4, 6:4 Sieg überlassen.

Tennis und Golf fasste dieses erfolgreiche Finale mit folgender Bilanz zusammen: „Frl. Aussem hat vielleicht in verschiedenen Stellen etwas Glück gehabt, aber andererseits darf man diesen Sieg in den französischen Meisterschaften auch als eine gerechte Krönung der monatelangen Zusammenarbeit mit ihrem Partner Tilden an der Riviera bezeichnen. Neben Tildens hervorragendem Können hat gerade dieses reibungslose Eingespieltsein zu einem großen Teil zu diesem schönen Erfolg unserer deutschen Meisterin beigetragen."

Damit hatte Cilly Aussem ihren ersten Titel in einem bedeutenden internationalen Tennisturnier gewonnen. So konnte sich das frisch gebackene Meisterpaar beruhigt auf den Weg nach Berlin machen, um dort Mitte Juni am „frischgrünen Havel- und See-Ufer zwischen Grunewald und Potsdam" beim Pfingstturnier anzutreten.

Das Endspiel am späten Nachmittag des Pfingstsonntags mit Bill Tilden im gemischten Doppel schildert anschaulich ein Spielbericht Tennis und Golf: „Inzwischen war es etwa 7.45 Uhr geworden, und ein Teil der Zuschauer verließ bereits den Platz, um sich daheim oder sonst wo an den Abendbrottisch zu setzen, als Tilden auf der Austragung des noch ausstehenden gemischten Doppelspiels gegen Frl. Krahwinkel – Worm bestand, da es doch auf dem Spielplan stehe und er selbst sich seine Spiele einteilen müsse. Obwohl nun Frl. Krahwinkel von ihrem Dauermatch gegen Frl. Hammer noch ermüdet war, lieferte sie sich mit ihrem Partner Worm den Gegner einen wirklichen Kampf von großem Format. Tildens raffiniert angeschnittene Bälle und seine pfeilschnellen Vorhand- und Aufschläge prallten scheinbar eindruckslos in den meisten Fällen von dem Schläger der unermüdlich laufenden Westdeutschen ab. Es waren die packendsten Momente dieser Reihe von Tennistagen, als in dieser Abendstunde Tilden zum ersten Male die Beine in die Hand nehmen und wie ein Sprinter flitzen musste. Denn Worm knallte wie ein Berserker hinein, so dass Aussem – Tilden nach

6:2 den zweiten Satz 3:6 abgeben mussten! Der Beifall wollte kein Ende nehmen. Inzwischen war es dunkler geworden. Der Mond spiegelte sich schon im stillen Wasser des Hundekehlensees, aber da unten wurde weiter gekämpft, und zuletzt war es von oben kaum möglich, die Flugbahnen zu verfolgen. Als die Zuschauer, die bereits früher den Platz verlassen hatten, vermutlich schon beim Nachtisch und Kaffee saßen, war endlich das bisher schönste Spiel des Turniers mit dem Siege Frl. Aussems – Tildens (6:2, 3:6, 6:3) beendet.“

Die Siegesserie hielt auch am Montag an, als Cilly Aussem gegen Hilde Krahwinkel antreten musste. Die langbeinige Spielerin aus Essen führte schnell mit 2:0 und 3:1. Cilly, „die die auffallende Verbesserung ihres Aufschlages in einem Nullspiel mit drei Aufschlagpunkten beweist“, kam jedoch heran, und bald stand es 4:4. Schließlich entschied Krahwinkel mit 6:4 den Satz für sich.

Ein ähnliches Bild erlebten die Zuschauer im zweiten Satz: Krahwinkels 3:1 Führung, Einstand und dann erstmalig die Führung für die Kölnerin: 4:3 für Cilly Aussem. Hilde Krahwinkel wehrte souverän zwei Matchbälle ab. Cilly zeigte Nerven; den dritten verschlug sie. Doch letztlich konnte sie den Satz 8:6 für sich entscheiden.

Ihre Überlegenheit konnte sie erst im dritten Satz ausspielen. In der Pause zwischen den Sätzen hatte ihr Tilden einige Tipps für das weitere Spiel gegeben. Sie setzte seine Anweisungen in die Tat um, und schon bald stellte sich der Erfolg ein. „Was nun folgt“, schrieb ein begeisterter Sportjournalist, „ist, äußerlich betrachtet, halbhohes Sicherheitsspiel, tiefer gesehen aber ein Niederkämpfen der eigenen Aufregung und ein Bekämpfen des Selbstvertrauens der Gegnerin.“ Tildens taktische Tipps verhalfen Cilly Aussem zu einem deutlichen 6:1 Sieg. Auch wenn Hilde Krahwinkel nach hartem Kampf als Verliererin den Platz verlassen musste, bekam sie von der Sportpresse großes Lob: „Diese Feststellung soll nicht die Leistung Frl. Krahwinkels verkleinern, die heute schon klug variiert, die nicht als simple Sicherheitsspielerin zu bewerten ist, sondern mehrfach gut schmetterte, tiefe Flugbälle am Netz versuchte und, wenn sie durch die bittere Schule internationaler Niederlagen gegangen ist, in einem Jahre gegen Cilly Aussem sicher klüger spielen wird als heute."

Im abschließenden gemischten Doppel mit Bill Tilden war Cilly Aussem zum drittenmal an diesem Wochenende erfolgreich. Die beiden waren die erfolgreichsten Spieler dieses Pfingstturniers. Nachdem sie beide in der Einzelkonkurrenz und im Doppel erfolgreich waren, standen sie auch im Mixed mit einem 6:3 und 6:1 als Sieger gegen das Duo Ilse Friedleben/Béla von Kehrling fest.

> *Jochen Grosse, Jahrzehnte lang Mitglied bei Rot-Weiß Köln, ehemaliger Deutscher Meister und in den siebziger Jahren Veranstalter von Tennisturnieren, fasste die Motivation der Spieler und Spielerinnen zusammen, die bei den großen Turnieren sowohl im Einzel als auch im Doppel und im Mixed antraten: „Das Mixed war eine vollwertige Konkurrenz. Damals war man bestrebt, in allen Disziplinen zu gewinnen."*

So auch Cilly. Am Vormittag stand sie mit Toni Schomburgk im Damendoppel auf dem Platz. Die beiden waren die haushohen Favoriten „die tags zuvor in einem für deutsche Verhältnisse flotten und durch kleine Netzepisoden belebten Spiel Frau Friedleben/Frau Ledig 6:0, 6:4 geschlagen hatten." Das deutsche Duo siegte in einem sehr eintönigen Endspiel gegen Ida Adamoff und Arlette Neufeld aus Paris „dank größerer Sicherheit in langen Grundliniengefechten 6:4, 6:0."

> *Verbittert und zynisch beendete der Sportjournalist seinen Bericht über das Berliner Turnier zum Andenken an den hoffnungsvollen Spieler von Rot-Weiß Berlin, Hans Moldenhauer, der am 4. Januar des gleichen Jahres nach einem Autounfall zu Grabe getragen worden*

war. „… Dann Preisverleihung … Ansprache, Gedenken Moldenhauers, Überreichen der wertvollen Preise, Lächeln, Danken. Aus! Schon locken die Tanzrhythmen und – neue Turniere."

„Die Front in England" überschrieb die Zeitschrift Tennis und Golf einen Artikel in der Ausgabe Nr. 18, in dem über das Turnier im Londoner Queens Club berichtet wurde. „In den letzten Jahren ist dieses Turnier immer mehr von den Amerikanern monopolisiert worden. Sie benutzen es, um sich auf englischem Rasen einzuspielen und an den englischen Ball zu gewöhnen. Natürlich waren auch Spieler aus anderen Nationen anwesend. Zum Beispiel Cilly Aussem, die anfangs in der Vorrunde nur ein paar Einzel bestritt und sich dann wegen des anhaltenden schlechten Wetters aus der Konkurrenz zurückzog.

Im Mixed war sie mit Bill Tilden gemeldet, doch auch in dieser Disziplin überließ sie das Feld kampflos ihrer Konkurrenz. Diese selbst auferlegte Zurückhaltung kam Cilly Aussem im Damendoppel mit Elizabeth Ryan zu Gute. Die beiden harmonierten gut miteinander und schlugen ihre Konkurrentinnen nach Belieben: zuerst die beiden Deutschen Krahwinkel/ Peitz und dann die beiden Engländerinnen Round/Trendham. Schließlich musste sich im Finale ein weiteres englisches Damenduo geschlagen geben. Eileen Whittingstall und Betty Nuthall konnten den 3:6, 6:2, 6:4 Dreisatzsieg nicht verhindern.

Damit hatte Cilly Aussem zum wiederholten Male in großartiger Manier einen Doppelsieg mit Elizabeth Ryan verbuchen können, den eine Zeitung als „bemerkenswert" einstufte.

Elizabeth Montague Ryan, *genannt „Bunny" (Häschen) gehörte etwa zwanzig Jahre lang der Welttenniselite an. Die junge Frau aus dem kalifornischen Anaheim gewann 1914 im Alter von 22 Jahren ihren ersten Wimbledontitel im Doppel – und das gleiche gelang ihr zwanzig Jahre später noch einmal.*

Beim Turnier vor den Toren Londons stand sie dreizehn Mal im Finale des Doppels, das sie zwölf Mal gewinnen konnte. In den Jahren 1919 bis 1923 sowie 1926 war sie mit ihrer französischen Partnerin Suzanne Lenglen erfolgreich. Die beiden verloren nicht ein einziges Spiel. Ihr beeindruckendes Ergebnis ihrer gemeinsamen Wimbledonauftritte: 31:0. Darüber hinaus gewann Ryan sieben Mal das Mixed – davon drei an der Seite von Randolph Lycett. Einzig und allein ein Sieg in den Einzelspielen ist ihr verwehrt geblieben. Zweimal hat sie einen Versuch gemacht, sich diesen Traum zu erfüllen. Zweimal verlor sie: 1921 gegen Suzanne Lenglen und 1930 gegen Helen Wills-Moody. Auch bei den US-Meisterschaften konnte sie keinen Titel im Einzel erringen. Dort erreichte sie nur ein einziges Finale, und das verlor sie 1926 gegen Molla Mallory. Dabei war sie so nahe an einem Sieg wie niemals zuvor, als es in Sätzen 1:1 stand, und sie den dritten Satz knapp mit 9:7 verlor.

Es gab jedoch zwei bedeutende Einzeltitel, die sie für sich in Anspruch nehmen konnte: im letzten Turnier des zaristischen Russlands (1914, kurz vor Kriegsbeginn) und 1933 die Meisterschaft von Italien. Ryans Stärke war aber ganz eindeutig das Doppel.

Ihre Karriere – speziell was ihre Auftritte in Wimbledon anbelangte – war einzigartig. In der Zeit von 1914 bis zum Finale 1928 konnte sie im Doppel fünfzig Mal in ununterbrochener Reihenfolge als Siegerin den Platz verlassen. Ihre Wimbledonbilanz ist grandios: 219:29 Siege. Davon 61:15 im Einzel, 77:4 im Doppel und 80:10 im Mixed. Etwa erst vierzig Jahre später wurde dieser Rekord von Billie Jean King (224 Siege) und Martina Navratilova (229 Siege) gebrochen. Des Weiteren stehen sieben Siege im Mixed und – bei 13 Finalteilnahmen – zwölf Siege im Doppel auf Ryans Erfolgsliste. Der letzte Sieg im Doppel resultiert aus dem Jahr 1934.

„Als Vierzigerin unterscheidet sie sich von der Zwanzigerin kaum an Spielstärke. Im Gegenteil ... Schon vor Jahren konnte man der Kalifornierin kein bestimmtes Lebensalter zusprechen. Sie veränderte sich äußerlich scheinbar überhaupt nie. Das interessante, so gar nicht frauliche durchfurchte Gesicht mit der hartgegebten Haut eines Tropenbewohners und den grauen durchdringenden Augen, die ohne jede Eitelkeit irgendwo zusammengebastelte Frisur und eine kräftige, strapazengewohnte Gestalt waren Attribute, die der Mode und den Jahren trotzten", hieß es wenig schmeichelhaft in Burghard von Reznicek Buch „Tennis – das Spiel der Völker".

Die deutsche Tennisspielerin Paula Stuck von Reznicek, die sowohl Ryans Gegnerin als auch ihre Doppelpartnerin war, sah in der Amerikanerin eine „männliche, energische Person, die als einzige Frau damals schon wie ein Mann schmetterte und volleyierte. Ihr Return war gehasst, scharf wie ein Messer." Da Ryan ihre Bälle stets gefährlich anschnitt, verlieh man ihr den Namen „die Schneiderin aus Kalifornien". Auch Cilly Aussem schien großen Respekt vor Ryan zu haben, „mit der sowieso nicht gut Kirschen essen ist", wie sie es einmal formulierte.

Obwohl sie aus dem schönen Kalifornien kam, lebte Elizabeth Ryan die meiste Zeit in London. Sie liebte Wimbledon so sehr, dass sie das britische Wetter mit allen seinen Facetten dem Leben an der amerikanischen Westküste vorzog.

Ihre letzten großen Auftritte hatte sie im Jahre 1934, als sie neben Wimbledon auch das Doppel und das Mixed der Italienischen Meisterschaften gewinnen konnte. Bei den Meisterschaften von Frankreich erreichte sie das Mixedfinale und war im Doppel erfolgreich. Zu diesem Zeitpunkt war sie bereits über 42 Jahre alt.

Bis zum 9. Juli 1979 stand sie an der Spitze der ewigen Siegerliste des Turniers in Wimbledon. An diesem Tag wurde sie von Billie Jean King entthront, die sich zusammen mit ihrer Partnerin Martina Navratilova ihren zwanzigsten Titel holte. Doch das hat Bunny Ryan nicht mehr miterlebt. Fast schien es so, als wollte die große alte Dame aus Anaheim, Kalifornien, von alledem nichts wissen und ihrer Entthronung aus dem Wege gehen. Sie starb einen Tag vorher. In Wimbledon.

Bis zum Aufeinandertreffen mit Helen Jacobs verlief der Turnierauftakt in Wimbledon für Cilly Aussem ganz nach Plan. Sie hatte die Britinnen Winifred Bower und Kathleen Bridge mit Leichtigkeit ausgeschaltet und sich an einer weiteren Britin, Winifred James, fast die Zähne ausgebissen. Die erwies sich nämlich im Vergleich zu ihren beiden Landsfrauen als respektierliche Gegnerin. So war in einem Zeitungsartikel zu lesen, dass Cilly „die Reihe der Samstags-Einzelspiele mit einem, im zweiten Satz harterkämpften, aber leider immer noch nicht überzeugenden Sieg über die 19-jährige Miss James mit 6:4, 7:5" abschloss.

Nach dem Sieg gegen die drei Britinnen stand Cilly Aussem nun, am 1. Juli 1930, im Viertelfinale ihrer Konkurrentin aus Kalifornien gegenüber. Wer sich ein spannendes Spiel von diesen beiden Tennisgrößen erhofft hatte, wurde schnell enttäuscht. Zu eindeutig war die Dominanz und Überlegenheit der Deutschen. Helen Jacobs, zu diesem Zeitpunkt die Nummer zwei in der Welt, „wurde von der technisch sicher und taktisch hervorragend kämpfenden Kölnerin völlig überrannt," schrieb die Kölnische Zeitung euphorisch. Offensichtlich war die Amerikanerin von dem deutlichen Verlust des ersten Satzes so überrascht, dass sie im zweiten Satz den Mut verlor. Letztendlich musste sie sich mit 2:6 und 1:6 geschlagen geben, was der Berichterstatter als „für ein Wimbledon-Viertelfinale ein außerordentlich seltenes Ergebnis" betrachtete.

Begeistert berichtete ein Reporter: „Mit einem kaum geglaubten Score von 6:2, 6:1 zeigte die deutsche Spitzenspielerin ihr bisher bestes Spiel. Sie griff sofort mit Tempo und Mut an. Ihre Rückhandschläge waren blendend, und sie brauchte kaum ans Netz zu gehen, um die auf Rückhand bald mürbe gemachte und weit schlechter laufende Amerikanerin zu beherrschen. Im zweiten Spiel war Miss Jacobs völlig aus dem Schlag gebracht, Cilly Aussem wurde immer sicherer, es gelang ihr alles, und sie beendete das Match mit dem Ergebnis 6:2, 6:1 derartig überlegen, wie man es nie zu hoffen wagte."

Aussems Spielweise und Erfolg gaben Anlaß zu großem Optimismus für die nächste Runde. „Gegen Miss Ryan ... müsste Cilly Aussem in ihrer heutigen Höchstform ebenso leicht siegen können wie in Paris und im Süden", vermutete der Sportberichterstatter.

Doch es kam alles ganz anders. „Der neunte Tag – Hiobspost für Deutschland", war ein Artikel über Cillys Halbfinalspiel gegen die Amerikanerin Elizabeth Ryan überschrieben, die zuvor die Britin Betty Nuthall ausgeschaltet hatte. Ryan, die mit „allen Mitteln ihres finessenreichen Spiels angriff", so ein Spielbericht, konnte den ersten Satz leicht mit 6:3 für sich entscheiden.

„Aber nun erwachte Cillys Widerstand", und sie hetzte die Amerikanerin quer über den Platz – von einer Ecke in die andere. Die große Elizabeth Ryan hatte dem Spiel ihrer äußerst motivierten Gegnerin in keiner Phase des Satzes etwas entgegen zu setzen und verlor sang- und klanglos mit 0:6.

Im dritten und entscheidenden Satz sah es nach einer 3:1 und 4:2 Führung für die Kalifornierin gar nicht gut aus für Cilly. Doch wieder einmal stellte sie ihre Willenskraft und ihren enormen Kampfgeist unter Beweis. Ihre Rückhand kam präziser als jemals zuvor. Sie spulte ihr Pensum wie eine Maschine ab, und ihre Fußarbeit war fantastisch. Sie kam auf 4:4 heran und dann passierte das Unfassbare: Cilly stürzte schwer und schlug so unglücklich mit dem Kopf auf, dass sie vom Platz getragen werden musste.

Ein zeitgenössischer Zeitungsbericht schilderte die dramatischen Ereignisse, die zu ihrem tragischen Ausscheiden im dritten Satz führten:

> *„Cilly Aussem begann ihr Spiel gegen Miss Ryan bei größter Hitze … die Kölnerin fällt bei dem Versuch, einen platzierten Ball ihrer Gegnerin aus der linken Ecke zu holen, um und bleibt einen Augenblick ‚sitzen'. Dann steht sie wieder auf und schlägt noch einen rallie* (**Anmerkung:** langer Ballwechsel). *Als sich der Sturz ereignet, stand es 30:0 für Ryan. Bei 40:0 will Frl. Aussem – von der linken Ecke aus – aufschlagen. Als sie den Schläger hebt, zuckt sie auf einmal zusammen, greift nach ihrem Schläger und stürzt plötzlich nach der Seite nieder. Sie bleibt lang ausgestreckt mitten über der Grundlinie liegen. Die Ryan rennt auf die andere Seite des Netzes, sämtliche Linienrichter verlassen ihre Plätze, das Sanitätspersonal kommt herangestürmt. Zwei Ärzte beugen sich über die Liegende: Prenn* (**Anmerkung:** Daniel Prenn, ein deutscher Tennisspieler) *eilt herbei, das Publikum wird unruhig, und der Schiedsrichter bittet um Ruhe. Man bringt eine Tragbahre und trägt Cilly Aussem behutsam vom Platz … Keiner weiß, was los ist. Aber dann erfährt man, dass es glücklicherweise nicht so schlimm ist, wie man zuerst befürchtete. Die Kölnerin hatte sich beim ersten Sturz den Fuß vertreten, der Fuß schwoll rasch an. Schmerz, Hitze und Aufregung mögen einen Augenblick lang einen Schwächeanfall bewirkt haben. Ohnmächtig war sie aber nicht, und schon auf dem Platz sprach sie mit Prenn und den Ärzten. In der Garderobe erholte sie sich schnell wieder und verließ dann unter Ovationen bald darauf Wimbledon …"*

Ein Reporter schrieb: „Cilly Aussem verlor ihr Match gegen Elisabeth Ryan in einem Augenblick, in dem sie durch Energie und Konzentration die taktische Position zu ihren Gunsten zu wenden verstanden hatte."

Die London Times bedauerte, dass Cillys Unfall dazu geführt habe, der Favoritin Helen Moody die einzig würdige Finalgegnerin zu nehmen.

Eine deutsche Zeitung schrieb: „Glücklicherweise ist der Zustand der Kölnerin abends bereits so zufriedenstellend gewesen, dass sie auf eigenen Wunsch am Donnerstag das Gemischte Doppel mit Tilden weiterspielen wird. Die Hitze und die große Aufregung des Kampfes hatten ihr zuviel zugesetzt. Bei ihrer Abfahrt bereitete ihr die Menge begeistere Huldigungen."

„So weit ich denken kann, war es das erste Mal, dass Sanitäter mit einer Trage auf den Platz liefen", erinnerte sich Norah Gordon Cleather in seinem Buch Wimbledon Story. „Der kleine Star wurde auf der Trage herausgetragen, während sich der Applaus der Besucher in Schreie der Betroffenheit wandelte."

Cilly Aussem sah das rückwirkend ganz gelassen, gab aber im Gegensatz zu den Presseberichten eine Bewusstlosigkeit zu: „Mein Knockout, der mich unter den sengenden Sonnenstrahlen ausgerechnet im dritten Satz umlegte, muß allerdings die Zuschauer noch weit mehr mitgenommen haben als mich, die sich plötzlich, von Sanitätern betreut, in der Garderobe wiederfand."

Die Fußverletzung war so schwer, dass sie das Turnier sofort abbrechen musste. Von einer Fortsetzung im Mixed, die Cilly unmittelbar nach ihrem Unfall in Erwägung gezogen hatte, konnte keine Rede mehr sein. Mit Bill Tilden hatte sie sich nach Siegen über Mary Heeley und Fred Perry sowie Sylvie Henrotin und Jacques Brugnon fast bis in die Vorschlussrunde gespielt. Ihr Gesundheitszustand verhinderte jedoch die Begegnung mit Phyllis Mudford und Cole Rees, die so kampflos eine Runde weiterkamen.

Zuvor war Cilly im Damendoppel bereits in der ersten Runde ausgeschieden. Mit ihrer Partnerin Mianne Palfrey kämpfte sie zwar tapfer gegen das britische Duo Colegate/Tyrrell an, doch deren bessere Spielabstimmung war letztlich für den knappen 6:8, 6:3, 7:5 Sieg entscheidend.

Die erneute lange Wettkampfpause hatte zur Folge, dass Cilly ihre Teilnahme am Turnier in Köln absagen musste und sich erst einmal für einige Zeit zur Erholung nach Bayern begab.

> *Aus Verärgerung über das unerwartete Ausscheiden der deutschen Favoritin könnten die nachfolgenden Zeilen eines deutschen Journalisten entstanden sein, der zwar anfänglich Lobesworte fand, sich dann aber in seiner Berufsehre gekränkt und von den Veranstaltern vernachlässigt fühlte: „Über vieles, was man hier in Wimbledon sah und hörte, wäre viel Kritisches zu sagen. Die äußere Organisation klappt vorbildlich: alles vollzieht sich pünktlich und lautlos. Die Leuchttafeln an den Wänden sind außerordentlich praktisch, und neuerdings auch von außen, das heißt, so sichtbar, dass jeder, der unten vor dem Centercourt und seiner kolloseumartigen Umwallung steht, sich vom jeweiligen Spielstand auf beiden Hauptplätzen überzeugen kann. Die Bälle und das Trinkwasser für die Hauptakteure werden in Kühlkisten aus Eis – auf dem Platz selbst – aufbewahrt: eine Neuerung, die Berlin und Paris zur Nachahmung zu empfehlen wäre.*
>
> *Sehr schlecht ist nach wie vor die Presse untergebracht und versorgt. In Deutschland wäre es unmöglich, dass bei einer Weltmeisterschaft so wenig für die praktischen Belange der Journalisten gesorgt würde wie hier, wo man noch nicht einmal ein Schreibzimmer für die Herren der Presse hat.“*

Bei den Deutschen Meisterschaften in Hamburg legte Cilly einen Schnelldurchgang hin, der sie mühelos ins Finale führte. Am dritten Tag, schrieb Tennis und Golf, „fesselte ... die frische und rasche Art, wie Cilly Aussem Hamburgs Hoffnung Lorentz mit 6:0, 6:0 in wenigen Minuten abfertigte". So kam sie schnell unter die letzten Acht, wo sie sich mit Hilde Krahwinkel, Änne Peitz, Klara Hammer und Irmgard Rost, der Schweizerin Lolette Payot, der Holländerin Dros Canters sowie der Britin Mianne Palfrey in guter Gesellschaft befand.

Ihre Finalgegnerin hieß Hilde Krahwinkel. Beide Spielerinnen begannen nervös und konnten ihre Befangenheit während des gesamten Spiels nicht ablegen. Cilly kam mit dieser Situation besser zurecht. Nach einem verdienten 6:2 Sieg im ersten Satz wurden die Seiten gewechselt, und dann wurde es spannend. Cilly führte bereits 5:2, Krahwinkel kam auf 5:4 heran. „Im zehnten Spiel holt jedoch Frl. Aussem mit großer Ruhe zwei Schmetterbälle der Essenerin, die zu kurz und schwach gesetzt waren. Und nun beendet sie mit einem schönen Passierball das Match und wird nach einjähriger Pause wieder verdient deutsche Meisterin", fasste ein Spielbericht den entscheidenden Satz zusammen.

Fast hätte es für Cilly Aussem auch zu einem Titel im Damendoppel gereicht. Mit ihrer Partnerin Toni Schomburgk schaffte sie es bis ins Halbfinale, in dem sie jedoch den Britinnen Haylock/Mudford 3:6, 2:6 unterlegen war.

Das letzte Highlight des Jahres 1930 war der Länderkampf gegen England, der vom 12. bis 14. August auf der Anlage des Tennisclubs 1899 Blau-Weiß in Berlin ausgetragen wurde. Dabei gelang es dem deutschen Damenquintett Cilly Aussem, Hilde Krahwinkel, Ilse Friedleben, Änne Peitz und Irmgard Rost dem als unschlagbar geltenden englischen Team (mit Mudford, Godfree, Haylock und Holcroft-Watson) ein beachtliches 6:6 abzutrotzen. Die deutschen Damen holten die Punkte in den Einzeln, während die Britinnen die Doppel dominierten. Krahwinkel war die große Verliererin dieses Länderkampfes, da sie nicht einen einzigen Punkt erringen konnte. Die Essenerin verlor überraschend ihre beiden Einzel gegen Phyllis Mudford und Phoebe Holcroft-Watson.

Die Damen von der Insel hatten sich nach ihrem Auftritt in Hamburg einiges vorgenommen und wollten es ihren deutschen Kontrahentinnen zeigen. Von Beginn an legten sie ein enormes Tempo vor und hofften, damit die Deutschen zu überrumpeln, denen die Strapazen der Meisterschaften noch in den Knochen steckten. „Denn nur so kann man es sich erklären", schrieb Tennis und Golf, „dass sowohl Aussem wie Krahwinkel durch die weitaus schwächere Mudford Niederlagen in Kauf nehmen mussten ... "

Doch zunächst einmal holte Irmgard Rost mit einem Zweisatzsieg die ersten Punkte für Deutschland. Cilly Aussem wollte es ihr nachmachen, scheiterte aber zur allgemeinen Überraschung an der englischen Nachwuchsspielerin Phyllis Mudford. (***Anmerkung:*** Phyllis Mudford, verheiratete King, starb am 27. Januar 2006 im Alter von 100 Jahren). Damit war der erste Tag schon verloren, denn niemand glaubte daran, dass die deutschen Damen in den Doppeln den Britinnen das Wasser reichen konnten. Das war eine, zumindest für den ersten Wettkampftag, korrekte Einschätzung, denn schon kurz darauf hatte das Köln-Düsseldorfer Doppel Irmgard Rost/Änne Peitz das Nachsehen gegen die englischen Damen.

Am Ende des ersten Wettkampftages stand es 3:2 für die Gäste aus England.

Der zweite Tag begann mit einem Paukenschlag. „Das Unvermutete war Ereignis geworden", schrieb Tennis und Golf und fügte erstaunt hinzu: „Die deutschen Damen gewannen ein Doppel." Nachdem das Doppel am Vorabend nach dem ersten Satz für die Britinnen beim Stand von 6:2 abgebrochen wurde, setzten die beiden Paare das Match einen Tag später fort.

Die Britinnen ergänzten sich hervorragend, und die deutsche Taktik, mit „Querschüssen Lücken in die englische Front zu reißen", wie es ein Zeitungsbericht militärisch beschrieb, ging nicht auf. Als es 5:4 für die Britinnen stand, war der Gesamtsieg nah. Die Deutschen stemmten sich dagegen, wehrten drei

Matchbälle ab, und dann schaffte Cilly Aussem mit einem präzisen Schlag das 9:7.

Von dieser Aufholjagd überrascht, hatten die Britinnen im dritten Satz nichts mehr zuzusetzen. Fast kampflos gaben sie sich ihrem Schicksal dahin und verloren 1:6.

Der dritte Tag sah ein mäßiges Spiel, in dem Cilly Aussem Phoebe Holcroft-Watson 6:3, 6:4 besiegte. Die Partie litt unter Mangel an Kampfeswillen und war kein Vergleich zu der ersten Begegnung der beiden Spielerinnen im Jahr 1928, die zu Gunsten der Deutschen ausging. Immerhin schaffte sie es, nach einem 1:4 Rückstand den ersten Satz für sich zu entscheiden

Arthur Wallis Myers, der britische Tennisspieler und Weltranglistenverfasser, kommentierte in verschiedenen Artikeln seiner Heimatpresse die Leistungen der deutschen Spielerinnen nach diesem Länderkampf. Darin kritisierte er zunächst, dass englische Berichterstatter dazu neigen würden, die Leistungen von deutschen Spielerinnen nur nach deren Abschneiden beim Turnier in Wimbledon zu beurteilen. Wallis Myers konnte sich diesen Einschätzungen nicht anschließen. Er sah speziell für deutsche Spieler und Spielerinnen einen erheblichen Nachteil: Sie hatten nämlich keine Rasenplätze, und deshalb war der Wimbledonbelag für sie schwerer zu spielen als für die meisten ihrer Konkurrentinnen. Außerdem wies er die Bemerkung eines englischen Kollegen zurück, der behauptet hatte, sowohl Frankreich als auch Deutschland hätten nur eine einzige Spielerin von internationalem Format.

„In Wirklichkeit", schrieb der Tennisfachmann, „gibt es mindestens ein halbes Dutzend deutsche Spielerinnen, die auf ihren eigenen Plätzen erstklassigen, ausländischen Spielerinnen zumindest ebenbürtig, wenn nicht überlegen sind." Seine Kollegen von der englischen

> *Presse ermahnte er, deren ständige Kritik am deutschen Damentennis sei nicht angebracht. „In Anbetracht der Tatsache, dass seit einem Vierteljahrhundert keine Engländerin den Titel einer deutschen Meisterin gewinnen konnte, haben wir kaum ein Recht dazu, die augenblickliche Spielstärke der Damen in Deutschland zu kritisieren.“*

Nach dem anstrengenden Länderkampf gegen England stand der Saisonausklang mit dem traditionellen Turnier um den Lenz-Pokal in Meran auf dem Programm. Während Toni Schomburgk gegen eine 17-jährige Italienerin völlig unerwartet in drei Sätzen unterging, fertigte Cilly ihre ersten drei Gegnerinnen im Schnelldurchgang ab. So kam sie mühelos ins Halbfinale, und damit war das Kleeblatt von vier amtierenden Landesmeisterinnen komplett. Neben Cilly Aussem waren das Lolette Payot (Schweiz), Lucia Valerio (Italien) und Jadwiga Jedrzejowska (Polen).

Cilly musste zunächst gegen die starke Polin antreten, was sich anfangs leichter als erwartet gestaltete. Anfangs gelang es ihr, acht Spiele hintereinander zu gewinnen. Als es im zweiten Satz bereits 2:0 stand, änderte die polnische Meisterin plötzlich ihre Spielweise und kam zu einem 6:2 Erfolg. Im dritten Satz gelang es Cilly, mit einem bravourösen Spiel und dem Mut der Verzweiflung, innerhalb einer „herzbeklemmenden Viertelstunde“ so Tennis und Golf, den dritten Satz mit einem hart umkämpften 10:8 zu gewinnen.

Die Polin hatte Cilly schwer zu schaffen gemacht, und so war deren Elan am nächsten Tag erst einmal dahin. In einem lustlosten Spiel, von Fehlentscheidungen des Schiedsrichters und Unmutskundgebungen des Publikums geprägt, schlug sie die italienische Meisterin Lucia Valerio 3:6, 6:3, 9:7. Damit hatte sie zwei von drei Gegnerinnen besiegt und musste nun die Schweizer Meisterin Lolette Payot ausschalten, um den Lenz-Pokal zu gewinnen. Das System sah vor, dass alle Spielerinnen gegeneinander antreten mussten.

Lolette Payot war nach ihren Siegen über Valerio und Jedrzejowska in der gleichen Situation wie Cilly, und so stand sie am selben Tag hoch motiviert der zweifachen deutschen Meisterin gegenüber. Im entscheidenden Match behielt Payot mit 6:1, 6:3 deutlich die Oberhand und stand damit als beste Spielerin des Turniers und als Gewinnerin der ersten Runde des Lenz-Pokals fest.

Mit Christian Boussus, ihrem bewährten Spielpartner, trug sich Cilly Aussem zum Abschluss der ersten Runde aber doch noch in die Siegerlisten ein. Ihnen stand mit Toni Schomburgk aus Dresden und deren Wiener Mixedpartner Hermann W. Artens ein Paar gegenüber, das dem Spieltempo nur im ersten Satz gewachsen war. Nach einem 8:6 Sieg von Aussem/Boussus brach der Wiener Daviscupspieler im zweiten Satz konditionell vollkommen ein. Da halfen auch die verzweifelten Versuche seiner Partnerin nicht mehr, das Spiel zu drehen. Am Ende hieß es 6:0 für das deutsch-französische Paar.

Dagegen war die zweite Runde des Lenz-Pokals für Cilly ein kompletter Misserfolg. Schon im Auftaktspiel unterlag sie der Französin Ida Adamoff 3:6, 4:6. Damit war ein Sieg im Einzel der zweiten Runde unmöglich geworden. Offenbar schien das Meraner Turnier Kräfte fordernder zu sein als allgemein angenommen. Von den vier Spielerinnen des ersten Turniers hatte nur eine, nämlich Cilly Aussem, die Endrunde des zweiten Turniers erreicht. Deshalb empfahl Tennis und Golf, zukünftig auf den zweiten Durchgang des Meraner Turniers zu verzichten, weil an die Spieler „zu hohe körperliche Anforderungen" gestellt würden.

Als ebenso anstrengend wie das Turnier in Meran erwies sich für Cilly das Hallenturnier in Mannheim, bei dem die Mannschaften von Baden und dem Rheinland aufeinandertrafen. Obwohl sich die Mannschaftsführer darauf geeinigt hatten, weder das Dameneinzel noch das Mixed zu werten, zog Cilly Aussem das Publikum in Scharen an. An beiden Veranstaltungstagen war die Mannheimer Halle mit 1.200 Sitzplätzen ausverkauft. Auch freie Stehplätze gab es kaum. Der Grund für diese auf den ersten Blick eigenartig erscheinenden Wertungskriterien war, dass die Mannschaften diesen Wettkampf als Rückspiel für die erste Begegnung im Vorjahr betrachteten. An dieser Begegnung in Essen hatten im Dezember 1929 aber lediglich die Herrenmannschaften teilgenommen.

Auch wenn es um nichts ging, so litt das Spiel von Cilly Aussem und ihrer Gegnerin Ilse Friedleben besonders im ersten Satz unter einer großen Nervösität – beide hatten zuviel Respekt voreinander. Cilly verschlug leichte Bälle gleich serienweise, und Ilse Friedleben begnügte sich mit einem lustlosen Verteidigungsspiel. Sie ließ sogar, als Cilly sich zwei Doppelfehler hintereinander leistete, die Chance auf ein forciertes Angriffsspiel aus und gab den ersten Satz nach einer Viertelstunde widerstandlos mit 2:6 verloren.

Endlich, im zweiten Satz, kamen die Zuschauer auf ihre Kosten. Nun wurde ihnen der spannende Tenniskampf geboten, den sie sich erhofft hatten. Gleich von Beginn legten beide Spielerinnen ein scharfes Tempo vor, das im krassen Widerspruch zu dem eintönigen und langweiligen Spiel im ersten Satz stand. Keine war bereit, der anderen etwas zu schenken. „Immer mehr Tempo und Schwung kam in das Spiel", schwärmte ein Sportjournalist, „und in gleichem Maße vermehrte sich auch die begeisterte Anteilnahme der vollbesetzten Tribünen." Nun kamen Cillys Aufschläge präzise und mit einer solchen Härte, der Friedleben nichts entgegenzusetzten hatte. Die Kölnerin forcierte das Tempo, zumal sie erkannte, dass Friedleben auf dem Hallenboden nicht zurecht kam und ihre Fußarbeit immer mehr nachließ. Durch einen nicht erreichbaren Aufschlag machte sie den letzten Punkt in diesem zweiten Satz, den sie 6:4 für sich entschied.

Mit einem Erfolg im Mixed mit Eberhard Nourney setzte Cilly dann einen schönen Schlusspunkt unter dieses Hallenturnier. Wiederum konnte sie Ilse Friedleben besiegen, die sich für die zuvor erlittene Niederlage im Einzel vergeblich zu revanchieren versuchte. Für die Frankfurterin und ihren Mannheimer Partner J. P. Buß gab es zum Abschluß der Tennissaison 1930 eine knappe 12:10, 8:6 Niederlage.

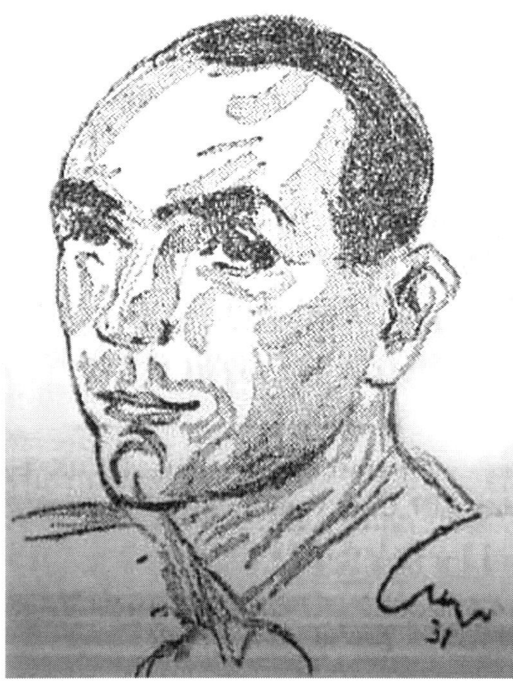

Bild 66: Karikatur Eberhard Nourney

Wohlwollend hob Tennis und Golf hervor, dass die Wettkämpfe innerhalb der vorgegebenen Zeit beendet wurden und lobte gleichzeitig die untadeligen Leistungen der Unparteiischen: „Besonders erfreulich ist es, dass auch die Schiedrichter und Linienrichter im Allgemeinen zu keinen Klagen Anlaß gaben."

Als Cilly Aussem kurz vor Weihnachten mit einigen anderen Mitgliedern der rheinischen Tennismannschaft in der Düsseldorfer Halle die letzten Trainingskämpfe des Jahres 1930 bestritt, meinte ein Spielbeobachter festgestellt zu haben, dass sie schneller als jemals zuvor spielte und dass sie ihre Bälle nun viel härter schlug. Er sah aber auch noch ein gewisses Verbesserungspotential; in erster Linie beim „Vorhand-Flugball". Der müsse so werden wie ihr „technisch hervorragender Rückhand-Flugball", forderte der Schreiber und maßte sich sogleich einen Tipp für Cillys Trainer an: „ ... sehr harte Quertreibschläge auf Vorhand-Flugball setzen lassen."

Am Ende des Jahres hatte Cilly Aussem bereits den zweiten Platz in der Weltrangliste erobert. Vor ihr stand nur noch „Pokerface" Helen Wills, nach ihrer Heirat Helen Wills-Moody, die Königin des Damentennis und „the unbeatable" – die Unbesiegbare – genannt.

Rückblickend fasste der Tennisexperte, und Cillys gelegentlicher Mixedpartner, J. P. Buß ihr Sportjahr 1930 in wenigen Worten zusammen: „Es ist nicht unbekannt, dass Cillys großartiger Aufstieg ... von einigen kritischen

Beobachtern nicht ‚sanktioniert' worden ist. Sie ist sicherlich auch nicht das große Talent mit der natürlichen Begabung ... aber dieses Manko wurde durch ihren außergewöhnlichen Spielinstinkt, ihre phänomenale Laufarbeit und ihr vorbildliches Stellungsspiel ... ausgeglichen. Sie ist und bleibt die beste und wirksamste Vertretung des deutschen Damentennis im Ausland."

Aber es gab auch wieder einmal Kritik am Damentennis, wenn auch nur indirekt. Sowohl der Tennisexperte Dr. Bill Fuchs als auch sein Widersacher Dr. Walter Bing stritten öffentlich über den „Scheinamateurismus". Während Fuchs die Meinung vertrat, dass das Tennisspiel „der Freude der Teilnehmer" dienen würde, bezweifelte Bing diese Meinung stark und setzte dagegen. „Ich habe in den letzten Jahren zahlreiche Provinzveranstaltungen – Bäderturniere und andere – besucht, deren Nennungsergebnis besonders in den Damen-Konkurrenzen (z.B. Wiesbaden) qualitativ und quantitativ dem Berliner Pfingstturnier, ja selbst den Hamburger Meisterschaften durchaus ebenbürtig war. Der sportliche Verlauf dieser Turniere rechtfertigte in keiner Weise die Annahme, dass sie nur dem Vergnügen der Beteiligten ... dienten."

Umstritten war auch die Frage, ob ein Tennisamateur zu Spielen antreten musste, für die er eine Meldung abgegeben hatte. Fuchs bestritt das und sah für die Spieler keine „rechtliche und moralische Verpflichtung." Bing ging soweit, dass er sogar eine juristische Verpflichtung in Betracht zog: „Ohne Zweifel aber lastet eine moralische Verpflichtung für jeden Tennisspieler, sich dem Gegner, sei es in einer Vorrunde oder in einer Schlussrunde, zur festgesetzten Stunde zu stellen. Es ist ein ungeschriebenes Gesetz, ... dass auch der Amateur unter allen Umständen nicht etwa dem Publikum zu liebe, sondern um seinen Gegner die ihm gebührende Achtung zu erweisen, in jeder Konkurrenz antritt, in der er sich ordnungsgemäß gemeldet hat."

1931 – Auf dem Höhepunkt der Karriere

Zu Beginn des neuen Jahres führte ein Städteturnier die Mannschaft von Rot-Weiß Köln nach Barcelona. Die Kölner traten ohne Cilly Aussem an und gewannen 7:5. Als Ersatz für Cilly konnten sie Hilde Krahwinkel „das auswärtige Mitglied zur Mitreise bewegen“.

Das erfolgreichste Jahr in Cilly Aussems Karriere, an dessen Ende sie wiederum hinter Helen Wills-Moody den zweiten Platz in der Weltrangliste belegte, begann für die Kölnerin mit gesundheitlichen Problemen. Diesesmal war es eine Fußoperation, die sie davon abhielt, am Turnier bei Real Barcelona und an den deutschen Hallenmeisterschaften in Bremen teilzunehmen.

Die Riviera-Turniere wollte sie sich aber nicht entgehen lassen. Doch bevor sie erstmalig an der Côte d'Azur antrat, war noch Schonung angesagt.

Sie ließ es langsam angehen und stand erstmalig in diesem Jahr beim Internationalen Turnier des Carlton Clubs in Cannes auf dem Platz. Dort hatte sie sich lediglich für das Doppel mit Elizabeth Ryan gemeldet. Die beiden qualifizierten sich nach einem mühelosen 6:1, 6:1 Sieg über die Amerikanerinnen Hillary/Andrus für die nächste Runde.

Auch Ryan hatte – krankheitsbedingt – keine Meldung für die Einzelspiele abgegeben, so dass das mit Spannung erwartete Aufeinandertreffen der beiden spielstarken Konkurrentinnen erst gar nicht zustande kam. Ryans Gesundheitszustand verschlechterte sich während des Turniers so dramatisch, dass sie das Doppel mit Cilly Aussem nicht fortsetzen konnte.

Die Kölnerin versuchte dann ihr Glück im Mixed, in dem sie mit dem starken Franzosen Christian Boussus antrat. Das favorisierte Paar musste sich jedoch überraschend der britischen Paarung Thomas/Hillgard geschlagen geben. Der Berichterstatter einer deutschen Zeitung bezeichnete das Spiel als „energielos“, und die Kölnische Zeitung schrieb über Cilly Aussem, dass sie „merkwürdig unsicher“ und „in keiner besonders guten Form“ war. „Allerdings“, so vermutete das Blatt, „muss sie erst einige Turniere mitspielen, um sich an das grelle und laute Drum und Dran der Riviera-Turniere zu gewöhnen.“

Das war schon wenige Tage später beim Turnier in Monte Carlo der Fall. Auf dem Weg ins Finale schlug sie die beiden erfahrenen Spielerinnen Colette Rosambert aus Frankreich und die Italienerin Lucia Valerio. Erst im Finale wurde sie von der französischen Spitzenspielerin Simone Mathieu geschlagen. Nach drei Sätzen hieß es 7:5, 3:6, 6:4 für die Französin, die es Cilly Aussem in vorangegangenen Begegnungen oftmals schon sehr schwer gemacht hatte.

Im Doppel konnte Cilly den Spieß umdrehen. Mit ihrer Partnerin Lucia Valerio schlug sie die Französinnen Simone Mathieu und Simone Barbier 6:4, 7:5. „Die deutsch-italienische Kombination war stets eine Kleinigkeit besser“, hieß es in einem Spielbericht. Trotz des Sieges glaubte der Verfasser, dass Cilly und Lucia Valerio nicht besonders gut harmonierten und fand es deshalb „bedauerlich, dass Cilly Aussem keine deutsche Partnerin hier hat, mit der sie sich einspielen kann.“ Das las sich sehr nationalistisch, war aber im sportlichen Sinne korrekt, denn bei den wenige Tage später stattfindenden Meisterschaften von Monte Carlo hatte Cilly keine Partnerin gefunden, mit der sie das Turnier in der „Doppelkonkurrenz für nationale Paare“ bestreiten konnte.

Beim Beaumont Pokal von Monte Carlo trat sie im Einzel an und erreichte nach Siegen über die Französinnen Rosie Berthet (6:3, 6:2) und Ida Adamoff (1:6, 6:2, 6:1) das Finale. Am 1. März 1931 stand sie, wie es eine deutsche Zeitung respektlos schrieb, der „nicht mehr jungen, aber recht zähen“ Britin Phyllis Satterthwaite gegenüber. Cilly, „immer noch von ihrer Vorjahresform entfernt“, verlor 2:6 und 4:6, „da sie ihre Bälle nicht gut placieren konnte“, bemängelte ein Berichterstatter.

Die zweite Finalniederlage folgte am gleichen Tag. Mit ihrem Partner Christian Boussus ging das Mixed gegen das britische Duo Nuthall/Ollif 3:6, 4:6 verloren.

Kurz darauf trat Cilly im „Handicap-Mixed" mit einem sehr prominenten Partner an. Der nicht mehr ganz junge, aber sehr begeisterte Spieler war in der Tennisszene als „Mr. G" bekannt. Hinter dieser Abkürzung verbarg sich kein Geringerer als König Gustaf von Schweden. Doch auch der königliche Beistand nütze Cilly Aussem nichts. Das Aus kam schon in der ersten Runde.

Beim Turnier in Mentone stelle sich dann wieder ein Erfolg ein. Zusammen mit dem Ungarn Béla von Kehrling gewann Cilly das Mixed gegen Betty Nuthall und deren schweizerischen Partner Charles Aeschlimann 4:6, 6:3, 6:4. Von Kehrling war der Spieler des Turniers. Neben dem Mixed mit Cilly Aussem konnte er sich auch im Einzel und Doppel behaupten.

In Mentone kamen zwei Faktoren zusammen, die Cilly weitere Erfolge verbauten: einerseits das außergewöhnlich schlechte Wetter und andererseits ihre immer noch nicht ausgeheilte Fußverletzung. Die machte sich im Vorschlussrundenspiel gegen Lucia Valerio bemerkbar. Cilly hatte den ersten Satz gewonnen, die Mailänderin den zweiten; beide Male hieß es 7:5. Im entscheidenden dritten Satz konnte Cilly einen Matchball zum Sieg nicht verwerten, und der Satz 8:6 ging an Valerio.

Im Doppel standen die beiden Seite an Seite, verpassten aber durch eine 4:6, 0:6 Niederlage gegen die späteren Turniersiegerinnen Betty Nuthall/Mary Heeley den Einzug ins Finale.

Beim Turnier „Preis der Nationen", ebenfalls in Mentone, bestritt Cilly das Doppel erneut mit Elizabeth Ryan, deren Gesundheitszustand sich in den letzten Tagen wesentlich verbessert hatte. Die beiden waren gut in Form und ließen ihren Gegnerinnen Phyllis Satterthwaite und Muriel Thomas im Finale keine Chance. Mit dem deutlichsten aller Tennisergebnisse gewann das deutsch-amerikanische Duo beide Sätze 6:0.

Licht und Schatten gab es für Cilly beim Turnier beim LTC Nizza. Im Doppel erreichte sie mit Elizabeth Ryan nach einem überlegenen 6:1, 6:3 Sieg über Simone Mathieu und Ida Adamoff das Finale. Dort trafen sie, wie kurz zuvor bereits in Mentone, wiederum auf Phyllis Satterthwaite und Muriel Thomas. Die beiden Britinnen hatten nach der schmachvollen 0:6, 0:6 Niederlage einiges gutzumachen, scheiterten allerdings erneut. Obwohl ihre Niederlage mit 2:6, 4:6 nicht ganz so deutlich ausfiel, bestand für Aussem/Ryan niemals die Gefahr, das Match zu verlieren.

Weniger gut lief es für Cilly Aussem im Mixed, in dem sie an der Seite des Italieners de Martino schon im Halbfinale ausschied. Selbst das Doppel mit Christian Boussus brachte nur Teilerfolge mit sich. Während Cilly und der Franzose in einem überzeugenden Auftritt die deutsch-britische Kombination Worm/Satterthwaite 6:4, 8:6 in die Schranken verwiesen, waren ihr „sehr energieloses Spiel" (Tennis und Golf) gegen Hillyard/Thomas und die 1:6, 4:6 Niederlage fast unerklärlich.

In Cannes trat sie wiederum mit Elizabeth Ryan an. Zum drittenmal innerhalb weniger Tage standen ihnen in einem Finale die Britinnen Satterthwaite/Thomas gegenüber. Auch diesesmal fanden die beiden kein Mittel, ihre Kontrahentinnen zu besiegen. Mit 6:0, 6:2 verbuchten Cilly Aussem und Elizabeth Ryan ihren dritten Erfolg im dritten Finale. Und auch im Einzel gab es mit einem 6:3, 6:3 Sieg gegen die Schweizerin Lolette Payot einen Finalsieg für Cilly, die wenige Tage später mit einen spektakulären Triumph aufwarten konnte, als sie in Monte Carlo die Spanierin Lili d'Alvarez 6:1, 6:4 besiegte.

Schon beim Turnier im französischen Juan le Pins gab es den nächsten Sieg zu vermelden, der gegen die Französin Rosie Berthet mit 0:6, 1:6 sehr deutlich ausfiel.

„Deutschlands Tennissport kann mit den Leistungen seiner Vertreter zufrieden sein", fasste Tennis und Golf in seiner Ausgabe 9/1931 die Vorbereitungen von Cilly Aussem und anderen deutschen Spielern zusammen. Der Verfasser dieses Artikel sollte mit seiner Prognose Recht behalten, als er schrieb: „Die Erfolge, die Frl. Aussem im Dameneinzel davontrug, waren so überlegen errungen, dass man der deutschen Meisterin eine erfolgreiche Sommerspielzeit prophezeien darf."

Nach Abschluß der Saisonvorbereitung an der Riviera tauchte Cilly Aussems Name plötzlich in Zusammenhang mit einem Tennisschaukampf beim LTC Real Barcelona auf. Gegner war die Mannschaft der Universität Oxford. „Cilly Aussem hat die spanischen Tennisenthusiasten zweifach entzückt:", war in Tennis und Golf zu lesen, „durch ihr elegantes, graziöses Spiel und den Zauber ihrer Person." Ihren Schaukampf bestritt sie einerseits mit dem Deutsch-Spanier Enrico Maier, mit dem sie ausgezeichnet harmonierte und alle Doppel gewann. Und auch mit dem Spielführer der britischen Universitätsmannschaft war sie erfolgreich und schlug sogar das amtierende spanische Meisterpaar. Eigentlich hätte Cilly Aussem auch im Einzel antreten sollen. Doch die spanische Nummer 1 des Damentennis, Lili d'Alvarez, stand nicht als Gegnerin zur Verfügung. Deshalb hofften die Veranstalter, dass Rosa Torras, eine weitere Spanierin, einspringen würde. Tennis und Golf vermutete, dass die junge Dame der Mut verlassen hatte und sie nicht gegen die übermächtige Deutsche antreten wollte. Daher musste Cilly sich lediglich mit Doppelspielen begnügen.

Nach diesem spanischen Abstecher musste sich Cilly Aussem schwereren Aufgaben widmen: Sie hatte sich für die Internationalen Österreichischen Meisterschaften gemeldet, die am 5. Mai in Wien begannen.

Zwei der beiden deutschen Vertreterinnen erwischten einen leichten Start. Cilly Aussem besiegte ihre wienerische Gegnerin Turnust 6:0, 6:0, und Hilde Krahwinkel demonstrierte ihre

Überlegenheit mit einem 6:1, 6:0 Sieg über die Österreicherin Erna Redlich.

Am zweiten Wettkampftag komplettierte Irmgard Rost den deutschen Triumph. Neben der Kölnerin, die kurz zuvor die Internationale Meisterschaft von Griechenland gewonnen hatte, erreichte auch Hilde Krahwinkel die nächste Runde. Kurz zuvor hatte sich Cilly bereits mit einem 6:1, 6:0 Sieg über die Amerikanerin Dorothy Andrus qualifiziert. Das gleiche gelang ihr im Doppel mit Lucia Valerio und im Mixed mit Enrico Maier.

Als sich am 9. Mai die beiden besten Spielerinnen für das Finale in Wien qualifiziert hatten, hätte es auch das Endspiel um die Vereinsmeisterschaft von Rot-Weiß Köln sein können. Die Finalistinnen hießen Irmgard Rost und Cilly Aussem. Rost kam mit der Empfehlung des gerade erworbenen internationalen Meistertitels von Griechenland, wo sie im Finale Nelly Neppach bezwungen hatte.

Bild 67: „Tennis und Golf“ Titelseite Mai 1931

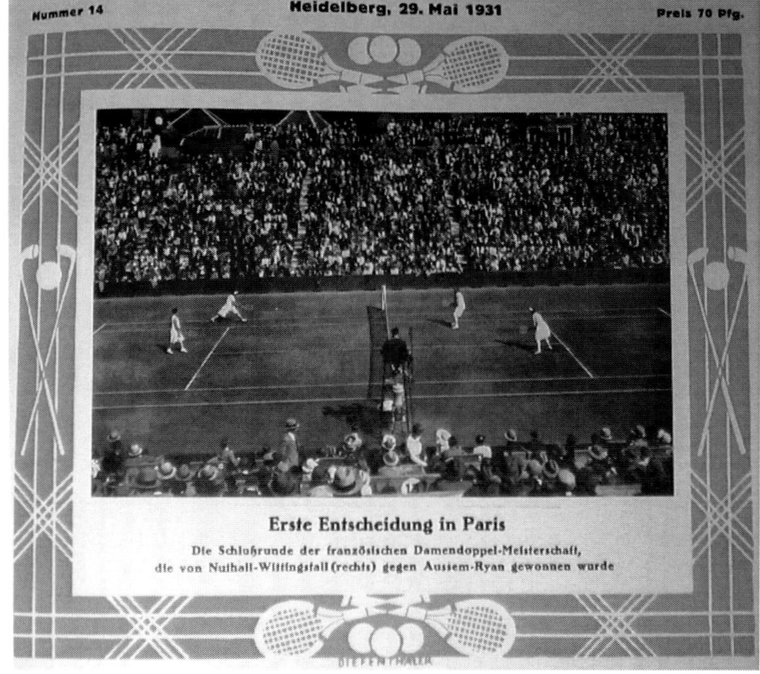
Nummer 14 Heidelberg, 29. Mai 1931 Preis 70 Pfg.

Erste Entscheidung in Paris

Die Schlußrunde der französischen Damendoppel-Meisterschaft, die von Nuthall-Wittingstall (rechts) gegen Aussem-Ryan gewonnen wurde

Cilly hatte auf dem Weg ins Finale die spielstarke Französin Ida Adamoff 6:4, 6:3 ausgeschaltet und stand nun im Kampf um den Titel Irmgard Rost gegenüber. Die machte es ihr nicht einfach, musste sich aber ihrer in Höchstform spielenden Freundin mit 2:6, 4:6 geschlagen geben.

Einen Tag später brachte Cilly ihrer Kölner Clubkameradin erneut eine Finalniederlage bei. An der Seite von Enrico Maier komplettierte sie ihren österreichischen Triumph mit einem 6:1, 6:2 Sieg über Irmgard Rost und den Ungarn Béla von Kehrling.

Nach Beendigung der Österreichen Meisterschaft bereiteten sich die Spielerinnen auf die Französische Meisterschaft vor, die ab dem 21. Mai angesetzt war. Einige nutzten die Turniere in Köln, Berlin und Dresden, um sich auf Paris einzuspielen. Cilly zog eine Ruhepause vor und nahm an keinem dieser Turniere teil.

Schon am ersten Tag kam Cilly zusammen mit Elizabeth Ryan im Doppel eine Runde weiter. Die beiden schlugen wieder einmal das Duo Satterthwaite/Thomas, dieses Mal aber nach hartem Kampf, 6:3. 8:6. Die nächste Hürde nahmen sie nur knapp. Und auch von ihren Gegnerinnen Josanne Sigart und Sylvie Henrotin ging mehr Gegenwehr als als erwartet. Mit Mühe und Not wurden die beiden 6:4 und 7:5 geschlagen. Cilly und Ryan schafften es somit ins Finale, in dem sie jedoch den Britinnen Eileen Bennett und Betty Nuthall und deren „draufgängerisch, riskanten Spiel" 9:7 und 6:2 unterlegen waren.

Tags darauf kam für Cilly im Mixed mit Christian Boussus das Aus. Mit 5:7, 2:6 behielt das britische Duo Sheppard/Austin die Oberhand über die Deutsche und ihren französischen Partner. Diese Niederlage hatte sich bereits am Tag zuvor angekündigt, als Aussem/Boussus mit viel Glück ein äußerst knapper Sieg über ein vollkommen unbekanntes französisches Mixedpaar gelang.

Aber es gab ja für Cilly Aussem das viel wichtigere Dameneinzel. Neben ihr schlugen sich ihre deutschen Mannschaftskameradinnen ganz beachtlich. Zwar schied Irmgard Rost frühzeitig aus, doch Hilde Krahwinkel und Änne Peitz kamen eine Runde weiter. Die Düsseldorferin schaffte das unerwartete Kunststück, ihre britische Gegnerin Eileen Bennett nach hartem Kampf mit 9:11, 10:8 und 6:3 auszuschalten. Ebenso unerwartet war der Sieg von Hilde Krahwinkel gegen Simone Mathieu. Zu dieser Begegnung hieß es in der Presse, die Spielerin aus Essen „übertraf sich selbst und siegte knapp aber sicher mit 6:4, 6:3."

Etwas schwieriger war der Weg ins Finale für die junge Kölnerin. Am Abend des 10. Wettkampftages – am Mittwoch, den 26. Mai 1931 – stand Cilly Aussem der Französin Sylvia Henrotin gegenüber. Beide hatten sich für die letzten Acht qualifiziert.

Tennis und Golf schrieb: „Die Französin variierte ihr Spiel durch Netzattacken und häufige Stoppbälle, die jedoch die Deutsche oft nicht erreichte. Nach wechselvollem Hin und Her holte sich die Französin den ersten Satz mit 8:6, und kämpfte auch in den beiden nächsten Sätzen härter, als deren 6:2, 6:4 Ergebnis vermuten lässt. Überzeugend war die Leistung der deutschen Meisterin an diesem Tag nicht."

Einen Tag später schien sich eine Sensation für die Finalpaarung anzubahnen, als die zweite Deutsche unter den letzten Acht, Hilde Krahwinkel, die favorisierte Französin Simone Mathieu schlug. Also standen zwei deutsche Spielerinnen im Semifinale. Damit war eingetreten, „was die Franzosen nicht geahnt und die Deutschen nicht erhofft hatten." Am Ende hieß es 6:4 und 6:3 für die Essenerin, die damit „einen ihrer schönsten Siege errungen" hatte.

Cilly Aussem musste sich derweil, am 29. Mai, einmal mehr mit Lucia Valerio auseinandersetzen. Für Cilly, die „anfangs etwas befangen spielte", lief es in ersten Satz nicht besonders gut. Die Italienerin machte ihr sehr zu schaffen, ging sogar 5:4 in Führung und hatte den Sieg unmittelbar vor Augen. Cilly konnte das Blatt jedoch im letzten Augenblick wenden und den Satz mit 8:6 für sich entscheiden. Im zweiten Satz kam die Deutsche wesentlich besser ins Spiel. Dabei war das Kräfteverhältnis anfangs unentschieden. Lucia Valerio brachte einige geschickte

Schläge an, mit denen Cilly zunächst nicht fertig wurde. Doch dann besann sich die Kölnerin auf ihre Stärken. Systematisch drängte sie ihre Gegnerin auf Rückhand aus dem Platz heraus und ließ sich auch durch zwischenzeitliche Punktgewinne und gekonnte Ballserien der Italienerin nicht aus der Ruhe bringen. Als es am Ende des zweiten Satzes 6:2 hieß, stand Cilly Aussem als zweite deutsche Spielerin für das Semifinale fest.

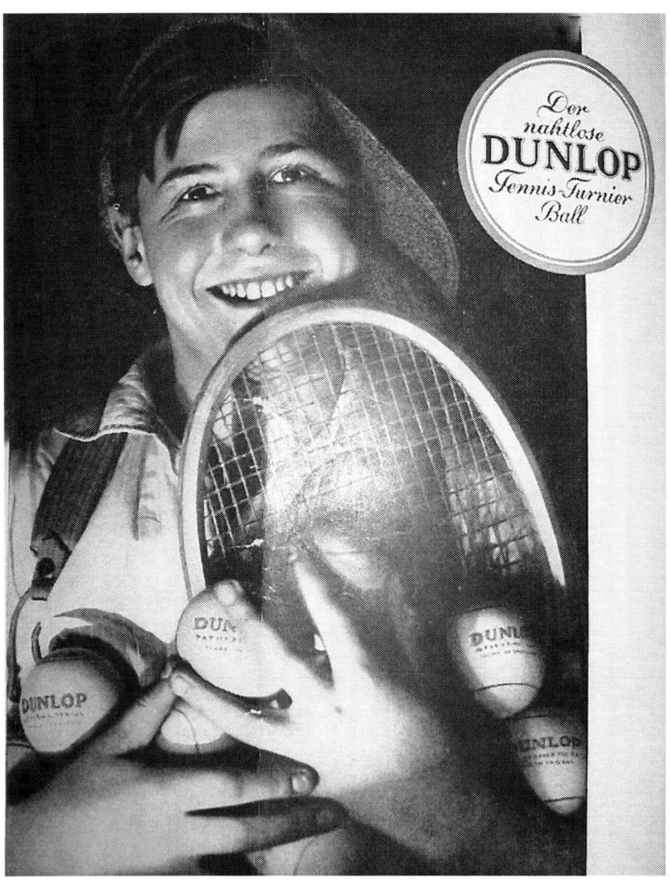

Bild 68: Werbung, 1931

Die Teilnahme am Semifinale gegen die beiden Deutschen kämpften die Amerikanerin Helen Jacobs und die Britin Betty Nuthall unter sich aus. Bereits am 25. Juni hatte Betty Nuthall die deutsche Spielerin Änne Peitz besiegt. Es war ein grandioses Spiel, was den Daily Telegraph einen Tag später begeistert schreiben ließ: „Man muss schon weit zurückgehen, um etwas Faszinierendes zu finden als Miss Nuthalls Spiel gegen Frl. Peitz."

Am Ende hatte die Britin die Nase vorne. Und auch gegen Helen Jacobs war sie die Stärkere. Nach knapp einer Stunde verließ die Amerikanerin als Verliererin den Platz. Mit 2:6 und 2:6 hatte sie sich Betty Nuthall geschlagen geben müssen.

Am Samstag, den 30. Mai, traf Betty Nuthall auf Hilde Krahwinkel. Jetzt ging es um die Entscheidung; um den Einzug ins Finale. Nach ihrer guten Leistung gegen Simone Mathieu hatte die Deutsche einen rabenschwarzen Tag erwischt. Nuthall dagegen war in besonders guter Spiellaune und fertigte die „indisponierte Hilde Krahwinkel" schnell mit 6:1, 6:2 ab. Somit hatte sich Nuthall ohne große Mühe für das Endspiel am 31. Mai qualifiziert.

Die Fachpresse vermutete: „Cilly Aussem wird daher im Finale gegen die Engländerin alles hergeben müssen, um besser zu bestehen."

Denn auch die Kölnerin hatte sich ins Finale gespielt. „Die deutsche Meisterin", war in einem Sportbericht zu lesen, „schaltete heute, wesentlich besser als in den vorangegangenen Tagen spielend, in einem interessanten Kampf Lili d'Alvarez 6:0, 7:5 aus. Im zweiten Satz erinnerte die Spanierin vielfach an ihren Tennishöhepunkt, den sie aber anscheinend doch überschritten hat." Begeistert telegrafierte der Berichterstatter der Kölnischen Zeitung an seine Redaktion: „Die Kölnerin begann in ganz großer Fahrt und buchte unter dem Jubel der Zuschauer den ersten Satz, ohne auch nur ein Spiel abzugeben. Ein erbitterter Kampf entspann sich dann im zweiten Satz, der die Entscheidung brachte. Lange wogte der Kampf hin und her, aber durch größere Ruhe und Sicherheit gewann die Zweite der Weltrangliste auch diesen Satz und qualifizierte sich mit 6:0, 7:5 für die Schlussrunde ..." Dort traf sie auf die Britin Betty Nuthall, die mit ihrem 6:1, 6:2 Halbfinalsieg gegen Hilde Krahwinkel im letzten Augenblick ein rein deutsches Endspiel verhindert hatte.

Das Finale von Paris beschrieb der Berichterstatter F. Fels in einem spannenden Spielbericht:

> *„Die französischen Zeitungen vermuteten in der Bezwingerin von Miss Jacobs und Fräulein Krahwinkel die zukünftige französische, internationale Meisterin. Die Engländer selbst waren von dem Sieg der Nuthall so fest überzeugt, dass einige Berichterstatter bereits vor Beginn*

des Spieles den Wortlaut der Meldung über den englischen Sieg zurecht gelegt hatten!

Trüber Himmel, drohende Gewitterwolken, die diesmal die Drohungen in die Tat umsetzten und ihre Schleusen gerade dann öffneten ... Während der Platz die Wassermassen nur langsam aufnimmt, wird das Publikum – die Tribünen haben heute den Rekordbesuch des Turniers mit ungefähr 10.000 Zuschauern – ungeduldig. Schließlich ist es soweit, Cilly Aussem und Betty Nuthall betreten, von den Fotografen umringt und von Beifall gegrüßt, den Platz.

Die Engländerin hat Aufschlag, macht bei 15:0 Doppelfehler, verschlägt zwei Returns, und schon führt Cilly Aussem 1:0. Aber auch sie leistet sich einen Doppelfehler und obwohl die Engländerin im nächsten Spiel wieder dasselbe tut, kommt sie dank ihrem schnellen Angriffsspiel und zwei überraschenden Stops auf 3:1. Vielfach finden die Backhands von Frl. Aussem das Netz. Durch Doppelfehler der Engländerin unterstützt, verkleinert die Kölnerin den Abstand auf 3:2, verliert jedoch dann ihren Aufschlag, und mit einer klaren Führung von 4:2 scheint die das Tempo angebende Engländerin die vorausgesagte Überlegenheit tatsächlich beweisen zu wollen.

Im 7. Spiel steht es nach zwei ausgezeichneten Flugbällen Cillys 40:15, die Deutsche erläuft jetzt einfach alles, passiert die am Netz stehende Engländerin durch einen prachtvollen Längslinienball und gewinnt das Spiel. Auch das achte gehört der jetzt immer zeitig an den Ball kommenden deutschen Meisterin.

Obwohl Nuthall das wichtige 9. Spiel mit Doppelfehler einleitet, gelingt ihr die 5:4 Führung, und als Cilly Aussem das zehnte auch mit Doppelfehler beginnt, scheint der Satzverlust unabwendbar. Jedoch ohne Abgabe eines weiteren Punktes sichert sich die Deutsche dieses Spiel, und auch das elfte, in dem sie in zwei halb hohe Returns der Engländerin hineinläuft und diese in Flugbälle verwandelt. Nochmals geht der Vorsprung für Frl. Aussem verloren, da die Engländerin „Drop Shots“ mit Erfolg anwendet. Hart umstritten ist das 13. Spiel, das nach wechselndem Vorteil von der Kölnerin gewonnen wird, die im 14. durch rechtzeitigen Start einem unnehmbar scheinenden Stop erläuft und vom Publikum mit einer lebhaften Ovation bedacht, mit 8:6 den Satz gewinnt.

Begreiflich, dass Betty Nuthall im zweiten Satz versucht, ihren Schlägen noch mehr Fahrt und Länge zu geben; Cilly Aussem lässt sich aber nicht von ihrer Taktik, die Engländerin an ihren eigenen Fehlern scheitern zu lassen, abbringen und spielt genau wie im ersten Satz auf Sicherheit. Sie hat ihre Schläge völlig unter Kontrolle und deckt den Platz so meisterhaft, dass das Publikum begeistert ist.

Vier Spiele hintereinander – jedes davon allerdings hart umstritten – holt sich die Deutsche, ehe ein Spiel an Frl. Nuthall fällt, die jetzt nervös versucht, genau auf die Linien zu spielen, was ihr allerdings misslingt. Im siebten Spiel kommt es auf Einstand, die Engländerin schmettert ins Netz und schlägt beim nächsten Ballwechsel ins Aus. Die Entscheidung ist mit 6:1 gefallen. Cilly Aussem hat als erste Deutsche nach dem Krieg den Titel einer französischen Meisterin erkämpft.

Neuer Ansturm der Fotografen, minutenlanger tosender Beifall, der nochmals ausbricht, als die Spielerinnen den Platz verlassen. Betty Nuthalls Stil und Können hätte ihr zumindest ein besseres Resultat gegen die deutsche Meisterin verschaffen sollen, sie spielte jedoch zu gleichmäßig rechts – links und hatte außer ihren Stopbällen keine Variation in den Schlägen, wodurch es der Deutschen wesentlich erleichtert wurde, trotz der schnellen Fahrt rechtzeitig an die Bälle heranzukommen.“

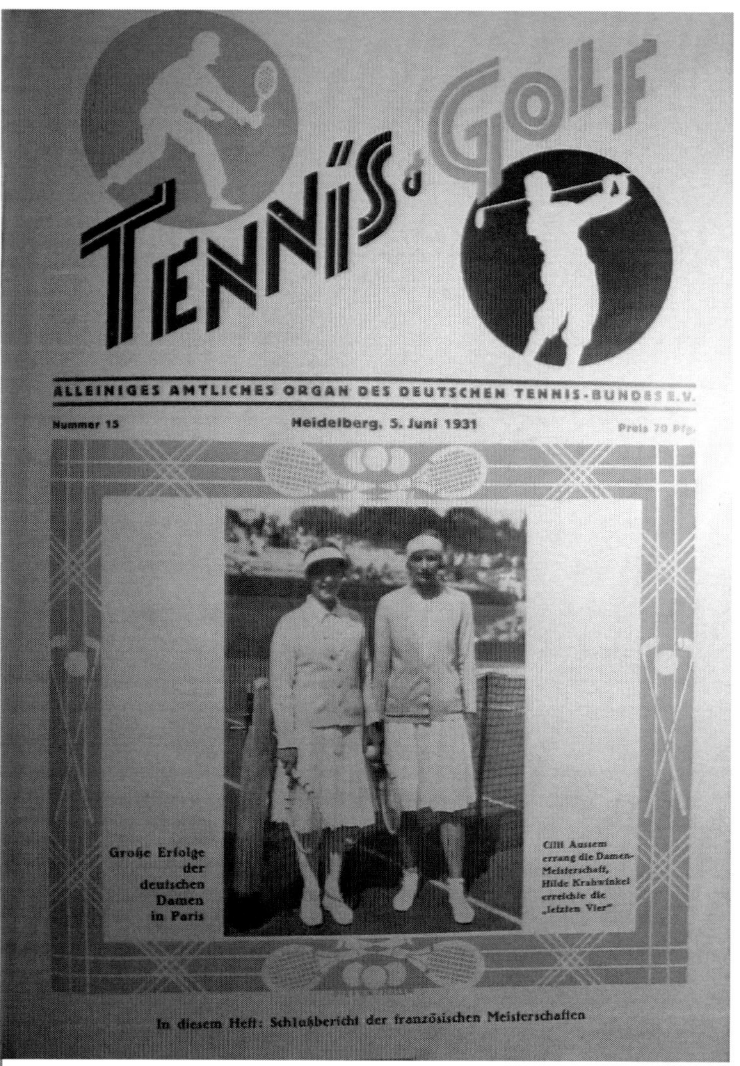

TENNIS & GOLF

ALLEINIGES AMTLICHES ORGAN DES DEUTSCHEN TENNIS-BUNDES E.V.

Nummer 15 | Heidelberg, 5. Juni 1931 | Preis 70 Pfg.

Große Erfolge der deutschen Damen in Paris

Cilli Aussem errang die Damen-Meisterschaft, Hilde Krahwinkel erreichte die „letzten Vier"

In diesem Heft: Schlußbericht der französischen Meisterschaften

Bild 69: „Tennis und Golf" Titelseite Juni 1931

Aufatmen in der deutschen Sportpresse: „Endlich ist dem deutschen Damentennis der wirklich große demonstrative Erfolg gelungen, um den es nun schon seit einigen Jahren mit sichtbarem Bemühen gekämpft hat ... Cilly Aussem hat die französische Damen-Meisterschaft gewonnen und damit ihre zahlreichen internationalen Siege um einen Welterfolg vermehrt."

„Der große Sieg, den Frl. Aussem in Paris errungen hat – imponierend auch in seiner kurzen Distanz, denn 8:6,

6:1 wurde Betty Nuthall geschlagen – entschädigt uns Deutsche für viele Enttäuschungen und Misserfolge, die wir in letzter Zeit bei den Herrenspielen in Kauf nehmen mussten", schrieb Tennis und Golf in seiner Ausgabe vom 5. Juni 1931.

Als sich Aussem und Nuthall wenig später im Finale des Damendoppels gegenüberstanden, nahm die Britin erfolgreich Revanche. Betty Nuthall und ihre Landsmännin Eileen Bennett holten sich den Titel im Doppel und besiegten das amerikanisch-deutsche Duo Elizabeth Ryan/Cilly Aussem 9:7 und 6:2.

Paris und Wimbledon – die beiden bedeutendsten europäischen Turniere konnte Cilly Aussem also innerhalb von sechs Wochen gewinnen. Nach dem Rücktritt der großen Helen Wills-Moody ging die deutsche Sportpresse davon aus, dass es nun zum „Kampf zwischen den englischen und deutschen Damen" um die Vorherrschaft im Tennis kommen würde. Nur der Französin Simone Mathieu wurde eine kleine Chance eingeräumt, in diesen Kampf einzugreifen. Denn man vermutete, dass „das amerikanische Damentennis nach dem Rückzug von Helen Wills-Moody in absehbarer Zeit für die ersten Plätze nicht mehr in Frage kommt."

Helen Newington Wills *wurde am 6. Oktober 1905 im kalifornischen Städtchen Centreville, südlich von Eureka, geboren. Als sie 19 Jahre alt war, stand sie in Wimbledon zum ersten Mal in einem bedeutenden Finale. Und das verlor sie im Jahre 1924 mit 6:4, 4:6, 4:6 gegen die Britin Kathleen McKane, die diesen Erfolg zwei Jahre später unter dem Namen Godfree wiederholen konnte.*

Die große Zeit von Helen Wills stand noch bevor. Im gleichen Jahr gewann sie bei den Olympischen Spielen in Paris die Goldmedaille im Einzel und im Doppel. Insgesamt gewann sie viermal die Titel im Einzel und zweimal im Doppel bei den Französischen Meisterschaften – mit

Doppelerfolgen 1930 und 1932. Dreimal stand sie im Finale des Mixed. Keines konnte sie gewinnen. Bei den US-Meisterschaften war sie im Dameneinzel siebenmal erfolgreich, viermal im Doppel und zweimal im Mixed. Von 1927 bis 1938 Jahre trug sie sich zwölfmal in die Gewinnerliste von Wimbledon ein: einmal im Mixed, dreimal im Damendoppel und achtmal im Einzel. Dieser Rekord hielt über ein halbes Jahrhundert und wurde erst im Jahre 1990 durch Martina Navratilova überboten. Als Helen Wills ihren ersten Titel in Wimbledon holte, war das der erste Erfolg für die Vereinigten Staaten seit May Suttons Sieg 1905 – dem Geburtsjahr von Helen Wills.

„Little Miss Poker Face", wie die Kalifornierin genannt wurde, war neben der Französin Suzanne Lenglen die größte Tennisspielerin ihrer Zeit. Den Spitznamen erwarb sie sich durch ihren stets gleichbleibenden, emotionslosen Gesichtsausdruck, durch ihre stoische Ruhe und Zurückhaltung. Sie war gelassen und ließ sich durch nichts aus der Ruhe bringen. Glamourvolle Auftritte, wie sie zum Beispiel Suzanne Lenglen meistens zelebrierte, waren ihr fremd. Anstatt dessen legte sie eine absolute Bescheidenheit an den Tag. Seit ihrem ersten Auftritt als Sechzehnjährige im Jahr 1921, als sie Juniorenmeisterin wurde, trat sie stets in einem weißen Marinekostüm, weißen Socken und Schuhen auf – und mit weißem Lidschatten.

Ihr Spiel zeichnete sich durch eine unbändige Kraft aus. Ihre harten Schläge hatte sie sich im Training gegen männliche Gegner angeeignet. Sowohl im Vorhand- als auch Rückhandspiel trieb sie den Ball fast über die gesamte Länge des Spielfeldes. Die Geschwindigkeit und Länge ihrer Bälle waren in Kombination mit ihren taktischen Laufbewegungen Garant dafür, dass sich ihre Gegnerinnen schnell geschlagen gaben. Sie war ohne weiteres in der Lage, von der Grundlinie kraftvolle Vorhand- und Rückhandschläge über das Netz zu schmettern.

Nur gelegentlich ging sie nah ans Netz heran. Sie wusste, dass dafür keine Notwendigkeit bestand, weil ihre langen Bälle mit einer so enormen Kraft ihren Gegnerinnen entgegenflogen. Ihr Aufschlag hatte einen gefährlichen Slice, dagegen war ihre Beinarbeit nicht besonders ausgeprägt. Sie war nicht so schnell und bewegte sich nicht so grazil wie Lenglen. Meistens stand sie an der Grundlinie, ja, sie schien dort wie verankert zu sein. Von da aus kamen ihre Bälle so präzise in das Feld ihrer Gegnerinnen, dass diese oft regelrecht in Grund und Boden gelaufen wurden. Helen Wills hatte auch einen außergewöhnlichen Sinn, das Spiel vorauszusehen. Entsprechend weitsichtig war ihre Spielweise. Sie schlug stets in die richtige Ecke und war in ihrer eigenen Hälfte immer am richtigen Platz zu finden.

Zwischen 1919 und 1938 gewann sie 52 von 92 Turnieren mit einem Gesamtergebnis von 398:35. Im Wightman Cup spielte sie von 1923 bis 1938. Dort gewann sie 18 Einzel und verlor zwei; beide 1924. Zwischen 1927 und 1929 gab sie nicht einen einzigen Satz ab – egal wo und gegen wen sie spielte. Sie ließ ihren Gegnerinnen kaum Chancen, einen Satz zu gewinnen. Bei ihren vier Turniersiegen der Französischen Meisterschaften, in fünf Wimbledonturnieren und sieben US Meisterschaften gestattete sie ihren Gegnerinnen nicht einen einzigen Satzgewinn. Ihre Überlegenheit war erdrückend. Sie dominierte ihre Gegnerinnen nach Belieben.

1928 war sie die erste Spielerin, die drei Spitzenturniere in einem Jahr gewinnen konnte: Paris, Wimbledon und Forest Hills, USA. Und sie war die erste Amerikanerin, die im Stade Roland Gaross als Siegerin gefeiert wurde. Insgesamt gewann sie bei den großen Turnieren 19 Einzeltitel. Dieser Rekord wurde erst 32 später durch Margaret Smith Court gebrochen, die 24 Titel für sich in Anspruch nehmen konnte. Aber trotzdem war Helen Wills Karriere phänomenal. Neunzehn von 22 Finalen entschied sie für sich, wobei sie 126 von 129 Spielen gewann und niemals eine schlechtere Platzierung als die Finalteilnahme erreichte.

Bis Dezember 1929 trat sie ihre Spiele unter ihrem Mädchennamen Wills an, nach ihrer Heirat feierte sie ihre Erfolge als Helen Wills-Moody. Der größte Tennisstar der Zwanziger und Dreißiger starb am 1. Januar 1998.

Ob Cilly Aussem sich bei ihren anstrengenden Auftritten in Paris einmal mehr verausgabt hatte, bleibt Spekulationen offen. Einiges scheint dafür zu sprechen. Sie trat zwar eine Woche später beim Pfingstturnier von Rot-Weiß Berlin an, doch ließ sie sich dort auf Anraten ihres Arztes am vorletzten Turniertag „wegen Erkrankung streichen." Damit war auch für ihre Doppelpartner Christian Boussus und Simone Mathieu das Berliner Turnier beendet.

Bild 70: Werbung, 1931

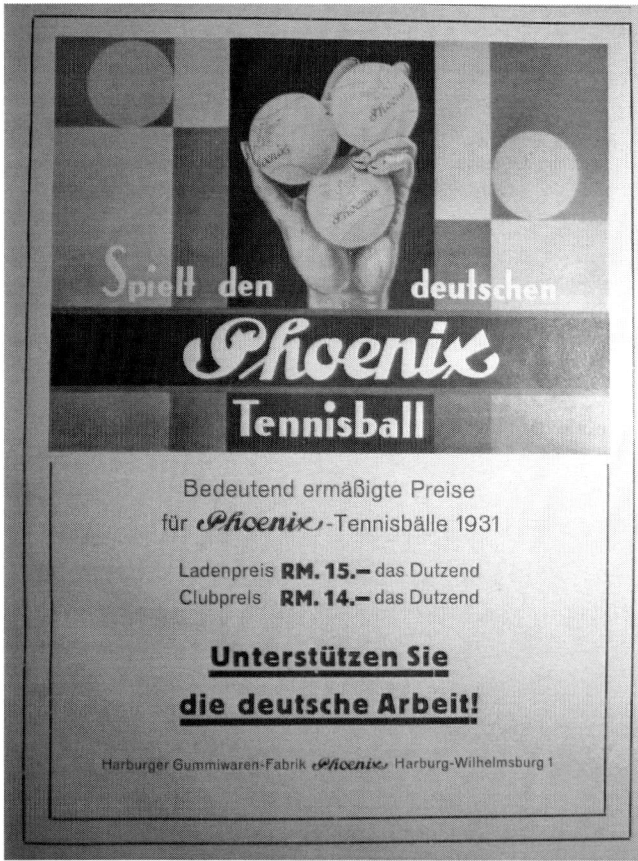

Schon im Spiel gegen Klara Hammer von Blau-Weiß Berlin – die Presse bezeichnete dieses Match als „stundenlanges Hin und Her" und „nervenzermürbendes Treffen" – machten sich bei Cilly deutliche Schwächen bemerkbar. „Die Kölnerin stand anscheinend unter dem großen Druck der Verantwortung, als Siegerin von Paris keine Niederlage mehr erleiden zu dürfen." Klara Hammer spielte „das Spiel ihres Lebens" und brachte Cilly Aussem an den Rand einer Niederlage. Den ersten Satz gewann sie 6:3. Im zweiten Satz führte Cilly schon 5:2, doch die Berlinerin holte schnell ein 5:5, musste sich aber dann der Routine der Meisterin geschlagen geben und verlor 5:7. Im dritten Satz stellte Cilly ihr Spiel um, ging von der Grundlinie auf Angriffstennis über und beendete den dritten Satz mit einem 6:3 Sieg. Der Kampf gegen Klara Hammer setzte ihr so sehr zu, dass sich „die Folgen der Überanstrengung" sofort bemerkbar machten. „Sie musste am Samstag in ihrem Hotel bleiben und sich schonen", schrieb die Kölnische Zeitung. Tennis und Golf wusste zu berichten, Cilly läge mit hohem Fieber in ihrem Hotelzimmer und könne das Turnier nicht fortsetzen.

Eine wahre Lobeshymne, ja schon fast eine Liebeserklärung, war in der „Evening News" vom 1. Juli 1931 zu lesen. Verfasser dieser Zeilen war ein Fachmann: Henry Wilfred Austin, ein englischer Spieler, der es zweimal ins Endspiel von Wimbledon gebracht hatte und jedes Mal einem Amerikaner den Sieg überlassen musste: 1932 Ellsworth Vines und 1938 Donald Budge.

„Was Deutschland Fräulein Aussem schuldet, möchte ich die deutschen Frauen lieber selbst beurteilen lassen. Was das Frauentennis anbelangt, so hat es in der Welt niemals eine Rolle gespielt, bis zu dem Augenblick, als Cilly Aussem die Szene betrat.

Nachdem sie überall in Deutschland Erfolge erzielt hatte, entschied sie sich, auch außerhalb ihres Mutterlandes anzutreten und gab damit auch den anderen Ländern in Europa die Chance, sie spielen zu sehen. Sie kam als junges Mädchen nach England; mit großen offenen Augen und einem Mund wie eine Rosenknospe. Ich erinnere mich, dass sie am Sonntag vor dem Wimbledonturnier in Roehampton spielte und ich hatte die Ehre, in den Mixed Doppeln ihr Partner zu sein. Es war das erste Mal, dass sie auf Gras spielte, und deshalb war sie nicht sehr gut. Und es war das erste Mal, dass ich mit ihr zusammen spielte, und deshalb war auch ich nicht besonders gut. Ich lud sie nach dem Spiel zu einem Drink ein. Sie nahm die Einladung an und das zeigte, von welch süßer Natur sie war.

In der nächsten Woche sah ich sie in Wimbledon spielen und ich bemerkte, dass sie – wo auch immer sie spielte – von einem oder zwei Herren beobachtet wurde. Ich beschloss, ihr Spiel auf dem Platz Nr. 12 anzuschauen, wo sie zusammen mit ihrem Partner Kleinschroth spielte.

In jenen Tagen war sie ein reizendes junges Mädchen und nun ist sie eine schöne junge Frau. In jenen Tagen war sie eine vielversprechende Spielerin und nun ist sie eine reife Spielerin und die Siegerin von Frankreich. Sie ist eine großartige Spielerin. Spieler sind aus unterschiedlichen Gründen großartig. Miss Aussem ist auf Grund ihrer belebenden Stärke großartig, und sie lässt sich vor allen Dingen niemals aus der Ruhe bringen.

Sie ist keine spektakuläre Spielerin. Sie hat keine außergewöhnliche Spielweise und macht keine Schläge, die wirklich brillant sind. Aber sie hat auch keine außergewöhnliche Schwäche und sie macht keine Schläge, die wirklich schlecht sind.

Ich habe gesagt, sie lässt sich niemals aus der Ruhe bringen oder springt auf der Grundlinie herum wie eine Ballerina. Sie schlägt den Ball sehr hart, aber hinter ihren Schlägen ist so viel Geschicklichkeit, die nur scharfsinnige Menschen wahrnehmen können.

Sie variiert ihre Längen mit größtem Können. Sie schlägt ihre Bälle mit größter Genauigkeit. Sie legt für jemanden, dem man nicht zutraut, sich schnell zu bewegen, ein bemerkenswertes Tempo vor.

Es ist ihr Mauerspiel, ihr „Angriff" in der Verteidigung, was den Erfolg bringt. Ihr Gegner muss nicht nur sehr gute Fähigkeiten haben, sondern auch Beherztheit an den Tag legen.

Fräulein Aussem ist hauptsächlich in Einzelspielen hervorragend, da ihre Grundschläge in den Doppeln nicht die gleiche Wirkung erzielen. Weder ist ihr zweiter Aufschlag – ihr schwächster Schlag – stark genug, noch sind ihre Volleyschläge gleichzusetzen mit ihren Aufschlägen.

Sie ist ruhig. Sie redet oftmals nicht, bis sie angesprochen wird, aber sie hat einen Humor und, natürlich, eine persönliche Anziehungskraft, die sie so beliebt macht.“

Auch Roderich Menzel, deutscher Tennisspieler von Weltrang und später Schriftsteller, war in einem Rückblick auf die deutsche Tennishistorie voll des Lobes: „Bei den Damen löste die anmutige Kölnerin Cilly Aussem mit ihrem frisch-fröhlichem Tempospiel Altmeisterin Friedleben 1927 ab ...“

Im Rückblick auf das erfolgreiche Abschneiden der deutschen Tennisdamen in Wimbledon war zu lesen: „Und dass dieser große Erfolg von deutschen Damen und nicht von deutschen Herren erzielt worden ist, soll ihm nichts von seiner Bedeutung nehmen. Nebenbei beweist aber gerade diese Feststellung die Richtigkeit der These, wie sehr der Welterfolg mit der Unabhängigkeit des persönlichen Lebens zusammenhängt. Es ist ganz klar, dass ein derartiger Erfolg nur aus völliger Konzentration auf Tennis her-

Bild 71: „Tennis und Golf“ Titelseite Juli 1931

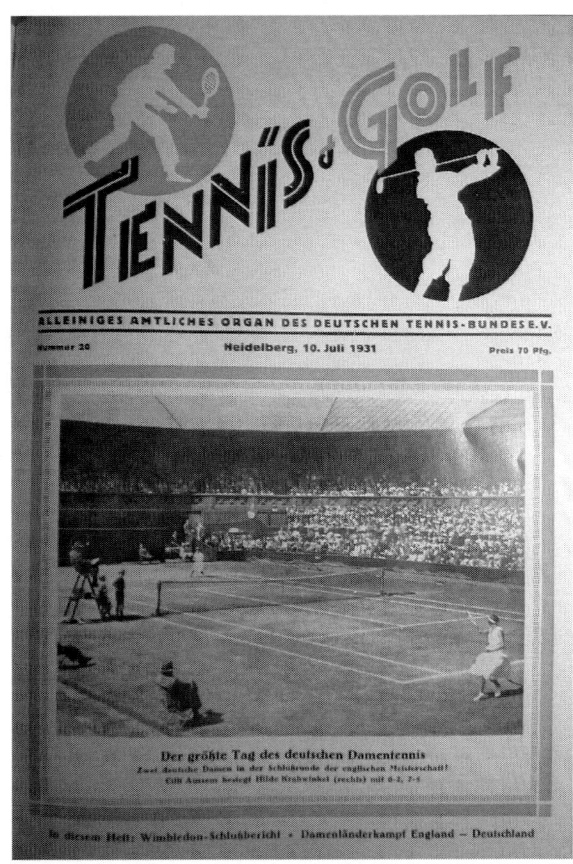

TENNIS u. GOLF

ALLEINIGES AMTLICHES ORGAN DES DEUTSCHEN TENNIS-BUNDES E.V.

Nummer 20 — Heidelberg, 10. Juli 1931 — Preis 70 Pfg.

Der größte Tag des deutschen Damentennis

Zwei deutsche Damen in der Schlußrunde der englischen Meisterschaft!

Cilli Aussem besiegt Hilde Krahwinkel (rechts) mit 6-2, 7-5

In diesem Heft: Wimbledon-Schlußbericht • Damenländerkampf England – Deutschland

aus geschaffen werden kann. Unsere Damen, namentlich Cilly Aussem, sind dazu in der Lage; von unserem Herren erfordert man mit Recht, daß sie nicht nur Tennis spielen, sondern auch ihre beruflichen Pflichten erfüllen."

Im gleichen Jahr machte eine weitere Kölner Sportlerin von sich reden; und zwar in einer bis dahin absoluten Männerdomäne: die 26-jährige Liesel Bach wurde auf einer „Klemm 25" Europameisterin im Damenkunstflug und erhielt daraufhin die Lizenz zur Pilotenausbildung. Sie machte mit ihren zahlreichen Flügen nach Asien von sich reden und war die ertse Frau, die den Himalaya überflog.

Die Allround-Sportlerin Liesel Bach war, ebenso wie Cilly Aussem, Mitglied im Tennis- und Hockey-Club Stadion Rot-Weiß Köln. Als ausgebildete Sport- und Turnlehrerin fiel es ihr nicht schwer, in beiden Sportdisziplinen aktiv zu sein. Besonders erfolgreich war sie aber in einer anderen Sportart: im Kunstspringen, in dem sie 1928 die deutsche Meisterschaft gewann.

Der 3. Juli 1931, also der Tag als Cilly Aussem „Tennis-Weltmeisterin" in Wimbledon wurde, war ein ganz besonderer für den deutschen Sport. Denn in Cleveland, Ohio (USA) wurde ein weiterer Weltmeister gekrönt. Der populärste deutsche Sportler aller Zeiten, Max Schmeling, verteidigte erfolgreich seinen Titel gegen den Amerikaner William „Young" Stribling und wurde damit Weltmeister aller Klassen. „Schmeling wieder Weltmeister", überschrieb die Berliner Morgenpost in ihrer Ausgabe vom 5. Juli 1931 den Bericht ihres „Sonder-Berichterstatters" aus Cleveland. Nach dessen Schilderung war es ein „matter Beginn", der dann aber noch „ein spannendes Ende" fand. Schmelings Überlegenheit endete letztendlich darin, dass er dem US-Amerikaner in dessen 300 Kämpfen die erste Abbruch-Niederlage beibrachte. Dass es am Ende ein knapper Ausgang werden würde, war den meisten Amerikanern klar: vor dem 15-Runden-Kampf standen die Wetten 10:9 für Stribling.

Unter dem Pseudonym „Rumpelstilzchen" schrieb der Journalist und Major des Ersten Weltkrieges a. D. Adolf Stein in den Jahren 1920 bis 1935 als Beobachter der Berliner Kulturszene wöchentlich ein Feuilleton oder – wie er selbst sagte – einen „Plauderbrief unter dem Strich" in der Täglichen Rundschau. So verfolgte er sein Ziel, „allen Nicht-Berlinern ein wirkliches Zeitbild von Berlin zu geben". Diese „kulturgeschichtlichen Plaudereien" wurden in etlichen deutschen Zeitungen nachgedruckt, so dass „Rumpelstilzchen" fast im ganzen Land bekannt war. Stein hatte eine sehr konservativ-monarchistische Einstellung, was ihm manche Anfeindung einbrachte.

Seine Briefe enthielten mit scharfer Feder und sprühendem Humor geschriebene Glossen über das Berliner Kultur- und Zeitgeschehen und boten somit die Möglichkeit, bei jedem einzelnen Ereignis nachzuschlagen, wie es sich aus der Sicht eines Zeitgenossen darstellte.

Über die beiden frisch gebackenen deutschen Weltmeister schrieb er in der Ausgabe vom 16. Juli 1931: „... Dabei erkennt jedermann an, daß wir das arbeitsamste Volk der Welt sind. Dabei stellen fremde Nationen mit Erstaunen fest, daß unser Lebenswille immer noch nicht ertötet ist. Wenn überhaupt, dann zeigt sich das im Sport. Den Engländern sind die Augen übergegangen, als nicht nur die Deutsche Cilly Aussem Weltmeisterin im Tennisspiel wurde, sondern auch dieser Titelkampf sich nur zwischen ihr und einer anderen Deutschen, Hilde Krahwinkel, in Wimbledon bei London abspielte; und keine Engländerin oder Französin kam ins Finale. Dazu ist nun auch der Deutsche Max Schmeling in Amerika Weltmeister geworden, was auf die Massen noch mehr Eindruck macht, denn dieser angelsächsische Nationalsport ist bei uns noch keine zwanzig Jahre alt. Germans fassen schnell auf ..."

Mit einem Seitenhieb auf die politische Landschaft in Deutschland beendete er seine Glosse auf das erfolgreiche deutsche Sportjahr 1931: „Jetzt fehlt uns nur noch für 1932 ein Meister in Politik."

Das Empfangskomitee hatte sich zum falschen Zeitpunkt auf dem falschen Bahnsteig eingefunden. Eigentlich sollte die neue „Weltmeisterin" um 11.28 Uhr mit dem Zug auf Bahnsteig 4 b des Kölner Hauptbahnhofs ankommen. Nichts davon stimmte. Enttäuschte Gesichter, wohin man sah. Dann eine erneute Ansage: Neuer Bahnsteig, neue Ankunftszeit.

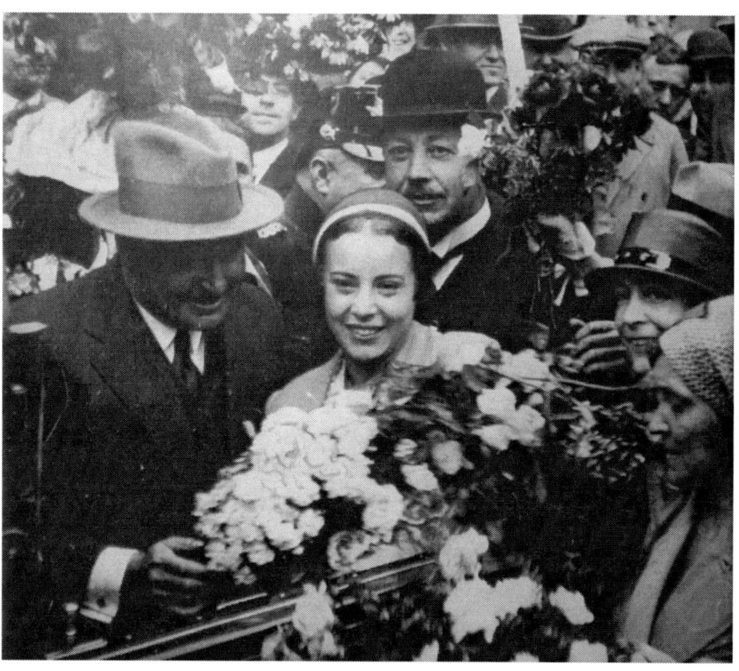

Bild 72: Triumphaler Empfang in Köln

Drei Wochen nach ihrem großartigen Sieg in Wimbledon war Cilly Aussem wieder in ihrer Heimatstadt. Am Mittag des 27. Juli, 24 Tage nach dem Finale, kam sie um 12.06 Uhr in Köln an, wo ihr eine große Menschenmenge einen begeisterten Empfang bereitete. In bewegenden Worten schilderte Tennis und Golf (Nr. 21/1931) „Cilly Aussems Rückkehr nach Köln":

„Wohl in allen sportlich interessierten Kreisen Deutschlands sind die Fortschritte von Cilly Aussem und Hilde Krahwinkel in den englischen Meisterschaften mit Interesse und Spannung verfolgt und wohl selten ist das Radio so ungeduldig erwartet worden wie am Donnerstag Abend, den 2. Juli, als der deutschen Spitzenspielerin am Nachmittag ihre schwere Kämpfe in der Vorschlußrunde gegen Frau Mathieu bzw. Miss Jacobs zu bestehen hatte. Als dann aber feststand, daß eine deutsche Schlußrunde gesichert sei, war es verständlich und entschuldbar, daß in den Kölner Tenniskreisen niemand mehr daran zweifeln wollte, daß Cilly Aussem nunmehr auch die Meisterschaft gewinnen würde. Selbst in Kölner Kreisen, die sonst kaum Interesse für Tennis haben, hörte man in diesen Tagen immer wieder den Namen Cilly Aussem, und Oberbürgermeister Adenauer gab der in Köln herrschenden Stimmung in treffender Weise Ausdruck, als er nach Beendigung der Schlußrunde nach London telegraphierte: ‚Die Stadt ist stolz auf ihre Mitbürgerin.'

(**Anmerkung:** Dieses Telegramm ist nicht in den Adenauer-Unterlagen des Historischen Archivs der Stadt Köln enthalten.)

Bild 73: Vereinszeitung von Rot-Weiß Köln

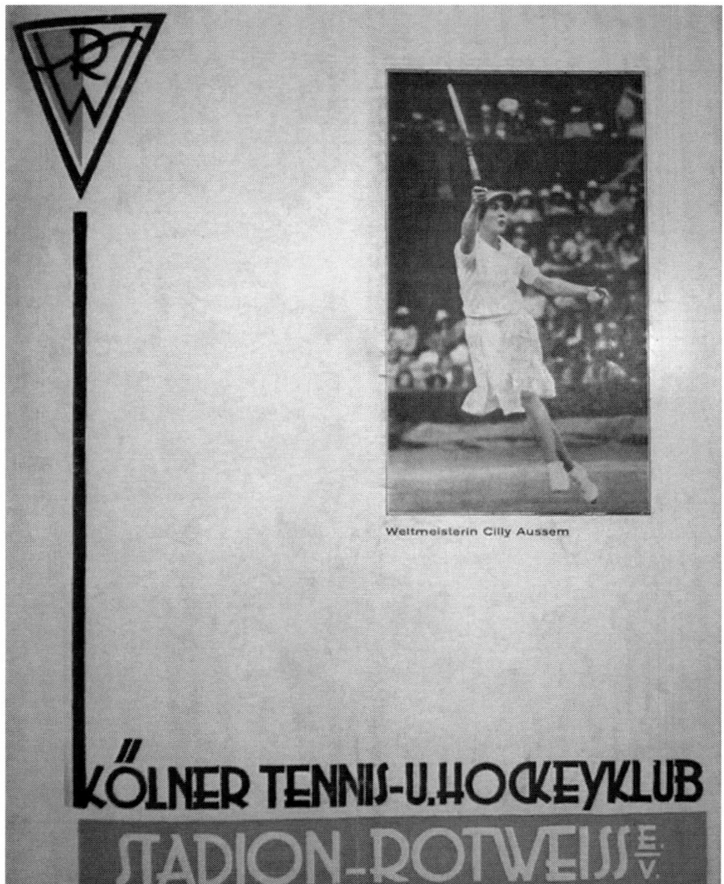

Am Montagabend verbreitete sich dann die Nachricht in Kölner Tenniskreisen, daß die ‚Weltmeisterin', wie man sich allgemein ausdrückte, am Dienstag morgens um 11.28 Uhr mit dem Rheingold-Zug nach Köln zurückkommen würde. Kein Wunder, daß unter diesen Umständen niemand zurückstehen wollte und sich zur angegeben Zeit eine unerwartet große Anzahl von Damen und Herren auf dem Bahnsteig einfanden, um ihre junge Mitbürgerin, welche soviel dazu beigetragen hat, Tennis in Deutschland populär zu machen, willkommen zu heißen. Nach und nach hatte sich die Zuschauermenge auf mehrere hundert Personen vergrößert, und als dann endlich der Zug in die Halle brauste, und man Cilly Aussem am Fenster entdeckt hatte, erscholl ein donnerndes ‚Hurra Cilly, Hurra Weltmeisterin' durch die Halle.

Von allen Seiten drängte man sich hinzu, um der jungen Weltmeisterin Blumen zu überreichen und um ihr zu dem Wimbledonsieg zu gratulieren. Cilly Aussem hat sich auf allen Tennisplätzen Europas durch ihr bescheidenes Auftreten die Sympathien der Zuschauer erworben, und auch dieser, ihr ganz unerwartet kommende große Empfang versetzte sie in sichtbare Verlegenheit. Zwei begeisterte Rot-Weiße Clubkameraden ließen es sich nicht nehmen, die Meisterin trotz ihres Sträubens hoch auf den Schultern aus der Bahnhofshalle zu tragen, und die begeisterten Hoch-Rufe der vor dem Bahnhof dicht gedrängt stehenden Zuschauermenge begleiteten die junge Weltmeisterin bis zu dem Kraftwagen ihres Vaters. Ein Aufgebot von sechs Schupoleuten musste dem Auto mühsam einen Weg durch die Volksmenge bahnen. Dieser Empfang hat Cilly Aussem gezeigt, dass man in Köln ihre sportliche Leistung, die im Gewinn der französischen und englischen Meisterschaft einen solchen Höhepunkt gefunden hat, voll und ganz zu würdigen weiß."

Ihr Klubkamerad Paul Bauwens erinnerte sich: „Als die Cilly 1931 Wimbledon gewonnen hat, da wurden verschiedene Mitglieder von Rot-Weiß alarmiert. Dann sind wir vielleicht zu 25 Leuten begeistert zum Kölner Hauptbahnhof gezogen. Damals fuhr man noch mit dem Eisenbahnzug. Dann hat man die Cilly abgeholt. Wir fuhren mit ein paar Autos in den Rot-Weiß. Dann wurde sie kurz beglückwünscht, und damit war die Feier zu Ende." Ein anderer Zeitzeuge hat an diesen Tag jedoch vollkommen gegensätzliche Erinnerungen. Nach seinen, nur vom Hörensagen überlieferten Schilderungen, sollen Clubmitglieder im Kölner Hauptbahnhof eine ausgelassene Feier organisiert haben, bei der eine Menge Porzellan zu Bruch ging. „Nicht ein Teller, keine Tasse und kein Kaffeekännchen blieb im Schrank – alles flog im hohen Bogen über den Balkon", beschreibt die Chronik zum 100. Bestehen des Kölner THC Rot-Weiß aus dem Jahr 2006 diesen Tag.

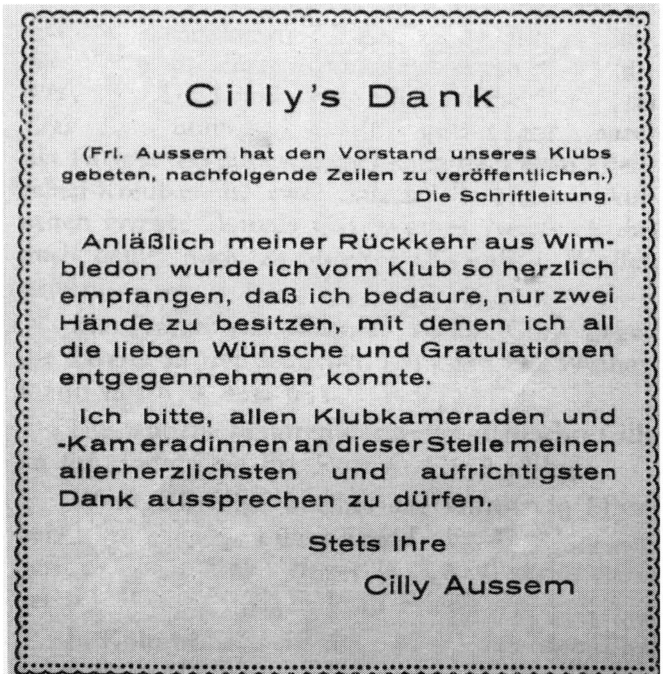

Bild 74:
Cillys Danksagung in der Vereinszeitung von Rot-Weiß Köln

Cilly's Dank

(Frl. Aussem hat den Vorstand unseres Klubs gebeten, nachfolgende Zeilen zu veröffentlichen.)
Die Schriftleitung.

Anläßlich meiner Rückkehr aus Wimbledon wurde ich vom Klub so herzlich empfangen, daß ich bedaure, nur zwei Hände zu besitzen, mit denen ich all die lieben Wünsche und Gratulationen entgegennehmen konnte.

Ich bitte, allen Klubkameraden und -Kameradinnen an dieser Stelle meinen allerherzlichsten und aufrichtigsten Dank aussprechen zu dürfen.

Stets Ihre

Cilly Aussem

In den Vereinsnachrichten ihres Clubs hieß es: „ ... da steht auch glückstrahlend und freudig erregt Cillys Mutter, die stolze Weltmeisterinnenmutter, welche die Früchte der energischen, konsequenten Ausbildung ihrer Tochter jetzt mit dem Weltmeistertitel gekrönt sieht. Ja, alle Achtung, als sie vor 6–7 Jahren unter großen Opfern und mit unbeugsamen Willen ihr vielverheißendes Töchterlein vom damaligen Rot-Weiß-Trainer Hannemann trainieren ließ und sich von gelegentlichen Misserfolgen und Rückschlägen nicht von der Zuversicht abbringen ließ, dass die Kleine *mal Großes vollbringen würde. Ihr zur Seite sehen wir den glücklichen Vater, breit lächelnd, vom stolzen Glücke umstrahlt. Von ihm hat die Tochter zweifellos die Kraft und die Ruhe, während die Mutter ihr das Temperament mitgegeben hat.“*

Cilly Aussem schien vom Empfang überwältigt. Überrascht und gerührt verließ sie den Zug. und dann – war es nur Wunschdenken des Rot-Weiß Chronisten oder stimmte die Reihenfolge tatsächlich? – „schreitet sie zum Vorsitzenden, zur Mutter und zum Vater und zum Brüderchen, und dicke Tränen rinnen ihr die Backen hernieder.“

Bild 75: Cilly mit ihrem Bruder Carl Heinz

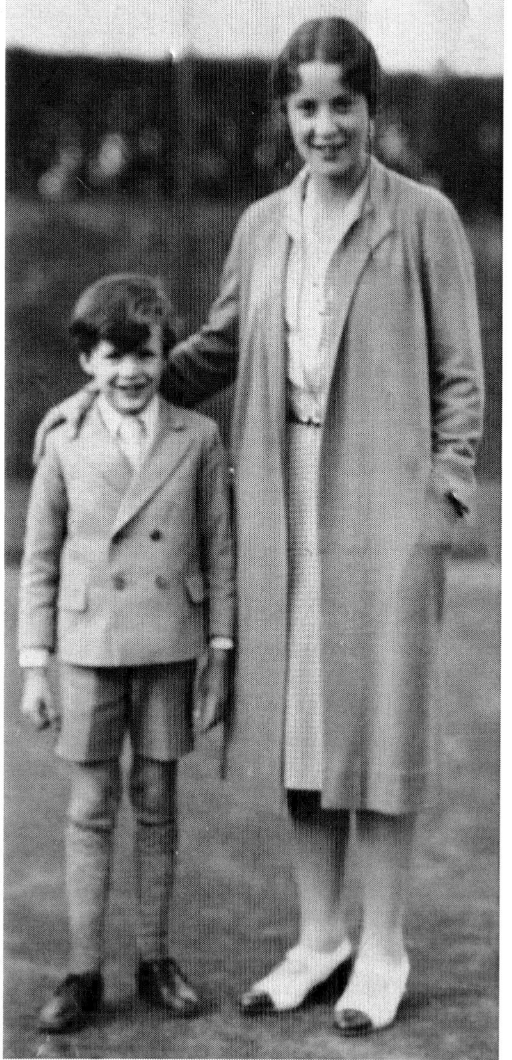

Kurz zuvor war Mutter Aussem, die bei Rot-Weiß Köln einen nicht besonders guten Ruf genoss, in einem Artikel über die Generalversammlung aufs Korn genommen worden. Zu allem Überfluß erschienen diese Zeilen in der Vereinszeitung der Rot-Weißen, und das sorgte für zusätzlichen Zündstoff. Der Verfasser, Ärger vorhersehend, blieb sicherheitshalber anonym und zog es vor, seinen bissigen Artikel lediglich mit einem „D“ zu kennzeichnen. Ob die Leser ahnten, wer sich hinter diesem Kürzel verbarg? Schließlich fing der Nachname des Vereinspräsidenten mit dem gleichen Buchstaben an.

„Wie gewöhnlich bei solchen Anlässen wies das Clubhaus nur etwa 100 Teilnehmer auf, allerdings nicht wenig ‚Prominente‘ und überraschend viele Damen ... Interessant wurde es erst, als vom Vorstand ein Vorschlag gemacht wurde zur Vermeidung einer zwangsläufigen

Unterbilanz. Nach diesem Vorschlage wären die Hauptnutznießer unserer Einrichtungen besonders betroffen gewesen. Und von diesen Hauptnutznießern waren derart viele Vertreter(innen!) anwesend, dass erregte Debatten begannen. Insbesondere waren viele Damen vorhanden, die ihr Recht, ohne besondere Abgabe täglich 8 Stunden Tennis zu spielen, verteidigten wie Löwinnen ihr Junges.

Allerdings waren auch einige Herren dagegen. Die Herren baten ums Wort und redeten, viele Damen baten nicht ums Wort und redeten auch ... Es lebe die Freiheit der Spielzeit! (Es lebe das 8-Stunden-Spiel).

Was sagen Sie denn dazu, dass im Ältestenausschuß nunmehr 2 Damen sitzen? Hätten Sie es für möglich gehalten, dass Damen zu den ‚Ältesten' gehören wollen? Aber was soll man machen? Man kann doch den Namen nicht in ‚Jüngsten'-Ausschuß ändern. Nichtsdestoweniger ist es sehr erfreulich, dass besagte Damen das Amt angenommen haben, und wir wünschen und glauben, dass sie es recht ernst nehmen werden."

Unmittelbar nach ihrer triumphalen Rückkehr von Wimbledon plante die neue „Tenniskönigin von Europa" zusammen mit ihrer Klubkameradin Irmgard Rost eine Südamerika-Tournee, die sie im Herbst nach Brasilien, Argentinien und Chile führte. Doch zunächst standen ein Turnier in Breslau und die Deutschen Meisterschaften in Hamburg auf dem Programm.

Am 30. August wollten beim Turnier des Tennisclubs Gelb-Weiß Breslau über 3.000 Menschen die frischgebackene „Weltmeisterin" sehen. Trotz des kühlen und regnerischen Wetters war der Andrang so groß, „dass sogar die Tore polizeilich geschlossen" werden mussten. Im Verlauf dieses Turniers trat Cilly Aussem gleich viermal an. Davon zweimal gegen die österreichische Meisterin Erna Redlich. Ein Sportberichterstatter degradierte dieses Match zu einem „20-Minuten-Treffen", in dem es der Kölnerin gelang, ihre österreichische Konkurrentin

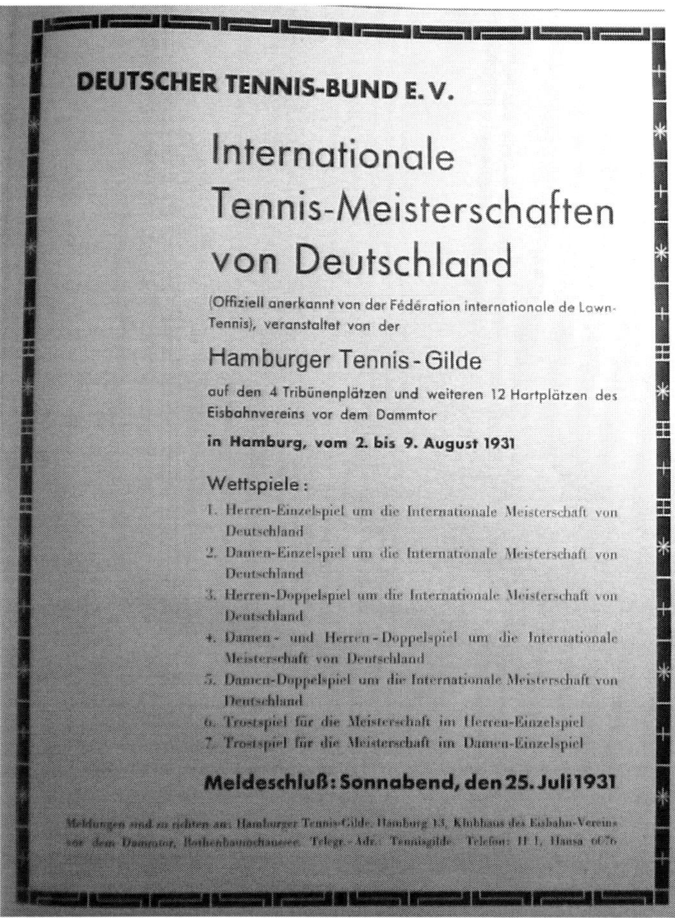

DEUTSCHER TENNIS-BUND E. V.

Internationale
Tennis-Meisterschaften
von Deutschland

(Offiziell anerkannt von der Fédération internationale de Lawn-Tennis), veranstaltet von der

Hamburger Tennis-Gilde

auf den 4 Tribünenplätzen und weiteren 12 Hartplätzen des Eisbahnvereins vor dem Dammtor

in Hamburg, vom 2. bis 9. August 1931

Wettspiele:

1. Herren-Einzelspiel um die Internationale Meisterschaft von Deutschland
2. Damen-Einzelspiel um die Internationale Meisterschaft von Deutschland
3. Herren-Doppelspiel um die Internationale Meisterschaft von Deutschland
4. Damen- und Herren-Doppelspiel um die Internationale Meisterschaft von Deutschland
5. Damen-Doppelspiel um die Internationale Meisterschaft von Deutschland
6. Trostspiel für die Meisterschaft im Herren-Einzelspiel
7. Trostspiel für die Meisterschaft im Damen-Einzelspiel

Meldeschluß: Sonnabend, den 25. Juli 1931

Meldungen sind zu richten an: Hamburger Tennis-Gilde, Hamburg 13, Klubhaus des Eisbahn-Vereins vor dem Dammtor, Rothenbaumchaussee. Telegr.-Adr.: Tennisgilde. Telefon: H 1, Hansa [illegible]

Bild 76

mit 6:0 und 6:1 „aus dem Felde zu schlagen“, wie es die Kölnische Zeitung formulierte. Diese vernichtende Niederlage war für die junge Dame aus Wien Ansporn genug, sich in der zweiten Begegnung am folgenden Tag heftiger zur Wehr zu setzen. In diesem Match war sie nicht ganz chancenlos. „Aus dem 6:0, 6:2 Ergebnis für Cilly Aussem geht nicht so recht die Ausgeglichenheit des Kampfes hervor“, zog die Presse Bilanz.

Einen Tag später kam es zum erneuten Aufeinandertreffen der beiden Spielerinnen. Im Mixed mit Kurt Fromlowitz spielte Cilly gegen das österreichische Duo Redlich/Bolzana. „Mit 6:4, 6:2 konnte sie mit ihrem sie glänzend unterstützenden Partner die Vertreter des Auslandes schlagen“, war in einem Spielbericht zu lesen.

Am ersten Wettkampftag hatte Cilly bereits die schlesische Landesmeisterin Halpaus 6:0, 6:1 besiegt, obwohl ihr die Gegnerin, so ein Presseartikel, „einen ungemein harten Widerstand entgegenzusetzen verstand.“

Zwischen diesem sportlichen Ausflug nach Schlesien und der Südamerikatournee trat Cilly Aussem bei den Internationalen Deutschen Meisterschaften in Hamburg an. „Bei den Damen übte das erste Auftreten der neuen Weltmeisterin besondere Anziehungskraft aus. Stürmisch begrüßt trat sie gegen Frl. Pfluegner an, die ihr natürlich nicht gewachsen war und mit 0:6, 3:6 unterlag“, fasste ein Spielbereicht den ersten Tag zusammen.

Im Mixed schaffte es Cilly mit dem Argentinier Ronald Boyd gerade einmal in die Vorrunde. Dort stießen sie auf die Schweizerin Lolette Payot und den „Anglo-Siamesen“ Hector Fischer. Letztere gewannen überraschend 6:4 und 6:4. Boyd, so vermutete ein Sportberichterstatter, wollte sich nicht verausgaben, und Cilly Aussem ließ ihre ansonsten demonstrierte Sicherheit in fast allen Phasen des Spiels vermissen.

Ihr Sieg im Einzel wurde von der Fachpresse nur am Rande erwähnt. Lakonisch hieß es, man könne sich über dieses Thema kurz fassen. „Cilli Aussem kam nicht in Gefahr, ihren Titel ernstlich bedroht zu sehen. Sie errang ihn zum dritten Male und setzte damit einen verdienten Schlusspunkt hinter ihre diesjährige Kette großer Siege.“

Die Tenniswelt hatte hier eine Wiederholung des Wimbledon Endspiels erwartet – also Aussem gegen Krahwinkel. Als sich beide unter den letzten Acht platzieren konnten, war für die Presse die erwartete Neuauflage so gut wie sicher. Doch Krahwinkel legte schon in der Vorrunde schwache Spiele gegen die Berlinerin Irma Kallmeyer und die „süddeutsche Sicherheitskanone“ (Kölnische Zeitung) Klara Hammer aus Bad-Mergentheim hin. Zwar konnte sie beide Begegnungen gewinnen, doch dann scheiterte sie 5:7, 5:7 an Irmgard Rost.

„Fräulein Rost schnitt überraschend gut ab“, staunte die Kölnische Zeitung. Auf dem Weg ins Finale hatte sie die Britin Trentham und die „vortreffliche“ schweizerische Weltklassespielerin Lolette Payot geschlagen.

Unterdessen musste Cilly Aussem gegen Marlies Horn antreten. Die Wiesbadenerin, so ein Spielbericht, war an diesem Tag „vortrefflich und sehr sicher“ und machte es Cilly „recht schwer". Doch mit 6:3, 3:6, 6:2 kam die Wimbledonsiegerin eine Runde weiter.

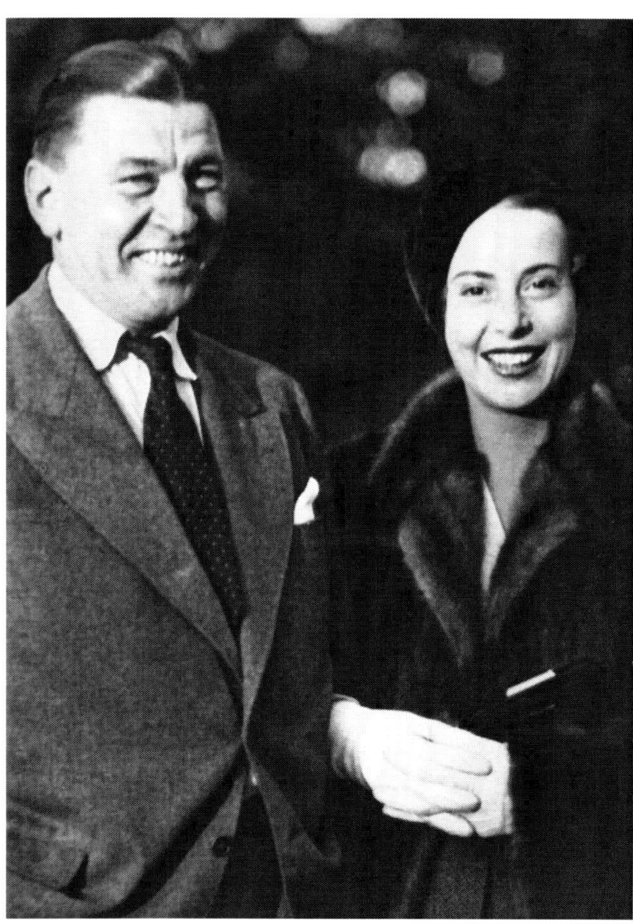

Bild 77: Roman Najuch und Cilly Aussem, 1931

Als nächste Gegnerin stand ihr die Britin Mary Heeley gegenüber. Entzückt telegrafierte der Korrespondent der Kölnischen Zeitung aus Hamburg: „Für das Auge sehr angenehm war das graziöse Spiel Cilly Aussems und der Engländerin ... Die kleine Miß spielte im ersten Satz etwas bang gegen die Weltmeisterin, im zweiten aber frisch drauf los. An dem stets sicheren 6:2, 6:4 Sieg Cillys konnte sie aber nichts ändern."

Damit kam es zu einer Neuauflage des Finales um die Deutsche Jugendmeisterschaft des Jahres 1925 – Rost gegen Aussem in einer „Kölner Damen-Schlußrunde" war am Samstag, den 8. August 1931 ein Sportbericht überschrieben.

Noch bevor das Finale am 6. August begann, wurde Cilly Aussem für die großartigen Siege in Paris und Wimbledon mit der Ehrenplakette der Reichsregierung für besondere Verdienste ausgezeichnet. „Sport und Politik haben zwar nicht miteinander zu tun", schätzte ein Journalist augenzwinkernd die Situation ein, „aber manchmal gewinnen eben auch sportliche Leistungen eine Bedeutung ..."

Im Endspiel am Hamburger Rothenbaum hatte Irmgard Rost der Favoritin Cilly Aussem nur wenig entgegenzusetzen. „Das

Dameneinzel war keine allzu aufregende Angelegenheit", bedauerte ein Zeitungsbericht. Die beiden Kölnerinnen bekämpften sich von der Grundlinie aus. Cilly überzeugte durch ein kreatives Spiel und gewann den ersten Satz souverän 6:1.

Im zweiten Satz ging sie schnell 4:0 in Führung. „Die Eintönigkeit des Grundlinienspiels wurde durch ein hübsches Flugballduell im fünften Spiel unterbrochen", schrieb die Presse. Am Ende konnte Cilly auch den zweiten Satz deutlich für sich entscheiden.

Mit 6:1, 6:2 holte sie sich – nach 1927 und 1930 – den dritten Titel bei den Internationalen Deutschen Meisterschaften. Für einen Erfolg im Mixed mit Ronald Boyd reichte es aber an diesem Tag nicht. Das Duo Lolette Payot und Hector Fisher erwies sich als zu stark.

Kurz darauf wartete auch der Verein Deutsche Sportpresse mit einer Ehrung auf. In Anerkennung für ihre Siege in Paris, Wimbledon und Hamburg wurde Cilly Aussem das Goldene Band des Vereins übergeben. Die gleiche Ehre wurde dem Rennfahrer Rudolf Caracciola zuteil.

Nach Abschluß der Meisterschaftsrunde 1931 war Rot-Weiß Köln der erfolgreichste deutsche Tennisclub. Cilly Aussem und Eberhard Nourney gewannen ihre Einzel und Irmgard Rost konnte einen zweiten und zwei dritte Plätze belegen.

Die beiden jungen Damen des Kölner Klubs waren also gut gerüstet für die lange Tournee, die sie zunächst nach Brasilien, dann nach Argentinien und Chile führte. Im September des Jahres 1931 legten Irmgard Rost und Cilly Aussem mit dem italienischen Dampfer „Conte Verde" von Genua ab. Elf Tage später legte das Schiff in Rio de Janeiro an.

Der Korrespondent der Kölnischen Zeitung war auf Draht. „Frl. Aussem und Frl. Rost siegten", kabelte er am Tage des Spiels an seine Redaktion. Die Kölner Zeitung widmete daraufhin dem Match in der Ausgabe vom 11. Oktober 1931 fünf Zeilen: „Die beiden Kölner Tennisspielerinnen Cilly Aussem und Irmgard Rost, die sich auf einer Südamerikareise befinden, haben in Rio de Janeiro einen ‚Länderkampf' gegen Brasilien ausgetragen und diesen mit 4:0 gewonnen. Frl. Irmgard Rost war gegen Frl. Maria Prado Aranka mit 6:1, 6:0 erfolgreich."

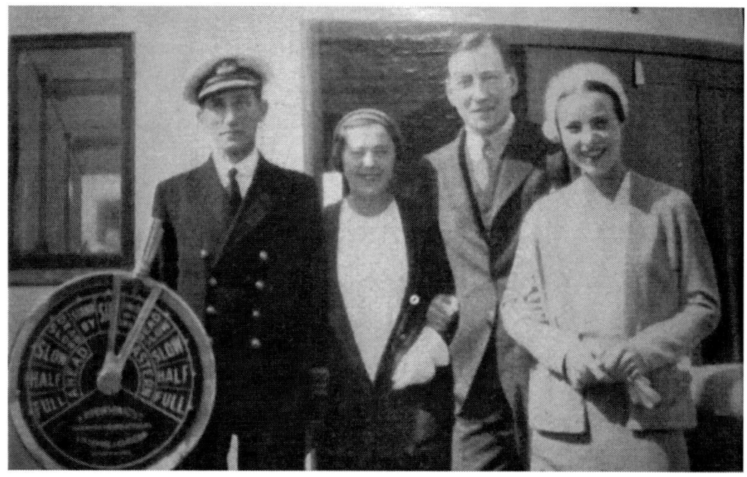

Bild 78: Auf der Reise nach Südamerika. Irmgard Rost (m), Cilly Aussem (r)

Mehr nicht. Eine Woche später, während Cillys Trainer und Partner Bill Tilden sich zu mehreren Schaukämpfen in Köln aufhielt, war zu lesen, dass die beiden Spielerinnen von Brasilien nach Argentinien weitergereist waren, wo sie ihren ersten Auftritt in Buenos Aires hatten.

Weitere Auskunft über den Brasilien-Aufenthalt gab ein Reisebericht von Irmgard Rost, der in der Clubzeitung von Rot-Weiß Köln erschien:

> *„Am Tage nach unserer Ankunft trainierten wir auf der geradezu fabelhaften Klubanlage, die sich durch einen besonders schönen Centre Court auszeichnete. Besonders bemerkenswert war die Lichtanlage des Centre Courts. Da es in Rio nämlich meistens zu heiß ist, um am Tage zu spielen, geht man erst abend, wenn es kühler ist, zum Tennisspielen. Wir haben noch keinen Hallenplatz gese-*

hen, der eine so wenig störende Beleuchtung hatte, wie der Freiluftplatz in Rio. Wir bestritten unseren Hauptkampf allerdings hauptsächlich bei Tage: das ging auch recht gut, da zur Zeit unseres Dortseins das Klima sich von dem unserer deutschen Sommerzeit kaum unterschied. Bei unserem Kampf gegen die brasilianischen Damen (3. und 4. Oktober) fanden wir ein außerordentlich sportliches Publikum vor, das mit Beifall und Glückwünschen nicht sparte."

Neben dem Sport kam auch der touristische Aspekt im größten Land Südamerikas nicht zu kurz. Die beiden Stars besuchten die Sehenswürdigkeiten von Rio, machten Ausflüge in das Amazonasgebiet und fuhren mit einem Luxuszug nach Sao Paolo. Dazu Irmgard Rost in ihren Reiseschilderungen: „Das Innere der Wagen ist luxuriös eingerichtet, die Bedienung der Fahrgäste wird von blitzsauber gekleideten Negern besorgt."

Im Oktober und November fanden in Buenos Aires die argentinischen Meisterschaften statt, an denen beide Spielerinnen an den Einzeln, Doppeln und Mixed teilnahmen. Den beiden Deutschen, die am 15. Oktober 1931 mit dem Schiff aus Brasilien gekommen waren, wurde ein triumphaler Empfang bereitet. Ihrem Auftritt wurde ein beachtlicher Stellenwert beigemessen. Die Zeitschrift Tennis und Golf berichtete, das Auftreten der beiden Spielerinnen löste „ein weit größeres Interesse aus als die Schaukämpfe." Nicht nur der Präsident des argentinischen Tennisverbandes sowie die erste Riege der einheimischen Tennisspieler sondern auch hochrangige Vertreter der deutschen Botschaft in Buenos Aires hatten sich zum Empfang eingefunden.

„Wir wussten uns vor Blumen, Fotografen und besonders vor Reportern kaum zu retten", erinnerte sich Irmgard Rost. „Überhaupt die Zeitungen! Ganzseitige Bilder und Beschreibungen unseres Spiels waren nichts Seltenes. Wir kamen uns manchmal vor wie kleine Hindenburge",

wagte sie einen gedanklichen Abstecher in die politische Landschaft des Deutschen Reiches.

„Die Tennisanlage des Klubs hat ihresgleichen allenfalls in Wimbledon und Paris", schwärmte Irmgard Rost in ihrem Reisebericht. „Es war unerträglich heiß und dementsprechend sehr anstrengend zu spielen ... Die feuchtwarme Treibhausluft in Buenos Aires tat das Übrige und Cilly bekam die Grippe. Auch ich war nicht ganz auf dem Damm, konnte aber wenigstens aufbleiben."

Grippe und Hitze konnten die beiden deutschen Spielerinnen allerdings nicht vom feinen gesellschaftlichen Leben im eleganten Buenos Aires abhalten. „Immerhin ließen wir es uns nicht nehmen, auf dem großen Fest des Deutschen Klubs, an dem auch der deutsche Gesandte teilnahm, zu erscheinen ... Oft wussten wir nicht mehr, wie all den vielen Einladungen gerecht zu werden. Die Zeit langte nicht, um alles Schöne mit Ruhe genießen zu können." Schließlich hatte man die lange Schiffsreise nach Südamerika zum Tennisspielen unternommen und nicht unbedingt zum Feiern.

Cilly Aussem setzte sich in der Vorrunde mühelos gegen ihre Gegnerinnen Rendtorff, MacIntyre, Balpardo und Duffy durch. So gelangte sie ohne nennenswerte Gegenwehr in die Vorrunde.

Irmgard Rost war derweil gegen die chilenische Meisterin Anna Lizana gesetzt, die zuvor in einem temporeichen Kampfspiel die argentinische Titelträgerin Bushell aus dem Turnier geworfen hatte. Offensichtlich hatte sie dort zuviel Kraft investiert, denn gegen Irmgard Rost musste sie sich in zwei Sätzen geschlagen geben. In einem Reisebericht bezeichnete Irmgard Rost Anna Lizana später als „die beste in Südamerika". Die Chilenin hielt sich noch über Jahre in der Spitzengruppe der südamerikanischen Tennisspielerinnen und gewann sogar 1937 die US-Meisterschaft.

Es kam, wie es die meisten vorausgesehen hatten, zu einem deutschen Endspiel. Einmal mehr erwies sich dabei Cilly Aussem als die stärke Spielerin. Den ersten Satz gewann sie 6:1, im zweiten Satz sah sie sich zwar erheblich größerer Gegenwehr von Rost ausgesetzt, doch sie gewann auch hier: 6:4. Auch das Doppel an der Seite von Hector Catharuso gewann sie souverän 6:3, 6:2 gegen Irmgard Rost und deren Partner Adriano Zappa.

Um Cillys Gesundheit war es während der Tournee einmal mehr nicht zum Besten bestellt. In der Kölnischen Zeitung war von einem „leichten Influenzaanfall" die Rede. Einem Korrespondenten der Nachrichtenagentur United Press erklärte sie, wegen ihres Fiebers nicht zu den nächsten Spielen antreten zu können. „Zweifellos werde sie jedoch auch dann durch die Schwäche behindert sein, die stets einem Influenzaanfall folge", schrieb die Kölnische Zeitung vorsorglich. „Sie glaube jedoch trotzdem, gute Aussichten zu haben."

Im gemischten Doppel gab es für die Kombination Rost/Zappa gegen Ricketts/del Castillo eine unerwartete Niederlage. Dagegen waren Cilly Aussem und Ronald Boyd auf der Siegerstraße. Erst besiegten sie das Ehepaar Audras 6:2 und 6:4, dann das Duo Anderson/van Wassenaar 6:1, 6:2. Die Gegner in der nächsten Runde hießen Aguirre/Obarrio. Der Argentinier Obarrio war Jahre zuvor einer der besten Spieler des Landes gewesen und stellte in diesem Spiel sein Können noch einmal eindrucksvoll unter Beweis. Doch das schwache Spiel seiner Partnerin Aguirre trug erheblich zur 3:6, 2:6 Niederlage. Im Endspiel trafen Aussem/Boyd auf das Duo Ricketts/Del Castillo. Nach deren Überraschungssieg gegen Irmgard Rost und den Argentinier Adriano Zappa erhofften sich die Zuschauer auch ein großes Spiel gegen das deutsch-argentinische Duo. Doch das erwies sich als zu stark und siegte überlegen 6:1, 6:3.

Auch im Damendoppel war Cilly Aussem erfolgreich. Mit Irmgard Rost schlug sie das Duo Molina/Anderson 6:0 und

6:2. Gegen Edwards/Mackinson gab es anschließend einen mühelosen 6:2, 6:2 Erfolg, der den beiden Kölnerinnen den Weg ins Finale ebnete, in dem sie auf die Paarung Ricketts/ Dellepiane trafen. Auch diese beiden Gegnerinnen konnten dem deutschen Duo in keiner Phase des Spiels auch nur ansatzweise etwas entgegensetzen. Mit einem überzeugenden Ergebnis, 6:1 und 6:2, siegten die deutschen Damen. Damit hatte Cilly Aussem ihre dritte Goldmedaille in diesem Turnier errungen. „Als Preise erhielten wir entzückende goldene und silberne Medaillen“, schrieb Irmgard Rost in ihrem Rückblick auf die drei Wochen dauernden argentinischen Meisterschaften.

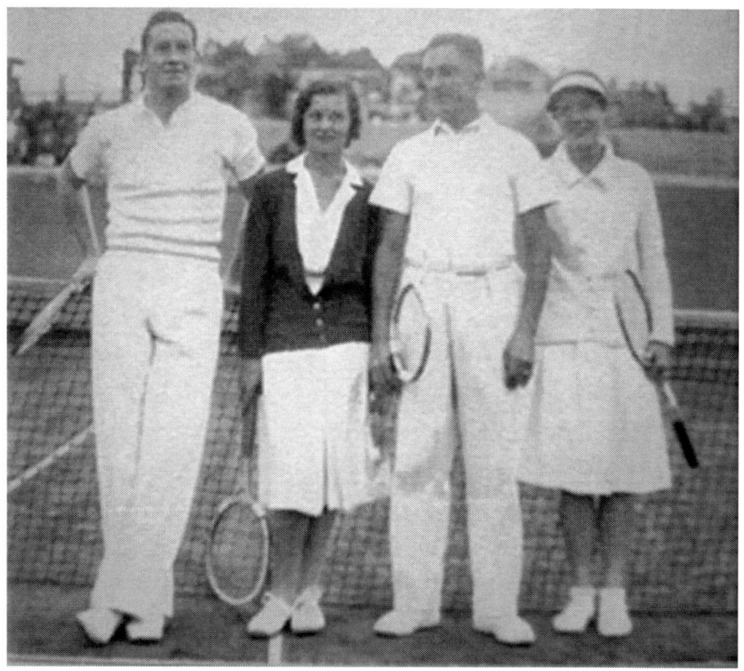

Bild 79: In Brasilien: Boyd, Del Castillo, Ricketts, Aussem (von links)

„Es unterliegt kein Zweifel“, war in einer Zusammenfassung über das Turnier in Argentinien zu lesen, „dass das Erscheinen der deutschen Damen in Südamerika nicht nur allgemein großen Beifall ausgelöst hat, sondern auch vor allem von den dort lebenden Auslandsdeutschen begrüßt wurde. Die Pressestimmen deutscher und ausländischer Zunge unterstreichen alle die Bedeutung dieses Besuches und bedauern nur, daß den beiden deutschen Damen keine ernstlichen Gegnerinnen gegenüber gestellt werden konnte, wozu, als die Einladung an sie ergangen ist, berechtigte Hoffnung bestand."

Cilly Aussem und Irmgard Rost spielten mit einer so beindrukkenden Überlegenheit, „dass man nur bedauern konnte, ihnen keine stärkeren Gegnerinnen geben zu können". Die argentinischen Damen legten zwar eine große Portion Enthusiasmus an den Tag, doch gegen die „mathematische Sicherheit der deutschen Damen" hatten sie zu keinem Zeitpunkt eine Chance.

Am 29. November hatten es die beiden Kölnerinnen in Vina de Mar, einem Badeort bei Valparaiso, mit den chilenischen Schwestern Anna und Loreta Lizana zu tun, denen sie mit 6:4 und 6:2 eine deutliche Niederlage beibrachten. Auch in den Einzelspielen ging es den beiden Chileninnen nicht besser. Die eine verlor 1:6, 5:7 gegen Cilly Aussem, die andere 0:6, 2:6 gegen Irmgard Rost. Trotz der deutlichen Niederlage gab Irmgard Rost ihrer Gegnerin Anna Lizana erneut das Kompliment mit auf den Weg, „die beste in Süd-Amerika" zu sein."

Im anschließenden gemischten Doppel standen sich die beiden Kölnerinnen zur Abwechslung als Gegnerinnen gegenüber – und es wurde knapp für Cilly Aussem und ihren Partner Page. Zwar hieß es nach zwei Sätzen 7:5 und 6:4, doch das Duo Rost/Conrad leistete erbitterten Widerstand. In einem Spielbericht hieß es, dass Irmgard Rost „in diesem Spiel von ihrem Partner Conrads ausgezeichnet unterstützt" wurde.

Am Ende der Südamerika-Tournee gab es dann aber doch noch „eine unerwartete Niederlage" für Cilly Aussem. Irmgard Rost stand nach zwei Sätzen, die sie „sehr sicher" 8:6, 6:2 gewann, als Siegerin fest. Rost war die Gewinnerin der Turniere in Chile. Im Einzel schloss sie genau so erfolgreich ab wie im Doppel, bei dem sie im Finale zusammen mit Cilly Aussem gegen Loreta Lizana/Piza gewann.

Die Ergebnisse der Südamerika-Tournee:

Gegner	***Punkte***	***Sätze***	***Spiele***
Brasilien	*2:0*	*4:0*	*24:6*
Argentinien	*5:0*	*10:0*	*60:3*
Chile	*5:0*	*10:0*	*62:17*

Obwohl auf deutscher Seite nur Cilly Aussem und Irmgard Rost antraten, wurden diese Begegnungen als Länderkampf gewertet.

Am 15. Dezember endete die drei Monate lange Südamerika-Tournee. Während Irmgard Rost die Atlantiküberquerung bei schönem Wetter genoß und auf dem Tennisplatz des Schiffes einige Trainingseinheiten absolvierte, „war Cilly so krank, dass sie von all dem Schönen, das so eine Seereise in sich birgt, gar nichts genießen konnte und ständig in ihrer Kabine liegen musste."

Am letzten Tag des Jahres 1931 waren die beiden Südamerika-Heldinnen wieder zurück in der Heimat. Gegen 13 Uhr legte ihr Schiff, die Cap Arcona „Hamburgs größter, schönster und vor allem konkurrenzlos schnellster Überseer" in der winterlichen Hansestadt an.

Cillys Eltern, ihr neunjähriger Bruder Carl-Heinz sowie Irmgard Rosts Mutter bildeten neben einer Vielzahl von Journalisten und Fotografen das Empfangskomitee. Doch der Empfang war anders als man ihn sich vorgestellt hatte. Während Irmgard Rost freudig über ihre Spiele und Erfolge bei der Südamerika-Tournee berichtete, wollte Cilly Aussem von alledem nichts wissen und lehnte Besuche strikt ab. Nur ihre Familie ließ sie an sich heran.

Was war passiert? Um ihre Freunde und Familienangehörigen nicht zu beunruhigen, hatte sie von Südamerika aus „gefärbte

Berichte“ geschrieben. Mit anderen Worten: sie hatte ihren erbärmlichen Gesundheitszustand verschwiegen. Immerhin hatten ihr bereits zu Beginn der Tournee die Ärzte in Buenos Aires zu einer dringend notwendigen Blinddarmoperation geraten. Cilly Aussem lehnte das kategorisch ab. Sie wollte lieber ihre Spiele bestreiten und dann so schnell wie möglich nach Hause reisen.

In Hamburg angekommen, verließ sie als Letzte das Schiff. Sie wurde auf einer Bahre von Bord getragen und sofort in das Hotel Atlantic gebracht. Dort unterzog sie sich einer erneuten Untersuchung. Dann entschieden die Ärzte, dass sie reisen durfte. Während Irmgard Rost kurz vor dem Jahreswechsel in Köln ankam, saß Cilly Aussem bereits im Zug nach München, wo der Mediziner Professor Dax auf sie wartete, der sie schon im Frühjahr behandelt hatte und nun, am 1. Januar 1932, die dringend erforderliche Blinddarmoperation vornahm. Wie die Kölnische Zeitung tags darauf zu berichten wusste, verlief der Eingriff ohne Komplikationen.

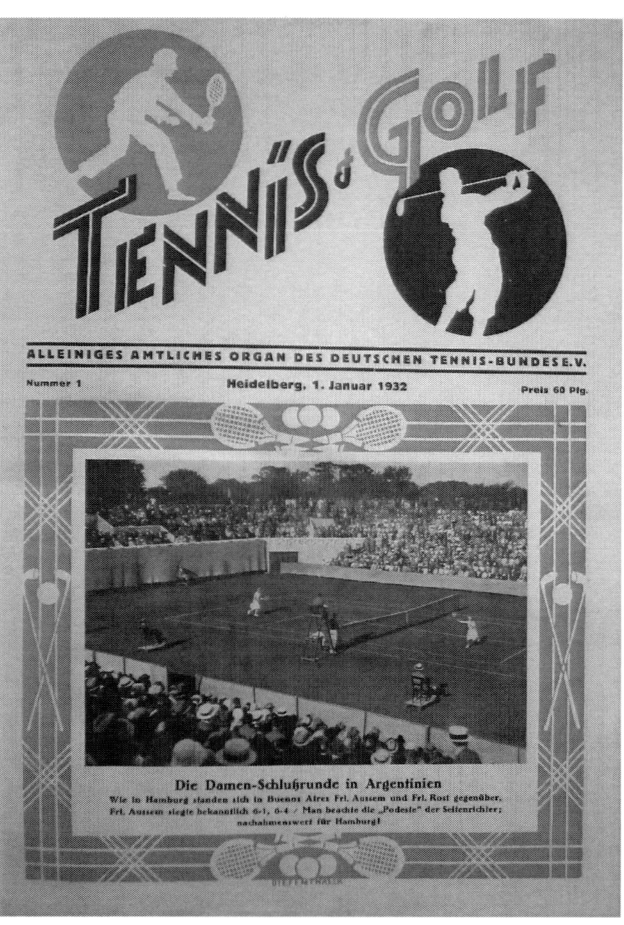
TENNIS & GOLF
ALLEINIGES AMTLICHES ORGAN DES DEUTSCHEN TENNIS-BUNDES E.V.
Nummer 1 — Heidelberg, 1. Januar 1932 — Preis 60 Pfg.

Die Damen-Schlußrunde in Argentinien
Wie in Hamburg standen sich in Buenos Aires Frl. Aussem und Frl. Rost gegenüber, Frl. Aussem siegte bekanntlich 6-1, 6-4 / Man beachte die „Podeste“ der Seitenrichter; nachahmenswert für Hamburg!

Bild 80: „Tennis und Golf“ Titelseite Januar 1932

Am 29. August 1931 wurde in Paris die Tennis-Weltrangliste veröffentlicht. Cilly belegte hinter Helen Wills-Moody den zweiten Platz. Daran hatte nicht nur Bill Tilden große Zweifel: „Frl. Aussems Rekord berechtigt sie, den ersten Platz einzunehmen. Schließlich hat sie drei große Titel gewonnen.“ Dagegen hatte Helen Wills Moody nur ein einziges Turnier gewinnen können – in den USA. Dass sie zum Saisonende trotzdem den ersten Platz belegte, führte Tilden auf ihre Überlegenheit und die einzigartigen Leistungen der vergangenen Jahre zurück.

Die Erfolgsbilanz der deutschen Tennisdamen bei Internationalen Meisterschaften 1931:

Cilly Aussem – *Deutschland, England, Frankreich, Österreich (Einzel, Mixed mit Enrico Maier), Argentinien (Einzel, Doppel mit Irmgard Rost, Mixed mit Ronald Boyd), Monaco (Doppel mit Lucia Valerio)*

Hilde Krahwinkel – *Tschechoslowakei (Einzel, Doppel mit Simone Mathieu), Estland, Finnland (Einzel, Mixed mit Dr. Kupsch), Deutschland (Einzel, Doppel mit Anne Peitz in der Halle)*

Irmgard Rost – *Griechenland, Chile, Argentinien (Doppel mit Cilly Aussem)*

Klara Hammer – *Ungarn und Jugoslawien (Einzel, Mixed mit Grabovits)*

Auf Cillys erfolgreichstes Sportjahr blickte Bill Tilden in seinem Buch „Aces, Places and Faults“ zurück, als er über seine Mixedpartnerin schrieb: „1931 krönte sich Cilly durch ihre Siege in den europäischen Meisterschaften selbst zur Tenniskönigin von Europa. Es ist mehr als ungewiss, ob selbst eine Helen Wills Cilly Aussem in ihrer damaligen Form geschlagen hätte. Cilly war 1931 Spielerinnen wie Helen Jacobs, Hilde Krahwinkel und der Französin Simone Mathieu klar überlegen. Unglücklicherweise war das Jahr 1931 der Höhepunkt und bei Verschlechterung ihre Gesundheitszustandes auch schon das Ende einer kurzen, aber glänzenden Tenniskarriere.“

Auch Tildens Karriere schlug eine andere Richtung ein. Der Amateur-Weltmeister des Jahres 1930 verabschiedete sich vom Amateurtennis. Schon 1931 gewann er als Profi die „Weltmeisterschaft für Tennis-Berufsspieler“ .

1932 – 1935 Die letzten Tennisjahre

Die Reise nach Südamerika markierte den Wendepunkt in Cilly Aussems kurzer Karriere. Ihre angeschlagene Konstitution zwang sie zu einer Monate langen Pause. Sie trat immer seltener zu Turnieren an, und wenn, dann verlor sie meistens. Dazu ihr damaliger Kölner Klubkamerad, Konsul Paul Bauwens: „Sie war gesundheitlich empfindlich. Sie war ein zarter Typ. Von Amerika ist sie etwas angekratzt zurückgekommen.“

> *Zu Beginn des Jahres 1932 versuchte Tennis und Golf eine Parallele zwischen der wirtschaftlichen Lage in Frankreich, England und Deutschland sowie Damen- und Herrentennis zu ziehen: „In einer Sportart, die dem Mann und der Frau die gleiche Betätigung gestattet, muß die Frau eigentlich im Vorteil bleiben. Denn für sie fallen alle Ketten des Berufs. Und gerade im Deutschland der Nachkriegsjahre mit seinem aufreibenden Kampf des Berufslebens sind der sportlichen Entwicklung der Herren Schranken gesetzt gewesen. Mag auch der Eine oder Andere in der Lage gewesen sein, sich beruflich gewisse Freiheiten zu gestatten – für die Allgemeinheit, aus der unsere führende Klasse herauswächst, gilt das nicht. Es ist sicher kein Zufall, dass die beiden Nationen, die am meisten unter der Weltwirtschaftskrise leiden, nämlich Deutschland und England, im Damentennis führen ... Und es ist wiederum kein Zufall, dass das Land mit der geringsten Arbeitslosigkeit, nämlich Frankreich, in den Nachkriegsjahren den größten Aufschwung im Herrentennis genommen hat.“*

Als sich Helen Wills-Moody Ende März zur Teilnahme an den Meisterschaften in Frankreich und England entschloss, vermutete die Presse, dass Cilly Aussem alles dafür tun würde, diese beiden Titel erfolgreich zu verteidigen. „Zweimal können also Helen Wills und Cilly Aussem zusammentreffen, und man darf mit Recht auf diese beiden Begegnungen der besten Tennisspielerinnen der Welt gespannt sein", schrieb die Kölnische Zeitung.

Helen Wills-Moodys Entschluss, 1932 wieder in Europa anzutreten, bescherte ihr ein höchst erfolgreiches Tennisjahr. Ihre Kritiker bemängelten, ihr Spiel sei nicht mehr so dominant wie in den Jahren zuvor und außerdem – speziell am Anfang – wesentlich langsamer geworden. Sie mussten sich eines Besseren belehren lassen. Die große Helen setzte nach wie vor Maßstäbe im internationalen Tennissport. Bei den vier Turnieren, in denen sie antrat, verlor sie nicht eine einzige Begegnung. Sie gewann zum vierten Mal die Französischen und zum fünften Mal die Englischen Meisterschaften. Ebenso wurde sie Meisterin von Holland und bestritt alle Spiele im Wightman Cup erfolgreich. Danach entschied sie sich, in Europa zu bleiben, um Kunst zu studieren und gelegentlich ein Doppel oder Mixed zu spielen.

Während Cillys Wimbledon-Finalgegnerin des Vorjahres, Hilde Krahwinkel, im Februar dreifache deutsche Hallenmeisterin wurde und anschließend Turniere in Stockholm, Kopenhagen, Wiesbaden und Berlin gewann, berichtete die deutsche Presse kaum noch über den kleinen Tennisstar aus Köln. Dafür stand eine andere Frau im Mittelpunkt des öffentlichen Interesses: die Fliegerin Ellie Beinhorn. Begeistert schrieben die deutschen Zeitungen über deren abenteuerliche Flüge nach Australien, Indonesien und Amerika.

Erst Anfang April taucht der Name Cilly Aussem in einer Pressemeldung des Deutschen Tennisbundes wieder auf. Die Funktionäre beschäftigten sich jedoch nicht mit den sportlichen Leistungen ihrer Meisterspielerin, sondern mit der sehr zweifelhaften Aussage eines Journalisten, der zuvor in verschiedenen Artikeln den Eindruck vermittelt hatte, „als habe Cilly Aussem von der Firma Mühlens (**Anmerkung:** Mühlens produzierte in Köln das „Eau de Cologne 4711") oder von einer anderen Firma Geld für Reklameartikel erhalten." Der DTB stellte in einer gemeinsamen Erklärung mit dem Deutschen Sportpresseverband fest, „daß es niemals ... Absicht war, einen solchen Vorwurf zu erheben."

Bild 81: Werbung, 1932

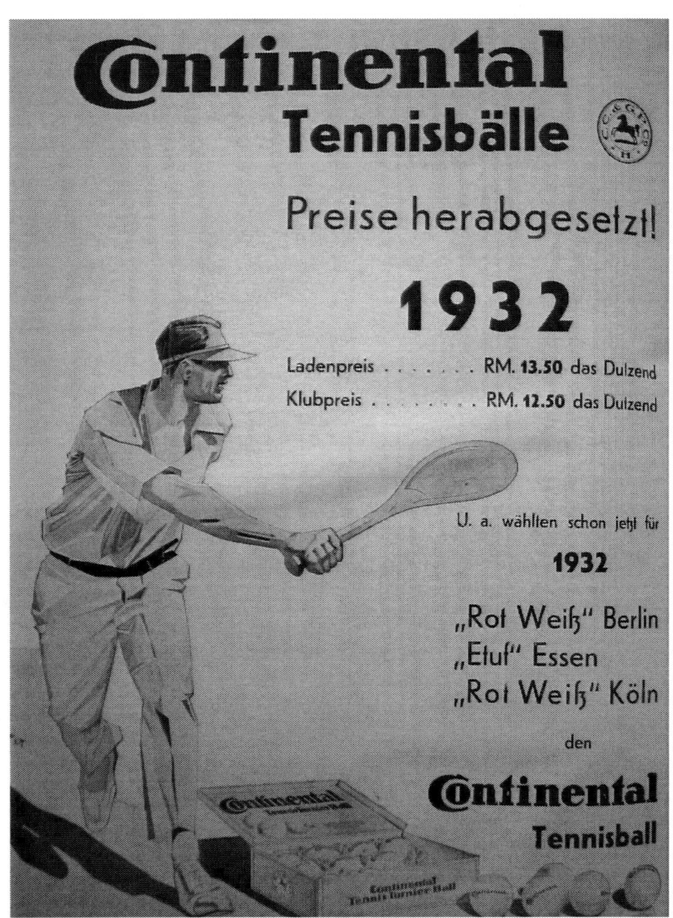

Vier Monate nach ihrer Blinddarmoperation trat Cilly bei den italienischen Meisterschaften in Mailand erstmalig wieder zu einem Turnier an. Das war nach der frisch überstandenen Operation aber viel zu früh. Besser wäre gewesen, sie hätte sich weiterhin Schonung auferlegt. Ihr ausgeprägter Wille, wieder auf dem Platz zu stehen, war jedoch vorherrschend. „Am meisten überraschte das Versagen von Cilly Aussem ...", schrieb ein Reporter, der aber auch eingestand, dass sie ihre Krankheit noch lange nicht überwunden habe. So musste sie sich der italienischen Meisterin Lucia Valerio 6:3, 6:8, 2:6 geschlagen geben.

Offenbar überschätzte Cilly Aussem ihren Gesundheitszustand so sehr, dass sie sich wenige Tage nach ihrem Ausscheiden in Mailand für das Berliner Pfingstturnier im Mai anmeldete, wohl wissend, dass sie noch nicht einmal zwei Wochen später bei den Meisterschaften in Paris antreten musste. Vielleicht hatte sie eine späte Ein--sicht, denn letztendlich blieb sie dem Berliner Turnier fern und überließ dort ihrer alten Rivalin Hilde Krahwinkel den Sieg.

Bei den Französischen Meisterschaften war Cilly Aussem wiederum gesetzt, doch ihr Auftritt im Stade Roland Gaross war nur von kurzer Dauer. Zwar konnte sie am 30. Mai in der dritten Runde die Französin Sylvie Henrotin 4:6, 6:2 und 6:3 schlagen, doch schon drei Tage später kam das Aus. Gegen ihre oftmalige Rivalin Betty Nuthall – Cilly nannte sie einmal „das Riesenbaby der englischen Rangliste“ – hatte sie im Viertelfinale den ersten Satz knapp 7:5 gewonnen, den zweiten jedoch mit 4:6 verloren. Dann aber machte ihr erneut ihr schlechter Gesundheitszustand zu schaffen. Vollkommen erschöpft trat sie zum dritten Satz gar nicht erst an und gab das Match auf. „Es ist nicht anders denkbar“, vermutete die Kölnische Zeitung, „als dass die Ermüdungserscheinungen von Frl. Aussem noch von ihrer Krankheit herrühren.“

Etwas erfolgreicher gestaltete sich das Spiel der anderen Deutschen, Hilde Krahwinkel. Sie schaffte es immerhin ins Halbfinale, in dem sie den ersten Satz mit 3:6 gegen die spätere Turniersiegerin Helen Wills-Moody verlor und sich in einem sehr hart umkämpften zweiten Satz mit 8:10 geschlagen geben musste.

„Cilly Aussem verteidigt ihre Meisterschaft“, wusste die Kölnische Zeitung in ihrer Ausgabe vom 25. Mai 1932 zu berichten. Aber das war Wunschdenken und entsprach nicht den Tatsachen. In diesem Jahr verzichtete Cilly Aussem „wegen Krankheit“ auf die Wimbledonteilnahme im Einzel und trat lediglich im Doppel und im Mixed an. In beiden Disziplinen kam das Aus schon in der zweiten Runde: im Damendoppel mit Phyllis Satterthwaite gegen Madge List und May Bruce und im Mixed mit Donald Turnbull gegen Joan Ingram und John Olliff.

Wegen totaler Erschöpfung trat sie den gesamten Sommer über nicht zu Turnieren an und stand erst im September wieder auf dem Platz, ohne sich aber wirklich großen Herausforderungen stellen zu müssen. Im Schongang kam sie beim Turnier in Breslau am 10. und 11. September zu einigen Erfolgen. Obwohl sie „auffallend matt und vorsichtig" spielte, wie es eine deutsche Zeitung formulierte, konnte sie die Pragerin Ertl in zwei Spielen besiegen. Die erste Begegnung endete 6:2, 6:0; die zweite 6:4, 6:0. Während Cilly „sich immer noch Schonung auferlegen musste" und „noch nicht in der früheren Hochform antrat" und daher die Grundlinie selten verließ, war ihre tschechische Gegnerin hoch motiviert, der Meisterin eine Niederlage beizubringen. Doch gegen Cillys Routine und ihr variables Spiel kam sie nicht an.

Ebenso wenig gelang es der Pragerin und ihrem Landsmann Klein im Mixed, Cilly und deren Spielpartner von Gustke zu besiegen. In der ersten Begegnung hieß es 6:4, 6:4 und im darauf folgenden Duell 6:0, 4:6. Dann musste das Match wegen der hereinbrechenden Dunkelheit abgebrochen werden.

Die Spiele in Breslau hatten sie sehr mitgenommen und gesundheitlich zurückgeworfen. So war eine erneute Wettkampfpause unvermeidlich. Weder beim Turnier in Montreux, wo sie einige Jahre im Internat verbrachte und nach eigenen Aussagen besonders gerne spielte, noch in Meran ging sie an den Start.
Gesellschaftliche Verpflichtungen waren der Grund für Cilly Aussems Auftritt beim 12. Fest der Berliner Sportpresse. Hier schaute sie sich zunächst die Schaukämpfe ihres ehemaligen Partners und Trainers Bill Tilden an, und dann bestritt sie an der Seite von Daniel Prenn ein Doppel gegen Paula von Reznicek und Gottfried von Cramm. Es war weniger ein Wettkampf sondern mehr ein Schaukampf, der aus nur einem Satz bestand. Cilly und Prenn gewannen 6:4.

Kurz darauf bestritt sie für Rot-Weiß Berlin einen Städtekampf gegen den Racing Club Paris. Ihr starker Auftritt gab Grund zu der Annahme und Hoffnung, dass „das für den nächsten

Tennissommer eine Anknüpfung an ihre früheren Leistungen erwarten lässt."

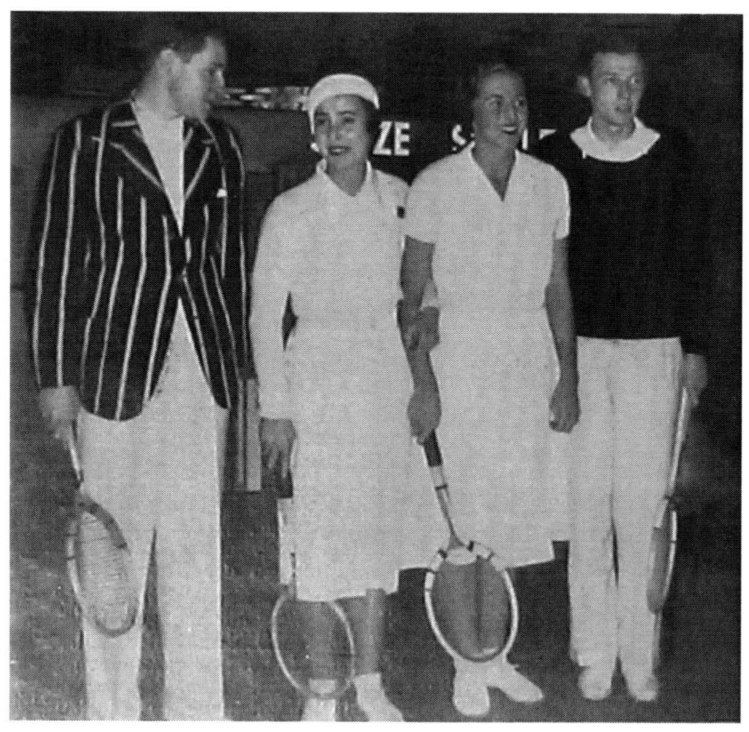

Bild 82: 1932 in Berlin, von Cramm, Aussem, Rosambert und Boussus (von links)

Die Halle an der Brandenburgischen Straße war fast ausverkauft, als sich am 5. Dezember Colette Rosambert und Cilly Aussem gegenüberstanden. Dabei war die eigentliche Überraschung nicht Cilly Aussems Sieg über die Pariserin. Vielmehr überraschte die Tatsache, dass kein geringerer als Bill Tilden den Schiedsrichter spielte. Er ließ sich zu Beginn des Matches wegen seiner nicht vorhandenen Deutschkenntnisse entschuldigen und kündigte an, in englischer Sprache zu zählen. Diesen Vorgang tadelte die Fachpresse empört: „Er war sich wohl selbst bewusst, dass dies ein Verstoß gegen die Wettspielordnung bedeutete, und man darf annehmen, dass es sich dabei um eine einmalige Ausnahme gehandelt hat."

Tilden wird diese Ermahnung amüsiert zur Kenntnis genommen haben. Für ihn ging es bei seinem Deutschlandaufenthalt in erster Linie um viel Geld. Er war im Rahmen seiner Europatournee nach Berlin gekommen, um an den dreitägigen Wettkämpfen der Berufsspieler teilzunehmen. Dreitausend Zuschauer, darunter Cilly Aussem, waren in den Sportpalast gekommen, um diesem für Berlin einzigartigen Spektakel beizuwohnen.

Zunächst schien Big Bills Anwesenheit seine ehemalige Partnerin zu irritieren. Cilly begann nervös, legte aber eine unübertreffliche Beinarbeit an den Tag, und nach einigen Augenblicken der Schwäche fand sie ihr Selbstvertrauen wieder und beendete den ersten Satz mit 6:1. Im zweiten Satz lag sie schon 1:4 zurück, als sie endlich ihre Nervosität komplett ablegte und zu alter Form zurückfand. Sie „schlug frei, in richtiger Haltung und mit herrlicher Länge ihre Drives, passierte nach Herzenslust und beendete die schwach begonnene Partie in verheißungsvollem Stil mit fünf Gewinnspielen." Und sie hatte das Glück auf ihrer Seite. „Mit einem nach Sekunden der Unentschlossenheit über die Netzkante kullernden Ball schloß das Match 6:4, 6:4 für die vielbejubelte Deutsche."

Vollkommen gegensätzlich gestalteten sich Doppel und Mixed. Beide Male hatte Cilly das Nachsehen. Zuerst verlor sie mit Paula Stuck 3:6, 2:6 gegen Lolette Payot und Colette Rosambert und dann 2:6, 4:6 mit Gottfried von Cramm gegen Christian Boussus und wiederum Colette Rosambert. Somit gewann Paris den Städtekampf deutlich mit 7:2.

Vier Tage nach Beendigung dieses Aufeinandertreffens stand Cilly bereits wieder auf dem Platz; dieses Mal im Länderkampf gegen Dänemark in Kopenhagen. Es galt, die deutsche Schlappe des Jahres 1926 wett zu machen, als die Dänen 4:1 gewannen. Das gelang den deutschen Damen nun sehr eindrucksvoll. Am Ende hieß es 8:2. Die Deutschen gewannen 17:8 Sätze.

Dabei zeigt sich Cilly gut erholt und konnte alle ihre Spiele fast mühelos gewinnen. Zuerst das Dameneinzel 6:1, 6:3, gegen

Hollis, dann das Doppel mit Marlies Horn gegen Hollis/Berg-Nielsen 6:2, 6:1. Schließlich war sie auch im Mixed mit Gottfried von Cramm erfolgreich. Hier hieß es nach zwei schweren Sätzen 6:4, 10:8 gegen das überraschend starke Paar Hollis/Gleerup.

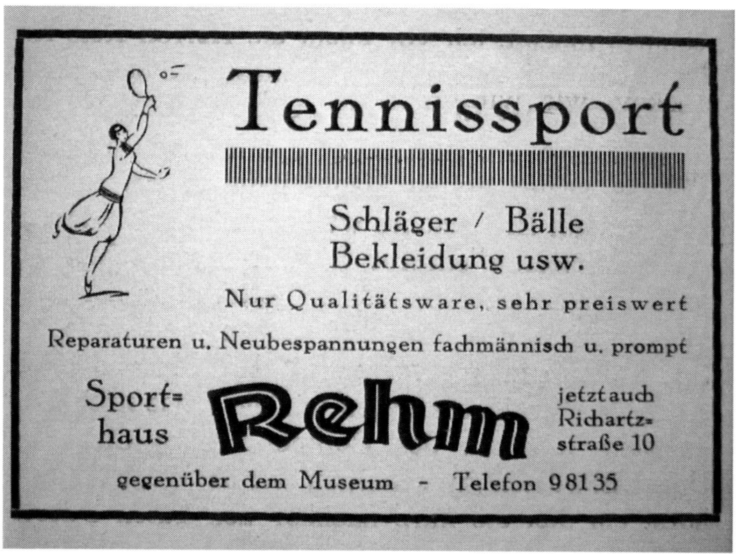

Bild 83: Werbung, 1932

Trotz dieser Erfolge stand Cilly nicht auf der deutschen Rangliste des Jahres 1932 – „mangels ausreichender Vergleichsmöglichkeiten" lautete die offizielle Erklärung des DTB. In der Weltrangliste war Deutschland mit zwei Spielerinnen vertreten: auf Platz fünf mit Hilde Krahwinkel und auf Platz acht mit Marlies Horn. Auch hier erschien Cillys Name nicht.

> *Tilden schrieb später: „Es ist wirklich schade, dass Fräulein Cilly Aussem, dieser wunderbare kleine deutsche Star, der Wimbledon, Frankreich und die Deutschen Meisterschaften gewonnen hat, hier* (**Anmerkung:** hier = in den USA) *nicht spielen konnte, denn nur sie hätte Mrs. Moody eine Tennisschlacht liefern können, und ich habe nicht die leisesten Zweifel daran, dass sie dem US Star alles abverlangt hätte."*

Warum Cilly Aussem niemals in den USA angetreten ist, konnte nicht geklärt werden. Ein Satz in der Kölnischen Zeitung aus dem August 1931, in der die Platzierungen der einzelnen Spielerinnen in der Weltrangliste kommentiert wurde, gibt zu denken: „Genau so selbstverständlich dürfte es allerdings sein, dass Frl. Aussem auf Grund ihrer einwandfreien Siege in Paris und Wimbledon, in Wien und in Hamburg den zweiten Platz in der Weltrangliste vor Frl. Jacobs verdient hat, auch wenn sie an den amerikanischen Damenmeisterschaften nicht teilnehmen kann." „ ... nicht teilnehmen kann." Warum nicht? An den Strapazen einer solchen Reise kann es nicht gelegen haben, denn vor der Überseereise nach Südamerika hatte sie sich doch auch nicht gescheut. Machte ihr einmal mehr eine Krankheit zu schaffen? Ihre Absicht, einmal in den USA zu spielen, hatte sie bereits zu Anfang ihrer Karriere, 1927, in Erwägung gezogen. Ebenso blieb sie – wie alle deutschen Damen – den Australischen Meisterschaften fern.

In seinem Buch „Weltmacht Tennis" schrieb Roderich Menzel: „Es regnete Einladungen aus aller Welt. Cilly Aussem kann wählen, ob sie nach Südafrika, Ägypten, Australien oder Kalifornien reisen will." Nichts von dem hat sie getan.

Dagegen waren die Herren reiselustiger. So tauchten das Gottfried von Cramm und Henner Henkel sowohl in den australischen als auch in den amerikanischen Turnierlisten auf. Aus den USA kamen die beiden 1937 sogar mit dem Titel im Doppel zurück.

1933

In ihrer ersten Ausgabe des Jahres 1933, vier Wochen vor der Machtübernahme durch die Nationalsozialisten, betrachtete die Zeitschrift Tennis und Golf in einem kurzen Artikel „Die allgemeine Lage". Darin hieß es u.a.:

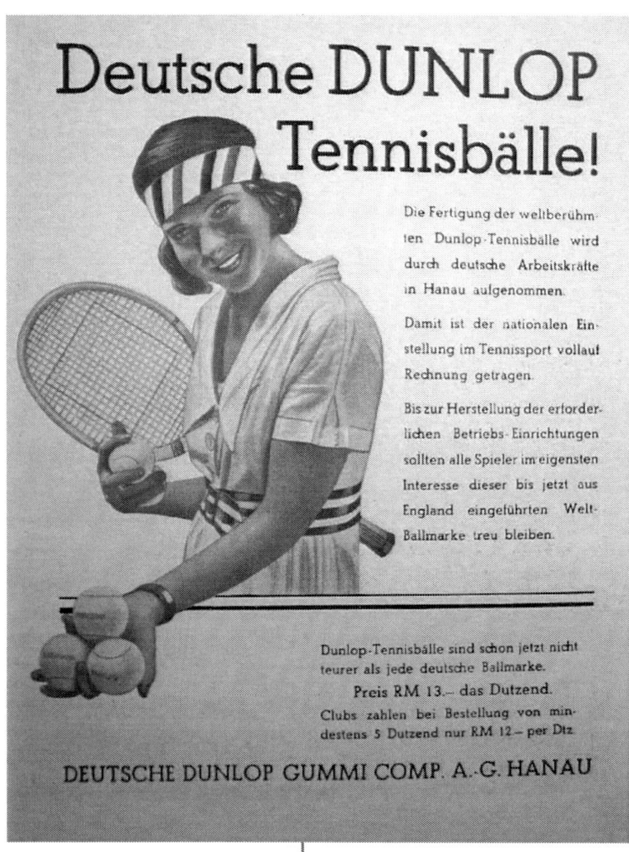

Bild 84: Werbung, 1932

„So stehen wir am Ende eines erfolgreichen und – wie wir hoffen – am Anfang eines erfolgverheißenden Jahres. Wir beginnen es jedenfalls mit gefestigtem Selbstvertrauen, mit dem Gefühl, dass auch das kommende Jahr unsere Stellung im internationalen Tennissport ausbauen wird." Aber nicht nur die kampfmäßige Spitzenleistung hat dieses Selbstvertrauen gesteigert. Der deutsche Tennissport hat auch in seiner Gesamtheit in den Krisenjahren 1931 und 1932 bewiesen, dass er festen Boden unter den Füßen hat und seinen Anteil an der Erfassung der allgemeinen Sportjugend behaupten kann ... Selbstverständlich zwingen die Verhältnisse zu großen Einschränkungen ... Die Lebenskraft und der Lebenswille sind aber im allgemeinen unberührt geblieben ..."

Und in einem Reim mit dem Titel „Jahreswende" hieß es:

Erwartungsvoll seh'n wir zur Jahreswende
Auf's erfolgverheißenden Zukunftsgelände
Und dem deutschen Tennis wünscht jeder, das weiß ich,
ein sieghaftes 1933"

Am 30. Januar ernannte Reichspräsident Paul von Hindenburg Adolf Hitler zum Reichskanzler. Bei den Wahlen am 5. März 1933 konnte die NSDAP 43,7 % der Stimmen auf sich vereinigen und unterstrich mit 288 Mandaten im Reichstag ihren Anspruch auf die politische Führung des Landes.

In Cillys Heimatstadt Köln erreichte die Hitler-Partei bei den Reichstagswahlen 33% der abgegebenen Stimmen. Bei den Stadtverordnetenwahlen am 12. März konnte sie ihren Stimmenanteil auf 39,6% steigern. Schon einen Tag später wird der Kölner Oberbürgermeister Konrad Adenauer unter dem Beifall einer großen Menschmasse, die sich vor dem Rathaus eingefunden hatten, „beurlaubt".

Auch in diesem Jahr fand man Cilly Aussem nicht unter den ersten Zehn der Welt. Bei den ersten Wettkämpfen des Jahres, den deutschen Hallenmeisterschaften in Bremen, trat sie nicht an, „da ihr der Arzt den Aufenthalt in Deutschland über die Wintermonate aus Gesundheitsgründen untersagt hat."

Also verbrachte sie den Winter wiederum an der Côte d'Azur, wo sie an verschiedenen Turnieren teilnahm. In Cannes, beim Turnier des Gallia LTC, bestritt sie ihr erstes Einzel der Saison. Sie war aber noch zu schwach und konnte bei Weitem nicht an ihre Form der vergangenen Jahre anknüpfen. „Wenn auch Frl. Aussem an ihrer Lauftechnik noch nichts eingebüßt hat", schrieb Tennis und Golf, „so zeigte sie doch in fast allen ihren Schlägen noch nicht ihre frühere Sicherheit." Cilly verlor das Finale 2:6, 6:8 gegen die Britin Celia Hewitt.

Eine weitere Finalniederlage musste sie im Doppel an der Seite von Elizabeth Ryan einstecken. Nach einem harten Kampf unterlagen sie dem britisch-amerikanischen Paar Muriel Thomas/ Dorothy Burke 3:6, 6:3, 4:6.

Als sich das bewährte Doppelpaar Ryan/Aussem am 18. Februar im Einzel gegenüberstand, ging die Entscheidung zu Gunsten der Deutschen aus. „Ausgesprochen leicht“ siegte sie 8:6, 6:1.

Zwei Tage später traten die beiden Finalgegnerinnen wiederum zusammen im Doppel an, in dem sie erneut Muriel Thomas und Dorothy Burke zum Gegner hatten, gegen die sie kurz zuvor eine Finalniederlage hinnehmen mussten. Mit einem deutlichen 6:1, 6:4 Sieg gelang dem deutsch-amerikanischen Paar die Revanche

In Monte Carlo besiegte Cilly am 2. März die Gräfin Szapary souverän mit 6:0 und 6:0, was die Kölnische Zeitung als einen „hübschen Erfolg“ bezeichnete.

Beim Turnier in Beaulieu verlor sie das Spiel um den Einzug ins Finale gegen Margret Scriven. Den ersten Satz gewann Cilly 6:4, den zweiten gab sie 5:7 ab, und im dritten Satz lag sie schon klar in Führung, verlor dann aber wiederum 5:7. „Dieser Kampf deckte deutlich die Schwächen auf, an denen Frl. Aussem noch leidet“, zog ein Spielbericht die Bilanz dieser Begegnung, „aber plötzlich verlor sie den Mut und das Selbstbewusstsein, so dass Miss Scriven aus einer ziemlich aussichtslosen Position heraus noch Satz und Sieg an sich reißen konnte.“ Ein anderer Berichterstatter attestierte ihr „einen neuen Anlauf, ihre Stellung wiederzuerobern“ und empfahl seinen Lesern, die Niederlage gegen Margret Scriven nicht als „tragisch zu nehmen, zumal es sich eben um sogenanntes Rivieratennis handelt.“

Im Mixed mit ihrem französischen Partner, dem Linkshänder Christian Boussus, schaffte sie es ins Finale von Beaulieu, verlor dort aber gegen Elizabeth Ryan und dem Deutsch-Spanier Enrico Maier.

Fünf Tage später gab es die zweite Niederlage gegen Margret Scriven. In Monte Carlo sollte das 0:6, 2:6 für Cilly Aussem nicht der letzte Misserfolg gegen die starke Britin bei dieser Turnierserie sein.

Zunächst aber erkämpfte sie sich beim Turnier in San Remo einen beachtlichen Erfolg, als sie Simone Mathieu deutlich 6:4, 6:0 besiegte. Als „fast fehlerlos“ bezeichnete ein Reporter dieses Match. Ihren Gesamterfolg beim größten italienischen Riviera-Turnier komplettierte Cilly an der Seite der amtierenden Wimbledonsiegerin Elizabeth Ryan im Doppel. In drei Sätzen schlugen sie das britische Doppel Muriel Thomas und Dorothy Burke 7:5, 4:6, 6:2.

Beim Turnier im ältesten italienischen Tennisclub im ligurischen Bordighera, einem schön gelegenen Ort an der französischen Grenze, gab es ebenfalls Erfolge zu vermelden. Im Einzel erreichte Cilly mit einem 6:1, 6:3 über Muriel Thomas ebenso einen Sieg wie im Finale des Doppels – wiederum mit Elizabeth Ryan –erneut gegen Muriel Thomas und Dorothy Burke. Diesmal hieß es 2:6, 6:4, 6:2.

Bild 85: Cilly in Cannes, 1933

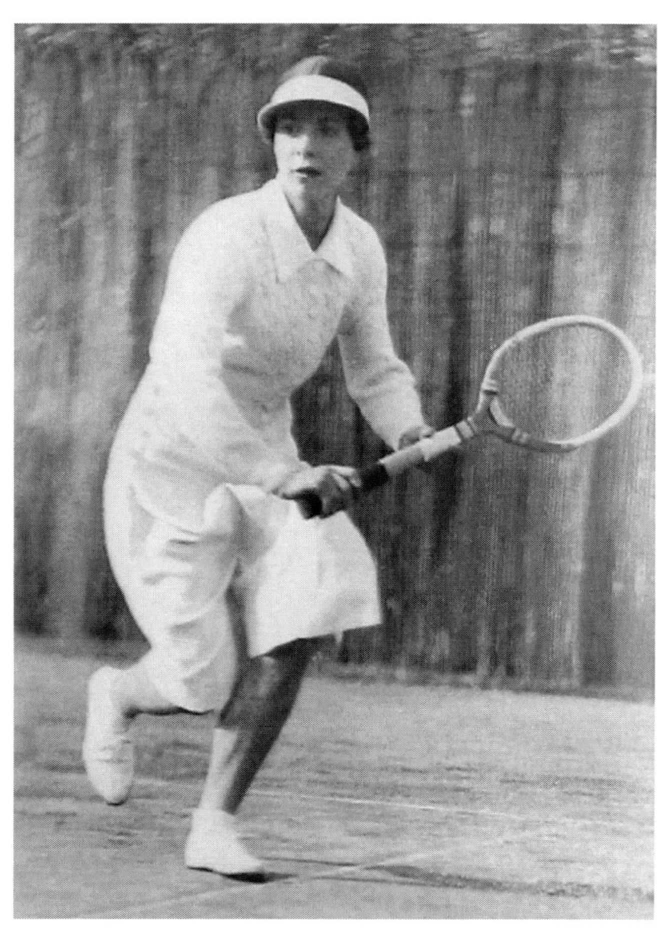

In Bordighera kam es während der Rivieraspiele zur dritten Begegnung von Cilly Aussem und Margret Scriven, „und zum drittenmal zog die noch lange nicht auf der Höhe ihrer Form befindliche Kölnerin den Kürzern“, berichtete der Korrespondent der Kölnischen Zeitung. Cilly verpasste mit einer 5:7, 3:6 Niederlage den Einzug ins Finale, das Margret Scriven gegen Ida Adamoff aus Paris gewann.

Besser lief es im Damendoppel mit Elizabeth Ryan, als die beiden dem italienischen Duo

Luzatti/Riboli mit einem 6:2, 6:2 Sieg den Weg ins Finale verbauten und dann wiederum gegen Burke/Thomas gewannen.

Wenige Tage später, diesmal wieder auf der französischen Seite der Riviera, nahm Simone Mathieu Revanche für die Niederlage in San Remo. Bei den Meisterschaften von Cannes boten die beiden Kontrahentinnen ein Zweieinhalbstunden-Match, das von Sicherheit und Langeweile geprägt war. In einem Spielbericht war von „eintönigem Tennis", und „endlosen Ballwechseln" die Rede. Nachdem die Kölnerin den ersten Satz 2:6 verloren hatte, gewann sie den zweiten Satz mit demselben Ergebnis. Beim Stand von 8:7 im dritten Satz hatte sie drei Matchbälle, die sie jedoch nicht verwerten konnte. Vollkommen erschöpft gab sie sich der Französin im entscheidenden Satz 8:10 geschlagen. Als das Turnier in Cannes zu Ende ging, hatte Cilly Aussem dann aber doch noch zwei Erfolge aufzuweisen: im Damendoppel mit Lolette Payot gegen Burke/Thomas 6:4, 6:4 und im Mixed mit dem Briten Rogers gegen die Schweizer Payot/Aeschlimann 7:5, 8:6.

Bild 86: Werbung, 1933

> *Unterdessen wurde in ihrer Heimat, auf der Hauptversammlung des Tennis-Turnierverbandes in Köln, „eingehend die Ballfrage" diskutiert. „Über die Haltbarkeit der deutschen Bälle ... wurde Klage geführt. In der Erwartung, dass die deutschen Fabriken um eine Verbesserung bemüht sind, fasste die Versammlung den aus nationalen Gründern sehr lobenswerten Beschluß, auch in diesem Jahr die Verbandsspiele mit deutschen Bällen durchzu-*

führen." Offensichtlich waren die Tennisbälle aus deutscher Produktion auf Grund ihrer schlechten Qualität zu Ladenhütern geworden, denn zu Anfang des Jahres hatte man die Ballpreise bereits um 25% gesenkt.

Ebenso konnte sie einmal mehr das Rochus Club Turnier in Düsseldorf gewinnen. In diesem Jahr veranstaltete der Club nach zwei Jahren Pause aus Kostengründen ein rein deutsches Turnier. Nach 1928 gelang ihr der zweite Sieg, als sie im Endspiel Hilde Krahwinkel 4:6, 6:1, 6:4 besiegte. „Cilly Aussem wieder in Front", jubelte Tennis und Golf im Mai 1933 auf der Titelseite. „Lebhafter Beifall dankte den beiden Damen für den großen Kampf ...", war in einem Bericht über die Neuauflage des Wimbledonfinales von 1931 zu lesen.

Nach ihrem Einzel standen sich Aussem und Krahwinkel auch im Mixed gegenüber. Cilly trat mit Eberhard Nourney gegen Hilde Krahwinkel und deren Verlobten, den dänischen Spieler Sven Sperling, an. Das Kölner Paar verließ nach drei Sätzen 6:2, 3:6, 6:2 als Sieger den Platz.

Den dritten Sieg konnte Cilly Aussem im Damendoppel verbuchen, als sie mit Hilde Krahwinkel Marlies Horn und Marga von Ende-Pflügner äußerst knapp 7:5, 8:6 schlug. Dabei hatten die beiden Wimbledonfinalisten im ersten Satz schon deutlich mit 5:2 geführt, ehe sie den Ausgleich hinnehmen mussten. „Streckenweise erreichte das Finale internationale Höhe", schwärmte ein Reporter. Da Eberhard Nourney das Herreneinzel gewann, war der Kölner Triumph der Rot-Weißen in der rivalisierenden Rheinmetropole Düsseldorf perfekt.

Weniger erfolgreich waren Cilly Aussems Auftritte bei den Französischen Meisterschaften, bei denen sie gegen Colette Rosambert eine unerwartete Niederlage einstecken musste und schon sehr früh ausschied. „Sie verlor ganz überraschend und gegen alle Erwartungen, in dem sie sich von Frl. Rosambert schlagen ließ", schrieb enttäuscht die Presse. „Die Deutsche war gar nicht im Schlag. Im Ganzen hatte man den Eindruck, dass Cilli Aussem ihre früher in Paris gezeigte Form noch lange nicht erreicht hat."

Auch im Damendoppel an der Seite von Hilde Krahwinkel gab es für Cilly Aussem nichts zu gewinnen. Die beiden Deutschen schafften es zwar unter die letzten Sechzehn, verloren dann aber gegen das britisch-belgische Duo Margret Scriven/Josanne Sigart 4:6, 6:8. Eine Niederlage gab es auch im Mixed: schon in der ersten Runde kam das Aus. Gegen die Franzosen Simone Barbier/Christian Boussus gab es für die Kombination Aussem/Shields eine knappe 6:3, 9:11, 5:7 Niederlage.

Bild 87: Damen-Doppel

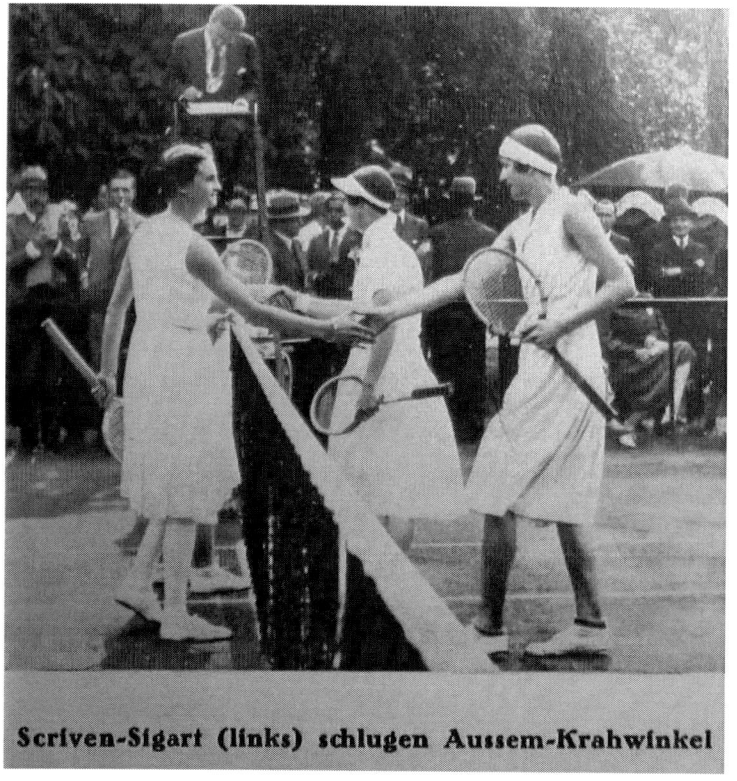

Scriven-Sigart (links) schlugen Aussem-Krahwinkel

Bei ihrem Auftritt beim Pfingstturnier von Rot-Weiß Berlin blieb eine Erfolgsmeldung erneut aus. „Noch nicht wieder in Form scheint zurzeit Cilly Aussem zu sein. Die Kölnerin wurde in der Vorschlussrunde des Damen-Einzelspiels von Marlies Horn, die unermüdlich im Erlaufen selbst der unmöglichsten Bälle war, einwandfrei mit 6:2, 6:3 geschlagen." Es war Marlies Horns erster Sieg über Cilly und damit der bis dahin größte Erfolg ihrer Karriere.

Nicht viel besser ging es Cilly im Doppel mit Marlies Horn. Hilde Krahwinkel und Änne Peitz, „das seit Jahren eingespielte Paar", bewiesen in einem „flotten Kampf" ihre Überlegenheit und beendeten die Partie siegreich mit 6:4, 6:3.

Als ob es damit noch nicht genug gewesen wäre: auch ihre zweite Finalteilnahme, das Mixed mit dem Ungarn Béla von Kehrling, war nicht von Erfolg gekrönt. Hier hießen die Sieger Ingram/Sertorio, und das Ergebnis lautete 6:4, 4:6, 6:3.

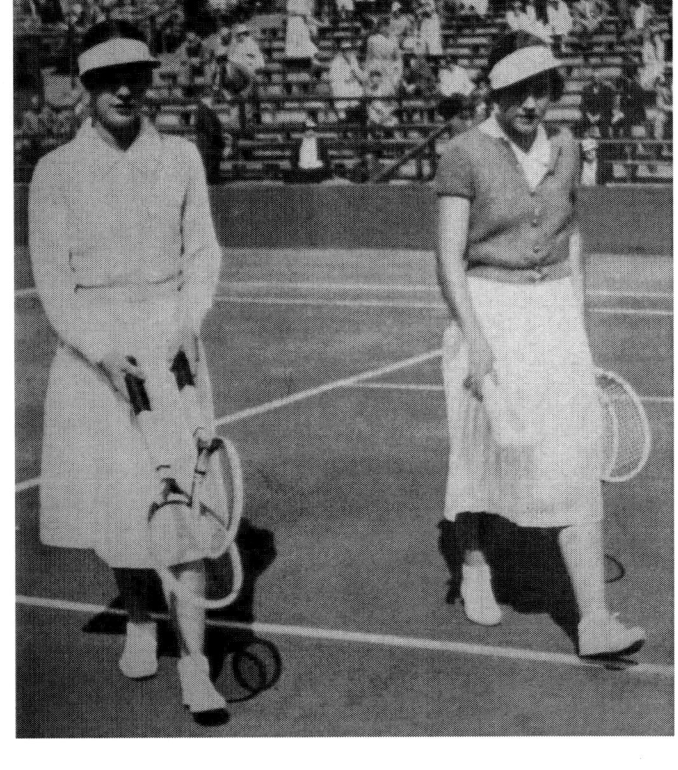

Bild 88: Cilly Aussem und die Siegerin Marlies Horn

Nach dieser Niederlagenserie sah es nicht danach aus, dass Cilly Aussem eine große Stütze für die deutsche Damenmannschaft sein würde, die wenige Tage nach Beendigung des Berliner Turniers gegen das starke englische Team antreten musste. Die beiden Länder standen sich zum dritten Mal gegenüber. Nach der niederschmetternden 0:10 Niederlage von 1931 waren die deutschen Damen hoch motiviert an den Start gegangen und hatten Stärke und Siegeswillen an den Tag gelegt. Das wusste auch die deutsche Fachpresse zu würdigen, die die knappe Niederlage als Erfolg wertete: „Englands Damen siegen nur 7:5", hieß es im Fazit über den Länderkampf in Bournemouth.

Im Doppel zeigten sich die deutschen Damen besonders stark: Cilly Aussem und Hilde Krahwinkel fertigten das britische Sensationspaar Dorothy Round/Mary Heeley mühelos mit 6:2, 6:3 ab. Dabei hatten die Britinnen kurz zuvor die Tenniswelt aufhorchen lassen, als sie das US-Weltklasseduo Helen Wills-Moody und Elizabeth Ryan besiegten. In der Begegnung mit den Britinnen überzeugte das deutsche Duo durch ein technisch hohes Niveau und ein perfektes harmonisches Zusammenspiel.

Eine weitere Begegnung gegen Dorothy Round brachte Cilly Aussem zunächst einen 6:3 Erfolg ein. Den zweiten Satz verlor sie 5:7, und im dritten war sie zu erschöpft, um konditionell mithalten zu können. Cilly lieferte der Britin „in Anbetracht ihrer Indisposition einen herzhaften Kampf", konnte aber den Gesamtsieg ihrer Gegnerin nicht verhindern. Den dritten Satz gewann Dorothy Round mühelos über eine sich kaum wehrende Aussem mit 6:1. So stand es am Ende des ersten Wettkampftag, dem 20. Juni 1933, 4:2 für England.

Am zweiten Tag gewann Hilde Krahwinkel gegen Dorothy Round, und die Hannoveranerin Marga von Ende-Pflügner verlor gegen Kay Stammers.

„Doch Frl. Aussem verbesserte das Punkteverhältnis für Deutschland wieder durch einen famosen 8:6, 6:0 Sieg gegen Frl. Heeley", war in einem Zeitungsbericht zu lesen. Cilly schien sich über Nacht von ihrer Schwäche am Vortag erholt zu haben. „Es war geradezu überraschend, mit welcher Energie die Kölnerin den ersten Satz gegen die verbissen spielende Engländerin gewinnen konnte. In diesem Spiel merkte man nichts von dem angegriffenen Gesundheitszustand der Deutschen. Sie spielte auch taktisch sehr klug, so dass ihre Gegnerin im zweiten Satz die Waffen streckte und mit 6:0 geschlagen wurde."

Den Schlusspunkt und letztendlich den Sieg für die Spielerinnen von der Insel bildete ein weiteres Doppel, dass Aussem/Krahwinkel nach „ausgeglichenem Kampf" gegen Betty Nuthall und Freda James mit 4:6, 6:4 und 3:6 verloren geben mussten.

Trotz der Niederlage stellte die deutsche Sportpresse der Damenmannschaft ein gutes Zeugnis aus: „Unter diesen Umständen ist das Ergebnis von 5:7, mit dem wir den Länderkampf verloren, sehr ehrenvoll. Englands Rangerste, Frl. Heeley, wurde sowohl von Frl. Aussem wie von Frl. Krahwinkel bezwungen. Gegenüber dem Ergebnis von 1931 haben sich unsere Damen jedenfalls rehabilitiert."

Zu diesem Zeitpunkt hatte Cilly Aussem ihre Meldung für das Wimbledonturnier bereits rückgängig gemacht. Die Presse wusste zu berichten, dass sie „sich leider gesundheitlich nicht ganz wohl fühlte." Es gab sogar Gerüchte, dass sie sich endgültig vom Tennis zurückziehen wollte, was aber der Deutsche Tennisbund sofort dementierte:

> *„Über Frl. Cilli Aussem wird in einem Teil der Tagespresse die Nachricht verbreitet, daß sie sich endgültig vom Tennissport aus Gesundheitsrücksichten zurückzuziehen beabsichtige. Diese Meldung trifft nicht zu. Wie aus einem an den Generalsekretär des D.T.B. aus Bournemouth gerichteten Schreiben von Frl. Aussem von 17. ds. Mts. hervorgeht, wird sie zu ihrem Bedauern in Wimbledon nicht spielen können. Sie hat sich einer ärztlichen Untersuchung unterzogen, wobei der Arzt ihr eine Liegekur zwecks Gewichtzunahme empfahl. Fräulein Aussem hofft, schon für Hamburg gesundheitlich wieder auf der Höhe zu sein."* (**Anmerkung:** Der besagte Brief von Cilly Aussem ist nicht im Archiv des DTB enthalten.)
>
> *Diese Stellungnahme des Deutschen Tennisbundes kommentierte Tennis und Golf in der Ausgabe Nr. 16 vom 23. Juni 1933: „Wir hoffen und wünschen, dass die Erholungspause, der sich die Kölnerin jetzt unterziehen muß, sie in absehbarer Zeit gekräftigt dem deutschen Tennissport zurück gewinnt. Aber der Fall ist doch ein Musterbeispiel dafür, dass man seine Kräfte nicht ungestraft überanstrengen und seinen Nerven gerade im nervenzermürbenden Tennissport nicht allzu viel zubilligen darf. Cilli Aussem hat schon wiederholt unter gesundheitlichen Schwankungen gelitten. Sie sollte jetzt – unbekümmert um Freunde und Presse – solange ihrer Gesundheit leben, bis sie sich wirklich imstande fühlt, wieder zum Tennis zurück zu kehren. Sport mag für sie viel bedeuten – Gesundheit aber ist mehr! Und Gesundheit erst schafft die Grundlagen für ein so in Großkämpfen aufgehendes*

Tennisleben, wie es die Rheinländerin seit Jahren – und vielleicht allzu früh – geführt hat." (**Anmerkung**: Die deutsche Presse schrieb ihren Namen jetzt immer häufiger mit einem „i" am Ende und vermied dadurch die englische Version, die auf „y" endete. Auch die bis dahin geläufige englische Schreibweise des Wortes „Club" änderte sich: jetzt stand das „K" am Anfang).

Nach dem Länderkampf gegen England und der langen Sommerpause mit dem Verzicht auf die Teilnahme an den deutschen Meisterschaften in Hamburg trat Cilly erst im Spätsommer wieder bei einem Turnier an.

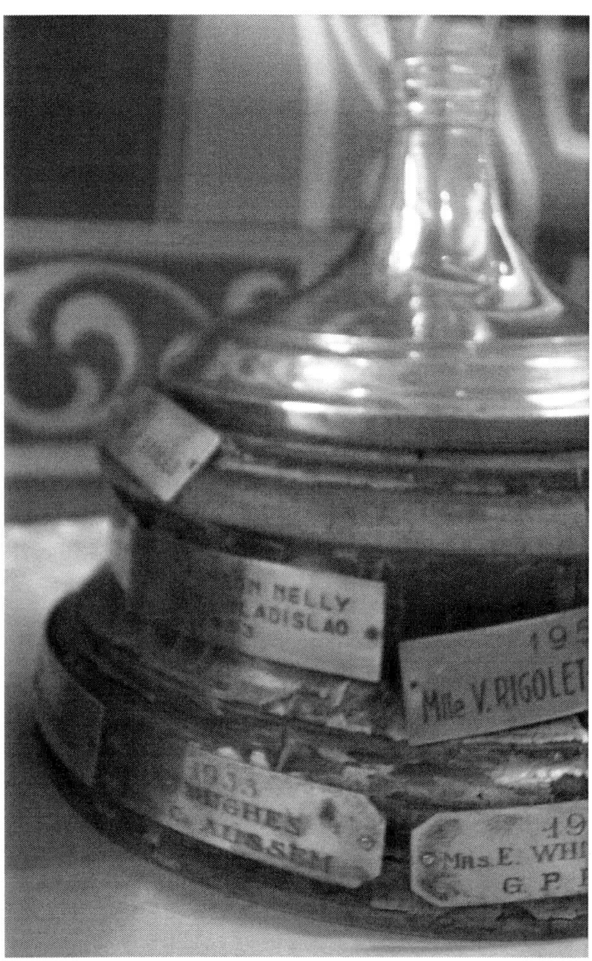

Bild 89: Lido Pokal 1933 mit Gravur „Hughes, Aussem" (unten links)

Während sich in Deutschland die Tenniswelt öffentlich darüber stritt, ob beim Spiel eine kurze Hose („Die Engländer nennen sie einfach Shorts", wunderte sich eine deutsche Zeitung) zugelassen werden sollte („So verrückt ist die Tennismode: lange Hosen für die Damen, kurze für den Herrn", bedauerte Tennis und Golf), bestritt Cilly Aussem Turniere bei Venedig.

Im der gut besetzen Einzelkonkurrenz der Lido-Turniere besiegte sie zuerst Ida Adamoff 6:1 und 6:4, dann Lucia Valerio 6:3, 4:6, 6:2. Nach diesen Erfolgen stand Cilly als Turniersiegerin fest.

Einen weiteren Erfolg konnte sie mit ihrem britischen Partner G. R. Hughes im Mixed verbuchen. Mit 7:5, 9:11 und 6:3 besiegten sie Béla von Kehrling und Muriel Thomas.

Ein dritter Sieg war in greifbarer Nähe, blieb der Kölnerin jedoch verwehrt. Im Doppel scheiterte sie zusammen mit Lucia Valerio 4:6, 4:6 an Ida Adamoff und Muriel Thomas.

Trotz des verhältnismäßig guten Abschneidens nach der langen Sommerpause werden die Lido-Turniere des Jahres 1933 für Cilly nur eine untergeordnete Rolle gespielt haben. In diesen Tagen verlobte sie sich mit dem italienischen Grafen Dr. Fermo Murari dalla Corte Brà. Auf der edlen Verlobungskarte des jungen Paares wird dessen Wohnsitz mit Via San Fermo 3, Verona, angegeben. In verschiedenen Quellen heißt es, dass Cilly den Grafen 1935 beim Skifahren in Garmisch kennengelernt habe. Sogar Paula Stuck, Cillys oftmalige Gegnerin und Partnerin, nannte rückblickend dieses Jahr, in dem sich die beiden erstmalig getroffen haben (siehe Kapitel „Nachrufe auf eine erfolgreiche Sportlerin"). Zwischen der Verlobung und dem Nachruf liegen jedoch dreißig Jahre. Eine lange Zeit, in der die Erinnerung und die Zuordnung von Daten leicht an Präzision verlieren können. Das Datum auf der Karte erbringt eindeutig den Beweis, dass die Verlobung bereits 1933 stattgefunden hat.

Cilly und ihrem Verlobten blieben nur wenige gemeinsame Tage, denn schon kurz nach den Lido-Turnieren reiste sie weiter nach Budapest, um an den Internationalen Ungarischen Meisterschaften teilzunehmen. Neben Cilly Aussem, Hilde Krahwinkel und Roderich Menzel waren „keine ausländischen Spieler der Extraklasse beteiligt", bedauerte Tennis und Golf. So standen diese Meisterschaften ganz im Zeichen der drei Deutschen, die erwartungsgemäß die Titel unter sich aufteilten.

Am erfolgreichsten waren Roderich Menzel und Hilde Krahwinkel, die in allen drei Disziplinen erfolgreich waren. Krahwinkel schlug Cilly im Finale 6:2, 6:3. Zusammen mit Menzel brachte sie Cilly Aussem und Béla von Kehrling im Mixed die zweite Finalniederlage bei. Das deutsch-ungarische Paar unterlag 3:6, 4:6.

Cilly konnte nur einen einzigen Erfolg verbuchen. Im Doppel kam sie mit Hilde Krahwinkel zu einem leichten 6:1, 6:1 Sieg über die ungarischen Damen Eisenmenger/Gräfin Szapary.

Von Ungarn machten sich Cilly Aussem und Hilde Krahwinkel auf die Reise nach Meran in Südtirol. Dort fand im Oktober das letzte Turnier des Jahres 1933 statt: der Lenzpokal. Zum Saisonausklang gab es für Cilly Aussem wieder einmal Licht und Schatten.

Zuerst besiegte sie Lucia Valerio 6:4, 6:2 und dann Jadwiga Jedrzejowska 0:6, 6:2, 6:3. Gegen Hilde Krahwinkel musste sie erneut eine Niederlage einstecken. Die lange Essenerin war in bestechender Form und gewann „die mit Spannung erwartete Begegnung" 6:3 und 6:1.

Im Doppel standen die beiden wieder vereint auf dem Platz, mussten aber „die Überlegenheit der französischen Stellungskunst und des feinen Überkopfspiels von Frau Henrotin anerkennen, die mit Frl. Adamoff in der Schlussrunde 8:6, 6:2 siegreich blieb." Im Gegensatz zu Cilly Aussem konnte Hilde Krahwinkel noch einen weiteren Sieg für sich in Anspruch nehmen, als sie ihren Erfolg von Budapest im Mixed mit Roderich Menzel wiederholte.

Als am Jahresende die deutsche Rangliste erschien, stand Hilde Krahwinkel auf dem ersten Platz, gefolgt von Cilly Aussem, Marlies Horn und Paula Stuck.

Diese Platzierung war vollkommen gerecht. Hilde Krahwinkel hatte zusammen mit Gottfried von Cramm einen großartigen Erfolg in Wimbledon erzielt, als sie die Britin Mary Heeley und deren südafrikanischen Partner Norman Farquharson 7:5 und 8:6 besiegten und damit den Titel im Mixed nach Deutschland holten.

Ende Januar verzichtete Cilly auf die Teilnahme an den Hallenmeisterschaften in Bremen, die von dem frisch vermählten Ehepaar Hilde Krahwinkel und Sven Sperling gewonnen wurden.

Auch die Riviera-Turniere in Frankreich spielten in ihrer Planung keine Rolle. Statt dessen konzentrierte sie sich ausschließlich auf in Italien angesetzten Turniere. In den norditalienischen Spielorten Rapallo, Alassio und San Remo, alle nicht all zu weit entfernt von Verona, war sie ihrem Verlobten näher als auf der französischen Seite der Côte d'Azur.

Beim internationalen Turnier in San Remo trat Cilly nach langer Pause wieder in der Einzelkonkurrenz an. Zu Beginn brachte sie der Britin Rotherham eine deutliche 6:0, 6:0 Niederlage bei, und auch der weitere Verlauf des Turniers gestaltete sich „über Erwarten gut", schrieb die Presse, die die Kölnerin „wieder mit alter Frische" spielen sah. Für Cilly brachte dieses Turnier gleich zwei Erfolge mit sich: einen 6:4, 1:6, 6:1 Sieg im Einzel gegen Lucia Valerio und einen 6:2, 4:6, 6:4 Sieg im Doppel mit Elizabeth Ryan gegen die amerikanisch-französische Kombination Dorothy Andrus und Ida Adamoff.

Beim nächsten Turnier, in Rapallo, musste sich Cilly Aussem mit einer jungen ungarischen Nachwuchsspielerin namens Sarkany auseinandersetzen. Die Ungarin brachte Cilly besonders im zweiten Satz einen solchen Widerstand entgegen, dass die nur mit sehr viel Mühe einen 6:2, 9:7 Sieg erringen konnte. Das Spiel hatte Cilly so sehr zugesetzt, dass sie in der darauf folgenden Begegnung mit Elizabeth Ryan „völlig außer Form war und so viele Fehler machte, dass die Kalifornierin nicht aus sich herauszugehen brauchte". Das 6:2, 6:1 Endergebnis war für Cilly Aussem eine äußerst bittere Niederlage gegen ihre kalifornische Dauerrivalin.

Ebenso überraschend wie sie das Einzel verloren hatte, gewann sie das Mixed mit dem Amerikaner Culley gegen Elizabeth Ryan und deren Partner Hines. Nachdem Ryan Cilly in Rapallo bereits zweimal als Gegnerin gegenübergestanden hatte, bestritten sie gemeinsam das abschließende Doppel, das sie überlegen gegen Sarkany/Baumgarten 6:3, 6:4 für sich entscheiden konnten.

Diesen Erfolg wiederholten sie wenige Tage später beim Turnier in Alassio. Die beiden gewannen das Finale kampflos, was einen Reporter zu der Annahme verleitete, man hätte dieses spielstarke Paar besser nicht zusammen, sondern getrennt antreten lassen. Das hätte seiner Meinung nach „eine bessere Schlußrunde" gebracht.

Alassio brachte Cilly zwei schöne Erfolge ein. Nach dem Sieg im Doppel nahm sie erfolgreich Revanche für die schmerzliche Niederlage in Rapallo und besiegte Elizabeth Ryan „durch ihr besseres Grundlinienspiel und ihre überlegene Laufarbeit 6:3, 6:4".

Im Mixed hatte die Kalifornierin wieder die Nase vorn, als sie Cilly und deren US-Partner Culley erneut besiegte. Ryan und der Italiener Giovanni Palmieri hatten mit 6:2, 6:2 die Nase vorn.

Von Alassio zog der Tennistross in Richtung Süden. In den schönen Gärten der Villa Communale hatte der Tennisclub Neapel ein internationales Turnier anberaumt, das sich einer lebhaften Beteiligung etlicher Spitzenspieler erfreute. So waren unter anderem neben der starken Französin Ida Adamoff die Holländerin Madzy Rollin-Conquerque und die Italienerin Lucia Valerio, beide Meisterinnen ihres Landes, mit von der Partie. Cilly schaffte zuerst gegen die Holländerin einen umkämpften 6:4, 9:7 Sieg, kam in der nächsten Partie gegen Lucia Valerio jedoch zu keinem Erfolg. Die Mailänderin zeigte sich in glänzender Spiellaune und besiegte ihre deutsche Gegnerin 7:5, 6:0.

Auch die dritte Mixedpartie mit Culley sollte keine Früchte tragen. Wie schon in den beiden Turnieren in Rapallo und Alassio reichte es nicht zum Sieg. In Neapel musste sich das unglückliche Paar Valerio/Hines 6:1, 3:6, 1:6 geschlagen geben.

Den dritten Sieg (6:4, 6:3) in diesem Turnier errang Lucia Valerio im Doppel mit Cilly Aussem gegen die italienische Paarung Luzzatti/Orlandini. Damit war die junge Mailänderin die erfolgreichste Spielerin des Turniers.

Die letzten Begegnungen dieser Spielserie fanden im römischen Tennisclub Parioli statt. Auch hier hatten sich wieder etliche Spitzenspieler eingefunden, die von etwa 2.000 Zuschauern, die in ihrem südländischen Temperament „oft in etwas zu erregter Anteilnahme Spiel und Spieler störten" – wie es Tennis und Golf zurückhaltend ausdrückte – gesehen werden wollten. Cilly hatte sich lediglich zu den Einzeln gemeldet und hatte es dort zunächst mit der Italierin Manzzutti und einmal mehr mit der starken Holländerin Madzy Rollin-Conquerque zu tun, die ihr in Neapel unterlegen war. Gegen beide Gegnerinnen brachte Cilly leichte Siege zustande.

Ähnliches war aus der anderen Spielgruppe zu vermelden, in der sich erwartungsgemäß Elizabeth Ryan leicht durchsetzte und somit wieder einmal im Finale auf Cilly Aussem traf. Wie schon kurz zuvor in Alassio war die Amerikanerin der Deutschen erneut unterlegen. Mit 6:2, 1:6, 6:2 fiel Cilly Aussems Sieg überraschend deutlich aus.

Damit hatte sie die italienischen Frühlingsturniere mit einigem Erfolg abgeschlossen und sich gut auf die kommende Tennissaison vorbereitet.

Die erste ernste Herausforderung des Jahres war das Turnier in Wiesbaden. Cilly meisterte ihr Auftaktspiel souverän mit einem 6:1, 6:1 Sieg über die Freiburgerin Hilde Weihe, die sehr schwach spielte und mit der Spielweise ihrer Gegnerin überhaupt nicht zurecht kam.

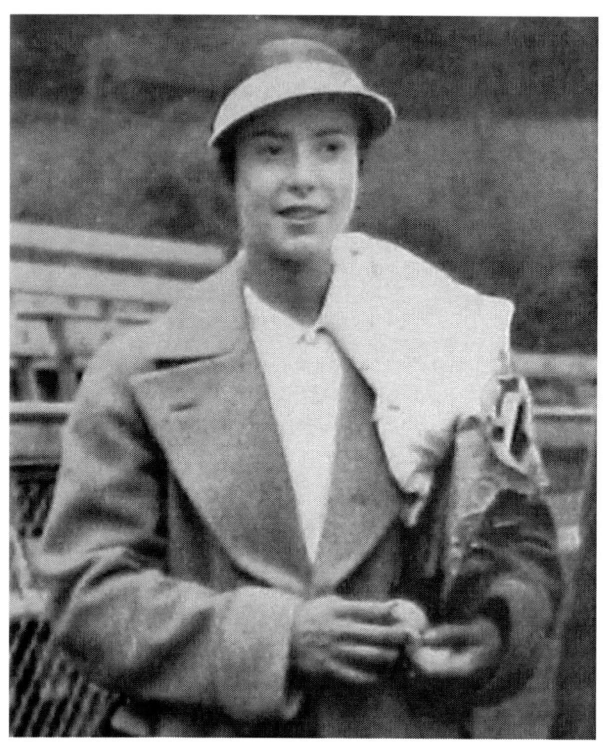

Bild 90:
In Wiesbaden, 1934

Als ein ganz anderes Kaliber stellte sich dagegen Cillys nächste Gegnerin dar, Edith Sander aus Hannover. Die ließ sich nicht so einfach abspeisen wie zuvor Hilde Weihe. In dem als „Marathonkampf" bezeichneten Spiel lag die Hannoveranerin dank einiger gut platzierter Bälle schon 4:3 in Führung. Dann gelang es Cilly Aussem, dem Spiel eine Wende zu geben und den ersten Satz 6:4 für sich zu entscheiden. Auch im zweiten Satz geriet Cilly in Rückstand, und als es 4:1 und 5:3 für Edith Sander stand, war der Satzausgleich nur noch eine Frage der Zeit. Cilly schaffte erneut den Einstand, und ab da lag sie stets einen Punkt vor ihrer Gegnerin, um dann ihr eigenes Aufschlagspiel zu verlieren. Das Spiel ging hin und her und machte der Hannoveranerin sehr zu schaffen. Sie war physisch am Ende und leistete am Ende nur noch geringen Widerstand. Ein Spielberichterstatter hatte Mitleid mit ihr: „Endlich bei 11:10 und dem dritten Siegball verschlug Frl. Sander, zum Umfallen müde, so dass die deutsche Meisterin den schwer erkämpften Sieg buchen konnte." Damit hatte es Cilly Aussem ins Finale geschafft.

Auch an ihr war dieses Match nicht spurlos vorbei gegangen. Als sie kurz nach diesem schweren Einzel erneut Edith Sander zur Gegnerin hatte, im Mixed mit Friedrich Wilhelm Rahe, war sie die Schwächere. Sander hatte schnell zu ihrer alten Kondition gefunden und war mit ihrem Partner Adalbert von Cramm die weitaus bessere Spielerin. Ursprünglich war geplant, dass Cilly das Mixed mit ihrem Partner Eberhard Nourney bestreiten sollte. Nourney war aber für den Daviscup nominiert worden und sollte deshalb, wie alle anderen Daviscup-Spieler auch, auf einen Start im Mixed verzichten. Anstatt dessen ordnete der DTB an, dass diese Spieler einige Testspiele untereinander bestreiten sollten.

Nourneys ungewollter Rückzug hatte zur Folge, dass Cilly das Mixed mit einem ihr unbekannten Partner bestreiten musste, was letztlich in einer 5:7, 6:8 Niederlage endete.

Im Einzelfinale traf Cilly auf Marlies Horn, die sich mit einem Halbfinalsieg über Paula Stuck qualifiziert hatte. „Wer Frl. Aussems langwierigen Kampf gegen Frl. Sander richtig gesehen hatte“, schrieb Tennis und Golf, „konnte sich durch die noch so blendende Laufarbeit der Kölnerin über einen, den Einsatzwillen lähmenden Mangel an körperlicher Verfassung nicht ganz täuschen lassen.“ Cilly Aussem war zwar wesentlich besser aufgelegt als am Vortag, „sie hatte sogar ganz große Momente, die schlechtweg begeisterten“, aber an diesem Tag war Marlies Horn besser – wenn auch nur wenig. Beide Spielerinnen schenkten sich nichts und begeisterten das Publikum mit spannenden Ballwechseln. Letztendlich entschied die frisch aufspielende Wiesbadenerin mit einem 5:7, 6:3, 6:2 Sieg das Turnier in ihrer Heimatstadt für sich. Damit gelang ihr nach dem Pfingstturnier 1933 bei Rot-Weiß Berlin erneut ein Sieg über Cilly Aussem.

Kurz vor Beginn der Internationalen Meisterschaften von Paris musste Cilly beim Turnier von Blau-Weiß Berlin antreten, das ihr drei Finalsiege brachte. Dabei zeigte sie besonders in den Einzeln starke Leistungen. In den vier Begegnungen, die sie benötigte, um ins Finale zu gelangen, ließ sie ihren Gegnerinnen lediglich fünf Spiele. Dabei hieß es viermal 6:0. Das fünfte Spiel ohne Satzverlust brachte Cilly Aussem im Finale gegen Änne Peitz aus Düsseldorf zu Stande, der sie mit einem 6:3 Sieg nur im zweiten Satz Punkte gestattete.

Viertausend Zuschauer waren Zeuge, als Cilly ihren Siegeszug im Doppel und im Mixed eindrucksvoll fortsetzte. Das Doppel, mit Paula Stuck, war besonders im ersten Satz ein hartes

Stück Arbeit: 13:11, 6:3 hieß es am Ende gegen Irma Bartels und Änne Peitz. Ein Reporter meinte, dass in diesem „für ein Damendoppel bewundernswert schnellen und harten Spiel" Paula Stuck die Bälle klug vorbereitete und Cilly Aussem am Netz brillierte.

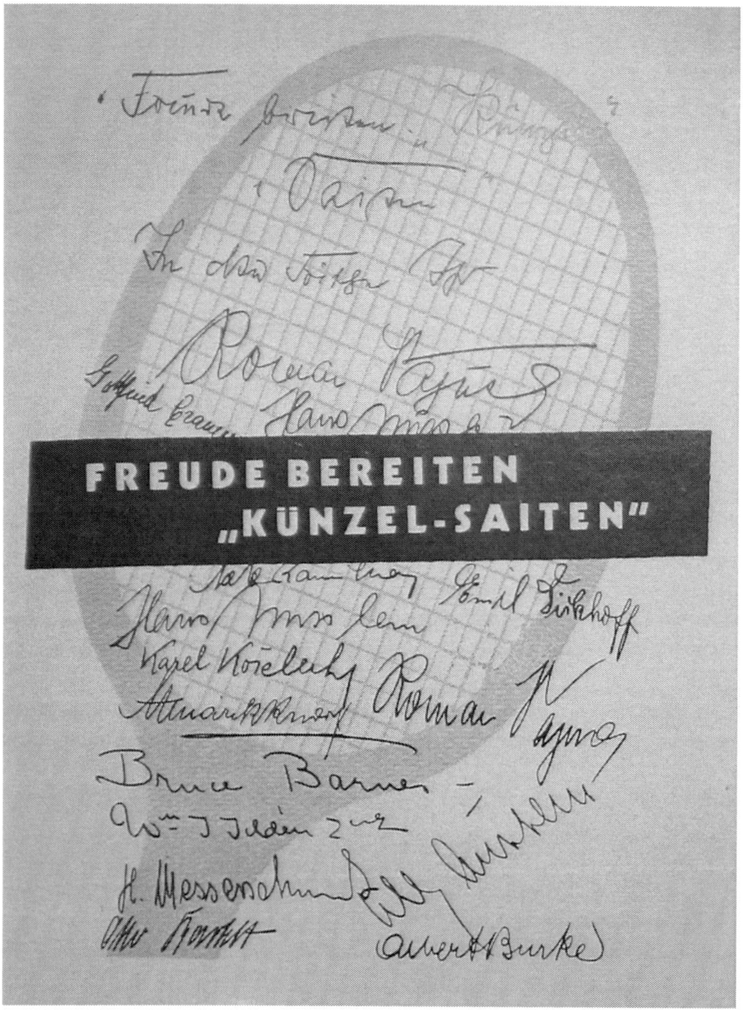

FREUDE BEREITEN „KÜNZEL-SAITEN"

Bild 91: Werbung, 1934. Auch mit Cillys Unterschrift (unten rechts)

Weniger Gegenwehr sah sie sich im Mixed mit Fritz Kuhlmann ausgesetzt, das mit einem leichtem 6:2, 6:1 Sieg über Änne Peitz und Roderich Menzel endete.

Cillys erster Auftritt bei Blau-Weiß Berlin brachte ihr neben den drei Finalsiegen auch herzliche Worte des „stellvertretenden Führers des Clubs" ein und – als besondere Anerkennung – „einen Filmapparat", den sie „strahlenden Antlitzes" entgegen nahm.

Gut gerüstet, mit drei Siegen in der Tasche, konnte sich Cilly also beruhigt auf den Weg nach Paris machen. Dort ging ihr souveräner Siegeszug zunächst mühelos weiter. Zuerst schlug sie Jeanette Gallay mit 6:1, 6:1. Dann lieferte sie sich mit Jadwiga Jedrzejowska, der deutsche Publikationen gelegentlich auch schon mal den eingedeutschen Namen „Hedwig" verliehen, einen „der dramatischsten Kämpfe, die je im Stade Roland

Gaross in Paris ausgefochten wurden." Die 22-jährige Krakauer Studentin, als eine „gefürchtete Sicherheits- und Kraftspielerin" bezeichnet, „drosch vom ersten Ball an derart drauf los, dass den Zuschauern Hören und Sehen verging", formulierte es ein Berichterstatter. Ihr aggressives Spiel brachte ihr schnell einen 6:3 Erfolg. Das Match schien eine klare Angelegenheit für sie zu werden. Im zweiten Satz lag sie bereits 3:0 vorne, als Cilly Aussem mit einem „erstaunlichen Kampfgeist" das Spiel drehen und den Satz 6:3 für sich entscheiden konnte.

Also musste der dritte Satz die Entscheidung bringen. Als es 5:1 für die Polin stand, „gab die Tribüne jegliche Hoffnung auf einen Sieg der Deutschen auf. Aber als die tapfere Exweltmeisterin unter Ächzen und Stöhnen hintereinander fünf Matchbälle abgewehrt hatte, war der berühmte psychologische Moment da." Angesichts dieser unglaublichen Aufholjagd wurde Jedrzejowska zunehmend nervöser. Während Cilly Aussem unter dem frenetischen Jubel der begeisterten Zuschauer kein Spiel mehr abgab, leistete sich die Polin gleich ganze Fehlerserien und verlor den entscheidenden Satz 6:8. Für Cilly Aussem, das „zarte Tennisgeschöpf", wie Roderich Menzel sie einmal nannte, war dieser Kraftaufwand jedoch zu viel. Ihre gesundheitlichen Probleme, die von ihrer Südamerikareise herrührten, zehrten nun mehr als jemals zuvor an ihren Kräften.

Im Laufe des Turniers konnte sie zwar noch die Britin Kay Stammers 6:4, 6:2 besiegen, verlor dann aber gegen die spätere Turniersiegerin Margret Scriven 5:7, 3:6. Nach dem Spiel gegen Stammers vermutete ein Reporter, Cilly würde sich auch „in Zukunft sehr schonen müssen, um im Tennis immer Höchstleistungen zu erzielen".

Sie trat noch einmal beim Turnier im Wimbledon an, in dem sie zunächst ihre britischen Gegnerinnen Phyllis Whitley, Helen Turnbull und Ermyntrude Harvey mit nur zwei Spielverlusten abfertigte. Dann traf sie auf deren Landsfrau Freda James. Helen Wills-Moody schrieb in ihrer Kolumne am 30. Juni 1934 in der Daily Mail: „Little Fräulein Aussem, die den

Wimbledontitel vor einigen Jahren gewinnen konnte, ist dem Turnier eine Weile ferngeblieben, weil sie an Typhusfieber litt, das sie sich während einer Tennistournee in Südamerika zugezogen hat."

> *Dann unter der Überschrift „Skirts, not Shorts" („Röcke, keine Shorts") zum Spiel gegen die rothaarige Schönheit aus England, Freda James: „Im ersten Satz spielte Frl. Aussem mit Tempo und Präzision und gewann 6:2. Die herausragenden Eigenschaften ihres Spiels sind ihre Beständigkeit und ihre Schnelligkeit." Und dann, fett gedruckt: „Frl. Aussem, eine der hübschesten Tennisspielerinnen in Wimbledon, hat nicht auf den Rock zugunsten von Shorts verzichtet."*
>
> *Auch das nächste Kapitel beschäftigte sich eingehend mit den neuen Modetrends: „Sie zieht einen maßgeschneiderten Plisséerock sowie ein kurzärmeliges Jerseyhemd mit Abnähern an der Taille vor. Sowohl Miss James, die Shorts trug, als auch Frl. Aussem schützten ihre Augen mit Schirmkappen gegen die Sonne."*

Ach ja, vom Tennis war dann letztendlich doch noch die Rede. Cilly Aussem gewann den zweiten Satz 6:1, und das war für die Kolumnistin Anlass genug, zu behaupten: „Das Ergebnis zeigt, dass Frl. Aussem in Form und ein ernster Anwärter auf den Titel ist."

Doch das war in Wirklichkeit nicht der Fall. Ebenso wie das Damendoppel mit Marlies Horn, in dem sie sich Simone Mathieu und Elizabeth Ryan in der zweiten Runde geschlagen geben musste, verlor sie auch ihr Einzel.

Helen Jacobs brachte ihr dabei die vielleicht empfindlichste Niederlage der gesamten Karriere bei. Sie ließ Cilly Aussem lediglich zwei Spiele für sich entscheiden. Die englische Presse sprach davon, dass Jacobs ihre deutsche Gegnerin in zwei schnellen Sätzen von nur 40 Minuten vernichtete. „Die resolute und sehr bewegliche Miss Jacobs hatte stets die Kontrolle über das Spiel", hieß es in einem Zeitungsartikel. Nur gelegentlich ließ Cilly Aussem ihr Können aufblitzen und machte einen Punkt. „Es war überraschend, welch eine Geschwindigkeit ein solch kleiner Körper entwickeln kann", bewunderte der Verfasser die Spielweise der Deutschen. Aber gegen Helen Jacobs hatte sie an diesem Tag keine Chance.

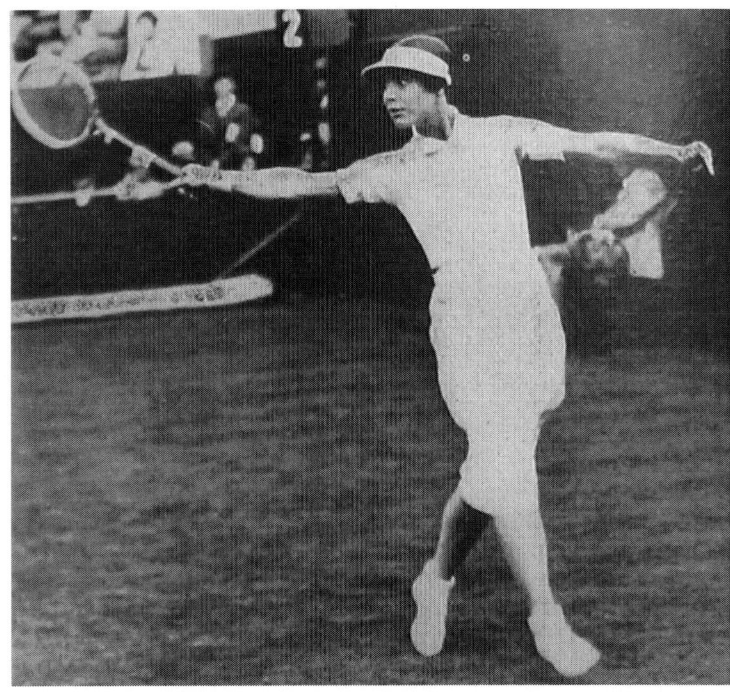

Bild 92: Im Spiel gegen Helen Jacobs

Rückblickend schrieb die Amerikanerin über dieses Match: „Als wir uns das zweite und letzte Mal 1934 in Wimbledon trafen, war Cilli nicht mehr die gleiche wie 1931. Ich glaube nicht, dass ich jemals in meinem Leben besser gespielt habe, als an diesem Tag, als ich 6:0, 6:2 gewann, aber ich stand einer verblassenden Gegnerin gegenüber. Cilli schien in ihre alte, hoffnungslose Match-Play Psychologie zurückgefallen zu sein; vielleicht verursacht durch die zahlreichen Rückschläge, die sie nach ihrer Operation einstecken musste. Ihre aggressive Spielweise war nicht mehr da und auch der Wille zum Sieg fehlte ihr."

> ***Helen Hull Jacobs** war eine großartige Tennisspielerin, doch sie hatte das Pech, in ihrer Glanzzeit auf eine noch bessere zu stoßen: Helen Wills. Gegen sie verlor Helen Jacobs vier Wimbledonfinale und eines, 1928, bei den US Meisterschaften. Diese Niederlagenserie brachte ihr den Namen, Helen die Zweite ein. Alles in allem stand*

ihr das Glück in Finalspielen selten zu Seite. Eine weitere Niederlage in Wimbledon, 1934 gegen die Britin Dorothy Round, sowie drei gegen Alice Marble bei den US Meisterschaften 1936, 1939 und 1940 rundeten die Pechsträhne der Spielerin aus Arizona ab. Auch die Internationalen Meisterschaften von Frankreich erwiesen sich als schlechtes Pflaster für Helen Jacobs. Ihre Bilanz im Stade Roland Gaross: Zwei Finalteilnahmen, zwei Niederlagen: 1930 gegen Helen „(die Erste") Wills und 1934 gegen Margret Scriven.

Besonders bitter war für sie die Wimbledon Niederlage des Jahres 1935, als sie im Finale gegen ihre ewige Widersacherin Helen Wills verlor. Jacobs führte bereits 5:3 und der Sieg war damit in greifbare Nähe gerückt. Wills spielte einen Ball, der nur knapp über das Netz kam. Als Jacobs den Ball zum finalen Sieg zurückschmettern wollte, wurde er durch einen Windstoß erfaßt und änderte die Richtung. Jacobs, in vollem Lauf, konnte nicht mehr reagieren und schmetterte ihren Schläger ins Netz. Damit stand für Helen Wills der siebte Wimbledontitel fest. Für Helen Jacobs blieb wieder einmal nur der undankbare zweite Platz.

Bewundernswert, dass sie bei allen diesen Rückschlägen und Niederlagen immer noch einen eisernen Willen zum Siegen an den Tag legte. Die enorme Kraft, die ihre ewige Konkurrentin Helen Wills so überlegen machte, hatte Helen Jacobs nicht zu bieten. Ihre Vorhand war weder besonders ausgeprägt noch besonders effektiv. Dagegen war ihre Rückhand so zuverlässig und stabil, dass sie damit die meisten Spiele entscheiden konnte. Am sichersten war ihr Spiel am Netz. Sie war in ihren Schlägen sicherlich nicht so überzeugend wie z.B. ihre dreimalige US-Finalbezwingerin Alice Marble, doch ihre kämpferische Einstellung machte dieses Manko wett. Sie spielte sogar mit Verletzungen und weigerte sich einfach, sich dadurch entmutigen zu lassen. Ihre bewundernswerten Charakterei-

genschaften, ihr Sportgeist und ihr großes Selbstvertauen machten sie zu einer großartigen Spielerin.

Das war auch 1936 im Wimbledonfinale der Fall, als sie dort ihren ersten und einzigen Titel erringen konnte. In zwei Sätzen besiegte sie Hilde Krahwinkel-Sperling. Für die Deutsche, nun Dänin, war es nach dem verlorenen Endspiel gegen Cilly Aussem am 3. Juli 1931 bereits die zweite Niederlage in einem Wimbledonfinale.

Wesentlich besser als in den europäischen Turnieren schlug sich Jacobs in ihrem Heimatland. Dort stand sie von 1928 bis 1940 achtmal im Endspiel. Viermal hintereinander (1932 bis 1935) verließ sie den Platz als Siegerin. Ihr erster Sieg wäre fast zur Nebensache geworden, denn nicht ihr Spiel, sondern ihr Tennisdress sorgte für große Aufregung. Zum erstenmal erschien eine Spielerin in Shorts. Das hatte die Tenniswelt zuvor noch nicht gesehen.

Nachdem sie bis 1933 achtmal gegen Helen Wills eine Niederlage einstecken musste, konnte sie sich im US-Finale dieses Jahres endlich einmal revanchieren. Den ersten Satz hatte sie bereits mit 8:6 für sich entscheiden können, und auch im zweiten Satz sah es bei einer 3:0 Führung gut für sie aus. Doch Helen Wills war nicht in der Lage, das Spiel fortzusetzen. Sie informierte den Schiedsrichter, dass heftige Rückenschmerzen sie am Weiterspielen hinderten und brach das Spiel ab. So hieß die Siegerin Helen Jacobs. Für Wills war es die erste große Niederlage seit 1926 – und für Helen Jacobs über ihre Erzrivalin der erste und einzige Sieg in elf Begegnungen.

Nach ihren weiteren Erfolgen 1934 – da gewann sie auch das Mixed – und 1935 wäre sie auch fast ein Jahr darauf erfolgreich gewesen, doch in einem sehr hart umkämpften Spiel verlor sie in drei Sätzen gegen ihre Rivalin Alice Marble: 4:6, 6:3 und 6:2.

Besonders erfolgreich war sie bei den offenen Italienischen Meisterschaften, als sie sich 1934 im Einzel und im Doppel den Titel holte. Diesen Erfolg konnte sie in Frankreich nicht wiederholen. Dort verlor sie sowohl das Einzel als auch das Doppelfinale.

Während die Presse den beiden Helens eine permanente Fehde nachsagte, hat Helen Jacobs das stets dementiert – auch als eine Zeitung ein Bild der beiden abdruckte, auf dem Jacobs verärgert hinter Wills herging. Dabei hatten die beiden viele Gemeinsamkeiten: beide stammten aus dem Tennisclub in Berkeley, Kalifornien, beide hatten den gleichen Coach, gingen zu gleichen Universität und gewannen zweimal hintereinander die amerikanischen Juniorenmeisterschaften. Die Familie Jacobs lebte in dem ehemaligen Haus der Familie Wills. Doch gesehen haben sich die beiden Helens nur, wenn sie sich auf dem Platz gegenüber standen. Einmal soll es jedoch zum Eklat gekommen sein, als Helen Wills bei der Zusammenstellung eines US Damenteams für eine Europatournee Helen Jacobs nicht nominierte. Daraufhin sammelten die Anhänger von Jacobs eine stattliche Summe Geld, um ihr damit Spiele in Europa zu ermöglichen.

Helen Jacobs wurde von 1928 bis 1941 ununterbrochen unter den ersten Zehn der USA und der Welt geführt. In der Weltrangliste belegte sie 1936 sogar Platz 1. In den USA war sie in den Jahren 1932 bis 1935 auf dem ersten Platz zu finden. Im Wightman Cup Team stand sie von 1927 bis 1937 und dann noch einmal 1939.

Sie wurde am 8. August 1908 in Globe, Arizona geboren und starb am 2. Juni 1997. Im Jahr 1962 wurde sie in die Hall of Fame des Tennis aufgenommen.

Es wurde vielfach behauptet, dass diese deutliche Niederlage der Grund für Cilly Aussem war, sich so schnell vom Leistungssport zurückzuziehen. Dem kann aber, wenn man sich ihre Auftritte nach Wimbledon ansieht, getrost widersprochen werden.

Im Juli gewann sie zum dritten Mal die Meisterschaften im Düsseldorfer Rochus Club. Dort erreichte sie souverän das Finale, in dem sie auf die Niederländerin Madzy Rollin-Conquerque traf. Cilly musste noch nicht einmal ihre volle Spielkraft aufwenden, um die vollkommen überforderte Gegnerin mit 6:3, 6:1 zu besiegen. Das Tempo des zweiten Satzes hatte der Niederländerin so zugesetzt, dass sie kaum noch in der Lage war, ans Netz zu gehen.

> *Das war eine beachtliche Leistung der Deutschen. Schließlich hatte sie nicht irgendjemanden zum Gegner, sondern die beste niederländische Spielerin aller Zeiten. Als sich die beiden in diesem Jahr gegenüberstanden, konnte Rollin Conquerque bereits auf sieben gewonnene niederländischen Meisterschaften zurückblicken – fast in ununterbrochener Reihenfolge: von 1927 bis 1930 und von 1932 bis 1934. Doch damit nicht genug: auch 1935, 1938 bis 1942 und noch einmal 1947 konnte sie diesen Erfolg für sich verbuchen – zwanzig Jahre nach ihrem ersten Titelgewinn.*

Auch im Mixed mit Henner Henkel und im Doppel an der Seite ihrer Partnerin Schneider trug sich Cilly in die Siegerliste des Düsseldorfer Turniers ein. Der Sieg im Mixed ging sowohl an Aussem/Henkel als auch an ihre Gegner Irma Bartels und Helmut Denker, da das Finale wegen eines heftigen Regenschauers nicht ausgetragen werden konnte. Also teilte man sich die Ehre und Pokale. Die beiden Damen bekamen die ersten, die Herren die zweiten Preise.

Unmittelbar nach dem Ende des Düsseldorfer Rochus Club Turniers fanden in München die Deutschen Kampfspiele statt. Alle Welt hatte erwartet, dass es im TTC Iphitos in München-Freimann zum Finale Aussem – Horn kommen würde. Doch Marlies Horn schaffte es nicht, weil sie auf dem Weg ins Finale an der wieder erstarkten Irmgard Rost scheiterte. „Aber siehe da – Irmgard Rost lebt noch, lebt wieder und spielt wie in alten Tagen", wunderte sich das Fachblatt Tennis und Golf in seiner Ausgabe vom 3. August 1934. Und wieder einmal schaffte es Cilly, Irmgard Rost zu besiegen. „Der Endsieg Frl. Aussems war zwar im Verlauf dieser Schlussrunde niemals bedroht, aber Frl. Rost hat unzweideutig bewiesen, dass sie im Deutschen Damentennis wieder mit in vorderster Reihe stehen könnte, wenn sie ernsthaft trainiert."

> *Das Finale Aussem – Rost war die Krönung des Turniers. Begeistert schrieb die Presse: „Wundervoller Ballwechsel! Man hetzt sich von einer Ecke in die andere ... Cilli wird jetzt immer besser ... Aussem, die mit unbeirrbarer Sicherheit alles erlief ... Rosts Schläge werden jetzt immer härter ... Cilli lässt nach ... Unter großem Beifall erreicht Rost eine 4:2 Führung ... Sie spielt jetzt ausgezeichnet ... Aussem erkennt die Gefahr, kämpft unentwegt um jeden Ball ... Das Schönste des ganzen Kampfes waren dann die beiden letzten Bälle, als es 5:4 und 30:30 für Cilli Aussem stand.. Beide Spielerinnen offenbarten hier nochmals ihr ganzes Können. Nach einem prachtvollen, endlos scheinenden Ballwechsel, in dem sich die Kölnerinnen mit schnellen, placierten Schlägen über den Platz trieben, beendete Frl. Aussem mit einem schneidigen Cross den erbitterten Kampf. Mit 6:3, 6:4 wurde Cilly Aussem deutsche Kampfspielsiegerin ... unter dem begeisterten Beifall der Massen stellten sich die beiden Gegnerinnen fröhlich lachend den Photographen."*

Ebenso erfolgreich gestaltete sich das Mixed, in dem die gut aufeinander abgestimmte und bewährte Kombination Cilly Aussem und Henner Henkel das Dresdner Ehepaar Heinrich und Toni Schomburgk 7:5, 6:0 besiegte. Den beiden Sachsen attestierte die Fachpresse zwar ein „bewundernswürdiges Spiel ... Aber Frl. Aussem und Henkel waren eben meist zu zweit am Netz, und an diesem modernen Mixed mussten schon deshalb die beiden Leipziger zwangsläufig scheitern."

Fast hätte es für Cilly Aussem zu einem dritten Titel gereicht. Mit ihrer Partnerin Marlies Horn galt sie im Damendoppel als haushohe Favoritin. Da sich Marlies Horn aber eine Blutvergiftung zugezogen hatte, konnten die beiden nicht antreten und schieden kampflos in der Vorschlussrunde aus.

Viertausend Zuschauer verfolgten mit großem Interesse die Wettkämpfe auf der Anlage des TTC Iphitos, die schon seit Jahren nicht mehr für Großveranstaltungen genutzt worden war. Der von 13 Studenten im Jahr 1892 gegründete Club hatte schon eine Reihe Mitglieder und verdankte seinen Namen dem legendären König von Elis – einem Landstrich im Westen des Peloponnes mit der Hauptstadt Olympia. Iphitos war es, der 776 vor Christus die Spiele der Antike zu neuem Leben erweckte.

Kurz vor Beginn der Internationalen Deutschen Meisterschaften des Jahres 1934 – „neun große Tennistage" – in Hamburg kritisierte die Fachpresse die ausländischen Tennisspieler und –verbände, weil „man die Besuche unserer zur Weltklasse gehörenden Spieler wie G. v. Cramm und Cilli Aussem nicht mit gleichwertigen Gegenbesuchern erwidert." Besonders auf zwei Staaten hatte es die harsche Kritik abgesehen: Frankreich und England. „Man wird deutscherseits ... darauf drängen müssen, endlich einmal von Frankreich und England auch mit entsprechenden, qualitativ hochwertigen Gegenbesuchen belohnt zu werden, und man sollte die Meldungen für unsere Spitzenspieler nur unter diesen Voraussetzungen angeben." Und es gab sogar eine namentliche Wunschliste: die Franzosen Boussus und Merlin sowie die Briten Lee und Hughes. Unter den 15 Nationen, die Spieler für das internationale Turnier am Rothenbaum gemeldet hatten, war Frankreich mit zwei und England mit vier Herren vertreten. Aber eben nicht mit der ersten Garde.

Anders sah es bei den Damen aus. Mit Ida Adamoff aus Frankreich und Margret Scriven aus England waren zwei äußerst erfolgreiche und bekannte Spielerinnen am Start. Auch Dänemark hatte eine Teilnehmerin entsandt: die Deutsche Hilde

Krahwinkel, die nun nach ihrer Heirat unter dem Namen Sperling antrat, und „die wir", so bedauerte die Presse „leider nicht mehr zu den Unseren zählen dürfen." Anders sah es Tennis und Golf: Krahwinkel würde „immer noch zu den unsrigen zählen, und deren dänische Staatsangehörigkeit kann nicht verschweigen, dass sie ihre Tennisschule in Deutschland besucht und ihren Tennisaufstieg als Deutsche erlebt hat ..."

Krahwinkel hatte im Vorjahr sowohl den Titel im Einzel als auch mit Gottfried von Cramm im Mixed gewonnen. In beiden Disziplinen traute man ihr eine erfolgreiche Titelverteidigung zu. Auch mit Cilly Aussem musste gerechnet werden. Nach dem erfolglosen Vorjahr und ihrer bitteren Niederlage im Wimbledon gegen Helen Jacobs waren die Fachleute davon überzeugt, dass sie die Chance nutzen würde, sich in Hamburg zu rehabilitieren.

> *Doch plötzlich schien die Austragung der Internationalen Deutschen Meisterschaften gefährdet. Kurz vor Turnierbeginn starb „der greise Generalfeldmarschall Reichspräsident von Hindenburg" im Alter von 86 Jahren. „Inwieweit die deutschen Tennismeisterschaften davon berührt werden, steht im Augenblick noch nicht fest", ließ das Fachorgan Tennis und Golf die weitere Entwicklung offen. Als am Dienstag, den 7. August, Paul von Hindenburgs Leichnam mit einem Staatsakt in Tannenberg beigesetzt wurde, ruhte der Spielbetrieb. Der „Held von Tannenberg" wurde in dem Denkmal beigesetzt, das im Jahre 1927 als Erinnerung seines Sieges über die russische Armee in der Schlacht von Tannenberg errichtet worden war. Die Turnierleitung hatte vorausschauend die Spiele umgeplant, „um den ausfallenden Dienstag wieder einzubringen."*

Nach der Vorrunde sah es für das deutsche Team gut aus – unter den letzten Acht konnten sich sowohl bei den Herren als auch bei den Damen jeweils drei Deutsche qualifizieren. Cilly Aussem war dabei.

Anfangs sprach alles für die Kölnerin. Endlich gelang es ihr, ihre britische Dauerkonkurrentin Margret Scriven zu schlagen. Gegen die schwer zu spielende Linkshänderin hatte sie bislang stets verloren. Sie legte ein unerhört schnelles Tempo vor, ließ die Britin gar nicht ins Spiel kommen und gewann den ersten Satz überlegen 6:1. Als Cilly im zweiten Satz mit 2:0 führte, schien die Partie nur noch eine Frage des Ergebnisses zu sein. Aber die Deutsche strauchelte, sie wurde nervös, ihr Spiel unsicher. Scriven sah ihre Chance, nutzte Cilly Aussems plötzlich aufkommende Schwäche und entschied den Satz 6:3 für sich.

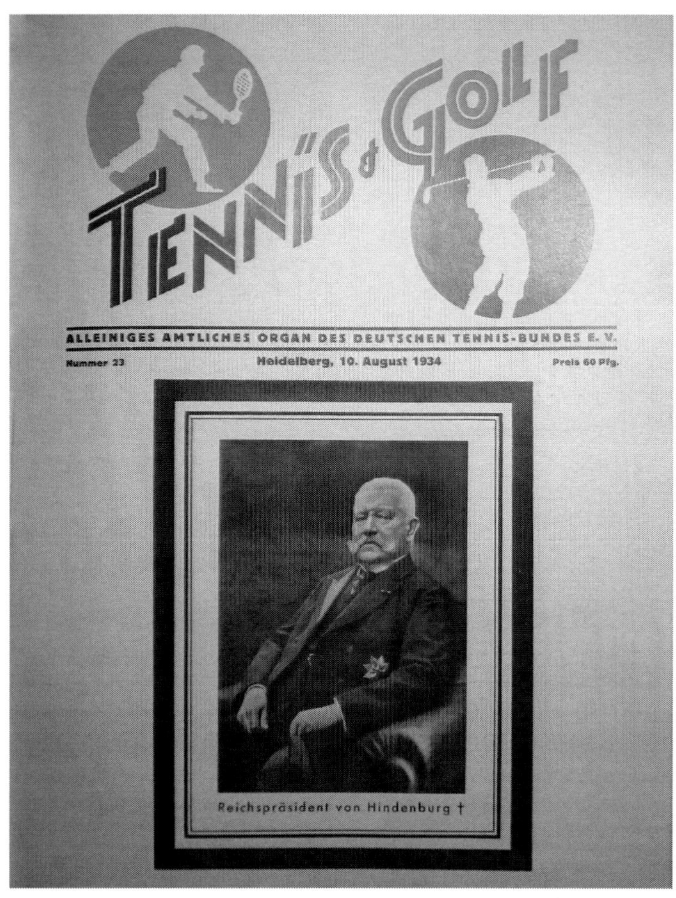
Tennis & Golf
ALLEINIGES AMTLICHES ORGAN DES DEUTSCHEN TENNIS-BUNDES E. V.
Nummer 23 Heidelberg, 10. August 1934 Preis 60 Pfg.
Reichspräsident von Hindenburg †

Bild 93: „Tennis und Golf" Titelseite August 1934

Den zahlreichen Zuschauern wird wohl der Atem gestockt haben, als die Britin im entscheidenden dritten Satz 2:0 in Führung ging. Jetzt wiederholten sich die Ereignisse – allerdings in umgekehrter Folge. Scriven legte auf einmal Schwächen an den Tag, und nach einigen unverständlichen Fehlschlägen wurde sie immer nervöser. Cilly Aussem hatte wieder an Selbstvertauen gewonnen – und plötzlich stand es 3:3. Das hatte Margret Scriven wohl nicht erwartet. Ihr Spiel wurde immer schwächer; sie wirkte unkonzentriert. Beim Stand von 5:3 für Cilly unterlief ihr, als es 30:30 stand, ein schwerwiegender Doppelfehler, der den Sieg für die Deutsche bedeutete. „Endlich war es Cilli gelungen", atmete die Sportpresse auf, „dieses hartnäckige Hindernis ihrer Laufbahn zu nehmen."

Damit stand das Finale fest: Aussem gegen Sperling. Die beiden Favoriten hatten sich also durchgesetzt. Die Neu-Dänin hatte in einem bemerkenswerten Spiel der Schweizerin Lolette Payot den Weg ins Finale verbaut. Hilde Sperling hatte ein so hervorragendes Tennis gezeigt, dass man Cilly Aussem einen Sieg im Finale nur dann zumutete, wenn sie „mit einer noch abgerundeteren Leistung als gegen Margret Scriven" aufwarten würde. „Diese Möglichkeit bestand", orakelte das Blatt und fügte vorsichtig hinzu: „Aber keineswegs mit Sicherheit."

Die beiden Wimbledon-Finalistinnen des Jahres 1931 begannen nervös. Sperling erreichte mit einigen gut platzierten Schmetterbällen einen 6:2 Sieg im ersten Satz. Im zweiten Satz ging Aussem mit 2:0 in Führung, verschlug dann aber drei Returns hintereinander. Beim Spielstand von 3:2 für Sperling versuchte die Kölnerin auszugleichen, geriet jedoch durch einen Fehler 2:4 in Rückstand. Hilde Sperling verlor dann nur noch einen Aufschlag und entschied den Satz 6:3 für sich.

„Hilde Sperling gewann nicht nur verdient, sie ist auch fraglos die Bessere", fasste ein Spielbericht das Finale zusammen. Gleichzeitig setzte sich der Sportberichterstatter in seiner Analyse über Cilly Aussem kritisch mit deren Spielweise auseinander: „Cilli Aussem gewann nur ein einziges ihrer Aufschlagspiele, und mit diesem ging sie übrigens im zweiten Satz 2:0 in Führung. Sie musste also, um Anschluss zu halten, die Aufschlagspiele der Gegnerin gewinnen. Das geht streckenweise, geschah auch, ist aber doch auf die Dauer unmöglich. Diese immer noch chronische Schwäche des zweiten Aufschlages, die Cilli schon in Wiesbaden gegen Frl. Horn zum Verhängnis wurde, was jetzt auch fast ausschlaggebend. Jedenfalls gab der schwache Aufschlag gerade in den kritischen Lagen die Initiative stets in Frau Sperlings Hände. Und aus diesem deprimierenden Gefühl Cillis, trotz ihres guten und so schönen Grundlinienspiels nicht durchzukommen, entwickelte sich dann auch geradezu schicksalhaft die später zunehmende Unsicherheit, die so manchen Ball knapp aus oder an die Netzkante gehen ließ."

Damit hatte Hilde Sperling ihren Vorjahreserfolg wiederholt. Das gelang ihr unmittelbar darauf auch im Mixed, das sie wiederum als Partnerin des deutschen Tennisbarons Gottfried von Cramm siegreich beendete.

Dem doppelten Erfolg von Hilde Sperling stand ein doppelter Misserfolg von Cilly Aussem gegenüber. Nach ihrer Niederlage im Einzel musste sie sich auch das Mixed vorzeitig verloren geben. In der dritten Runde kam das Aus gegen Ida Adamoff und deren australischen Partner Adrian Quist. Zusammen mit Henner Henkel verlor Cilly 0:6, 3:6.

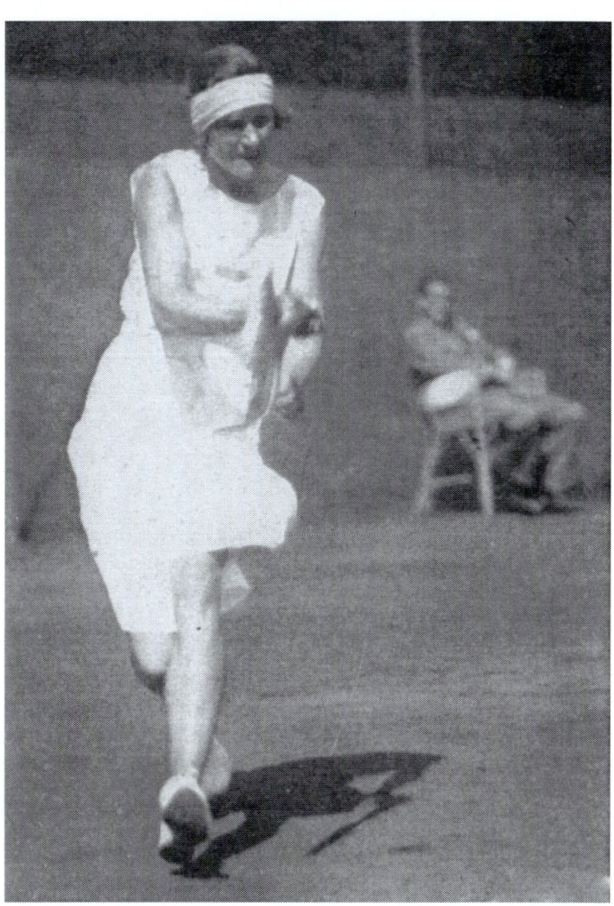

Bild 94: Hilde Sperling beim Sieg über Cilly

Anscheinend schienen ihr diese beiden Niederlagen nicht viel auszumachen, denn schon kurze Zeit später, beim traditionellen Länderkampf gegen England in Hannover, zeigte sie sich in brillanter Form. „Wir haben Frl. Aussem lange nicht mehr so gut am Netz gesehen“, kommentierten die Sportkritiker diesen Kampf. Und nicht nur das: Wiederum gelang ihr ein Sieg über ihr „hartnäckiges Hindernis“ Margret Scriven. Dabei waren Spielverlauf und Ergebnis fast identisch mit der Begegnung in Hamburg: 6:0, 4:6, 6:4.

Auch im Mixed mit Henner Henkel überzeugte die Kölnerin. Erneut stand ihr Margret Scriven gegenüber – mit ihrem Partner Kay Tuckey. Wieder gab es einen deutschen Sieg – und zwar einen sehr deutlichen: 6:3, 6:1. Am zweiten Wettkampftag zeigte sich die deutsche Kombination erneut überlegen und schlug ihre britischen Gegner Lyle/Tinkler 6:3, 5:7, 6:0. Trotz dieses deutschen Erfolges gewannen die Briten den Länderkampf knapp mit 13:11.

Dafür waren die Deutschen beim Tennisturnier am Lido in Venedig die führende Nation – und Cilly Aussem mit drei Siegen die erfolgreichste Spielerin. Die Tatsache, dass Gottfried von Cramm es vorzog, an diesem Turnier in Italien teilzunehmen und somit auf die Medenspiele in der Heimat verzichtete, führte in Deutschland zu lebhaften Diskussionen, in die sich auch „der Führer des Deutschen Tennisbundes, Herr Dr. Wilhelm Schomburgk" einschaltete. In einer Presseverlautbarung ließ er mitteilen, er lege „Wert auf die Feststellung, dass v. Cramm zur Teilnahme am Turnier auf dem Lido und in Capri (September 1934) von ihm ausdrücklich ermächtigt war, um sich zu erholen und dass aus diesem Grund seine Teilnahme am Turnier in Baden-Baden und bei den Medenspielen unterblieb."

Fernab der Heimat wird Cramm diese Diskussion vielleicht nur am Rande wahrgenommen haben. Zumindest schien das Thema ihn nicht zu berühren oder gar in seiner Spielstärke zu beinflussen. Zuerst gewann er das Finale im Einzel und zusammen mit Cilly Aussem auch das Mixed, in dem Ida Adamoff und Christian Boussus 2:6, 3:6 das Nachsehen hatten.

Derweil schien Cilly Aussem ihren Margret Scriven Komplex vollends abgelegt zu haben. Sowohl im Einzel (6:3, 7:5) als auch im Damendoppel, zusammen mit Ida Adamoff, brachte sie der Britin erneute Niederlagen bei. Im Doppel trat Scriven mit Lucia Valerio an, war aber dem deutsch-französischen Duo in keiner Phase des Spiels gewachsen. Das Ergebnis war ziemlich deutlich: 6:2 und 6:3.

> *Im vornehmen Hotel Excelsior auf dem Lido zeugen etliche Pokale in mehr oder weniger gutem Zustand von der großen Zeit der Lido-Turniere. Auf den Sockeln der Pokale sind die Namen der Sieger verewigt. Bei manchen findet sich auch den Namen Cilly Aussem.*

Den Saisonabschluss erlebte Cilly bei zwei weiteren italienischen Turnieren. In Como schlug sie zuerst Ilse Friedleben 6:1, 6:3 und dann Lucia Valerio. In diesem Match hieß es am Ende 6:2, 6:3 für die Deutsche, die anschließend zusammen mit ihrer unterlegenen Einzelgegnerin erfolgreich das Doppel beendete. Mit 8:6, 7:5 gewannen die beiden gegen das deutsch-italienische Team Friedleben/Tonolli.

Beim Turnier auf dem Platz der Villa d'Este revanchierte sich Lucia Valerio und besiegte Cilly Aussem 9:7, 6:3. Das kam überraschend, zumal die Mailänderin zuvor 2:6, 2:6 deutlich gegen Hilde Sperling verloren hatte. Überhaupt schien sich Cilly Aussem bei diesem letzten Turnier der Saison nicht besonders anzustrengen. Ihrer Niederlage im Dameneinzel folgte eine weitere im Doppel, das sie mit Lucia Valerio gegen Joan Ingram und Ida Adamoff 1:6, 6:2, 3:6 verlor. Die nächste Niederlage musste sie im Mixed mit Henner Henkel hinnehmen. Die beiden unterlagen der englisch-neuseeländischen Kombination Ingram/Malfroy.

Als es am Ende der Saison die neue deutsche Rangliste erschien, war Cillys erster Platz für manche Experten nicht ganz unumstritten. Man schloss eine Gleichstellung mit Marlies Horn nicht aus, weil diese Cilly Aussem beim Turnier in Wiesbaden besiegt hatte. Letztendlich wurde die Kölnerin aber doch wieder die deutsche Nummer 1, weil sie sowohl Margret Scriven als auch Lucia Valerio im Laufe der Saison jeweils dreimal geschlagen hatte. Außerdem war ihr jede andere deutsche Spielerin unterlegen. „Ihr vorbildlicher Kampfwille hat damit seinen Lohn gefunden", befanden die Juroren, die Marlies Horn den zweiten Platz zuerkannten.

Mit eiserner Disziplin und Siegeswillen hatte sich Cilly Aussem wieder einen Platz in der Weltrangliste erkämpft. Dort wurde sie als Neunte aufgelistet. Hilde Sperling stand auf der dritten Position, wurde aber nun als Dänin geführt.

Auch in der Rangliste „Gau X und XI (Rheinland)" stand Cilly Aussem ganz oben. Neben ihr waren vier weitere Spielerinnen aus Köln vertreten. Ebenso belegte bei den Herren ein Kölner den ersten Rang: Eberhard Nourney, wie Cilly ebenfalls vom Verein Stadion Rot-Weiß.

1935

Der Erfolg hat viele Väter – mit diesem Sprichwort hätte ein Artikel überschrieben werden können, der gleich zu Beginn des neuen Jahres in Tennis und Golf erschien.

> *„Der Umbruch der deutschen Nation ist auch im deutschen Sport maßgebend zum Ausdruck gekommen. Schon das Jahr 1933 brachte einschneidende Veränderungen im Aufbau des deutschen Sports ... Mit der Schaffung des ‚Deutschen Reichsbundes für Leibesübungen', dessen Fachamt ‚Tennis' vom Führer des Deutschen Tennis-Bundes geleitet wird, ist der Aufbau des deutschen Sports zu einem gewissen organisatorischen Abschluss gekommen ... Der Deutsche Tennis-Bund hat innerhalb dieses Fachamtes seine Selbständigkeit behalten. Er kann unter den neuen Verhältnissen seine ruhige Entwicklung und seinen Aufbau kraftvoll fortsetzen, und wir hoffen, dass gerade die großen Befugnisse, die heute ein Verbandsführer hat, das ihrige dazu beitragen, um die sportlichen Leistungen einem Höhepunkt entgegen zu führen."*

Cilly Aussem wird sich, falls dieser Artikel überhaupt zu ihrer Lektüre gehört haben sollte, keine Gedanken über den markigen Inhalt gemacht haben. Für sie stand es zu Beginn der Saison 1935 vermutlich schon fest, dass sie in diesem Jahr letztmalig zu Tennisturnieren antreten würde. Sie nahm noch an den Riviera-Turnieren teil, und wie bereits im Vorjahr, entschied sie sich nur für die italienischen Spielorte.

Auf der französischen Seite standen sich unterdessen Simone Mathieu und Lili d'Alvarez gegenüber. Die Französin hatte einen sensationellen Saisonauftakt hingelegt, als sie alle Turniere an der Riviera gewann – 15 hintereinander. Doch ihre Hochform hatte sie zu früh erreicht, denn als sie wenige Wochen später bei den Französischen Meisterschaften in Paris antrat, hatte sie ihr Pulver bereits verschossen und verlor das Finale gegen Hilde Sperling.

In diesem Jahr trat eine große Spielerin ab: Elizabeth Ryan verkündete ihren Rückzug vom Tennis.

Über die Turniere in Italien schrieb Tennis und Golf: „Die Besetzung ist auf beiden Seiten gut, ohne dass sich aber Kämpfe von größerer Bedeutung entwickelten." Und, auf das sorgenfreie Leben und das schöne Ambiente der italienischen Riviera anspielend, fügte der Reporter hinzu: „Dazu ist ja auch das Rivieratennis mit seinen sonstigen Verlockungen gar nicht angetan." Sein Fazit: „Man kennt sich und schlägt sich gegenseitig."

So auch Cilly. Während sie in San Remo ihre oftmalige Gegnerin Lucia Valerio mit einem 8:6, 6:3 einmal mehr besiegen konnte, unterlag sie in Bordighera Simone Mathieu 2:6, 3:6. Die nächste Niederlage gab es beim Turnier in Alassio. Cilly war überhaupt nicht in Form und musste sich der Französin Edith Belliard geschlagen geben. Im gleichen Turnier verlor sie, wie im Vorjahr, das Mixed mit ihrem US-Partner Culley, der ihr nach der Pleitenserie des vergangenen Jahres in Rapallo und Alassio auch 1935 kein Glück brachte.

Das nächste Turnier fand in Neapel statt, wo Cilly lediglich gegen die Italienerin Luzatto ein unspektakulärer 6:2, 6:0 Erfolg gelang. Danach scheiterte sie zuerst an Lucia Valerio, dann an Hilde Sperling.

Diese Niederlagenserie setzte sich beim Internationalen Turnier von Düsseldorf im Juli fort. Sowohl das Doppel mit Änne Schneider (geb. Peitz) als auch das Mixed mit dem Franzosen

Goldschmidt gingen verloren. Obwohl sich für dieses Turnier 83 Damen und 127 Herren gemeldet hatten, darunter viele bekannte Namen, kritisierte Tennis und Golf zum einen, dass einige Spieler trotz Meldung gar nicht erschienen waren oder andere Turniere bevorzugten, und bemängelte zum anderen die „wenig erbauliche Solidarität des Rheinlandes". Dabei wurde den Kölner Vereinen der Vorwurf gemacht, erst gar nicht in Düsseldorf angetreten zu sein. Die Domstädter hätten schon zuvor das Turnier in Duisburg gemieden, und das, obwohl die Turniere im Rheinland „ohnehin schon stark vermindert worden sind." Der vermeintliche Kölner Boykott entsprach nicht ganz der Wahrheit, denn neben Cilly Aussem trat in auch ihr Vereinskollege Dr. Paul Bauwens an, der sogar den Titel im Einzel gewann.

Bei den Internationalen Deutschen Meisterschaften, die der DTB vom 3. bis 8. August in Hamburg anberaumt hatte, bescheinigte Tennis und Golf Cilly Aussem und ihrem Mixedpartner Henner Henkel eine „erstaunliche Form" Bei ihrem 6:1, 6:2 Erfolg über die Briten Noel/Wilde spielten sie so souverän auf, dass die Zeitschrift den Wunsch äußerte, die beiden „jetzt als eine beständige Kombination in die großen Meisterschaften des Auslandes eingreifen zu sehen." Allerdings muss den verantwortlichen Redakteuren zu diesem Zeitpunkt schon längst klar gewesen sein, dass Cillys Karriere dem Ende zuging. Das gaben sie aber erst am Ende des Jahres zu, als sie die deutsche Rangliste kommentierten.

Bild 95: Sieger im Doppel: Henner Henkel und Cilly, 1935

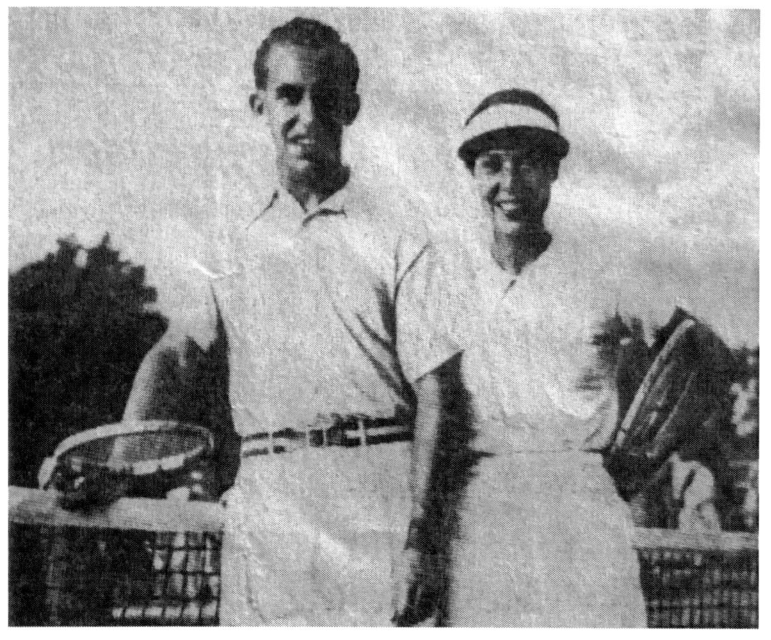

Da stand Cilly erneut auf dem ersten Platz. In diesem Jahr war ihre Position vor Marlies Horn und Paula Stuck allerdings völlig unumstritten. Tennis und Golf nahm bereits Abschied von ihr: „Frl. Aussem wird infolge ihrer bevorstehenden Vermählung mit dem italienischen Grafen Fermo Murari Dalla Corte Brà aus Verona voraussichtlich zum letzten Mal in der deutschen Rangliste erscheinen. Wir freuen uns, dass sie bis zum Schluß die deutschen Damen-Tennisrangliste anführt, nachdem sie so viele Jahr hindurch als Spielerin und als Mensch eine Zierde des deutschen Damentennis gewesen ist."

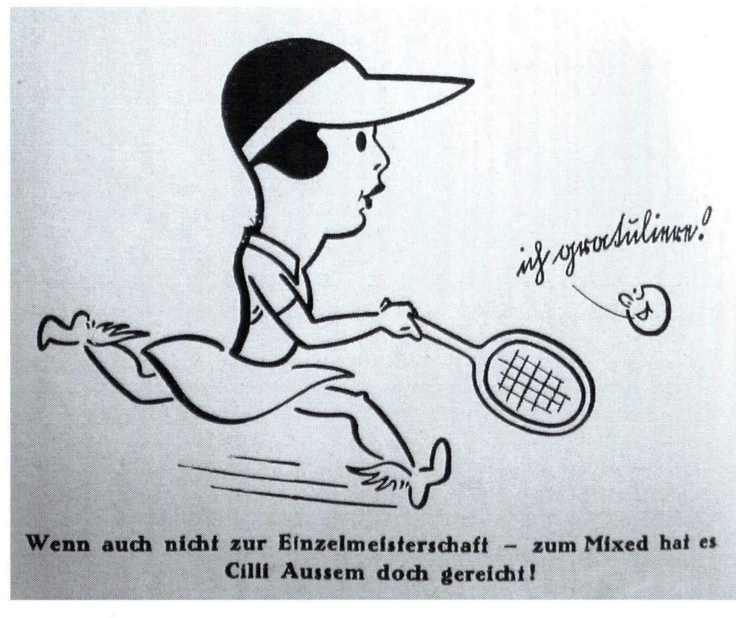

Bild 96: Cilly Aussem Karikatur, 1935

Cilly Aussem verabschiedete sich von ihrem deutschen Publikum standesgemäß. Zusammen mit Henner Henkel gewann sie bei den Meisterschaften im Hamburg den Titel im Mixed. Fast hätte es für die Kölnerin zu einem weiteren Titel gereicht. Wieder lieferte sie Jadwiga Jedrzejowska einen erbitterten Kampf, und wieder scheiterte die Polin an sich selbst, an ihrer eigenen Kraft und ihren langen, unpräzisen Schlägen. Cilly spielte weitaus intelligenter und erreichte mit dieser Spielweise das Finale, in dem sie – wie bereits im Vorjahr – auf Hilde Sperling traf.

In diesem Jahr war die Ausgangssituation nicht so klar wie im Jahr zuvor. Einem Spielbeobachter war schon in der Begegnung gegen Jadwiga Jedrzejowska aufgefallen, dass sich Cillys erneute Trainingseinheiten mit Willi Hannemann äußerst positiv auf ihr Spiel auswirkten. Die gleiche Feststellung machte er im Spiel gegen Sperling, in dem dieses intensive Training für ihn noch deutlicher zu erkennen war. „Nur – siegen musste Cilly schon selber", schrieb er. Das gelang ihr aber nicht. Den ersten Satz musste sie 7:9 verloren geben, und als sie im zweiten Satz ihre Spielweise umstellte, klappte gar nichts mehr, und sie verlor sang- und klanglos 0:6. Im Doppel mit Marlies Horn schaffte es Cilly gerade einmal bis ins Halbfinale, in dem das britische Duo Hardwick/Noel siegreich blieb.

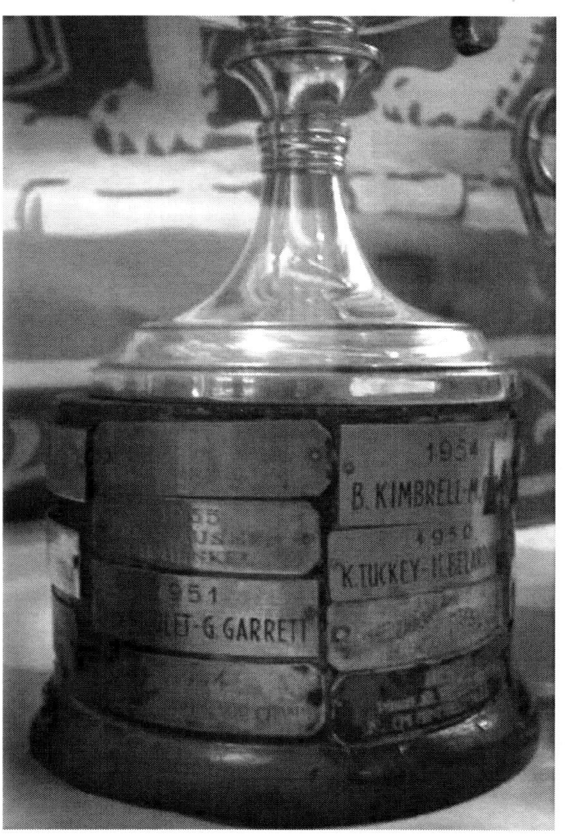

Bild 97: Aussem/Henkel Gravur auf dem Lido-Pokal (Mitte links)

Nach den deutschen Meisterschaften beendete Cilly Aussem mit zwei Siegen beim Lido Turnier die Saison – und ihre Karriere. Während es im Einzel nicht reichte, sie verlor 4:6, 3:6 gegen Simone Mathieu, gelang ihr im Mixed mit Henner Henkel gegen Wolf/Metaxa ein ungefährdeter 6:2, 6:3 Sieg. Die beiden Deutschen hatten zuvor sogar das als sehr stark eingeschätze Paar Hilde Sperling und Hermann Artens 6:2, 6:2 ausgeschaltet. Eine ganz besondere Überraschung war jedoch Cillys 6:3, 6:2 Sieg mit der Französin Bourdet gegen deren starke Landsleute Simone Barbier/Simone Mathieu.

Auch für ihre letzte Gegnerin, Simone Mathieu, ging die Karriere langsam dem Ende zu. Die Französin, die sich später gegen das Vichy Regime stellte, das im besetzten Frankreich mit den deutschen Besatzungstruppen kooperierte, wurde im Juni 1941 zum Tode verurteilt. Sie floh nach England, wo sie sich einer Widerstandsgruppe von französischen Frauen anschloss, die enge Beziehungen zu General Charles de Gaulle pflegten. Simone Mathieu starb 1980 im Alter von 71 Jahren.

1936 – Die Hochzeit in München und das Leben nach dem Tennis

In vielen Quellen ist zu lesen, dass Cilly beim Skifahren in Garmisch-Partenkirchen den Grafen Fermo Murari dalla Corte Brà kennen gelernt hat, der im Diplomatischen Dienst der Italienischen Regierung in Afrika tätig war. Zeitzeugen, wie die ehemalige Tennisspielerin Paula Stuck bestätigen das. In einem Zeitungsbericht anlässlich ihrer Hochzeit im März 1936 ließ jedoch Cillys Mutter verlauten, dass ihre Tochter den italienischen Adligen erstmalig im Hause seiner Eltern, in Verona, getroffen habe. Wann das war, ist jedoch nicht bekannt. Einem Zeitungsbericht zu Folge war der junge Mann aus einem alten italienischen Adelsgeschlecht keinesfalls ein Diplomat, sondern Offizier der italienischen Luftwaffe.

Die beiden hatten sich, schenkt man Cillys Mutter Glauben, zuvor noch nicht allzu oft gesehen, denn der junge Italiener diente als Kampfflieger im italienisch-abessinischen Krieg in Ostafrika – dem heutigen Somalia. Die wenigen Treffen vor ihrer Trauung kamen immer nur dann zustande, wenn der Graf Heimaturlaub hatte und für eine kurze Zeit in das Haus seiner Eltern zurückkehrte.

Am 3. Oktober 1935 hatte der italienische Regierungschef Benito Mussolini den Eroberungskrieg in Ostafrika begonnen, als Truppen, die in Eritrea und Somaliland stationiert waren, in Abessinien, dem heutigen Äthiopien, einmarschierten. Im Mai 1936 eroberten Mussolinis Truppen die Hauptstadt Addis Abeba. Obwohl die aus 330.000 Soldaten bestehende italienische Armee auch vor Giftgaseinsätzen nicht zurückschreckte, blieben die Reaktionen des Völkerbundes auf den Einmarsch gemäßigt und beschränkten sich lediglich auf ein Kredit- und Rohstoffembargo. Die Regierungen von Frankreich und Großbritannien gingen sogar so weit und duldeten die italienische Annexion. Dieses Verhalten wurde sowohl in der Presse der beiden Länder als auch im Völkerbund mit höchster Empörung aufgefasst. 1936 wurde der von Italien besetzte Teil Somalias zusammen mit den Gebieten des heutigen Äthiopien und Eritrea zur Kolonie „Italienisch-Ostafrika“ erklärt. Im Jahre 1941 eroberte Großbritannien die italienischen Kolonialgebiete, und so kam nach dem Rückzug der Italiener Italienisch-Somaliland unter britische Militärverwaltung.

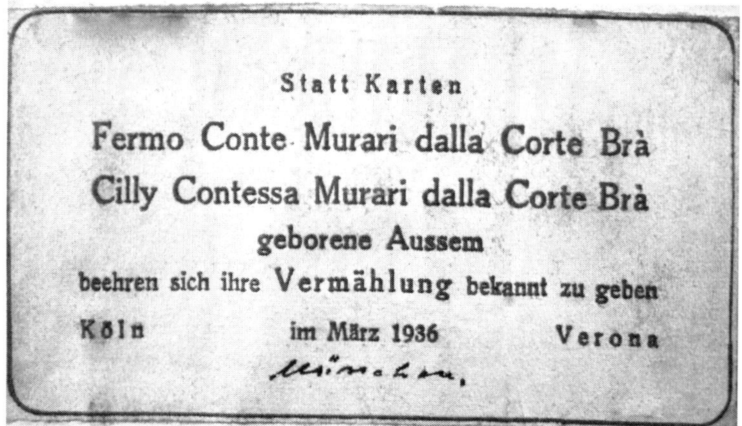
Statt Karten

Fermo Conte Murari dalla Corte Brà
Cilly Contessa Murari dalla Corte Brà
geborene Aussem
beehren sich ihre Vermählung bekannt zu geben

Köln im März 1936 Verona

Bild 98: Verlobungskarte

Höchstwahrscheinlich wird es eine Kombination aus Liebe zu ihrem zukünftigen Mann und dem gleichzeitigen Lossagen von der dominanten Mutter gewesen sein, die Cilly Aussem veranlasste, den jungen Adligen zu heiraten.

Am 11. März wurde die Eheschließung vor dem Standesamt Berg, einem kleinen Ort am Starnberger See, besiegelt. Die Heirat ist zwar in den Büchern des Standesamtes eingetragen, doch wo das Paar zu dieser Zeit gewohnt hat, wer die Trauzeugen waren und woher sie kamen, darf nicht verraten werden. Der Datenschutz schiebt dem einen Riegel vor. Auch nach über siebzig Jahren.

„Die Hochzeit fand in größter Heimlichkeit statt“, war in der Presse zu lesen. Noch nicht einmal Cillys Mutter wusste davon.

Die wurde erst nach der staatlichen Eheschließung informiert und traf einen Tag später rechtzeitig zur kirchlichen Trauung in München ein.

Das Paar – er 33, sie 27 Jahre alt – wurde in einer der schönsten Münchner Kirchen getraut: in der Dreifaltigkeitskirche – einem damals über 200 Jahre alten Gotteshaus aus der Barockzeit – in der Pfandhausstraße, die heute Pacellistraße heißt.

Weit auskunftsfreudiger als die Gemeinde Berg, wo die standesamtliche Trauung stattfand, zeigte sich das Erzbistum München. Es dauerte nur wenige Tage, bis die Anfrage nach den Trauzeugen und dem Wohnsitz der beiden jungen Leute beantwortet wurde. Der Graf Dr. Fermo Ernesto Barth. Enrico Murari dalla Corte Brà, stammte aus Verona. Sein Beruf war mit Kaufmann angegeben. Seine Eltern waren Titus Graf und Fanny Gräfin Murari dalla Corte Brà, geb. Gräfin Camerini.

Als Trauzeugen fungierten Zeus Graf Murari dalla Corte Brà und ein Pater mit dem Namen Sponsi.

In den Unterlagen des Erzbistums der Wohnsitz der Braut mit „Kempfenhausen, Pfr. Aufkirchen“ angegeben – also nahe bei Berg. Die dortige Gemeindeverwaltung hat jedoch keinen Hinweis darauf finden können, dass Cilly Aussem in Berg gemeldet war. Auch eine Baronin Gisa Barathy, bei der sie gelebt haben soll, ist in den Meldeunterlagen nicht zu finden – weder in Berg noch in Garmisch. Zeitzeugen bestätigen aber, dass die Baronin in Garmisch gelebt hat. Tatsache ist, dass die ungarische Baronin bis 1939 in der Seestraße 71 in Berg ein großzügiges Anwesen („Villa Drenhaus“) mit eigenem Tennisplatz besaß, auf dem Cilly gelegentlich leichte Trainingseinheiten absolvierte.

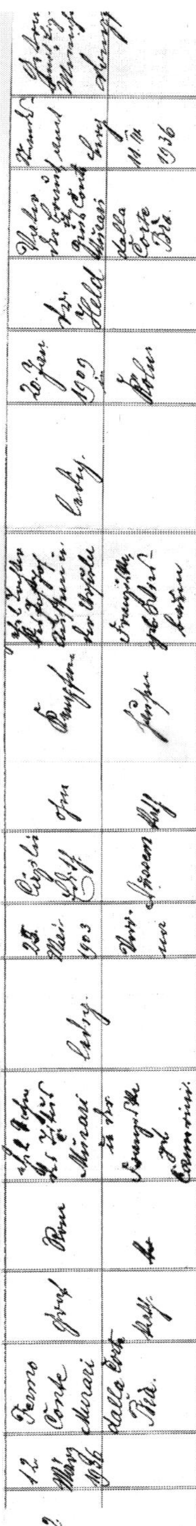

Bild 99: Eintrag ins Kirchenbuch

Auf die Frage eines englischen Reporters, warum sie ihrer Mutter nichts von der bevorstehenden Trauung verraten hätte, antwortete Cilly – einmal mehr in großer Zurückhaltung und Bescheidenheit: „ ... weil ich kein Aufhebens von meiner Heirat gemacht haben wollte. Es musste in diesen Tagen alles ganz still und ruhig um mich sein."

Mutter Aussem dagegen konnte vor der Presse ihren Ärger und ihre Enttäuschung nicht verbergen: „Ich bin natürlich nicht zufrieden, dass meine Tochter nach Afrika geht und beunruhige mich recht", maßregelte sie indirekt Cillys Entscheidung.

Es spricht alles dafür, dass sich Cilly mit der Heirat und dem damit verbundenen Weggang aus Deutschland aus der dominanten Umklammerung der Mutter lösen wollte. Anders ist es kaum zu erklären, dass sie erst wenige Tage vor ihrer Heirat mit dem italienischen Grafen ihre Mutter über die bevorstehende Hochzeit in Kenntnis gesetzt hatte und nun einen dermaßen harten Schnitt in ihrem Leben machte, der sie von heute auf morgen in eine vollkommen fremde Welt führte. Lapidar berichtete sie ihrer Mutter vom „Umstand des 12." (so bezeichnete sie ihre Hochzeit am 12. März) und dass sie nun für drei Jahre nach Mombasa

Bild 100

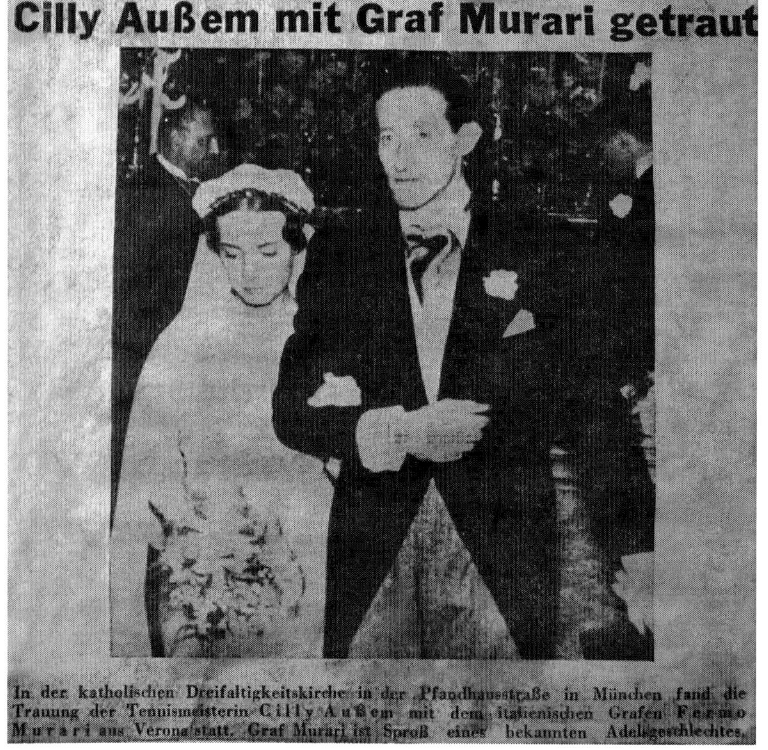

Cilly Außem mit Graf Murari getraut

In der katholischen Dreifaltigkeitskirche in der Pfandhausstraße in München fand die Trauung der Tennismeisterin Cilly Außem mit dem italienischen Grafen Fermo Murari aus Verona statt. Graf Murari ist Sproß eines bekannten Adelsgeschlechtes.

ginge. Sie wünschte der Mutter und Bruder alles Gute, ließ aber den Vater in ihren Zeilen unerwähnt.

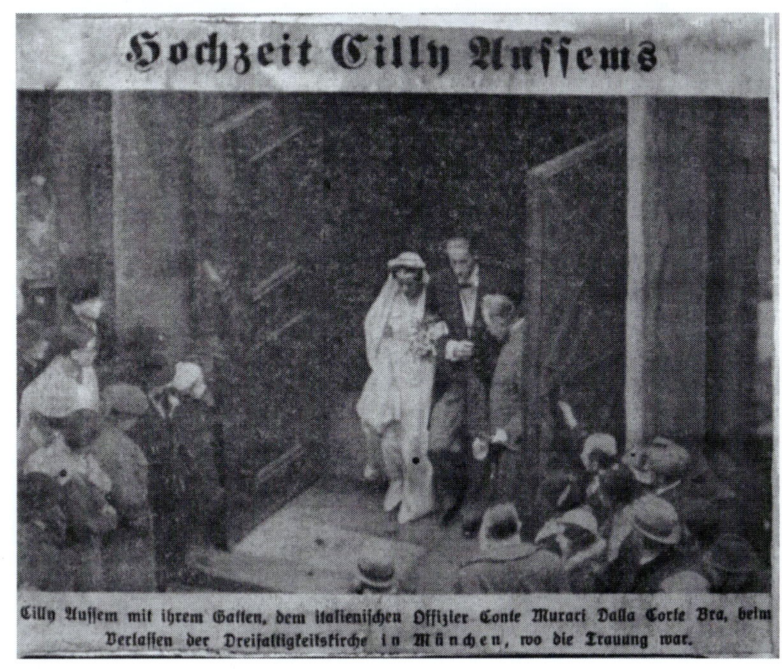

Hochzeit Cilly Aussems

Cilly Aussem mit ihrem Gatten, dem italienischen Offizier Conte Murari Dalla Corte Bra, beim Verlassen der Dreifaltigkeitskirche in München, wo die Trauung war.

Bild 101

Im Gegensatz zu Cillys Mutter war der Deutsche Tennisbund sehr wohl über die bevorstehende Heirat informiert worden. Denn der, so war in der Zeitschrift Tennis und Golf zu lesen, „hatte selbstverständlich seiner Spitzenspielerin eine Aufmerksamkeit in Form eines Hochzeitsgeschenkes erwiesen." Mit Bedauern stellte die Zeitung fest, dass nach Hilde Krahwinkels Vermählung mit einem Dänen „nun auch Cilly Aussem ihr Vaterland verlassen und ihrem Gatten in eine neue Heimat gefolgt" ist. Nicht ganz ernst gemeint fügte der Kommentator hinzu, „dass etwas geschehen müsse, um das Aufheiraten unserer besten Spielerinnen zu verhindern ... Der deutsche Tennisbund müsse dafür Sorge tragen, dass künftig nur noch solche Damen zu Meisterehren gelangen, deren Aussehen dafür garantiert, dass sie uns nicht vom Ausland weggeheiratet werden können."

Die Frage, ob Cilly Aussem auf Grund der politischen Verhältnisse Deutschland Mitte der 30er Jahre verlassen hat, kann mit sehr großer Sicherheit verneint werden. Ihre Schwägerin Gabriele von Burgsdorff hat Cilly zwar nur wenige Male gesehen, bezeichnet sie aber als voll-

kommen unpolitischen Menschen. Cilly sei in einer sehr katholischen Umgebung und sehr behütet aufgewachsen, und auch ihre Eltern hätten nie Sympathien für die Machthaber des Dritten Reiches bekundet.

Auf die Frage „Hat die Machtübernahme der Nationalsozialisten 1933 das Leben von Cilly Aussem, besonders hinsichtlich des Tennisspielens, verändert?", antwortete Dr. Paul Bauwens, Cilly Aussems Clubkamerad in einem Interview: „Nein gar nicht! Die Tennisszene wurde natürlich dadurch berührt, dass doch der eine oder andere, der nicht arisch war, sich aus dem Tennissport zurückzog oder ausschied."

Das war eine sehr verharmloste Darstellung der politischen Entwicklung, denn Spitzenspieler wie Daniel Prenn und Ilse Friedleben, beide deutsche Bürger jüdischen Glaubens, entschlossen sich, Deutschland den Rükken zu kehren und nach England zu emigrieren.

Einen Monat nach der Machtübernahme am 30. Januar 1933 hatte der Bundesvorstand des Deutschen Tennisbundes „zur Regelung der augenblicklich schwebenden Fragen bis zur endgültigen Entscheidung durch den Staatskommissar des Reiches" beschlossen:

1. *Die Frage der Zugehörigkeit von Nichtariern zum Vorstand des Deutschen Tennis-Bundes ist dadurch erledigt, dass die bisherigen nichtarischen Mitglieder des Vorstandes und seiner Kommissionen ihr Amt niedergelegt haben.*

2. *Die Aufstellung von Nichtariern für repräsentative Spiele (Davis-Pokal, Länderwettkämpfe, Medenspiele) und für offizielle Verbandsspiele darf nicht vorgenommen werden.* (**Anmerkung:** Die Medenspiele wurden benannt nach dem ersten Präsidenten des Deutschen Tennisbundes, Carl-August Meden. Ur-

sprünglich waren sie die Vereinsmeisterschaft der Herren. Sie wurden erstmalig 1925 ausgetragen).

3. *Die Verbände und Vereine werden ersucht, dafür zu sorgen, dass Nichtarier in führenden bzw. repräsentativen Stellungen in ihren Vorständen nicht verbleiben.*

4. *Die weiteren Fragen der Mitgliedschaft von Nichtariern in den Vereinen usw. und ihre Betätigung bei Veranstaltungen zur Ausübung des Sports sind den örtlichen Verhältnissen anzupassen bis zur Regelung durch den Staatskommissar, dessen Einsetzung durch die Regierung in Kürze zu erwarten ist.*

5. *Der D.T.B. hält die Mitgliedschaft eines Vereines ausgesprochenen jüdischen Charakters für nicht tragbar.*

6. *Bei Neuaufnahmen von Clubs in den Bund bzw. in die Verbände oder von Personen in Klubs wird eine besondere Prüfung dahin notwendig sein, ob die einzelnen Personen oder der Klubs sich bisher in marxistischer oder sonst wie staatsfeindlicher Weise betätigt haben."*

Auf einer Vertreterversammlung des Berliner Tennis-Verbandes (B.T.V.) hielt der Vorsitzende, Professor Dr. Retzlaff, „eine längere Ansprache, in der er die umwälzenden Ereignisse würdigte, die sich in unsrem Vaterlande seit der letzten Verbandsversammlung abgespielt haben." In seiner Rede betonte Retzlaff, dass diese Ereignisse das Volk „mit frischer Lust erfüllt und unserem Leben ein Niveau gegeben haben, nach dem wir uns schon alle lange gesehnt haben."

Auch im Vorstand des B.T.V. ergaben sich „aus diesen veränderten Verhältnissen" einige „personelle Veränderungen". So schieden drei Vorstandsmitglieder aus. Retzlaff bedankte sich für deren Verdienste um das Berliner Tennis. Ihre Ämter wurden nicht neu besetzt, sondern einstweilen kommissarisch vom Sekretariat des B.T.V. verwaltet.

„Eine langwierige, aber lebendige Aussprache entstand wegen der Definition des Begriffs Nichtarier. Schließlich wurde der Antrag … angenommen, nach dem Nichtarier deutscher Staatsangehörigkeit und jüdische Ausländer bis zur endgültigen Regelung dieser Frage durch den Sportkommissar an den Verbandsspielen nicht teilnehmen."

Der Verfasser des Artikel lieferte auch gleich entsprechende Beispiele: „Demnach können in Berlin studierende Chinesen spielen. Ein polnischer Slawe ist demnach spielberechtigt, nicht aber ein polnischer Jude …"

Am 7. April 1933 erließen die Nationalsozialisten das Gesetz zur Wiederherstellung des Berufsbeamtentums. Bestandteil dieses Gesetzes war der „Arierparagraph" (§ 3), der vorschrieb, dass Beamte, die nicht arischer Abstammung waren, in den Ruhestand versetzt werden mussten. Zielsetzung dieses Gesetzes war die Gleichschaltung des öffentlichen Dienstes. Es diente zur Entlassung von jüdischen Staatsbeamten und politischen Gegnern des neuen Regimes.

Die in Berlin erscheinende Kreuz Zeitung („Wir Deutsche fürchten Gott, sonst nichts auf der Welt") bezeichnete diesen Erlass in ihrer Sonntagsausgabe vom 9. April 1933 als „Beamten-Säuberung" und erkläre ihren Lesern, dass „die Abbau-Maßnahmen … bis zum 30. September 1933 beendet sein" müssen.

Der Arierparagraph wurde in der Folgezeit auf immer mehr Bereiche des gesellschaftlichen Lebens in Deutschland ausgedehnt. Zunächst wurde am 25. April 1933 das Gesetz „gegen die Überfüllung deutscher Schulen und Hochschulen" beschlossen, und dann nahmen etliche Ver-

bände und Organisationen den Arierparagraphen in ihre eigenen Statuten und Satzungen auf. So wurde z.B. beim Tennisclub Rot-Weiß Berlin wurde der Arierparagraph am 10. Oktober 1933, und am 23. November der Ausschluss aller jüdischen Mitglieder beschlossen.

Daniel Prenn

Daniel Prenn gehörte dem Tennisverein LTTC RW Berlin an und wurde 1928 Deutscher Meister. 1929 erreichte er in Berlin mit der deutschen Mannschaft das Finale im Davis Cup. Beim Spiel gegen das englische Team (mit Fred Perry) gewann er nach großen Kampf das entscheidende Match gegen den englischen Spitzenspieler Henry Wilfred („Bunny") Austin in 5 Sätzen. Damit hatte er maßgeblichen Anteil am 3:2 Sieg des deutschen Teams, das so Sieger in der Europazone wurde.

Starke Beachtung fand auch sein Sieg 1932 über den Amerikaner Frank Shields, worauf ihn das „American Lawn Tennis" Magazin als „Europe's number one man" bezeichnete. In der Weltrangliste wurde unter den ersten zehn geführt, in Deutschland belegte er von 1928 bis 1932 den ersten Platz.

Prenn war auch ein guter Tischtennisspieler. 1926 nahm er mit der deutschen Mannschaft an der 1. Tischtennisweltmeisterschaft in London teil, bei der das Team 7. Platz erreichte. 1928 stand er in der deutschen Tischtennisrangliste auf dem 2. Rang. Zwei Jahre später schaffte er es mit Hilde Krahwinkel ins Finale von Wimbledon, in dem sie gegen Jack Crawford und Elizabeth Ryan mit 6:1 und 6:3 unterlegen waren.

Der Einschnitt in Prenns Karriere und Leben erfolgte 1933. Nach der Machtergreifung durch die Nationalso-

zialisten erhielten die deutschen Sportverbände die offizielle Anweisung, dass Juden nicht Mitglied in arischen Vereinen sein dürften. Ebenso war ihnen eine Teilnahme an Wettkämpfen untersagt. Zwar gewann er als Staatenloser 1933 die Internationalen Meisterschaften von Österreich in Wien, aber der Erlass der neuen Machthaber bedeutete das Ende seiner Karriere in Deutschland. Im April 1933 wurde er von der Teilnahme für die deutsche Mannschaft am Davis-Cup ausgeschlossen. Ausdrücklich hatten die neuen Machthaber verfügt, dass „der Spieler Dr. Prenn (ein Jude)" nicht für die Davis Cup Mannschaft 1933 nominiert wird.

Bis dahin war er für Deutschland dreizehn Mal im Davis Cup angetreten und hatte nur fünf Begegnungen verloren geben müssen. Prenn emigrierte mit Ehefrau Charlotte nach England und nahm die britische Staatsbürgerschaft an. Hier spielte er noch einige Jahre Tennis, ohne aber jemals die frühere Spielstärke wieder zu erlangen.

Der Ausschluss Prenns aus dem deutschen Daviscup-Team löste im Ausland heftige Reaktionen aus. Henry Wilfred Austin und Fred Perry – Mitglieder der gegnerischen englischen Daviscup-Mannschaft im Vorjahr – kritisierten diese Entscheidung in einem offenen Brief, der in der britischen Zeitung The Times abgedruckt wurde. Darin hieß es: „Wir haben mit großer Bestürzung die offizielle Verlautbarung in der Presse gelesen, dass Dr. D. D. Prenn Deutschland nicht im Davis Cup repräsentieren wird, weil er jüdischer Abstammung ist. Wir erinnern uns an den Augenblick, vor noch nicht einmal 12 Monaten, als Dr. Prenn vor einer großen Zuschauermenge in Berlin das Davis Cup Halbfinale der Europazone für Deutschland gegen England gewonnen hat und er mit spontaner und frenetischer Begeisterung gefeiert wurde."

„Der Brief von Austin und Perry in der Times ... hat bei denen Interesse geweckt, die davon gehört haben ... Doch

solche Dinge finden neuerdings nicht mehr den Weg in die deutsche Presse", schrieb der Berliner Korrespondent der Times in der Ausgabe vom 17. April 1933. „Für die Nazis ist es unter den gegebenen Umständen undenkbar, dass er Deutschland, das systematisch Juden aus dem Beamtentum und anderen Berufen ausschließt, repräsentiert, nur weil er der beste Tennisspieler des Landes ist. Dr. Lewald, der deutsche Vertreter beim Internationalen Olympischen Komitee, ist kürzlich als Vorsitzender des Nationalen Komitees zurückgetreten. Dr. Lewalds Position schien unmöglich geworden zu sein, weil sein 1813 geborener Vater jüdischer Abstammung war und erst vor 110 Jahren getauft wurde."

Eine Wiener Zeitung schrieb zum gleichen Thema: „Voriges Jahr noch, als Prenn im Davis Cup in einem mörderischen Kampf den vielfachen englischen Meister Austin bezwang und damit für Deutschland zum ersten Mal einen Sieg über die englische Tennismacht errang, gab es keine deutsche Zeitung ohne Unterschied der politischen Richtung, die ihn, den ‚Juden Prenn' nicht in allen möglichen Tonarten verherrlichte und – für sich, für Deutschland reklamierte. Heute schreiben dieselben Blätter, dass Prenn kein Deutscher sein könne, da er – nun, da er eben Jude ist."

Aber für die Tenniswelt war es wohl schockierender, dass sich alle nationalen Tennisverbände nicht zu diesem Erlass äußerten, geschweige denn, Protest einlegten.

Nur der schwedische König Gustaf Adolf bestand in Kenntnis der Situation anlässlich eines Empfangs bei Hitler und dem Reichspräsidenten Paul von Hindenburg auf einem Match mit Prenn. Um politischen Querelen aus dem Weg zu gehen, gaben die Deutschen nach. Zusammen mit Prenn spielte der König ein Doppel gegen Gottfried von Cramm und Heinrich Kleinschroth.

Der Ausschluss von Prenn beschäftigte auch das Internationale Olympische Komitee auf dessen Sitzung im gleichen Jahr. Zwar gab es erhebliche Komplikationen mit dem deutschen Davis Cup Team, doch an eine Rücknahme des Beschlusses war nicht zu denken.

Während der amtierende Präsident (1925 bis 1934) des Deutschen Tennisbundes, Dr. Gerhard Weber, keinen Widerspruch gegen Prenns Ausschluss erhob, ging sein Nachfolger (1934 bis 1937) Dr. Wilhelm Schomburgk, Bruder des bekannten Leipziger Tennisspielers Heinrich Schomburgk mit den neuen Machthabern auf offenen Konfrontationskurs. Er, der von den Nazis sowieso als Kritiker des Regimes betrachtet wurde, betonte, dass der Tennisbund sowohl „seine Selbstständigkeit behalten" als auch „seinen Aufbau kraftvoll fortsetzen" würde – auch nach dem Anschluss an den Deutschen Reichsausschuss für Leibesübungen (DRL).

Wilhelm Schomburgk blieb bis zum 1. Oktober 1937 im Amt. Bei seiner offiziellen Verabschiedung formulierte der Reichssportführer Hans von Tsammer und Osten, Schomburgk selbst hätte ihn „infolge beruflicher Überlastung" um Entlassung gebeten.

Ilse Weihermann und ihre Schwestern

Auch die drei Weihermann-Schwestern aus Frankfurt, allesamt sehr erfolgreiche Tennisspielerinnen, verließen ihre Heimat.

Dr. Ilse Weihermann-Friedleben, geboren 1893, war von 1920 bis 1929 die Nummer 1 in der deutschen Tennisrangliste. In den Jahren 1920 bis 1924 sowie 1926 war sie Deutsche Meisterin. Zusammen mit ihrer Mutter Ida kehrte sie 1938 Deutschland den Rücken und lebte bis zu ihrem Tode 1963 in England. Dort verdiente sie in der Zeit des zweiten Weltkrieges ihren Lebensunterhalt als Tennislehrerin.

Sie zählte schon vor dem ersten Weltkrieg mit ihrer Schwester Toni zu den besten deutschen Tennisspielerinnen, und doch wurde sie, wie das Amtliche Jahrbuch des Deutschen Tennis Bundes 1927 festhielt, „eine ausgesprochene Vertreterin des nachkrieglichen, vom großen internationalen Wettbewerb excludierten Tennissports".

Ihre jüngere Schwester Toni Richter-Weihermann, geboren 1895 und zeitweise die Nr. 3 in Deutschland, ließ sich zusammen mit ihrem Mann, einem Exportkaufmann, in Trinidad nieder.

Die jüngste der drei Weihermann-Schwestern, Anna, geboren 1897 und im Jahr 1926 unter ihrem neuen Namen Anna Hemp die Nr. 7 der deutschen Rangliste, war Tennislehrerin. Nach der Scheidung von ihrem ersten Mann wanderte sie mit ihren beiden Kindern in die USA aus, heiratete dort zum zweiten Mal und verstarb 1980.

„ ... Die Weihermanns, das war eine jüdische Tennisfamiliengeschichte. Im Jahr 1926 stand Ilse Weihermann wie immer seit dem Krieg an der Spitze der Deutschen Rangliste, auf Platz vier fand sich ihre Schwester Toni Weihermann, mit der sie gemeinsam Doppelmeisterin wurde, und auf Platz sieben war noch eine gebürtige Weihermann, die als Anna Hemp zwei Jahre später zu den Berufsspielerinnen wechselte.

Die drei Schwestern waren beim SC Frankfurt 1880 auch in der Hockeymannschaft erfolgreich. Tennis spielte Ilse Friedleben in einem anderen Frankfurter Klub, dem TC Palmengarten.

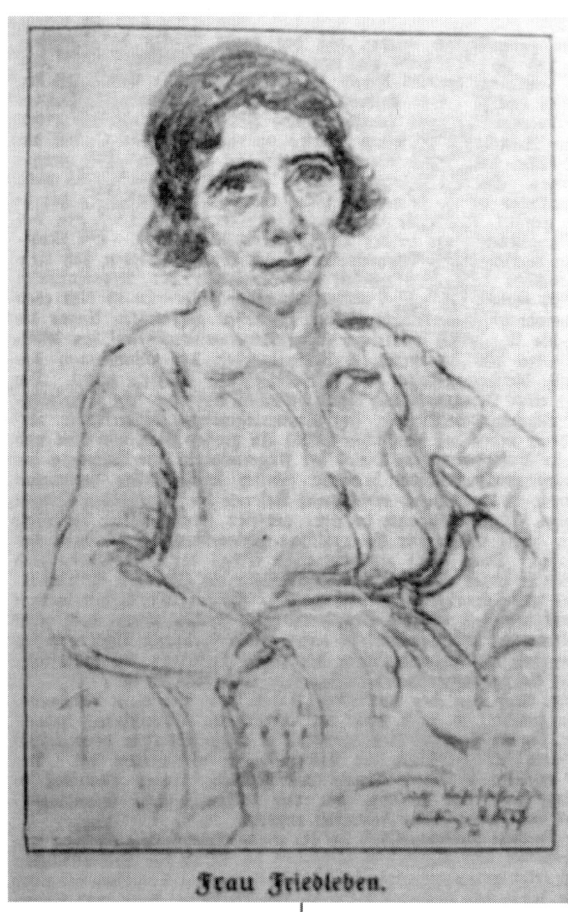
Frau Friedleben.

Bild 102: Ilse Friedleben

Die beste deutsche Tennisspielerin der 20er Jahre beherrschte mit ihrer zierlichen Zähigkeit und der altmodisch weit und kreisförmig ausholenden Vorhand die deutsche Konkurrenz nach Belieben. Sie war aber keine Person, der alles leicht fiel, alles zuflog. Die Berichterstatter rühmten immer wieder ihre Willenskraft und Energie, mit der sie viele Partien noch umdrehte ... Charakteristisch für ihr Spiel war der taktische Hang zur Grundlinie, von wo aus die mit ihrer Vorhand die Gegnerinnen dominierte ... verbunden mit spürbarer Verwunderung über die vielen Erfolge trotz der ‚technischen Einseitigkeit der Frankfurterin', ihr Spiel werde ... in Vermeidung (oder Ermangelung?) allen Flugballspiels zur Stärke lediglich durch diesen eminent geschwungenen, besonders raschen und genauen Vorhandschlag und offenbar durch Talente anderer und weiterer als technischer Natur. Siegeswille, Konzentrationsfähigkeit, Selbstbewusstsein – und daraus resultierend die Fähigkeit, bei ungünstigen oder schier verlorenem Spielstand die Spielstärke zu vergrößern, geben Ilse Friedleben die Meisterstärke und ihrem Spiel den Schwung.

Fast scheint es, als sei es den Nazis gelungen, nicht nur das Leben von Millionen Menschen, sondern auch die Spuren ihres Lebens zu löschen. Ilse Friedleben entkam der Vernichtung, ebenso wie ihre beiden Schwestern. Doch ihre Spur verliert sich. Kaum finden sich Quellen, kaum Bleibendes, kaum ein Bild von ihr, erst recht kei-

nes mit einem Lächeln. ... Anders als Nelly Neppach setze sie ihrem Leben kein Ende, sondern sie fing ein neues an, in der Fremde. Sie landete in der Schweiz, wo sie nach dem Krieg Lehrerin gewesen sein soll. Gestorben ist sie in London, im Dezember 1963." (aus: 100 Jahre Deutscher Tennis Bund).

Nelly Neppach, die Deutsche Meisterin des Jahres 1925 hatte – ebenso wie Prenn und Friedleben – große Meriten für den deutschen Tennissport erworben. Nach dem neuen Erlass der Nationalsozialisten durfte sie nicht mehr für ihr Heimatland antreten. Sie sah aus dieser Situation keinen Ausweg mehr und schied am 7. Mai 1933 freiwillig aus dem Leben.

In einem zeitgenössischen Bericht wurde die Vermutung aufgestellt, dass Cilly Aussem „voraussichtlich mit ihrem Mann in Rom leben" würde. Das traf aber nicht zu, denn das junge Paar ließ sich nach der Trauung in Mombasa, dem heutigen Kenia, nieder. Ob sie jemals wieder in England Tennis spielen würde, konnte die Gräfin an diesem Tag nicht sagen. „Meine nächste Aufgabe", so wurde sie zitiert, „ist es, nun mit meinem Mann nach Mombasa zu gehen und dort für ihn zu sorgen."

Ob sie das wirklich wollte? Es ist nur sehr schwer vorstellbar, wie dieses bescheidene, zurückhaltende Mädchen aus einer gut situierten Familie des Kölner Großbürgertums ihr Leben auf eine so abenteuerliche Weise schlagartig ändern würde. Angeblich hatte Cilly bis dahin nur eine große Liebe – nämlich „das Tennis" – so ihre Mutter. Bislang wurde stets für sie gesorgt. Und nun wollte sie für jemand anders sorgen? In einem Kriegsgebiet, das von Truppen aus dem Land ihres Mannes besetzt war? Für ihren Mann, den sie kaum kannte? Rückblickend sieht das so aus, als wollte sie keine weitere Zeit verlieren und um jeden Preis ihrer gewohnten Umgebung, und besonders ihrer Mutter, so schnell wie möglich den Rücken kehren.

Die Hochzeit mit dem italienischen Adligen wurde auch von Cilly Aussems Freunden als Flucht vor der dominanten Mutter interpretiert. Das wurde u. a. von Dr. Paul Bauwens in einem Interview aus dem Jahre 1993 bestätigt: „ ... die meines Erachtens froh war, als sie den Italiener kennengelernt hatte und aus dem Einflussbereich der Mutter herauskam."

Bild 103: Graf Fermo Murari dalla Corte Bra, 1952

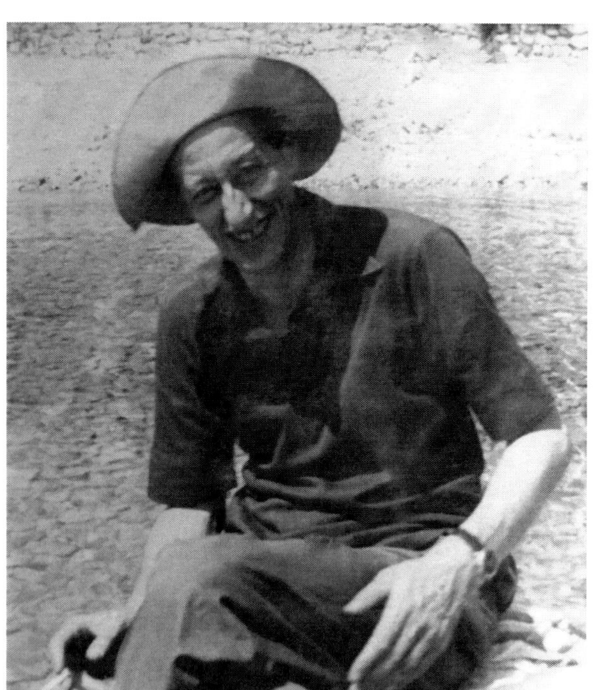

Der Graf war als Kampfpilot der italienischen Luftwaffe im Einsatz – „ein tapferer Soldat, aber kein hervorragender Tennisspieler", merkte Helen Aussem zynisch an. Tochter Cilly – die nun Gräfin Caecilia Editha Murari dalla Corte Brà hieß – ging mit ihm an die afrikanische Ostküste. Dort hatte der Graf, wie die Zeitschrift Tennis anlässlich Cilly Tod zu berichten wusste, „eine diplomatische Mission zu erfüllen." Von diesem Aufenthalt kam sie unheilbar krank zurück. Das Leben in Ostafrika hatte ihre zahlreichen Krankheiten noch verschlimmert. Sie hatte sich Malaria zugezogen. Ihre Sehkraft hatte fast ganz nachgelassen, sie trug ständig eine dunkle Brille und einen großen Hut, mit denen sie sich vor auch noch so geringen Lichteinflüssen schützen musste.

Nach dem Ende der militärischen Tätigkeit zog das adlige Paar zurück nach Italien. Zuerst wohnten sie im vornehmen Anwesen der Muraris, der Villa Tarika bei San Vigilio am östlichen Ufer des Gardasees. Hier verbrachte Cilly die meiste Zeit in verdunkelten Zimmern, um sich vor der Sonne zu schützen. Neben ihren zahlreichen Krankheiten machte ihr auch der Trigeminusnerv zu schaffen, der ihr ständig starke Kopfschmerzen bereitete. Weil sie, so Paula Stuck in ihrem Nachruf, in „die südliche Schönheit der Blumenküste verliebt" war, siedelte

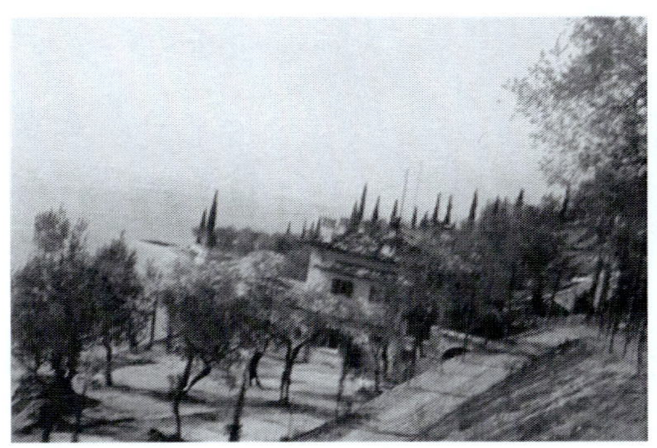

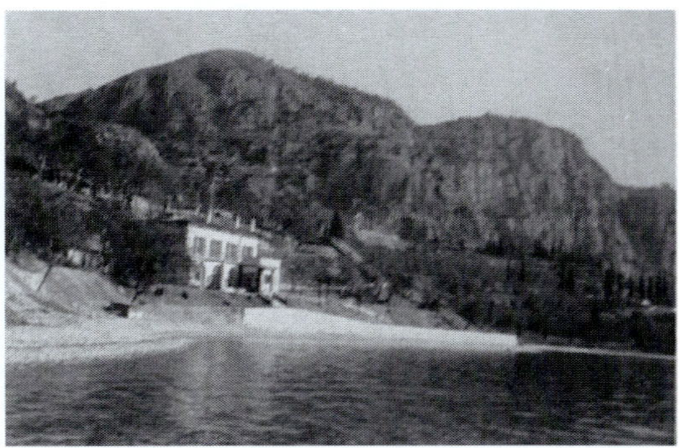

das Paar 1958 nach Portofino um. Hier starb Cilly Aussem am 22. März 1963 nach einer Leberoperation. Ihre letzte Ruhestätte hat sie auf dem Friedhof San Giorgio gefunden.

Nur durch Zufall, so heißt es, wurde ihr Tod in Deutschland bekannt. Ein Journalist war beim routinemäßigen Durchsehen der Auslandspresse auf eine entsprechende Nachricht gestoßen.

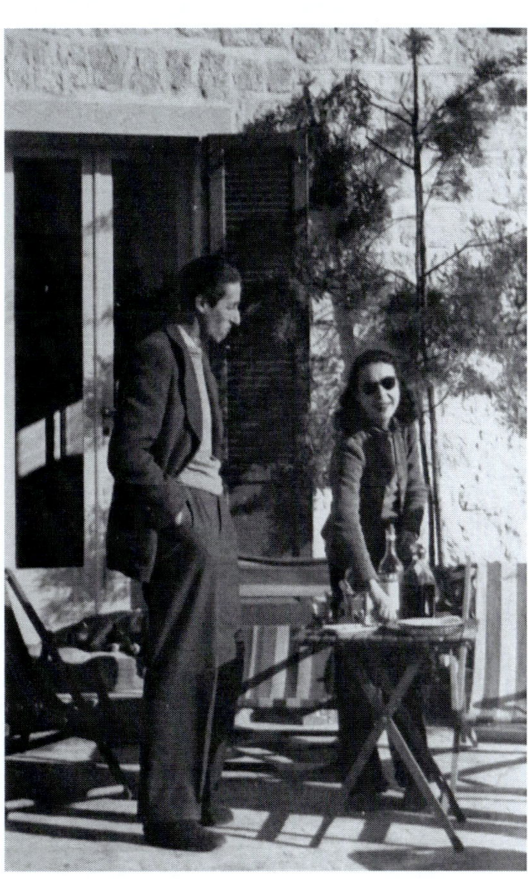

1952 besuchte sie letztmalig ihre Heimatstadt Köln, in der sie letztmalig 1938 zu Gast war. Bereits von ihrer schlimmen Krankheit gezeichnet, nahm sie Abschied und stattete ihrem alten Tennisclub einen letzten Besuch ab. Bei dieser Gelegenheit erzählte sie einem Reporter der Kölnischen Rundschau, wie sie ihren Mann, den italienischen Grafen in Wirklichkeit kennengelernt hat und räumte damit gleichzeitig mit dem weit verbreiteten Gerücht auf, sie habe ihn erstmalig beim Skifahren in Garmisch getroffen. „In Italien war's, als sie sich sehr über die Entscheidungen eines Schiedsrichters ärgerte und darob mit ihm temperamentvoll ‚ins Plaudern' kam. Dieser Schiedsrichter war der Graf Murari. Und wer daran zweifelt,

Bilder 104 bis 106: Die Villa Tarika, 40-er Jahre

dass dieser ‚Streitfall' ein glückliches Ende nahm, der könnte sich in dem entzückend am Gardasee gelegenen Heim des gräflichen Paares eines Besseren belehren lassen“, schrieb die Kölnische Rundschau.

Die Villa Tarika als „entzückendes Heim“ zu bezeichnen, war eine maßlose Untertreibung. Das Gebäude kam eher einem kleinen Palazzo gleich und hatte, dem Stand des Grafen entsprechend, ausreichend Personal, um den Herrschaften das Leben so angenehm wie zu gestalten.

Bilder 107 bis 109: Die Villa Tarika, 40er Jahre

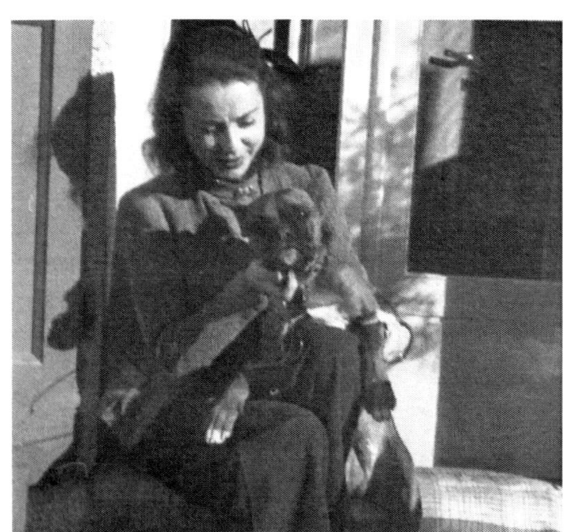

Es scheint, als hätte Cilly Aussem sich in dieser Zeit vollkommen von ihrer Familie losgesagt. Ob dafür das lange Fortbleiben von Köln oder immer ihre schlimmer werdenden Krankheiten ausschlaggebend waren, ist heute nicht mehr nachvollziehbar. So blieb sie z.B. der Hochzeit ihres Bruders Carl-Heinz fern, der 1950 in der Kölner St. Apostelnkirche seine Verlobte Gabriele von Guilleaume heiratete. Cillys Fernbleiben ist umso bemerkenswerter, als dass ihr 28-jähriger Bruder erst kurz zuvor

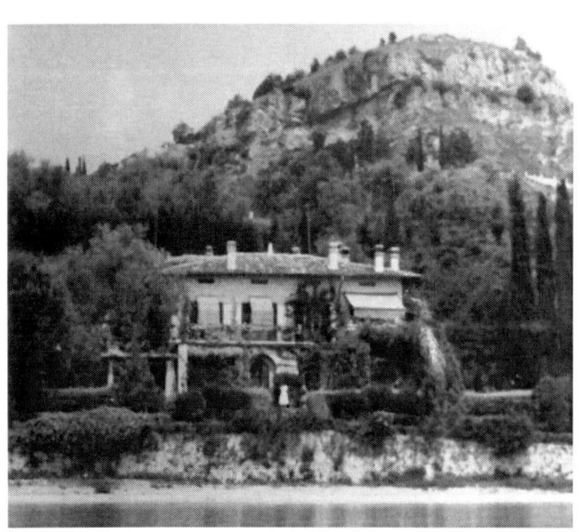

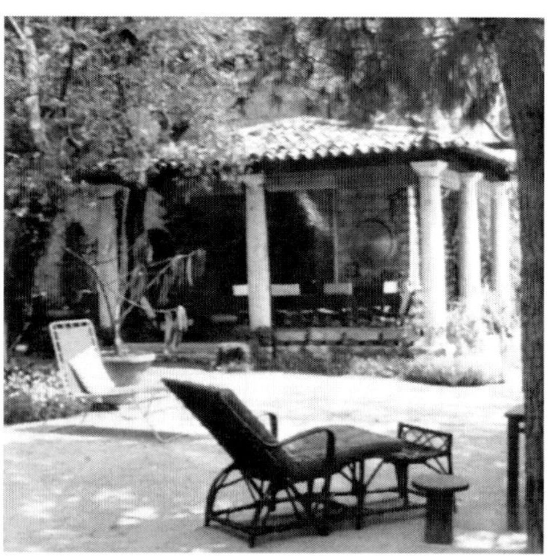

aus russischer Kriegsgefangenschaft heimgekehrt war und sogar bis dahin als verschollen galt. Das zerrissene Familienband wird auch dadurch dokumentiert, dass Vater Jean Aussem ebenfalls nicht an der Hochzeitsfeier teilnahm. Dagegen nutze Mutter Helen Aussem die Hochzeit ihres einzigen Sohnes zu einem großen Auftritt. Als ihre zukünftige Schwiegertochter sie bat, nicht zu spät zur Trauung zu erscheinen, antwortete Cillys Mutter: „Ich komme ganz zum Schluß, wenn alle da sind!"

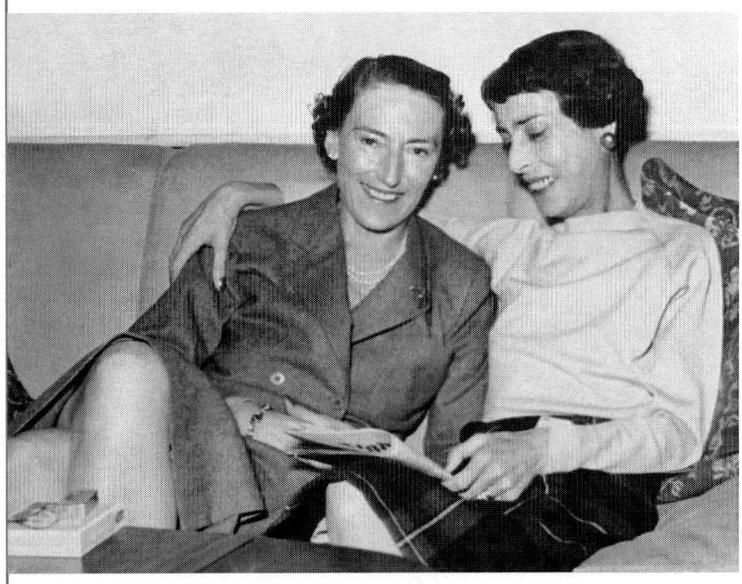

Bild 110: Cilly Aussem (r) mit ihrer Kölner Jugendfreundin Madeleine Mauser, 50-er Jahre

Zwei Jahre später starben Cillys Eltern, die sich zwischenzeitlich getrennt hatten, innerhalb einer Woch; beide in Köln. Jean Aussem war an einen Herzinfarkt gestorben, und Helen Aussem war ihrem langen Krebsleiden erlegen. Im Juli 1952 wurden beide in einem Gemeinschaftsgrab auf dem Melatenfriedhof in Köln beigesetzt.

Anlässlich eines Krankenhausbesuches, von Helen Aussem bei ihrem Ex-Mann versöhnten sich Cilly Eltern wieder. „Wir haben uns in den Armen gelegen," beschrieb Helen Aussem ihrer Schwiegertochter Gabriele später die Situa-

tion und fügte hinzu: „Ich weiß gar nicht, warum wir uns überhaupt getrennt haben."

Als wenig später die Testamentseröffnung anstand, erlebte Cilly Aussem eine große Überraschung.

Bild 111: Cillys Bruder Carl-Heinz und Mutter Helen in der Villa Tarika am Garda See, 1952

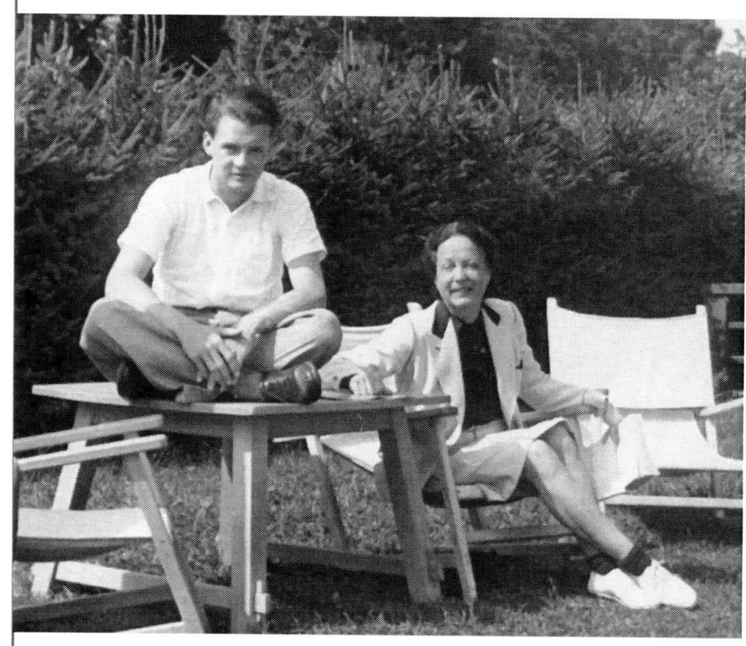

Bild 112: Vater Jean Aussem, 1959

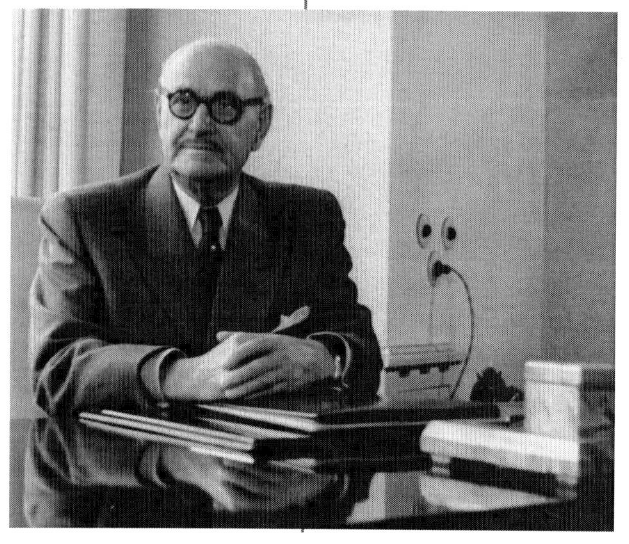

Der Testamentsvollstrecker übermittelte den Anwesenden Helen Aussems Vermächtnis, in dem es hieß, dass ihr Sohn Carl-Heinz den 25,1%igen Familienanteil am Gervais-Unternehmen und Cilly lediglich ihren Pflichtanteil bekommen sollte. Diese Entscheidung schien aber weniger gegen Cilly als für das Unternehmen gefallen zu sein. Helen Aussem war nämlich bestrebt, ihr Anteilspaket an

Gervais nicht auseinanderzureißen. „Der Klotz Gervais", wie sie sich ausdrückte, sollte zusammenbleiben. Diese Entscheidung von Helen Aussem hatte zur Folge, dass Cilly und ihr Mann ihre Anwälte in Verona damit beauftragten, das Testament anzufechten. Im gleichen Jahr trafen sich Cilly und ihr Mann Fermo mit Bruder Carl-Heinz und dessen Frau Gabriele in München. Obwohl das Verhältnis von Cilly Aussem und ihrem Bruder durch dessen Bevorzugung zunächst ein wenig getrübt war, verbrachten die Vier einen schönen Abend im Restaurant „Böttcher". Cillys Schwägerin bezeichnete dieses Treffen 54 Jahre später als harmonisch. Cilly und ihr Mann seien ganz reizend gewesen. Der Graf, auf den Briefwechsel der beiden streitenden Parteien angesprochen, wollte das eine aber nicht in Zusammenhang mit dem anderen bringen. Man müsse eben das Private vom Geschäftlichen trennen, sagte er, und soweit sich Cillys Schwägerin erinnert, ist am Ende doch noch eine Einigung erzielt worden. Ihr Bruder Carl-Heinz hat allerdings Jahre später seinen Gervais-Anteil veräußert und sich der Herstellung und dem Vertrieb von Kunststoffrohren gewidmet.

Unerwartet, nach kurzer schwerer Krankheit entschlief heute morgen mein lieber Mann, unser guter Vater und Schwiegervater

KONSUL
JEAN AUSSEM

kurz vor der Vollendung seines 70. Lebensjahres.

In tiefer Trauer:

Helen Aussem geb. Wisbaum
Contessa Cilly Murari dalla Corte Brà geb. Aussem
Carl Heinz Aussem
Gabriele Aussem geb. von Guilleaume
Conte Fermo Murari dalla Corte Brà

Köln, den 27. Juli 1952

München, Laplacestraße 9,
Tarika bei Garda, Italien, München, Neidensteinerstraße 21

Die Trauerfeier findet im Hause Deutscher Ring 16 am Donnerstag, dem 31. Juli 1952 um 9.30 Uhr, die Beisetzung am gleichen Tage um 11.30 Uhr von der Trauerhalle des Friedhofes Melaten aus statt. Eine stille hl. Messe zum Gedächtnis des Verstorbenen wird am Freitag, dem 1. August 1952 um 8.30 Uhr in der Kirche Maria Königin, Köln-Marienburg, Goethestr. 84 gehalten.

Von Beileidsbesuchen bitten wir abzusehen.

Bild 113: Todesanzeige von Jean Aussem, 1952

Anlässlich ihres 50. Geburtstages schenkte Cilly Aussem ihrem Kölner Verein in alter Verbundenheit ein Portrait, das der bekannte Maler Prof. Leo Freiherr von König 1932 von ihr angefertigt hatte. Dieses Bild hängt heute im Clubhaus in Köln-Müngersdorf.

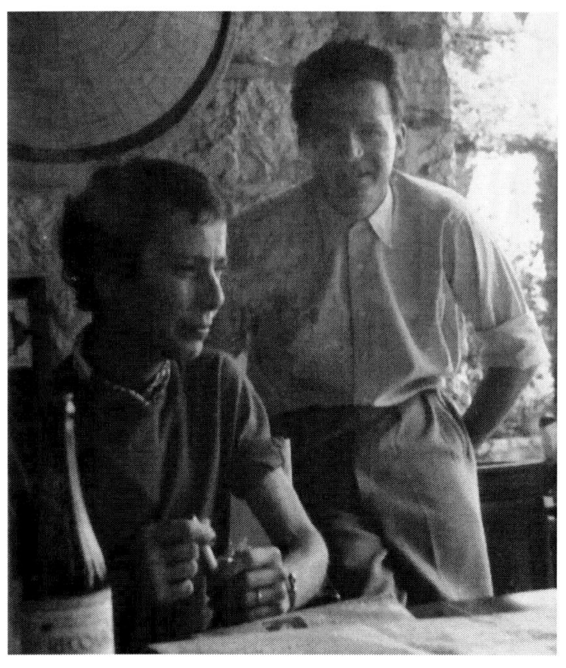

Bilder 114 und 115: 1952 in der Villa Tarika. Cilly Aussem und Bruder Carl-Heinz; unten mit dessen Frau Gabriele (l)

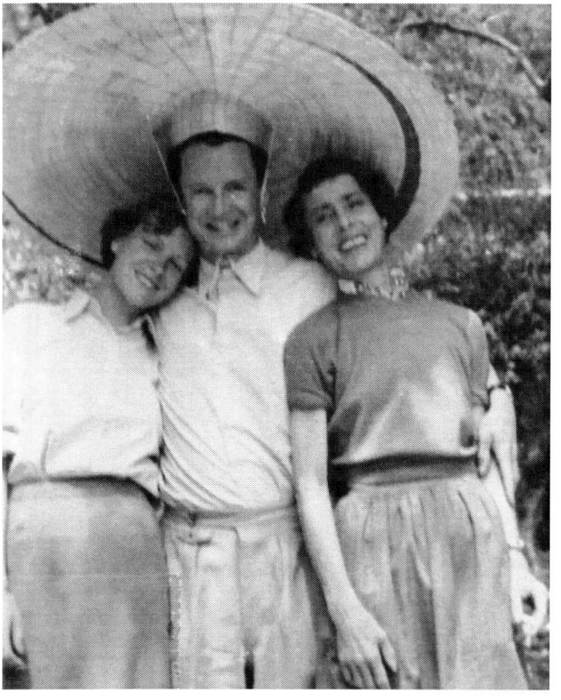

Der Kölner Club hatte in den 20er und 30er Jahren seinem prominenten Mitglied zu verdanken, dass sich die Spitzenspieler der Welt bei Turnieren die Klinke in die Hand gaben. Fast alle, die Rang und Namen hatten, traten auf der Rot-Weiß-Anlage zu Wettkämpfen an. Bei den Herren waren das Bill Tilden, die starken Franzosen Cochet, Brugnon, Boussus und die „Präzisionskampfmaschine“ René Lacoste sowie Cillys Doppelpartner Ronald Boyd, die Holländer Henk Timmer, Arthur Diemer Kool und Christian van Lennep und alle deutschen Spitzenspieler. Nicht weniger prominent waren die Damen vertreten: Elizabeth Ryan, Lili d'Alvarez, Simone Matthieu, Nanette Le Besnerais, Daphne Akhurst mit der australischen Damenmannschaft und viele andere mehr.

Große Namen, die das Publikum und die Lokalprominenz in Scharen anzogen. „Bei keiner Veranstaltung irgendeiner Sportart“, war in einem zeitgenössischen Bericht zu lesen, „hat man je in Köln eine derart auserlesene Zuschauermenge beobachten können ... Aus allen Kreisen der Finanz, Industrie, Handel, Kunst, sowohl aus Köln wie auch aus der näheren und weiteren Umgebung, waren die Prominenten herbeigeeilt, sich diese sobald nicht wiederkehrenden Tenniskämpfe in höchster Vollendung anzusehen.“

1963 – Nachrufe auf eine erfolgreiche Sportlerin

Cillys Weggefährtin und oftmalige Gegnerin Paula Stuck schrieb am 30. März 1963 in einem Nachruf: „Eine der liebenswürdigsten und nettesten Sportlerinnen der Weltelite, unsere Cilly Aussem, lebt nicht mehr. Als ich ihre Todesanzeige heute in den Händen hielt, war ich erschüttert und bewegt. Dabei wussten wir, ihre alten Tenniskameraden, dass Cilly schon mehr als zwanzig Jahre an einer Drüsenkrankheit litt, für die es keine Heilung gab ...

Ich war 1927 schon eine arrivierte Tennisspielerin, die erstaunt aufsah, als Willy Hannemann aus Köln unseren Tennislehrern in Berlin, Roman Najuch und Wackel Richter, erklärte: ‚Dieses junge Mädchen wird einmal die Weltbesten schlagen.' ... 1929 wurden Cilly und ich für einen Länderkampf gegen Amerika aufgestellt und traten in Berlin gegen Helen Wills an. Cilly hatte sich damals einen Frosch an ihren Schlägergriff geklebt und erklärte lustig: ‚Bisschen Jux muß doch sein.'

In jenen Tagen hatte Cilly, die schnell bekannt geworden war, Angst vor sich selbst und der sehr oft strengen Kritik ihrer ehrgeizigen schönen Mutter. Als ich Cilly an der Riviera, bei der Preußen-Meisterschaft in Berlin und bei den internationalen Deutschen Meisterschaften schlug, kullerten große, dicke Tränen aus ihren wunderschönen braunen Augen, und wir versuchten, sie mit allen Mitteln zu trösten.

‚Es ist nicht wegen der Niederlage', sagte sie traurig, ‚nur weil man glaubt, dass ich völlig talentlos bin.' Schon damals musste sie vor schweren Spielen ein dunkles Zimmer aufsuchen, da sie oft unter Augenschmerzen litt. Die ausländische Presse schrieb: ‚Die Deutschen haben einen

weiblichen Tennis-Nurmi, ein bildhübsches, junges Mädchen, dessen Lauftechnik und dessen Siegeswillen einmalig sind.' ..." (**Anmerkung:** Der Finne Paavo Nurmi war in den 20er Jahren der beste Langstreckenläufer der Welt. Er gewann u.a. zwischen 1920 und 1928 neun olympische Goldmedaillen.)

Im Winter 1935 wohnten Hans Stuck (**Anmerkung:** die Verfasserin Paula von Reznicek hatte 1932 Hans Stuck, den Mercedes Rennfahrer, geheiratet), *Cilly und ich bei Frau Barathy in Garmisch. Bei einer Abfahrt vom Kreuzeck streifte sie, eine ausgezeichnete Skiläuferin, einen großen, eleganten Mann. Er entschuldigte sich bei ihr und verliebte sich auf den ersten Blick. Sie heiratete Graf Fermo Murari dalla Corte Bra und begleitete ihn auf ihrer Hochzeitsreise in die Tropen. Dort muß sich Cilly die heimtückische Krankheit geholt haben, von der sie sich nie mehr ganz erholte ... Immer wieder reiste sie zu berühmten Ärzten, aber alle Bemühungen, Cilly wieder zu Gewicht kommen zu lassen, scheiterten. Sie verlor erst ein Auge und sah später so gut wie gar nichts mehr ...*

Vor vier Monaten war Cilly das letzte Mal in München ... Zu ihrer Pflegemutter sagte sie beim Abschied leise: ‚Weißt Du Giza, ich war eine glückliche Sportlerin und eine überglückliche Frau.' Vielleicht lag ein noch ungeahnter Abschied in diesen Worten.

Erst vor acht Tagen erfuhr Frau von Barathy telefonisch von einer Operation, welche Cillys Leber wegen vorgenommen werden musste und von der sich Cilly nicht mehr erholte.

Nach Otto Froitzheim, dem großen Meister der Vorkriegs- und Nachkriegszeit, hat uns nun auch Cilly Aussem, die liebreizende und bescheidene Sportlerin und gute Kameradin, für immer verlassen.

Lebewohl, Cilly, für Deine Freunde und das deutsche Tennis bleibst Du unersetzlich."

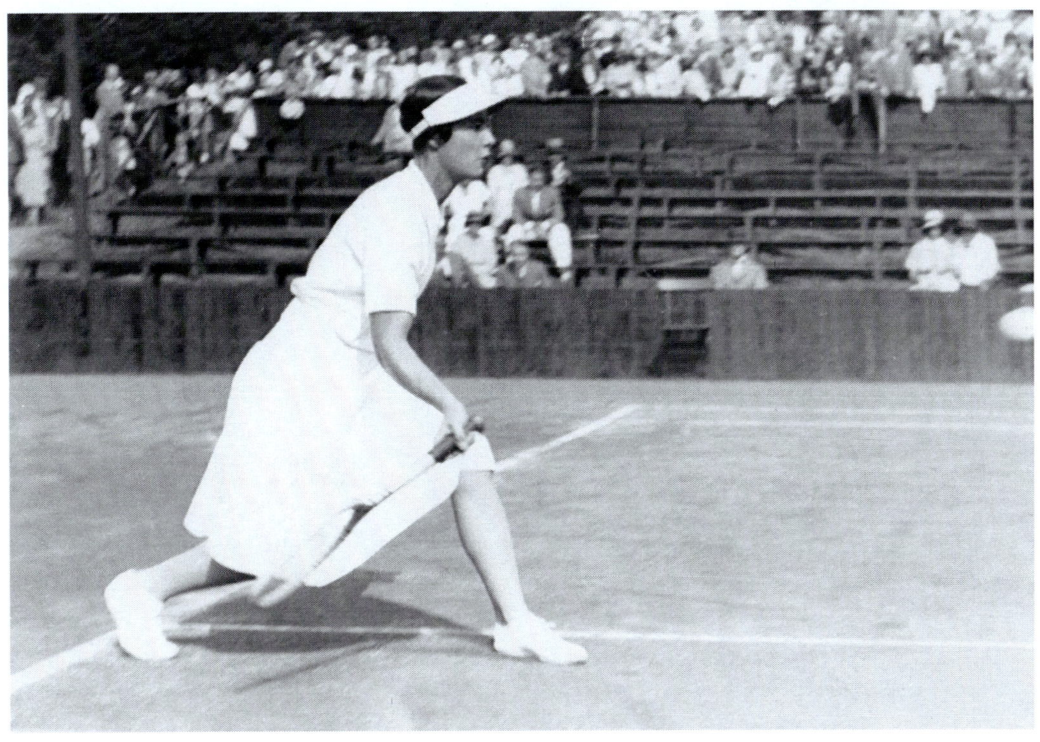

Bild 116

Die Tageszeitung „Die Welt" widmete ihr am 1. April 1963 einen Nachruf („Glanzvoll und schmerzhaft war ihre kurze Karriere") und der mit der Feststellung endete, dass Cilly Aussem „bei weitem nicht das erreichte, was sie erreichen konnte".

Dr. Friedrich Wilhelm Esser schrieb in seinem Buch „Meine Kölner Tenniserinnerungen" über eine Begegnung mit Cilly: „Das letzte Mal hörte ich persönlich die jetzt überschlanke, neben deutsch, französisch, englisch und italienisch den kölschen Dialekt vollendet beherrschende ‚Italienerin' herzhaft lachen, als ich ihr während des Krieges bei einer Tasse Tee in der Halle des Hotels des Alpes in Madonna di Campiglio in Oberitalien, die neuesten, Tünnes und Schäl' Witze erzählen musste."

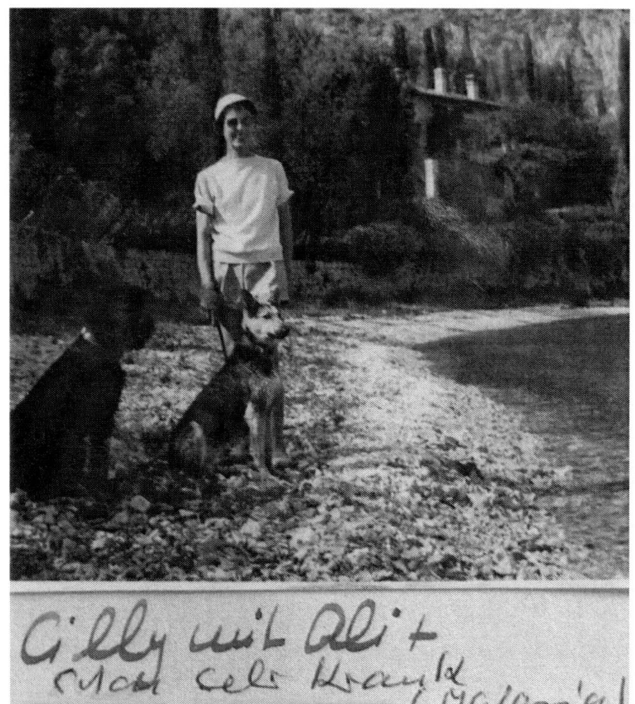

Bild 117: Cilly Aussem 1952 vor ihrem Haus am Gardasee. „Schon sehr krank (Malaria)“ hat ihre Schwägerin im Familienalbum notiert.

Esser und Cilly haben sich 1952 zum letzten Mal im vornehmen Kölner Hotel Excelsior gesehen. Cilly war zu Beerdigung ihrer Eltern gekommen. Die Kölnische Rundschau berichtete in ihrer Ausgabe vom 3. August 1971 über Cilly Aussems letzten Besuch in ihrer geliebten Heimatstadt. Die einstige Spitzenspielerin und ihr greiser Spielführer von Rot-Weiß Köln werden gewusst haben, dass es ein Abschied für immer war. Esser war schon hoch betagt und Cilly durch ihre vielen Krankheiten sehr geschwächt. Die Kölnische Rundschau zitierte sie mit den Worten:„ ... ich würde gerne nochmals in Clubhaus fahren, mein Elternhaus noch einmal sehen, all das besuchen, was mir so lieb geworden ist, aber ich kann nicht. Dazu habe ich keine Kraft mehr.“

> *Paula Finger, gegen die Cilly zu Beginn ihrer Karriere 1925 zuerst eine Niederlage einstecken musste, sich dann aber kurz darauf revanchierte, kommentierte den Artikel aus der Kölnischen Rundschau drei Tage später in einem Leserbrief: „ ... Ich war in den Jahren um 1926 Mitspielerin und Gegnerin von Cilly Aussem ... In einem Turnier ... besiegte ich Cilly im Kampf um den zweiten Preis im Einzelspiel ... In der Schlussrunde kam ich dann gegen Irmgard Rost, die im gleichen jugendlichen Alter wie Cilly stand. Beim Stand von 6:5 im dritten Satz für mich wurde der erste Siegball durch unverdienten Netzroller zu meinen Gunsten entschieden. Das Publikum war verständlicherweise sehr stark auf Seiten der Jugend.*

Aber das ‚Alter' gewann noch einmal ... Ich bin heute 79 Jahre alt. Man schaut abgeklärter auf die früheren Zeiten zurück. Aber das Schicksal von Cilly hat mich doch sehr ergriffen.“

„Cilly, die ‚Herzenskönigin' ist tot!“, war in der Zeitschrift Tennis vom 2. April 1963 zu lesen. „Keine Trauerbotschaft hat die Herzen der älteren Generation so bewegt, wie diese: Cilly, Gräfin Murari della Corte Brà, ist für immer von uns gegangen ... Nun trauern Cilly zahlreiche Freunde und Bewunderer in aller Welt, besonders in ihrer Heimatstadt Köln und ihrem geliebten Rot-Weiß-Club. Ihr sanftes friedliches Dahinscheiden rührt fürwahr tröstlich an all die Liebe, die wir diesem verehrungswürdigen Menschen entgegengebracht haben.“

Am Ende dieses Buches soll noch einmal Roderich Menzel mit einer Charakterisierung von Cilly Aussem zu Wort kommen:

„Ihre liebenswürdige Persönlichkeit blieb selbst in der Hitze des Gefechts herzlich und menschlich. Ihr bezauberndes Lächeln erwärmte die Herzen der Zuschauer. Ihre großen braunen, immer wie erstaunt aufgeschlagenen Augen beherrschten ein feines Gesicht, das seine fraulichen Züge auch vor dem Matchball nicht verlor. Ihre pagenhaft anmutende Gestalt bewegte sich so leichtfüßig auf den roten und grünen Spielflächen, dass man den Eindruck hatte, eine Ballettänzerin spiele Tennis.“

„Überall, wo sie das Zepter schwang und wo ihr bezauberndes Lächeln die Herzen der Zuschauer erwärmte, hat sie, ohne es zu ahnen, Schülerinnen und Jüngerinnen für den Tennissport gewonnen. Wenn wir uns ihrer erinnern, so sprechen wir mit Liebe von ihr und sagen mit Stolz:

Sie war unsere Meisterin.

Die Deutsche Bahn hatte bis 2003 den zwischen Bonn und Berlin verkehrenden Intercity IC 940 nach Cilly Aussem benannt. Die Deutsche Post hat am 5. Mai 1988 in der Serie „Frauen der deutschen Geschichte“ eine 20 Pfennig Briefmarke mit ihrem Portrait herausgegeben. Der Deutsche Tennisbund verlieh ihr die Ehrennadel.

Dagegen scheint ihre Geburtsstadt Köln sie ganz vergessen zu haben. Zwar gibt es in rund um das Stadion und die Sporthochschule im Kölner Stadtteil Müngersdorf etliche Plätze und Straßen, die nach Sportlern benannt sind. Sei es der Turnvater Ludwig Jahn, der Fußballer Walter Binder, die Radrennfahrer Peter Günther und Albert Richter sowie einige andere lokale Sportgrößen und Funktionäre. Sogar der höchst umstrittene Carl Diem hatte seinen eigenen Weg, der bis 2008 die Adresse der Deutschen Sporthochschule zierte.

Doch von Cäcilia Edith Aussem, der berühmtesten und erfolgreichsten Tennisspielerin der Stadt, und teilweise des gesamten Kontinents, gibt es keinen Platz, keinen Weg, keine Straße, keine Spur. Lediglich ihr Verein hat einen Tennisplatz auf seinem Gelände nach ihr benannt.

Während kleinere nordrhein-westfälische Gemeinden wie Euskirchen, Nottuln und Spelle bereits Straßen nach ihr benannt haben, ist ihre Vaterstadt weit davon entfernt.

Meinem Antrag, eine Straße oder einen Platz nach der berühmten Tochter der Stadt Köln zu benennen, steht die Stadt Köln kritisch gegenüber. Bei den Recherchen war man auf Cilly Aussems Ehemann, den italienischen Grafen Murari dalla Corte Brà und dessen militärische Tätigkeit in Ostafrika gestoßen. So verlautete aus der Stadtverwaltung, man müsse doch erst einmal Cilly Aussems Einstellung zu den faschistischen Regimen in Deutschland und Italien prüfen. Schließlich sei die Region, in der sie später mit ihrem Mann lebte, das Aufmarschgebiet der italienischen Faschisten in somalisch-abessinischen Krieg gewesen.

Aber wer ist heutzutage in der Lage, Cilly Aussems Einstellung zu den damaligen Regimen zu prüfen? Weder die Stadt Köln noch ich. Von Zeitzeugen und in Zeitungsartikeln nach dem Krieg gab es nicht einen einzigen Hinweis auf Cillys Sympathien zu Hitler oder Mussolini. Auch dem Deutschen Tennisbund und den Gemeinden, die eine Straße nach ihr benannt haben, liegen solche Erkenntnisse nicht vor.

Schade, Cilly!

Schande, Köln!

Zeitzeugen berichten

Im letzten Kapitel kommen Zeitzeugen aus Köln, Starnberg und Kempfenhausen zu Wort, die Cilly Aussem persönlich gekannt haben und auch mit ihrem privaten Umfeld vertraut waren. Sportliche Aspekte, die Cillys Tenniskarriere betreffen, kommen bei diesen Aussagen so gut wie gar nicht vor. Vielmehr vermitteln sie ein Bild über die Familie Aussem, ihre gesellschaftliche Stellung, ihr Leben und Arbeiten.

Das Lehrmädchen aus Köln, geb. 1922

Wir haben damals in der Trajanstraße gewohnt, in der Nähe vom Ubierring. Meine Mutter war eine begeisterte Tennisspielerin, und deshalb war Cilly Aussems Sieg 1931 tagelang Tischgespräch bei uns zu Hause. Die Cilly war uns allen natürlich bekannt und wichtig. Ich war nach dem Abitur von 1941 bis 1943 als Stift in der Glockenapotheke, in der Straße Malzbüchel, tätig. Dort war Cillys Vater oftmals zu Gast. Er war ein eleganter, gut aussehender, aber auch eitler Mann: Er trug immer ein schwarzes Seidenkäppchen, das so aussah, als ob es asiatischen Ursprungs sei. Das war zu dieser Zeit sehr ungewöhnlich. Vielleicht hatte er eine Kopfverletzung. Der Apotheker musste für ihn immer eine bestimmte Salbe herstellen, und Herr Aussem schaute stets zu, wie der Apotheker das machte. Dann erzählte er von seiner Tochter Cilly und beklagte, dass er kaum noch Kontakt zu ihr habe und so gut wie niemals etwas von ihr hörte. Es waren im Allgemeinen traurige Reminiszenzen, die wir hörten. Er hat immer nur wehmütig von Cilly erzählt, niemals von ihrer Mutter. Die habe ich nicht ein einziges Mal bei uns in der Apotheke gesehen."

Das Ballmädchen aus Köln, geb. 1922

„Cilly Aussem war eine reizende, zarte und liebevolle Person. Sie trainierte oft auf dem Platz des Tennisvereins in Köln-

Marienburg. Da fuhr sie immer mit ihrem Dixie ** vor. Manchmal brachte sie ihren Bruder mit. Der war weitaus jünger. Fast immer hatte sie ihr Hündchen dabei, einen kleinen Foxterrier, der auf dem Notsitz saß. Das war in den Jahren 1933/34. Ich war damals 11, 12 Jahre alt und habe für Cilly beim Training die Bälle eingesammelt." (** **Anmerkung:** „Dixie" war ein zweisitziges BMW Sportcoupé, das seit 1928 gebaut und unter dem Slogan „Innen größer als außen" vermarktet wurde.)

Die Hockeyspielerin aus Köln, geb. 1915

„Ich habe Cilly Aussem etwa 1931 kennen gelernt. Die war mit einigen Hockeyspielerinnen befreundet, mit denen ich in einer Mannschaft war. Wenn wir auf dem Hockeyplatz in Köln-Marienburg spielten, hat sie uns gelegentlich zugeschaut. Cilly war gertenschlank und sehr hübsch. Allerdings hatte ich den Eindruck, als schwebe sie in höheren Regionen und sei etwas weltfremd. Ganz sicher war sie von zu Hause aus verwöhnt. Sie hatte zu dieser Zeit sogar schon ein eigenes Auto: einen offenen Dixie."

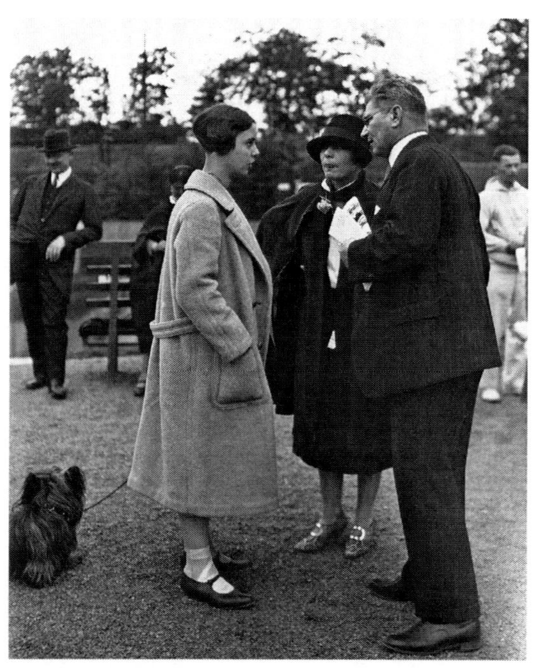

Bild 118: Cilly Aussem mit ihrem Hündchen

Ein Nachbarjunge aus Köln, geb. 1919

„Wir haben damals in der Plektrudengasse gewohnt – also in unmittelbarer Nachbarschaft von den Aussems, die in der Königsstraße wohnten. Die Cilly war zehn Jahre älter als ich, und immer, wenn sie von einem Tennisturnier oder vom Training zurückkam, brachte sie einige gebrauchte Bälle mit, die sie uns schenkte. Wir haben dann damit Fußball gespielt. Wir wussten doch, von wem die waren. Die Cilly war ja ein Star im Tennis. Die wurde immer mit einem großen Auto nach Hause gebracht. Ich glaube, das war ein Maybach oder ein Mercedes. Wenn sie dann zu Hause ausstieg, warf sie uns die Bälle zu und rief: „Hier sind wieder ein paar Bälle für Euch!“

Die Angestellte aus Köln, geb. 1909

Ich bin im gleichen Jahr wie Cilly geboren und war von 1923 bis 1933 Mitarbeiterin in der Gervais-Vertretung von Herrn Aussem in der Königsstraße in Köln. Wir waren zu sechs Angestellten und bekamen jeden Morgen den frischen Käse von Gervais in Paris. Diese Lieferungen wurden von uns in ganz Deutschland verteilt. Wir hatten allein drei Fahrzeuge, die nur in Köln unterwegs waren und Geschäfte belieferten. Dann wurde der Import von Gervais-Käse aus Frankreich durch sehr hohen Zoll erschwert. Deshalb gab man Gervais 1930 die Möglichkeit, eine Molkerei in Rosenheim zu übernehmen, wo die Milchprodukte hergestellt werden konnten.

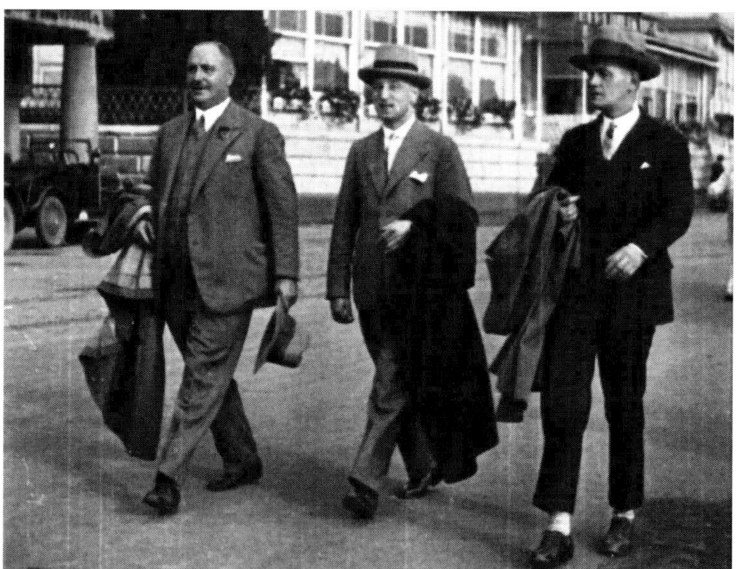

Bild 119: Cillys Vater Jean Aussem (links) 1929 in Königswinter

Herr Aussem war ein großzügiger, lieber Mensch. Seine Frau eigentlich auch. Die war aber so beherrschend. Frau Aussem war nur selten im Geschäft. Die hatte ja viele Freunde und war oft unterwegs. Die Cilly war wirklich sehr nett. Die hat schon mal ihren Vater im Geschäft besucht. Als sie 1931 Wimbledon gewonnen hat, haben wir das im Betrieb groß gefeiert. Sie hat später einen italienischen Grafen geheiratet. Aber bis 1933 hatten wir von dem noch nie etwas gehört.

Die Chauffeurstochter aus Köln, geb. 1927

„Mein Vater (Karl Später) war der Privatchauffeur von Aussems. Der hat immer Herrn Aussem gefahren. Sein Auto war ein Horch. Frau Aussem fuhr meistens in ihrem Buick. Herr Aussem war auch Honorarkonsul von Chile und Generalvertreter von Gervais und deshalb viel unterwegs. Die Familie Aussem wohnte in einer schönen Villa am Deutschen Ring 16. Sie hatten viel Personal und immer, wenn Frau Aussem ihre Parties feierte, musste mein Vater ihr meine große Puppe bringen. Die war fast einen Meter groß, und Frau Aussem nahm sie stets gerne als Dekoration. Im Gegensatz zu Herrn Aussem war seine Frau sehr exzentrisch. Beides waren elegante Menschen. Das Verhältnis vom Vater zu Cilly war meiner Meinung nach gut. Wie das bei der Mutter war, kann ich nicht beurteilen. Herr Aussem war unserer Familie gegenüber stets sehr großzügig; speziell zu Weihnachten. Er war ca. 175 groß, etwas füllig und hatte blondes, dünnes Haar. Seine Frau war eine schöne, gut aussehende Person; schlank und dunkelhaarig. Cilly war auch eine dunkelhaarige Schönheit, kam aber mehr auf den Vater. Sie hatte auch noch einen jüngeren Bruder: Carl-Heinz. Der kam aber mehr auf seine Mutter.

Cillys Oma, also die Mutter ihrer Mutter, wohnte in einem Damenstift im Severinsviertel – in der Jakobstraße. Wir wohnten in der gleichen Straße. Die Cilly hat ihre Oma oft besucht; auch schon, als sie längst in Italien wohnte. Zwei bis drei Mal im Jahr kam sie nach Köln. Dann rief sie vorher bei meiner Mutter an und fragte, welche Kleidergröße ich hätte. Sie brachte mir gerne schöne Kleider mit, die ich dann anzog, wenn mein Vater mich zu Cilly brachte. Er fuhr uns beide in einem Horch durch

Köln, in den Zoo, zum Kaffeetrinken und so weiter. Ich habe das immer sehr genossen. Nach den Ausflügen hat mein Vater die Cilly im Hotel Excelsior abgesetzt. Sie hat bei ihren Köln-Besuchen nie bei ihren Eltern gewohnt. Immer nur im Excelsior.

Cilly war immer sehr großzügig zu mir. Sie hat mir sogar ihren Tennisschläger geschenkt, mit dem sie die Weltmeisterschaft gewonnen hat – und das Kleid, das sie dabei getragen hat. Ich kann mich noch gut daran erinnern, dass es aus festem, weißem Leinen war.

In den 50er Jahren Jahre habe ich sie während eines Italienurlaubes in Portofino besucht. Da trug sie schon eine dunkle Brille und konnte ganz schlecht sehen. Sie wohnte mit ihrem Mann in einer Villa – mitten im Wald oberhalb von Portofino.

Einmal hat sie uns zum Essen eingeladen; wir waren in Portofino in einem sehr eleganten Restaurant. Als Vorspeise gab es eine Pasta mit Basilikumsoße. Ich hatte so etwas noch nie gegessen und schwärmte Cilly vor, wie lecker diese Soße sei. Einige Tage nach der Rückkehr aus unserem Urlaub erreichte uns ein Päckchen von ihr. Der Inhalt: Basilikumsoße.

Ihr Mann hat meine Eltern etwa 1955 in Köln besucht. Das war ein großer, gut aussehender Mann – und vermögend war er auch. Soviel ich weiß, hatte er etliche Reisfelder in der Po-Ebene und verdiente auch viel Geld mit Muranoglas."

Ein Nachbarjunge aus Kempfenhausen, geb. 1921

„Cilly Aussem war eine Kundin im Damenmodengeschäft unserer Nachbarin, Therese Graf. Frau Graf war eine Schneiderin und die Schwester des Schriftstellers Oskar Maria Graf. Cilly Aussem ging dort regelmäßig mit Frau Rosentahl aus der berühmten Porzellanmanufaktur hin. Sie wohnte in der Villa

Drenhaus in der Seestraße in Kempfenhausen. Ihr Tennisplatz lag direkt am See. Das muß Anfang der 30er Jahre gewesen sein.

Ein Nachbarmädchen aus Kempfenhausen, geb. 1919

„Cilly Aussem hat 1933/1934 in der Villa Drenhaus in Kempfenhausen gewohnt, direkt neben dem Grundstück meiner Großeltern. Wenn sie dort Tennis spielte, habe ich ihr die verschlagenen Bälle zurück auf den Tennisplatz geworfen, der direkt am See lag – in einem schönen herrschaftlichen Park. In der Villa Drenhaus hat damals ein älteres Ehepaar gewohnt. Ich glaube, die haben den Tennisplatz extra für Cilly Aussem angelegt.

Das Zimmermädchen der Baronin Gisa von Barathy aus Starnberg, geb. 1920

„Ich habe Cilly Aussem etwa 1939/1940 kennengelernt. Da hatte sie schon mit dem Tennisspielen aufgehört und wohnte in Italien. Ich war das Zimmermädchen der Baronin von Barathy, bei der Cilly Aussem eine Zeit lang gewohnt hat. Dass sie dort gelebt hat, weiß ich aber nur vom Hörensagen. Das war vor meiner Zeit. Die Baronin ist vom Starnberger See oft an den Lago Maggiore in Urlaub gefahren, weil sie da einen Ferienbungalow hatte. Dort hat sie sich dann immer mit Cilly Aussem und deren Mann getroffen. Die Cilly war ein ganz charmanter und zutraulicher Mensch. Die hatte überhaupt keinen Dünkel und war sehr menschlich. Sie hat sich sogar mit dem Personal abgegeben und ganz normal mit uns gesprochen. Als das Zimmermädchen der Baronin musste ich natürlich immer mit ihr in Urlaub fahren. So viel ich weiß, hat die Baronin Cilly finanziert. Die Baronin war sehr vermögend. Zusammen mit ihrem Mann wohnte sie in einer schönen Villa im Kempfenhausen am Starnberger See. Dieses Haus gehörte ihr. Ihr Mann war ein ganz charmanter Mensch. Er war irgendwo Oberkellner, aber die Villa ist nach ihm benannt worden, obwohl sie der Baronin gehörte – „Villa Drenhaus“. Als Cillys Pflegemutter im herkömmlichen Sinne würde ich die Baronin nicht bezeichnen, aber sie hat viel für Cilly getan. Wie gesagt, sie hat Cilly finanziert. Aber Cilly kam ja selbst aus einem reichen Elternhaus und auch ihr Mann, der Graf Murari, war sehr vermögend. Der hat viel Geld mit einer Porzellanfabrik in Verona gemacht.“

Die Hotelbesitzerin (Frau Kraft, Hotel Kaiserin Elisabeth) aus Starnberg, geb. 1909

„Cilly Aussem war mit der ungarischen Baronin Barathy befreundet. Wie diese Freundschaft entstanden ist, kann ich nicht sagen. Aber Cillys Pflegemutter war die Baronin ganz bestimmt nicht. Cilly wohnte oft bei der Baronin in Kempfenhausen. Wenn ihr langweilig war, kam sie über den See zu uns nach Feldafing. Wir haben dann bei uns im Hotel Bridge gespielt. Cilly war furchtbar nett und eine sehr hübsche Frau. Ich habe sogar einmal mit ihr Tennis gespielt, weil kein anderer Trainingspartner da war. Die Baronin hat damals schon bei uns Golf gespielt und Cilly hat ihr dabei zugeschaut. Selbst gespielt hat sie aber nicht.“ (**Anmerkung:** Ähnlich äußerte sich Annali von Alvensleben in ihrem Buch „Abgehoben“. Sie und ihr Mann hatten 1933 eine 1870 erbaute Villa in Feldafing am Starnberger See erworben. Ihr Mann Bino, ein begeisterter Tennisspieler, wollte sich dort eine eigene Tennisanlage aufbauen und die Villa zum Clubhaus und Hotel umbauen. „Dank Binos Beziehungen hatten wir große Tennissportler wie Gottfried von Cramm, Henner Henkel oder Cilly Aussem, die damals einzige deutsche Wimbledonsiegerin, bei uns.“)

Bild 120: Werbung, 1928

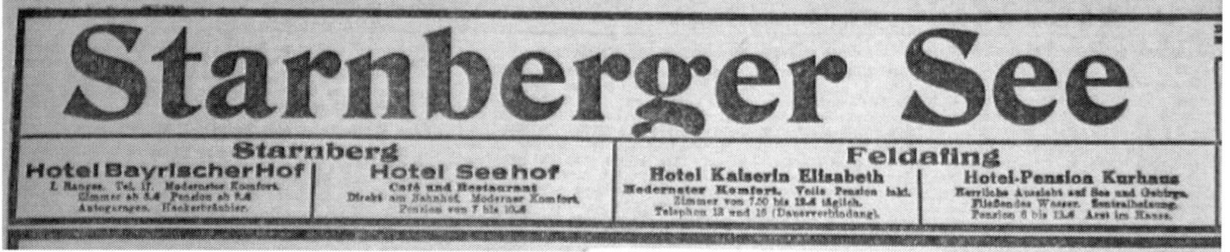

Ihre Karriere, ihre Erfolge, ihr Leben

1909 am 4. Januar in Köln geboren
1916 Einschulung in Köln
1919 Besuch eines Schweizer Internates
1923 Rückkehr nach Köln
1923 Erster Tennisunterricht
1923 Siegerin bei einem Stadtturnier in Köln
1925 Deutsche Jugendmeisterin
1925 Erste der Rheinischen Rangliste
1925 Sechste der Deutschen Rangliste
1926 Siegerin im Einzel beim Turnier in Montreux
1926 Siegerin im Einzel beim Turnier in Marienbad
1926 Internationale Deutsche Meisterin im Mixed mit Hans Moldenhauer
1926 Erste der Rheinischen Rangliste
1926 Dritte der Deutschen Rangliste
1927 Siegerin im Einzel und im Mixed mit Hans Moldenhauer beim Osterturnier in Montreux
1927 Internationale Deutsche Meisterin in Hamburg
1927 Siegerin im Einzel, Doppel mit Lili d'Alvarez und im Mixed mit Christian Boussus in Le Touquet
1927 Erste der Deutschen Rangliste
1928 Siegerin im Einzel und Mixed mit Henri Cochet in Biarritz
1928 Siegerin im Einzel und im Doppel mit Ilse Friedleben in Montreux
1928 Internationale Deutsche Meisterin im Mixed mit Ronald Boyd in Hamburg
1928 Internationale Niederländische Meisterin im Mixed mit Frank Hunter in Amsterdam
1928 Siegerin im Mixed mit Wilbur Coen beim Queens Club Turnier in London
1928 Siegerin im Einzel des Rochus Club Turnier in Düsseldorf
1928 Siebte der Weltrangliste
1928 Erste der deutschen Rangliste

1929 Siegerin im Mixed bei den Riviera-Turnieren in Mentone und Monte Carlo
1930 Mehrfache Siegerin im Einzel und im Mixed bei den Riviera-Turnieren
1930 Südfranzösische Meisterin in Nizza
1930 Internationale Französische Meisterin im Mixed mit Bill Tilden
1930 Internationale Deutsche Meisterin in Hamburg
1930 Internationale Österreichische Meisterin im Einzel, Doppel mit Toni Schomburgk und Mixed mit Bill Tilden in Wien
1930 Siegerin im Doppel mit Elizabeth Ryan beim Queens Club Turnier in London
1930 Siegerin des Berliner Pfingstturniers im Einzel, Doppel und Mixed
1930 Zweite der Weltrangliste
1931 Mehrfache Siegerin bei den Riviera-Turnieren im Einzel und im Doppel mit Elizabeth Ryan
1931 Internationale Französische Meisterin in Paris
1931 Internationale Englische Meisterin und Wimbledon-Siegerin
1931 Internationale Deutsche Meisterin in Hamburg
1931 Internationale Österreichische Meisterin im Einzel und Mixed mit Enrico Maier
1931 Siegerin im Einzel und im Mixed beim Turnier in Breslau
1931 Mehrfache Siegerin im Einzel, Doppel und Mixed in Argentinien, Brasilien, Chile
1931 Zweite der Weltrangliste
1932 Siegerin im Einzel und im Mixed mit D. von Gustke in Breslau
1933 Siegerin im Einzel und im Mixed mit G.R. Hughes beim Lidoturnier in Venedig
1933 Siegerin beim Turnier in San Remo im Einzel und im Doppel mit Elizabeth Ryan
1933 Siegerin beim Riviera-Turnier im Doppel mit Lolette Payot und im Mixed mit G.R. Hughes

1933 Siegerin des Rochus Club Turniers Düsseldorf im Einzel, im Doppel mit Hilde Krahwinkel und im Mixed mit Eberhard Nourney

1933 Internationale Ungarische Meisterin im Einzel in Budapest

1933 Zweite der deutschen Rangliste

1934 Deutsche Kampfspielsiegerin im Einzel und im Mixed mit Henner Henkel

1934 Siegerin des Rochus Club Turniers Düsseldorf im Einzel, Doppel und im Mixed mit Henner Henkel

1934 Siegerin des Lidoturniers im Mixed mit Gottfried von Cramm in Venedig

1934 Mehrfache Siegerin im Einzel und Doppel bei verschiedenen Frühjahrsturnieren in Italien

1934 Neunte der Weltrangliste

1934 Erste der deutschen Rangliste

1935 Deutsche Meisterin im Mixed mit Henner Henkel in Hamburg

1935 Siegerin im Doppel mit Bourdet und im Mixed mit Henner Henkel beim Lidoturnier in Venedig

1935 Erste der deutschen Rangliste

1936 Vermählung mit dem italienischen Grafen Fermo Murari dalla Corte Brà in München

1936 Übersiedlung nach Mombasa, Ostafrika

1939 Rückkehr nach Italien

1963 am 22. März in Portofino gestorben

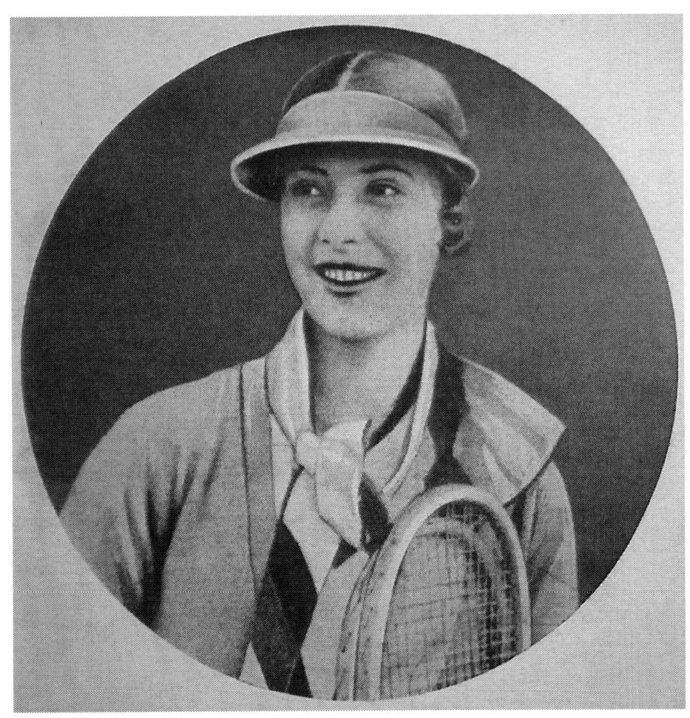

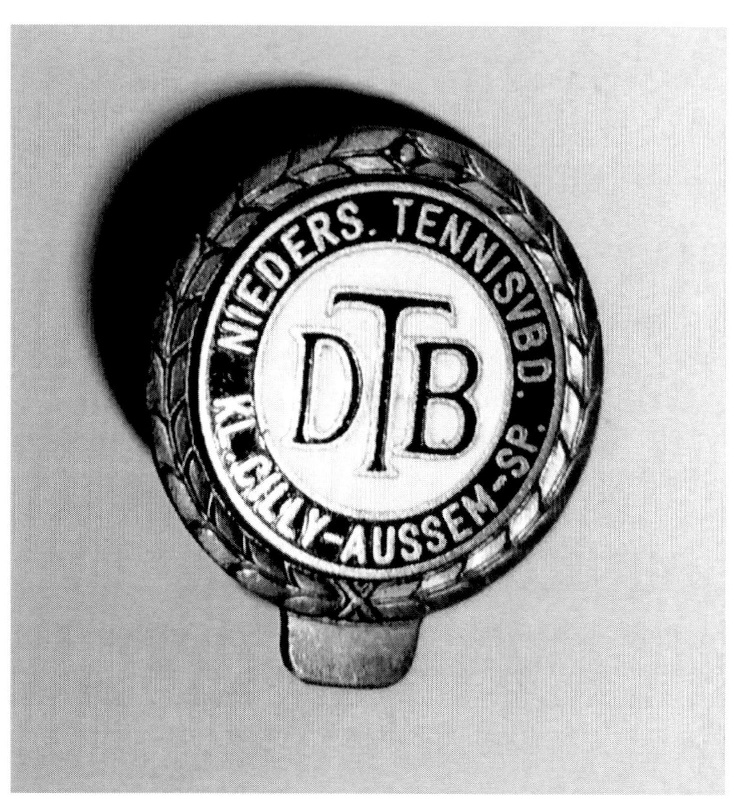

Bild 131: Plakette des niedersächsischen Tennisbundes anlässlich der Cilly-Aussem-Spiele

Nachtrag 2015 bis 2024

Nachdem mein Buch einige Jahre auf dem Markt war, erhielt ich eines Tages einen handgeschriebenen Brief. Der Name der Absenderin auf der Rückseite ließ mich aufhorchen. Da stand tatsächlich „Gräfin Murari".

Sie schrieb mir, dass sie nach dem Tod von Cilly Aussem deren Mann, den Grafen Murari, geheiratet habe, der aber inzwischen auch verstorben sei. Eine gute Freundin habe sie kürzlich auf mein Buch aufmerksam gemacht, und da es ihr so gut gefallen habe, würde sie sich gerne einmal mit mir unterhalten. Natürlich wollte ich so schnell wie möglich auf ihr Angebot eingehen und rief sie noch am selben Tag an. Schon an der Art und Weise, wie sie sprach und sich ausdrückte, merkte ich, dass ich es mit einer sehr betagten und vornehmen Dame zu tun hatte.

Es war ein sehr interessantes Gespräch, in dem sie unter anderem erzählte, wie sie den Grafen kennengelernt hatte, als sie noch in der Modebranche in der Schweiz tätig war. Und sie habe auch noch einige Pokale, die Cilly Aussem im Laufe ihres Tennislebens gewonnen habe, erzählte sie beiläufig, die sie im Keller in Cillys altem Lous Vuitton-Koffer aufbewahrt. Wenn ich wollte, könnte ich sie mir ansehen, bot sie mir an. Natürlich war ich brennend interessiert und so vereinbarten wir einen Besuchstermin. Da fiel mir das kleine Foto auf, das sie ihrem Brief beigelegt hatte, das Foto eines Schmuckanhängers oder Amuletts, dachte ich zumindest. Das Amulett zeigte das Bild einer jungen Frau, halb kniend, halb sitzend, vielleicht nach einem altgriechischen oder römischen Motiv, umgeben von mit Edelsteinen besetzten Zweigen. Bevor ich das Telefonat beendete, fragte ich sie, was es denn mit dem Amulett auf sich hätte. Ihre Antwort hatte es in sich und machte mich fast sprachlos: „Das ist doch kein Amulett", empörte sie sich. „Das ist Cillys Wimbledon-Medaille!" Jetzt konnte ich den

Besuch gar nicht mehr abwarten. Am liebsten wäre ich sofort losgefahren.

Als es endlich so weit war, saß ich der zweiten Frau von Cillys Mann gegenüber, einer älteren, eleganten und sehr rüstigen Dame, der es an Selbstbewusstsein nicht mangelte. Sie erzählte, nun viel ausführlicher, von ihrem Leben in der Schweiz, wo sie sehr erfolgreich in vielen Bereichen der Modebranche gearbeitet hatte, sowohl auf dem Laufsteg als auch hinter den Kulissen. Bei einer dieser vielen Gelegenheiten lernte sie den italienischen Grafen kennen. Später heirateten die beiden, und der Graf brachte einige von Cillys Pokalen mit in die neue Ehe. Und genau wegen dieser Schätze hatte ich mich schließlich auf den Weg gemacht.

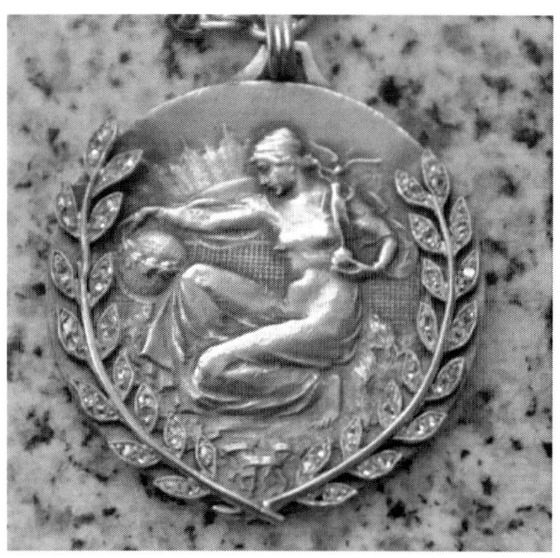

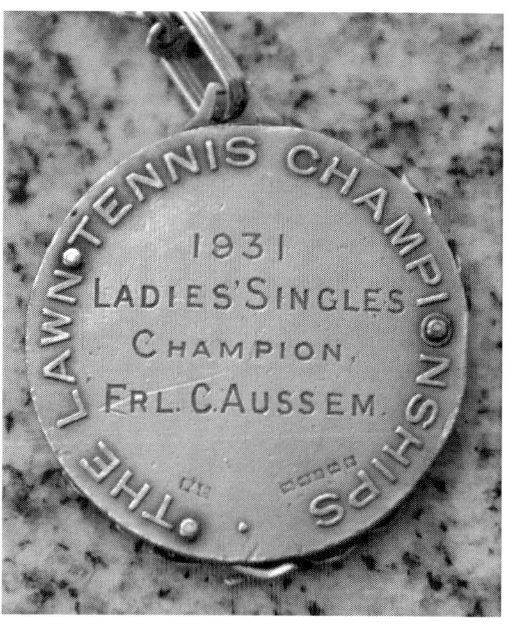

Bilder 121 und 122: Vor- und Rückseite der Wimbledon-Medaille

Nach einer Weile führte mich die Gräfin (den Titel hatte sie, ebenso wie Cilly durch die Eheschließung erworben) ins Wohnzimmer. Ich staunte nicht schlecht. Da hatte sie etliche Pokale schön nebeneinander aufgestellt, dazu ein paar persönliche Dinge wie ein silbernes Etui und eine silberne Schale – ein Hochzeitsgeschenk des Grafen für seine Cilly. Während ich alles sorgfältig fotografisch dokumentierte, unterhielten wir uns nett und die Gräfin erzählte weiter aus ihrem bewegten Leben. Ich weihte sie unterdessen in meinem Plan ein, Cillys Heimatverein Rot-Weiß Köln schnellstens über meinen erfolgreichen „Beutezug" in Kenntnis zu setzen. Sie war darüber sehr erfreut und ich versprach ihr, sie wieder anzurufen, sobald der Verein sich bei mir gemeldet habe.

Natürlich war bei Rot-Weiß-Köln die Überraschung groß, als ich ankündigte, einen bisher unbekannten Schatz gehoben zu haben. Schnell war ich mir mit meinem Gesprächspartner einig, dass die Pokale und die einzigartige Medaille nach Köln gehörten, und nur nach Köln.

Wie nicht anders zu erwarten, musste zunächst der Vorstand in die Angelegenheit eingebunden werden und so zog sich die Entscheidung über Monate in die Länge; bis zu dem Tag, als ich vollkommen überraschend eine Absage erhielt. Man hatte schlicht und einfach kein Geld, um diesen Kauf zu tätigen. „Der Ankauf der Medaille kann daher nicht in Betracht kommen ... leider war eine andere Entscheidung nicht möglich", hieß es in der Absage, man wolle das Geld lieber für die Jugendförderung im Club verwenden.

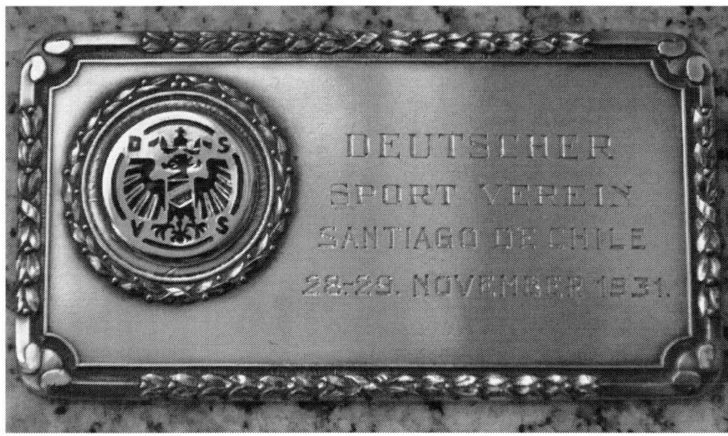

Bild 123: Andenken an das Turnier in Santiago de Chile. November 1931

Meine Enttäuschung war natürlich groß. Einerseits hatte ich Verständnis für die Jugendförderung, doch andererseits dachte ich, geht dem Verein ein wahrer Schatz durch die Lappen.

Ich beschloss, die Gräfin vorerst noch nicht über die unerwartete Absage in Kenntnis zu setzen. Denn ich hatte noch zwei Eisen im Feuer und nahm Kontakt zum Deutschen Tennisbund und zu einem englischen Auktionshaus auf, das sich auf Tennis-Devotionalien spezialisiert hatte. Bei beiden hatte ich keinen Erfolg.

Doch als meine Ratlosigkeit ihren höchsten Grad erreicht hatte, nahte Rettung: ausgerechnet von Rot-Weiß Köln. Ein Marketingverantwortlicher des Vereins war am Telefon. Er hatte von meiner Initiative gehört und war sehr daran interessiert, den Nachlass des berühmtesten Clubmitgliedes nach Köln zu holen. Nach einem kurzen Gespräch waren wir uns einig. Er sagte mir zu, die erforderliche Summe durch Sponsoren und Gönner zur Verfügung zu stellen. Nach wenigen Wochen trafen wir uns erstmalig, er übergab mir in völligem Vertrauen das Geld und ich machte mich unmittelbar danach auf den Weg zur Gräfin.

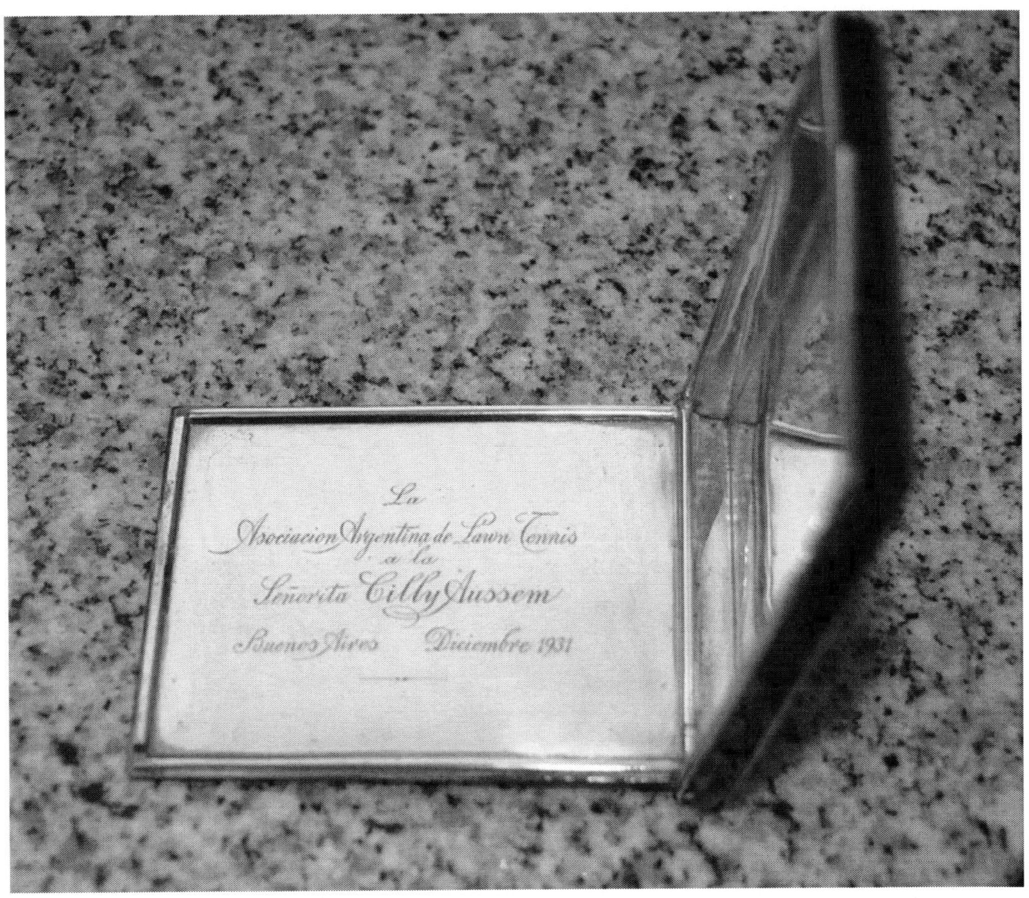

Bild 124: Ein Geschenk für Senorita Cilly Aussem, ein Silberetui des argentinischen Tennisverbandes, Buenos Aires, Dezember 1931

Bis dahin dachte ich, den größten Coup meines Lebens zu landen. Doch ich stieß auf Granit: Die Gräfin wollte auf einmal nicht mehr verkaufen. Es wären doch alles solch schöne Erinnerungsstücke an ihren verstorbenen Mann, die sie schon so lange in ihrem Besitz hätte, gab sie zu Bedenken. Ob das mit dem Verkaufen richtig sei, wüsste sie gar nicht. In diesem jammernden Tenor ging es weiter. Sie erfand alle möglichen Ausreden, um den Verkauf nicht zustande kommen zu lassen. Ich wedelte mit den Geldscheinen herum, doch das beeindruckte sie nicht. Geld schien bei ihr keine bedeutende Rolle zu spielen, auch nicht in großen Scheinen.

Vermutlich habe ich eine Stunde auf sie eingeredet und dabei immer wieder darauf gedrängt, dass die kleine Sammlung nach Köln gehört und nicht in einen alten Louis Vuitton Koffer auf einem Kellerschrank. Sie schien zwar nachgeben zu wollen, blieb aber stur. Sie weichte erst auf, als ich sagte: „Tun Sie das für Ihren verstorbenen Mann. Tun Sie das für Cilly!“ Dann endlich sagte sie zu.

Ich ließ mir den Empfang des Geldes bestätigen und saß wenige Minuten später ziemlich erschöpft, aber höchst zufrieden, in meinem Auto Richtung Köln. Von unterwegs rief ich meinen Kontakt bei Rot-Weiß Köln an und überbrachte ihm die Erfolgsmeldung – und eine Stunde später die kleine Sammlung.

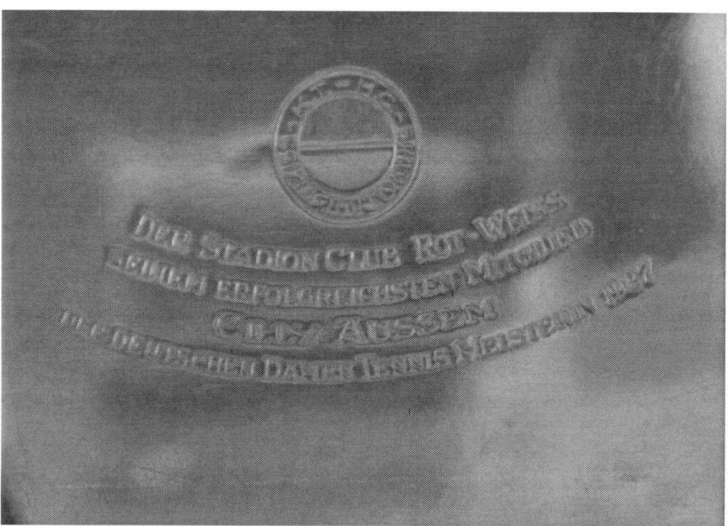

Bild 125: Prägung auf der Meisterschale 1927

Am 9. März 2015 berichtete der Kölner Stadt-Anzeige unter der Überschrift „Trophäen von Wimbledon-Siegerin Cilly Aussem kommen nach Köln“ über den erfolgreichen Ankauf. Weiter hieß es in dem Artikel: „Die Plakette wird in Kürze nun einen prominenten Platz bekommen: Sie wird in einer Vitrine ausgestellt, zusammen mit anderen Pokalen, Schalen und Tellern, die die erste deutsche Wimbledon-Gewinnerin in den 1920er und 1930er Jahren für ihre Turnier-Erfolge bekommen hat – in Santiago de Chile, in Breslau, in Madonna di Campiglio oder auch in Marienbad."

Klaus Flück, seinerzeit Marketingvorstand des Vereins wurde mit den Worten zitiert: „Welcher Club hat schon eine Wimbledon-Siegerin in seinen Reihen?" Insofern sei es für den Verein ein „totales Highlight", dass man die Erinnerungsstücke des prominentesten Mitglieds für den Club habe erwerben können.

Nun sind sie im Clubhaus in einer Vitrine ausgestellt, nicht weit entfernt von dem Portrait, das Cilly Aussem 1959 anlässlich ihres 50. Geburtstags ihrem Verein geschenkt hat und das 1932 von dem bekannten Maler Professor Leo Freiherr von König angefertigt wurde.

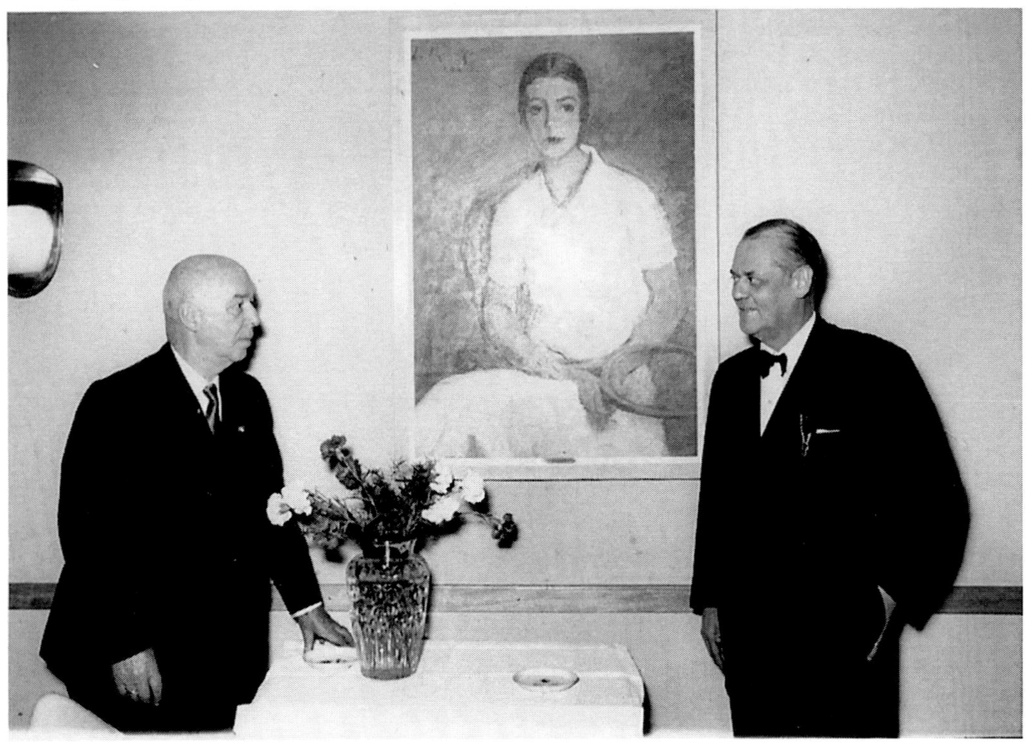

Bild 126: Cilly Aussem Portrait

Im Sommer 2023 erhielt ich von einem Autogrammsammler aus dem Tennisbereich ein Foto, das den Grabstein des Grafen Murari auf dem Friedhof in Portofino zeigt.

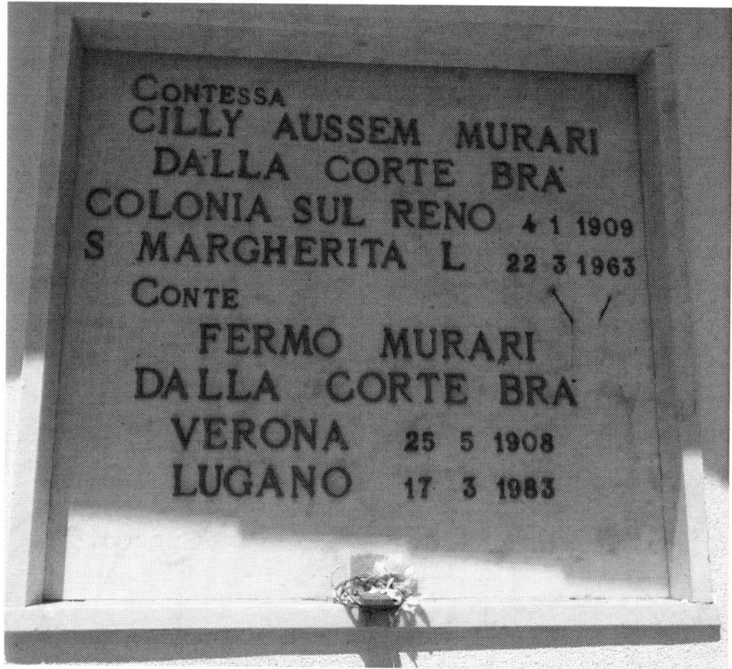

Bild 127: Grabstätte von Cilly Aussem und ihrem Ehemann, Friedhof Portofino Cilly Aussem ist am 22. März 1963 in Santa Margherita Ligure verstorben.

Cilly Aussem, die „Contessa Murari dalla Corte Bra“ aus „Colonia sul Reno“ (Köln am Rhein) ist im gleichen Grab bestattet wie ihr Ex-Mann. Betrachtet man die Daten auf dem Grabstein, so stellt man fest, dass der Graf fast auf den Tag genau 20 Jahre nach ihr gestorben ist.

Eine Statue und eine Straße für Cilly Aussem?

„Zu den Cologne Open im Mai 2021 - Kölner Tennis-Prinzessin erhält Denkmal“ schrieb der Kölner Express am 8. November 2020 – wohl in der Hoffnung, dass die Corona-Epidemie im Mai 2021 der Vergangenheit angehören würde. Weit gefehlt, wie man heute weiß.

Zu diesem Zeitpunkt hatte der Kölner Tennispromotor Oliver Müller die „Cologne Open“ geplant. Seit vielen Jahren sollte wieder einmal ein internationales Damen-Tennisturnier in Köln stattfinden, in dessen Vorfeld die erfolgreichste Spielerin von Rot-Weiß Köln mit einem Denkmal geehrt werden sollte.

„Als gebürtige Kölnerin und erste deutsche Wimbledonsiegerin hat es Cilly Aussem aus unserer Sicht mehr als verdient, auch in unserer Stadt in entsprechender Erinnerung behalten zu werden“, erklärte seinerzeit Oliver Müller dem Express.

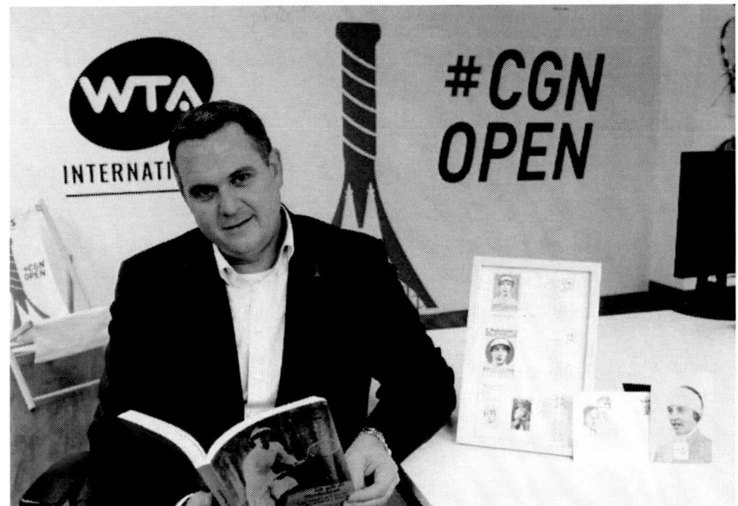

Bild 128: Tennispromotor Oliver Müller, Bild: Privat

„Als Cologne Open möchten wir einen Beitrag dazu leisten, Cilly Aussem sowohl regional als auch international ein Gedenken zu bewahren. Wir planen eine Reminiszenz, die ihrer Bedeutung gerecht wird und nicht nur ganzjährig, sondern auch mit entsprechender Öffentlichkeitswirksamkeit unterlegt ist.“

Was man zu diesem Zeitpunkt bereits wusste, fasste der Kölner Stadt-Anzeiger in seiner Ausgabe vom 4. Mai 2018 zusammen: „*Auf ihrem Lebenslauf lastet ein entscheidender Makel. Cilly Aussem war Mitglied in der NSDAP, drei Jahre lang. Am 1. Mai 1933 trat sie in die Partei ein, nach Hitlers Machtergreifung und nach den ersten Boykottaktionen gegen jüdische Geschäfte. 1936 heiratete sie den italienischen Grafen Graf Fermo Murari dalla Corte Brà und zog nach Italien, Die Voraussetzungen ihrer Mitgliedschaft in der Partei waren erloschen. Sie wurde gestrichen, wäre aber bei einer Rückkehr nach Deutschland wieder Parteimitglied gewesen.*

Diese Mitgliedschaft macht sie zumindest zur Mitläuferin. Doch inwieweit Aussem von den Nazi-Ideologien überzeugt war, ist schwer zu klären. Das ist auch einer schriftlichen Einschätzung von Karola Frings vom NS-Dokumentationszentrum gegenüber dem Zentralen Namensarchiv zu entnehmen: „Leider konnten trotz vielfältiger Anfragen und Kontaktaufnahmen keine aussagekräftigen Unterlagen ermittelt werden", schreibt sie.

Zweieinhalb Jahre später war im Express vom 8. November 2020 Ähnliches zu lesen: *„Zuvor war Aussem am 1. Mai 1933 in die NSDAP eingetreten. Die Mitgliedschaft erlosch aber durch ihren Umzug. Diese Mitgliedschaft macht sie zumindest zur Mitläuferin. Doch inwieweit Aussem von den Ideologien überzeugt war, ist schwer zu klären. Trotzdem wurde sie wegen ihrer Nazi-Vergangenheit nicht schon früher in Köln geehrt."*

Zu diesem Sachverhalt hatte sich zuvor, am 20. Januar 2020 das NS-Dokumentationszentrum der Stadt Köln in einer E-Mail an den Autor geäußert: *„Das NS-DOK hat die Benennung einer Straße nach Cilly Aussem nicht abgelehnt, sondern festgestellt, dass es auf der Basis der bisherigen Kenntnisse nicht möglich ist, zu einem fundierten Ergebnis zu kommen, sprich: Dass die bekannten Fakten keine Grundlage für eine Zustimmung oder Ablehnung darstellen."*

Cilly Aussem und die Partei

Cilly Aussem trat am 1. Mai 1933 in München in die NSDAP ein, nur zwei Monate nach den von den Nazis gewonnenen Reichstagswahlen vom 5. März. In der Zentralkartei ist ihre Adresse mit Kampfenhausen 22, Percha angegeben. Ihre Mitgliedsnummer lautete 3526491. Dieser Parteieintritt mag im Nachhinein verwundern, da politische Äußerungen und Meinungen von ihr nicht bekannt sind. Allgemein wurde ihr eine völlig unpolitische Haltung attestiert. Warum also dieser Schritt, der ihrer Karriere nicht mehr geholfen hätte? Denn die ging zwei Jahre nach ihrem größten Triumph im Tennis, dem Sieg in Wimbledon, dem Ende zu. Oder vielleicht um ihres Mannes willen, eines italienischen Luftwaffenoffiziers? Oder der Firma ihres Vaters?

Als Anfang der 2000er Jahre bekannt wurde, dass einige Prominente wie der Schriftsteller Martin Walser oder der Kabarettist Dieter Hildebrandt NSDAP-Mitglieder waren, was diese vehement bestritten, war von übereifrigen regionalen Nazigrößen die Rede, auf deren Betreiben hin lokale Größen in die Partei aufgenommen worden seien - allerdings ohne deren Wissen.

Das Bundesarchiv schließt dies jedoch aus. In einer Mail heißt es: *„Die NSDAP-Mitgliederkarteien wurden in der Regel nicht von den Mitgliedern unterschrieben. Die Kartei wurde beim Reichsschatzmeister der NSDAP geführt und diente dem schnellen Zugriff auf die Mitglieder. Die Aufnahme in die NSDAP setzte immer einen eigenhändig unterschriebenen Aufnahmeantrag voraus. Ohne seine Unterschrift konnte niemand in die NSDAP aufgenommen werden. Während die Mitgliederkartei der NSDAP zu etwa 80 Prozent überliefert ist, sind die Aufnahmeanträge nur in sehr geringem Umfang erhalten. Für Cilly Aussem konnte kein Antrag ermittelt werden“.*

Das äußert sich auch der Schriftsteller Malte Herwig, der sich in seinem Buch „Flakhelfer“ mit dem Thema beschäftigt hat: *„Das Bundesarchiv gibt den Stand der Forschung zum Aufnahmeprozedere korrekt wieder: Ohne eigenes Wissen (und Antrag) wurde man nicht Mitglied der NSDAP. Anderweitige Aussagen sind Schutzbehauptungen aus der Nachkriegszeit.“* Er sagt aber auch:

„Wie eine NSDAP-Mitgliedschaft zu bewerten sind, ist eine andere Frage und sollte in jedem Einzelfall erwogen werden.“

Ihre Schwägerin Gabriele von Burgsdorff beschrieb Cilly Aussem einmal als eine sehr unpolitische Person, die in einem katholischen Elternhaus aufgewachsen sei. Ihre Eltern hätten keinerlei Sympathie für das Hitler-Regime gezeigt. Aus welchen Motiven sie der NSDAP beitrat, ist heute nicht mehr nachvollziehbar, auch nicht, ob sie für das NS-Regime oder später für das faschistische Regime in Italien propagandistisch tätig war.

Nach ihrer Heirat mit dem Grafen Murari und dem damit verbundenen Umzug nach Verona ließ die Partei die Mitgliedschaft ruhen. Im Brief der NSDAP Auslands-Organisation Berlin vom 2. September 1936 ist als Wohnort fälschlicherweise Venedig angegeben. Dort hätte sie sich aber „noch nicht gemeldet“; vielmehr fragt die Landeskassenleitung Italien an, „ob es sich hierbei um die bekannte Tennisspielerin handelt, die mit einem italienischen Grafen verheiratet sein soll.“

„Es muss angenommen werden, dass es sich hier um die Tennisspielerin Cilly Aussem handelt, welche sich mit einem italienischen Grafen verehelich hat“, antwortete der Gauschatzmeister München an die Leitung der Auslands-Organisation am 7. Oktober 1936. „Die Voraussetzungen für die Zugehörigkeit zur NSDAP können demnach nicht mehr als gegeben erachtet werden“, hieß es in dem Schreiben. Denn Cilly Aussem war nun italienische Staatsbürgerin, könne „jedoch ohne offizielles Wiederaufnahme-Verfahren als Mitglied weitergeführt werden, wenn dieselbe ihren ständigen Wohnsitz wieder in Deutschland haben sollte.“

„Auf Grund dessen wurde unterm Heutigen die Genannte mit dem Vermerk ‚Italienische Staatsangehörige‘ in der

Reichskarte gestrichen." Cilly Aussem hatte danach niemals mehr einen Wohnsitz in Deutschland.

Die Benennung einer Straße oder eines Platzes nach ihr geht also in eine neue Runde. Im Juli 2023 haben die Fraktionen im Rat der Stadt Köln den Beschluss gefasst, mehr Städte und Plätze in der Stadt nach Frauen zu benennen. Bisher, so war zu lesen, liegt diese Quote bei etwa zehn Prozent. Diesem Ratsbeschluss hat sich auch der Kölner Frauengeschichtsverein angeschlossen. Zu diesem Zeitpunkt bestand der 90-köpfige Rat aus acht Fraktionen und zwei Einzelmandatsträgern.

Und die Statue?

Cornel Wachter aus Köln ist ein viel beachteter und geehrter Künstler, ein Bildhauer und Maler. Er hat sein Handwerk als Steinmetz und Bildhauer bei der renommiertesten Adresse gelernt, die es in Köln dafür gibt: in der Dombauhütte. Bei Wikipedia findet man seine Arbeiten, Ehrungen und Auszeichnungen im Detail beschrieben._

Irgendwann einmal war durch einen Journalisten der Kontakt zwischen Cornel Wachter und Oliver Müller zustande gekommen und dabei kam die Idee auf, ein Denkmal für Cilly Aussem zu errichten.

Cornel Wachter machte sich kreative Gedanken und schrieb anschließend an den Tennispromotor: „Ich habe das Buch von Bernd Tuchen gelesen und mich an Andy Warhol erinnert, der auch seine „Small-Town" verlassen musste, um in der weiten Welt groß zu werden. Auch Cilly Aussem musste aus Köln heraustreten, um ihre Größe ausspielen zu können. So tritt meine Cilly aus der Quasi-Ummantelung des Kölner Doms heraus und steht aber schon auf einem dem Sockel der Damentrophäe des Wimbledon nachempfunden Podests. Das

Köln-Logo, überhaupt, der Kölner Dom ist hinter Cilly auf der wie ein Bühnenprospekt wirkenden geschwungenen Platte als Link zur Kunst der 30er Jahre zu sehen. Möglicherweise kann sich Ornamentik der 30er noch auf der Platte sinnvoll machen. Auf der Rückseite dieser Platte hätten wir Platz für Text der „Cologne Open GmbH". Auf der Plakette am Sockel, ähnlich wie in Wimbledon wird das jeweilige Turnier und die Platzierung der Gewinner vermerkt."

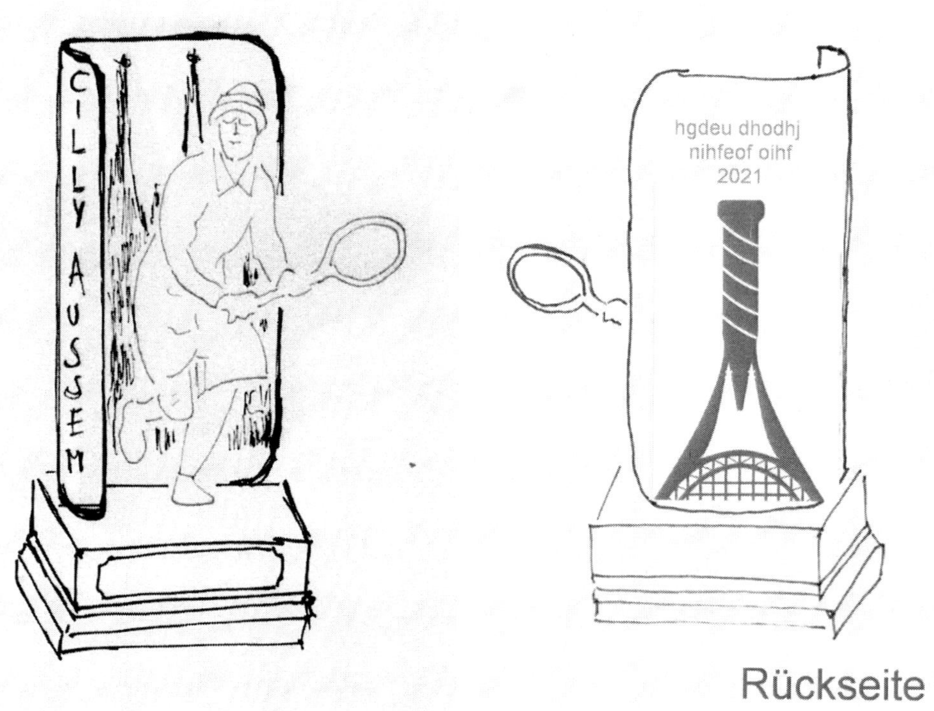

Bild 129 und 130 Skizze für ein Cilly-Aussem-Denkmal in Köln. Idee: Cornel Wachter

Nachdem inzwischen Oliver Müllers Agentur die Lizenzen für das geplante Tennisturnier veräußert hatte, wurde der Denkmal-Plan nicht weiter verfolgt.

Quellenverzeichnis

„Aces, Places and Faults" von Bill Tilden, Robert Hale Verlag, London, 1938
„Abgehoben" von Annali von Alvensleben, Christians Verlag Hamburg, 1998
„Amtliches Tennis Hand- und Jahrbuch", 1925 bis 1935, Meister Verlag, Heidelberg,
„Deutsches Tennis" von Roderich Menzel, Aeneas Verlag, München, 1955
„Frauensport in Köln", Andrea Richter, 1993
„Geliebt, geehrt, vergöttert – Idole des Kölner Sports" von Gabi Langen, Emons Verlag, Köln
Kölnische Rundschau, Heinen Verlag, Köln
Kölner Stadt-Anzeiger, DuMont Verlag, Köln
Kölnische Zeitung, DuMont Verlag, Köln
„Liebeserklärung an Cilly" von Dr. Friedrich Wilhelm Esser, Köln
„Meine Kölner Tenniserinnerungen" von Dr. Friedrich Wilhelm Esser, Köln, 1931
„The Centre Courts and Others", Eyre and Spottiswoode, London 1937
„Tennis Faszination" von Paula Stuck von Reznicek, Verlag Schumacher-Gebler, München 1969
„Tennis und Golf", 1924 bis 1936
„Tennisstars" von Ulrich Kaiser
„Vom Handstand in den Ehestand" von Gabi Langen, Emons Verlag, Köln
„Weltmacht Tennis" von Roderich Menzel, Aeneas Verlag, München 1951
„Wer war der größte Tennisspieler aller Zeiten?" von Dr. Friedrich Wilhelm Esser, Köln
„Wimbledon Story" von Noah Gordon Cleather
Wimbledon Lawn Tennis Museum, London
„100 Jahre Rochus Club Düsseldorf", 1998
„100 Jahre Tennis Club 1899 e.V. Blau-Weiß Berlin", Nicolai Verlag 1999

„100 Jahre KTHC Stadion Rot-Weiß, 1906–2006", Frieling-Verlag Berlin, 2006
„500 Jahre Tennis" von Gianni Clerici, Ullstein Verlag, 1979
„2000 Jahre Sport in Köln", Gabi Langen, 2004

Britische Zeitungen:

Daily Express vom 3. Juli 1931
Daily Mail vom 29. Juni 1931
Daily Mail vom 30. Juni 1934
Daily Telegraph vom 26. Juni 1931
Evening Standard vom 1. Juli 1931

Deutsche Zeitungen:

Der Spiegel, Ausgabe 14/1963, Seite 96
Die Welt vom 1. April 1963
Frankfurter Neue Presse vom 5. Januar 1959
Tennis und Golf, Ausgaben 1924 bis 1935
Kölnische Illustrierte Zeitung, 1931
Kölnische Rundschau vom 4. Januar 1959
Kölner Stadt-Anzeiger, verschiedene Ausgaben
Kölnische Zeitung, verschiedene Ausgaben
Tennis Nr. 8 vom 2. April 1963

Danksagung

Mein Dank gilt allen, die mich mit Informationen und Hinweisen unterstützt haben:
Danone GmbH, Rosenheim
Thomas Deres, Köln
Petra Dickmeiss, San Remo, Italien
Dr. Heiner Gillmeister, Brühl
Wolfgang Hofer, Berlin
Jochen Grosse, Köln
Hans-Jürgen Kaufhold, Berlin
Dr. Heiner Kerling, Bamberg
Klaus G. Kuschy, Berlin
Prof. Manfred Laemmer, Köln
Dr. Gabi Langen, Köln
Oliver Müller, Köln
Klaus Schneeloch, Bergisch-Gladbach
Bernd Seibert, Köln
Klaus Seifert, Berlin
Anne Schlößer, Bochum
Cornel Wachter, Köln
sowie dem Personal der Zentralbibliothek der Deutschen Sporthochschule in Köln und der Zentralbibliothek der Stadt Köln.

Mein ganz besonderer Dank gilt Cilly Aussems Schwägerin Gabriele von Burgsdorff, die mir viele wichtige Informationen gegeben und Einsicht in ihre Familienalben gewährt hat.

Bildnachweis

2, 89, 97, 121-125 Bernd Tuchen
3 Rolf Kosecki/Deutsche Sporthilfe Frankfurt
4, 13, 14, 63 Kölnische Illustrierte Zeitung
8, 10 Zeitgenössische Postkarten
15, 22, 31, 116 Deutscher Tennisbund, Hamburg
17, 49, 61, 64, 73, 74, 78, 79 Vereinsnachrichten Rot-Weiß Köln
18, 19, 24 Dr. Heiner Kerling, Bamberg
72, 77 Jochen Grosse, Köln
99 Erzbischöfliches Matrikelamt München
75, 103 – 115, 117 Gabriele von Burgsdorff, Königswinter
126 RW Köln
127, 131 Klaus Schneeloch
128 Privat
129, 130 Cornel Wachter

Alle anderen Abbildungen stammen aus zeitgenössischen Tageszeitungen, Tennis und Golf und Tennishandbuch-Aus gaben. Trotz intensiver Recherchen konnten nicht für alle Bilder die Publikationserlaubnis eingeholt werden, da der oder die Urheber bzw. die Quelle nicht mehr zu eruieren war. Sollte jemand das Urheberrecht an einer dieser Abbildungen nachweisen können, so möchte er bitte den Autor kontaktieren.

Weitere Informationen unter
www.bernd-tuchen.de

Richard Schönborn

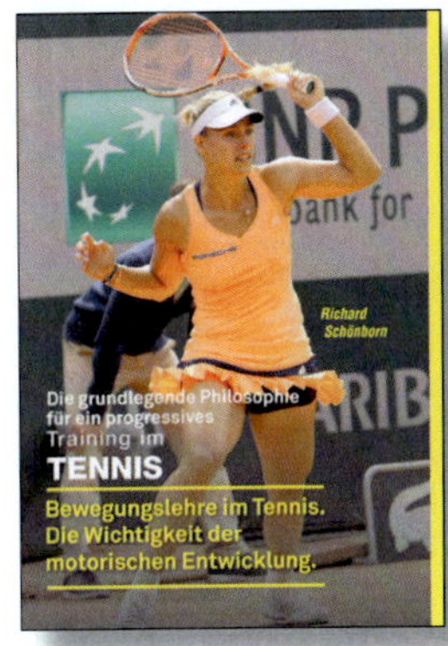

Shaker Media

ISBN 978-3-95631-341-7

232 Seiten

Deutsch

Paperback

21 x 14,8 cm

29,90 EUR

Die grundlegende Philosophie für ein progressives Training im Tennis

Bewegungslehre im Tennis. Die Wichtigkeit der motorischen Entwicklung.

Richard Schönborn war über 26 Jahre Cheftrainer des Deutschen Tennisbundes, Davis Cup und Federation Cup Coach und Leiter des Bundesleistungszentrums des DTB in Hannover. Er war der Architekt und Leiter des erfolgreichen Jugendförderungsprograms des DTB in den siebziger und achtziger Jahren. In dieser Periode war der DTB führend und richtungsweisend in Europa nicht nur in der spezifischen Sportwissenschaft, sondern in der systematischen und wissenschaftlich begleiteten langjährigen Jugendförderung die die Grundlage der daraus hervorgegangenen Generation der Weltklassenspielern und –Spielerinnen, Davis Cup und Fed. Cup Siegern, Grand Slam Siegern, der achtziger und neunziger Jahre war. Es war die erfolgreichste Periode des DTB in seiner gesamten Geschichte.

Er arbeitete als Berater und Dozent für die ITF auf internationaler Ebene in mehr als 120 Ländern der Welt, war Leiter der A-Trainerausbildung im DTB und Dozent an der DOSB Trainerakademie in Köln. Als Autor hat er zahlreiche Fachbücher, Broschüren, Videos und Fachartikel im In- und Ausland veröffentlicht. Er wurde für seine nationale und internationale Tätigkeit mit vielen Ehrungen belohnt.

In seiner aktiven Zeit in den fünfziger Jahren war er nationaler Meister und Sieger in 33 nationalen und internationalen Turnieren und 10 Jahre Mitglied im tschechischen Davis-Cup-Team.